Georges Hellinghausen

»Klagt in Leid ...«

Georges Hellinghausen

»Klagt in Leid ...«

400 Jahre Wallfahrt zu U. L. Frau von Luxemburg,
Trösterin der Betrübten

FREIBURG · BASEL · WIEN

Dieses Buch wurde mit der finanziellen Unterstützung
des Centre Jean XXIII – Grand Séminaire gedruckt.

© Verlag Herder GmbH, Freiburg im Breisgau 2024
Alle Rechte vorbehalten
www.herder.de

Satz: Daniel Förster, Belgern
Herstellung: PBtisk a. s., Příbram

Printed in the Czech Republic

ISBN Print 978-3-451-39834-6
ISBN E-Book (EPUB) 978-3-451-83982-5

Inhalt

Einleitung 7

I. Entstehung und Entwicklung der Wallfahrt zur
Trösterin der Betrübten (1624–1795) 13
Vorgeschichte und Kontext 13
Gründerjahre 20
    Exkurs 1: Marianische Sodalitäten und Bruderschaft
        der Trösterin der Betrübten 44
    Exkurs 2: Wunderheilungen 54
    Exkurs 3: Pilgerfahrt 60
    Exkurs 4: Kevelaer 65
Wahl der Patronin von Stadt und Land (1666/1678) 70
    Exkurs 5: »Marienweihe« bzw. »Erwählung« 90
Ancien Régime, Hoch-Zeit der Wallfahrt (1679–1795) 101
    Exkurs 6: Oktav-Ablass 115

II. Neue Zeiten, Dekadenzzeiten (1795–1840) 119
Französische Revolution (1795–1801) 119
Unter dem Konkordat 121
Niedergang zur Zeit der Belgischen Revolution 128
    Exkurs 7: Die Consolatrix Afflictorum in Kunst und Kultur 130

III. Wiederaufschwung (1840–1940) 147
Oktav-Revival unter Bischof Laurent (1842–48) 147
Entwicklungen im 19. Jahrhundert 155
    Exkurs 8: Muttergottesbekleidung und -zierrat 169

1866: Erwählungsjubiläum und Cholera-Krise 176
    Exkurs 9: Krönung von Marienbildern, Bedeutung? 181
Bistumsgründung 1870: die Trösterin als »Diözesanpatronin«? 183
    Exkurs 10: Die »Luxemburger Ekklesiologie« von
        André Lesch 189
Zu Beginn des 20. Jahrhunderts 191
    Exkurs 11: »Die Kathedrale als Synthese des Landes«
        (Leo Lommel, 1936) 204
    Exkurs 12: U. L. Frau von Luxemburg im Ausland 221

IV. Zweiter Weltkrieg und Wiederaufbau (1940–1962) 235
Die Oktave im Zweiten Weltkrieg 235
Wiederaufbau 252
    Exkurs 13: Marianische Literatur (Poesie und Prosa) 261
    Exkurs 14: Oktav-Geschichtsschreibung 269
    Exkurs 15: Fest und Liturgie (Messe, Offizium) zu Ehren
        der Consolatrix Afflictorum 273
    Exkurs 16: Oktavlieder und -musik 279

V. Moderne und Postmoderne (1962–2024) 287
Zweites Vatikanum und Oktavjubiläen 287
    Exkurs 17: Oktavprediger 298
    Exkurs 18: Der »(Oktav-)Mäertchen« 304
Säkularisierung und Entchristlichung 306

Schlussüberlegungen: Brüche und Konstanten 319
Zu den Anfängen 319
Zu den Erwählungen 1666/1678 321
Zum Ancien Régime 322
Zum 19. Jahrhundert 324
Zum Diözesanen 327
Heute 328
Zur Schlussprozession 342

Hauptsächliche Quellen und Literatur 345

Einleitung

2024 sind es 400 Jahre, dass der Kult der »Trösterin der Betrübten« in Luxemburg entstanden ist – und damit die »Oktave«, Herzstück besagter Mariendevotion. Dieses Herz des Luxemburger Katholizismus schlägt bis heute. Die Muttergottes-Oktave als Pilgerzeit ruft bis dato jedes Jahr Abertausende von Wallfahrern aus In- und Ausland in den Mariendom der Hauptstadt des Großherzogtums.[1] Wie ist diese Wallfahrt entstanden, was beinhaltet sie? Wie haben sich die entsprechenden Rituale entwickelt, was ist deren Grundlage? In welchem Kontext, profan- und kirchengeschichtlich, national wie international, hat das Event Gestalt angenommen? Das soll hier zur Sprache kommen.

Das vorgelegte Buch geht ein auf die Entstehung der Oktave nach der Aufstellung des Gnadenbildes der Trösterin der Betrübten auf dem freien Glacis-Feld vor den Festungsmauern der Stadt Luxemburg Ende 1624. Von zentraler Bedeutung wurden die beiden darauffolgenden »Erwählungen« oder »Weihen«: Maria, die Mutter Jesu, wurde 1666 offiziell als Patronin der Stadt und 1678 des Landes designiert und feierlich ausgerufen. Jährlich werden diese »Wahlen« in der Oktave und auch außerhalb erneuert. Das Buch thematisiert die markanten Entwicklungen der Oktave im Ancien Régime bis zur Dekadenzphase während der Französischen sowie der Belgischen Revolution um und nach 1800 sowie das Revival im 19. Jahrhundert. Die Dynamik zieht sich bis heute durch, mit vielen Brüchen und Transformationen im Lauf der Zeit. Die »nationale« Komponente wird erläutert, ebenso die

---

1 Tony KRIER, *L'Octave de Notre-Dame de Luxembourg*, Luxembourg 1969.

verschiedenen Bestandteile, welche die Oktave als typisch erscheinen lassen, auch in ihrer transnationalen Dimension, »extra muros« sozusagen. Eine Herausforderung bestand darin, die Balance zwischen intern und extern zu halten.

Was hat es mit der Holzstatue auf sich, die als »Trösterin der Betrübten« (Consolatrix Afflictorum) verehrt wird, mit dem Schlüssel, den sie präsentiert, der Krone auf ihrem Haupt, den Stoffkleidern, die sie trägt? Welches ist die Interaktion zwischen einer jahrhundertealten Schutzpatronin und der sie umgebenden Bevölkerung, von einfachen Leuten bis zu höchsten Autoritäten, Fürsten und Politiker inbegriffen? Die Windungen der Geschichte werden erzählt, Entwicklungen beleuchtet, der gegenwärtige Kontext (Multikulturalismus, Säkularisierung) erläutert.

Eine aktualisierte Wallfahrtsgeschichte im Sinne der sowohl die Volksmentalität als auch die religiöse Praxis und deren Impakt auf das Kollektivverhalten berücksichtigenden »histoire religieuse« fehlte bislang, sieht man von Einzelbeiträgen, etwa Veröffentlichungen über die Wallfahrtskirche und allgemeine Entwicklungslinien der Oktave in institutionellen und kulturellen Zusammenhängen, ab. Diese Lücke soll hiermit annähernd geschlossen werden.

Das vorliegende Buch möchte ein gut lesbarer durchgängiger roter Faden durch 400 Jahre Luxemburger Marienwallfahrt, mit ihren Höhepunkten[2] wie ihren Krisenmomenten[3], sein, kannte die Oktave doch im Lauf ihres langen Bestehens Blütezeiten wie Tiefpunkte.

Es ist bei weitem nicht die erste Oktavgeschichte. Die Geschichtsschreibung setzte quasi mit dem Kult der Consolatrix Afflictorum und parallel dazu ein. Für das 19. Jahrhundert sind besonders zu erwähnen die bis heute relevanten Werke von Paul Aloys Am-Herd, »Maria die Trösterin der Betrübten oder Geschichte der Verehrung

---

2   M. F. [Michael FALTZ], *Denkwürdige Tage in der Geschichte vaterländischer Marienverehrung,* in: *Luxemburger Marienkalender* 1949, S. 19–26.

3   *Die Oktavprozession in den Stürmen der Zeit,* in: *Luxemburger Marienkalender* 1948, S. 19–24.

Mariä als der Schutzpatronin der Stadt und des Landes Luxemburg« (1855), und Louis Kuntgen SJ, »Histoire de Notre-Dame de Luxembourg« (1866). Hervorzuheben ist das umfassende marianische Gesamtwerk von Michael Faltz in der ersten Hälfte des 20. Jahrhunderts. Löblich zu erwähnen sind auch an dieser Stelle Joseph Maertz, Michel Schmitt und, was Oktavreminiszenzen in den Altluxemburger Eifelgebieten angeht, Andreas Heinz aus Trier (Auw an der Kyll). Prickelnde Details liefert François Lascombes in seiner »Chronik der Stadt Luxemburg«. Drei handliche, einen guten Überblick bietende Zusammenstellungen zur Oktavwallfahrt hat Erzbischof Jean Hengen als Emeritus in den neunziger Jahren zu Papier gebracht. An der Theologischen Fakultät Trier wurden zwei gut recherchierte, leider unveröffentlichte Diplomarbeiten zur Oktavgeschichte geschrieben: eine von Émile André (1982) und eine von Luc Schreiner (2004). Giovanni Andriani beschäftigte sich in seinem in Nancy eingereichten »mémoire de maîtrise« mit der Wunderthematik um U. L. F. von Luxemburg (2004–2005). Jüngst hat Sonja Kmec die Oktave neuartig fokussiert und analysiert. Auch ich selbst habe mich mehrere Male zum einheimischen Marienkult geäußert. Das nun vorgelegte Opus möchte eine Oktavgeschichte im Sinn einer Gesamtschau sein, in der alle bedeutsamen Aspekte dieses vielschichtigen gesellschaftlich-religiösen Phänomens besprochen oder zumindest angeschnitten werden. Bereits 1934 haben Michael Faltz und Theodor Zenner eine kleine Synthese herausgegeben unter dem Titel »Deine Mutter. Kurze Geschichte der Andacht zur Trösterin der Betrübten für die Kinder« bzw. auf dem Deckelblatt »Kleine Geschichte des Gnadenbildes U. L. Frau von Luxemburg«. 2011 folgte ein weiteres Kinderbuch: »Maria, Mass a Mäertchen. Mit Pit in die Oktav«. Die nun hier vorgelegte Oktavgeschichte richtet sich an Erwachsene und zieht sich zeitlich von 1624 bis 2024, von Pater Jacques Brocquart, dem Begründer der Consolatrix-Verehrung in Luxemburg, bis zu Kardinal Jean-Claude Hollerich, dem derzeitigen Erzbischof – beide Jesuiten.

Das Thema eignet sich für ein chronologisches Vorgehen. Damit der Fluss nicht unterbrochen wird, kommen zeitübergreifende Einzelaspekte in ihrer Entwicklung und Bedeutung in thematischen Exkursen zur Sprache, welche die Unterkapitel ergänzen und erläutern. Sie können ganz oder zum Teil mitgelesen, bei einer raschen Lektüre aber auch ausgeklammert werden. Einige Wiederholungen erwiesen sich bei diesem Vorgehen als unumgänglich.

Die hier präsentierte Zusammenschau übersteigt die Domäne des strikt Historischen und verarbeitet notgedrungen auch Theologisches und Kulturelles – all dies gehört von der Sache her zusammen, da die Oktave ein komplexes religiös-gesellschaftliches Geschehen ist und als solches gedeutet werden muss. So wie denn auch versucht wird, das Oktavphänomen religionssoziologisch und spiritualitätsgeschichtlich einzuordnen.

Die Oktav-Literatur vergangener Zeiten ist oft apologetisch ausgerichtet und hagiographisch durchsetzt – hier gilt es, die darin enthaltene historische Recherche herauszukristallisieren und mit den Resultaten rezenter Forschungsarbeit zu verbinden, heutiger sachlicher Methodologie entsprechend. Die erbauliche Sprache und der triumphalistische Stil von einst passen nicht mehr in unsere säkularisierte Zeit. Das war ein zusätzlicher Ansporn, diese neue Oktavgeschichte zu schreiben. Aus Quellen und Literatur geht hervor, wie sehr in den letzten 150 Jahren das katholische Verlagshaus Sankt Paulus, solange es bestand, durch seine Buchpublikationen, durch seine kontinuierliche Berichterstattung in *Luxemburger Wort*, *Sonndesblad* und *Marienkalender* sowie durch das Drucken unzähliger Consolatrixbilder und -bildchen unschätzbare Verdienste für die Verbreitung des Oktavgedankens und der Oktavspiritualität in der Luxemburger Bevölkerung hatte – eine Zeit, die nun um ist.

Tradierte Zahlen von Pilgern und Pilgergruppen sind besonders für die Frühzeit der Oktave mit Bedacht, *cum grano salis*, zu nehmen. Bei mehreren Quellen ergeben sich hier und da Differenzen. Diejenigen Angaben, die am realistischsten erscheinen, wurden übernommen.

Gleiches gilt für geringfügige inhaltliche Unterschiede oder nicht übereinstimmende Datenangaben, die manchmal von Autor zu Autor variieren – für eine systematische Diskussion der verschiedenen Varianten kann hier nicht der Ort sein. Auch hierbei wurden die wahrscheinlichsten Informationen übernommen.

Für das kritische Überlesen des Manuskripts danke ich Frau Gilberte Bodson und Herrn Guy Weirich, für die großzügige Finanzierung des Bandes seitens des Luxemburger Priesterseminars »Centre Jean XXIII« Herrn Direktor Jean Ehret.

Ich widme das Buch allen Oktav-Pilgerinnen und -Pilgern, aus dem In- und Ausland.

Georges Hellinghausen

Luxemburg, 8. Dezember 2024,
Fest der Unbefleckten Empfängnis,
400. Jahrestag des Beginns der Verehrung der Trösterin der Betrübten in Luxemburg

I. Entstehung und Entwicklung der Wallfahrt zur Trösterin der Betrübten (1624–1795)

Vorgeschichte und Kontext

Lange vor dem Kult der Trösterin der Betrübten und seiner Verbreitung durch die Jesuitenpatres wurde in Luxemburger Kirchen und Kapellen seit dem Mittelalter die Muttergottes verehrt: in der Stadt Luxemburg, in Echternach, Clairefontaine, Marienthal, Vianden, Girsterklaus, Helzingen, der Wolflinger Klause usw.[1] Zu Recht kann eine gewisse Kontinuität bis zum Grafen Siegfried zurückverfolgt werden, dessen 987 errichtete Kirche vor seiner Burg einen der Muttergottes geweihten Altar hatte.

Die Oktavwallfahrt zur Trösterin der Betrübten ist gebunden an die Bilderverehrung. Diese, auch bezogen auf die heilige Jungfrau, hatte sich durch die Ökumenischen Konzilien von Nizäa (787) und Konstantinopel (869/870) endgültig in der offiziellen Kirche durchgesetzt und wurde 1563 auf dem Trienter Konzil für die katholische Kirche nochmals bekräftigt. Das gab ihr einen neuen Impuls.

---

1 *Luxemburg – Marienland*, in: *Heimat und Mission* Nr. 5 (1966), S. 132–134, 161f. Michael FALTZ (Michel SCHMITT), *Luxemburg*, in: *Marienlexikon* IV, St. Ottilien 1992, S. 194f. Ricardo MONTESILVA, *Das marianische Luxemburg. Dreissig Wallfahrten zur seligsten Jungfrau im Luxemburger Lande und Umgebung*, Luxemburg 1936. Pierre GRÉGOIRE, *Marienverehrung in Vor-»Oktave«-Epochen*, in: KRIER, *L'Octave*, S. 25–29.

I. Entstehung und Entwicklung der Wallfahrt zur Trösterin der Betrübten (1624–1795)

Dass Marienkult als Chiffre für Territorialbildung und Identität herangezogen wurde, wie es in Luxemburg der Fall sein sollte, findet sich ebenfalls bereits im Mittelalter. Um 1200 suchten die Bischöfe von Lausanne auf dem langen Weg zum Fürstbistum innere Spannungen zwischen Bischof und Domkapitel sowie Abhängigkeiten vom Kaiser dadurch abzubauen, dass sie die Jungfrau Maria für diese Zwecke einsetzten: Der Bischof betrachtete sich als Vasall (lediglich) der Jungfrau und ließ sich kniend vor der Madonna darstellen, u. a. auf dem Stadtsiegel. Maria wurde zur Patronin des Bistums und als »weltliche« Herrin für die Stadt erkoren, was sich in Huldigungsformeln und Dokumenten wie Rechtsakten ausdrückte, die auf dem Marienaltar der ihr geweihten Kathedrale deponiert wurden.[2]

Marienkult im 17. Jahrhundert

Für Luxemburg muss an dieser Stelle der internationale[3] und großregionale[4] Kontext bedacht werden. In den Spanischen Niederlanden, zu denen das Herzogtum Luxemburg seit 1555 gehörte, kamen mehr als anderswo zu Beginn des 17. Jahrhunderts, besonders zwischen 1610 und 1640, Marienwallfahrten auf, die von den weltlichen Herrschern, den Regenten der Niederlande Albert und Isabella (Tochter König Philipps II. von Spanien), stark gefördert wurden: Scherpenheuvel/Montaigu, Hal (bei Brüssel), Brüssel, Laeken, Namür, Foy (bei Dinant), Marchienne-au-Pont (bei Charleroi), Lüttich,

---

2 Vgl. *Lausanne im Zeichen der Jungfrau Maria*, in: *Neue Zürcher Zeitung* (26.3.2001). Jean-Daniel MOREROD, *Genèse d'une principauté épiscopale. La politique des évêques de Lausanne (IXe-XIVe siècle)* (= Bibliothèque Historique Vaudoise, 16), Lausanne 2000.

3 *Regards sur un monde contemporain d'une dévotion nationale naissante*, in: *Die Warte. Kulturelle Wochenbeilage des Luxemburger Wort* (11.5.1960).

4 Joseph MAERTZ, *Entstehung und Entwicklung der Wallfahrt zur Trösterin der Betrübten in Luxemburg 1624–1666*, in: *Hémecht* 18/1 (1966), S. 7–53. Michael FALTZ, *Woher stammt unsere Wallfahrt*, in: *Luxemburger Marienkalender* 1956, S. 23–28. Willem FRIJHOFF, *Les pèlerinages dans les Pays-Bas septentrionaux du moyen âge à nos jours : conjonctures, caractéristiques, accents et problèmes*, in: *La dévotion mariale de l'an mil à nos jours*. Études réunies par Bruno BÉTHOUART et Alain LOTTIN, Artois Presses Université 2005, S. 202–220.

Ypern, Lille, Cortenbosch-Limburg, Duffel (bei Antwerpen). In Belgien entstanden somit in etwa vierzig Jahren dreizehn neue Marienwallfahrten, so wie denn allgemein das Wallfahrtswesen einen ungeahnten Aufschwung nahm, allerdings mit der Eigenart, dass es sich nun um regional beschränkte Wallfahrten handelte und nicht mehr um die großen internationalen Fernwallfahrten nach Rom, Jerusalem und Santiago de Compostela. Solche Nahwallfahrten, die im Gefolge des Reformkonzils von Trient (1545–1563) entstanden waren, entwickelten sich im Sinn einer überschwänglich-triumphalistischen Barockfrömmigkeit mit vielen gemeinsamen Bestandteilen: aufgefundenes und verehrtes Gnadenbild, Kapellenbau und später größerer Kirchenbau, wunderbare Heilungen mit Einträgen in Mirakelbücher, Lichterscheinungen, neue Bruderschaften, Anfertigung von Kopien des Gnadenbildes, zusätzlich Druckbilder und Medaillen, Geschenkgaben und schließlich offizielle Erwählung der Muttergottes zur Patronin der Stadt, Wallfahrtsbücher, Gebete und Wallfahrtslieder, Förderung durch Ordensgemeinschaften, besonders durch die Jesuiten, aber auch durch die Kapuziner, Franziskaner und Dominikaner. Bei diesen Wallfahrten – Luxemburg war also kein Einzelfall – suchte die von nicht endenden Kriegsnöten, besonders des Dreißigjährigen Kriegs, und Pestausbrüchen (vor allem 1626 und 1636) arg gebeutelte und erschütterte Bevölkerung überirdische Hilfe in ihrem Leid. Für Luxemburg waren von den 100 Jahren des 17. Jahrhunderts insgesamt 71 Kriegsjahre, mit Ausschreitungen und Verwüstungen durch die feindlichen wie die befreundeten Armeen auf seinem Territorium: Dreißigjähriger Krieg 1618–1648, spanisch-französischer Krieg 1648–1659, der Krieg um die Spanischen Niederlande bis 1668, der Krieg um Holland, beendigt 1678, der Krieg um die Festung Luxemburg unter Ludwig XIV., wodurch nach monatelanger Festungsbelagerung Luxemburg 1684 an Frankreich überging, bevor es 1697 wieder zurück an Spanien fiel. Auch das Erzbistum Trier, das bereits seit dem Mittelalter viele Marienwallfahrten und -Bruderschaften zu verzeichnen hatte, wurde im 17. Jahrhundert um zwölf neue Wallfahrtsorte bereichert. »Die neue Luxemburger Wallfahrt repräsentiert [...] die marianische Grundtönung des Wallfahrtswesens in der Frühen Neuzeit im Erzbistum Trier.«[5] In den Aufbau dieser westeuropäischen Sakrallandschaft ist die Luxemburger Wallfahrt einzureihen. Im Gebiet des heutigen Großherzogtums ließ die Barockfrömmigkeit neue Marienwallfahrtsorte entstehen oder brachte schon bestehende zu neuer Blüte: Girsterklaus, Helzingen, Rosenkranzkapelle der Dominikaner neben dem Fischmarkt in Luxemburg-Stadt, Franziskanermadonna auf dem »Knuedler«, Wolflinger Klause, Muttergotteskapelle in Echternach, »Bildchen« in Vianden, Loreto-Kapelle in Clerf, Mont-Marie in Ansemburg.[6]

Innovationspolitik der Jesuiten

Näherhin ist der entstehende Bittgang zur Trösterin der Betrübten Ausfluss des Apostolats der ab 1594 endgültig in Luxemburg eingepflanzten Jesuitengemeinschaft, die aus Belgien gekommen war.[7] In der Spiritualität des Hl. Ignatius von Loyola, Gründer des Jesuitenordens (Gesellschaft Jesu), spielte die Muttergottes, nicht zuletzt als Trösterin der Betrübten, eine bedeutende Rolle, was sich wie selbstverständlich

---

5   Bernhard SCHNEIDER, *Heilige Zeiten und Frömmigkeitsformen im Spannungsfeld von Norm, Praxis, Wandel und Beharrung*, in: *Geschichte des Bistums Trier*, III, hg. von Bernhard SCHNEIDER, Trier 2010, S. 323–387, bes. S. 351–356, 365–374, Zitat S. 356. Das 17. Jahrhundert kannte eine besonders dynamische Marienverehrung im Erzbistum Trier. Für das 16. Jahrhundert gab es lediglich einen neuen Marienwallfahrtsort, für das 18. nur zwei. Vgl. auch: *Im Namen Gottes unterwegs. Wallfahrten im Bistum Trier*, hg. vom Bischöflichen Generalvikariat Trier, Trier 1987, u. a. S. 23 f.

6   Michel SCHMITT, *Les sanctuaires mariaux du Grand-Duché de Luxembourg au XVIIe et au XVIIIe siècle*, in: MUSÉE EN PICONRUE (éd.), *Piété baroque en Luxembourg*, Bastogne 1995, S. 202.

7   *»Fir Glawen a Kultur«. Les Jésuites à Luxembourg. Die Jesuiten in Luxemburg (1594–1994)* (= *Hémecht* 46/1, 1994), sous la dir. de Josy BIRSENS SJ, Luxembourg 1994.

auf die jesuitische Spiritualität seiner Mitstreiter übertrug.[8] Die Luxemburger Jesuiten brachten mit ihrem Studienkolleg (1603 gegründet), ihrer Kirche (1621 vollendet) und ihrem auf pastoralen Tätigkeiten beruhenden religiösen Erneuerungsprogramm (Volksmissionen auf dem Land, katechetische Arbeit, Bruderschaften, marianische Kongregationen oder Sodalitäten, d. h. Vereinigungen, um durch Marienverehrung und religiöse Übungen ein tugendhaftes christliches Ideal zu verwirklichen) den Marienkult und damit das religiöse Leben im Herzogtum Luxemburg zu einem bedeutenden Aufschwung. Das konfessionelle Motiv, nämlich die gegenreformatorische Abschottung des katholischen Luxemburg gegen Infiltrationen von protestantischem Gedankengut von Nordwesten her (Herrschaften Manderscheid, Schleiden und Kronenburg in der Eifel) und aus dem französischen Süden (Sedan und Gaume-Gegend), spielte dabei keine unbedeutende Rolle.[9] Dem sich verbreitenden Protestantismus mit seinem Hang zu Verinnerlichung und vergeistigter Glaubenspraxis hatte das katholische Reformwerk des Konzils von Trient eine ausgeprägte Marien- und Heiligenverehrung vermittels Bilder- und Reliquienkult sowie des Pilgerns oder von Bittgängen entgegengesetzt.[10] Dadurch sollte den Gläubigen, neben religiöser Vertiefung, eine neue Freude am Glaubensleben vermittelt werden. In relativ kurzer Zeit haben die Jesuiten diesen neuen Geist, verbunden mit einem erwachenden religiös-kirchlichen

---

8   Georges HELLINGHAUSEN, *Die Trösterin der Betrübten in der Spiritualität des heiligen Ignatius. Vortrag von Pater Jean-Claude Hollerich SJ im Centre Convict*, in: *Luxemburger Wort* (23.4.1991), S. 6. Ders., *Ignatianisches. Perspektiven unserer Muttergottesoktave*, in: *Dossier für Informatioun an Dokumentatioun. Beilage zum Kirchlichen Anzeiger* 2/1994, S. 53–55. Georges VUILLERMOZ, *Zur Muttergottesoktave: Von Ignatius inspiriert*, in: *Letzeburger Sonndesblad* (24.4.1994), S. 12. Josy BIRSENS SJ, *Marie dans la spiritualité ignatienne et l'histoire des jésuites à Luxembourg*, in: *D'Oktav als Erausfuerderung: ënnerwee …, mee wouhin? Marienvedotion zwischen Tradition und Moderne*, hg. von Georges HELLINGHAUSEN (= Clairefontainer Studien, Bd. 6), Clairefontaine 2006, S. 93–108.

9   Michael FALTZ, *Unsere Liebe Frau von Luxemburg im Ausland*, Luxemburg 1958, S. 15–19.

10 Remigius BÄUMER, *Katholische Reform*, in: *Marienlexikon*, III, St. Ottilien 1991, S. 537–539. Stefan DE FIORES, *Maria in der Geschichte von Theologie und Frömmigkeit*, in: *Handbuch der Marienkunde*, I, hg. von Wolfgang BEINERT und Heinrich PETRI, Regensburg 1996, S. 99–266, bes. S. 173–189.

I. Entstehung und Entwicklung der Wallfahrt zur Trösterin der Betrübten (1624–1795)

Lebensgefühl, verbreitet. Hierin liegt die Wiege und das Verständnis der Wallfahrt zur Consolatrix Afflictorum, in welchem sich im Herzogtum Luxemburg das erneuerte katholische Selbstverständnis und Selbstbewusstsein des Trienter Konzils kristallisierte.

So wie in Luxemburg ließen die Jesuiten in vielen Städten, wo sie wirkten, eine Wallfahrt zu einem Muttergottesbild entstehen. Pilgern wurde u. a. zu einem konfessionellen Unterscheidungsmerkmal. »Letztlich manifestierte sich in den marianischen Nahwallfahrten die Sorge um den echten Glauben nach den vielen Wirren, Unsicherheiten und Herausforderungen des kirchlichen Lebens durch die Glaubensspaltung und während des Dreissigjährigen Krieges, auch wenn bei den öffentlichen Instanzen die Abwendung von ›Pest, Hunger und Krieg‹ verständlicherweise im Vordergrund stand.« (Michel Schmitt)[11]

Marienverehrung in Luxemburg war nach 1600, wie bereits erwähnt, nicht neu. Nach dem Trienter Konzil galt Maria, die »ohne Erbsünde« Empfangene, als Idealbild für ein durch und durch christliches Leben. Die Mariendevotion bestand auch später in vielerlei Formen parallel zu dem von den Jesuiten verbreiteten Consolatrix-Kult. Bei den seit 1621 in Luxemburg wirkenden Kapuzinern etwa entwickelte sich 1626 eine Wallfahrt zu U. L. Frau vom guten Tod, die sich bis zur Französischen Revolution hielt. Die Dominikaner in der Michaelskirche auf dem Fischmarkt verehrten die Rosenkranzkönigin, 1626 wurde dort die erste Messe ihr zu Ehren gestiftet. Die Zisterzienserinnenabtei Clairefontaine besaß ein weitbekanntes Gnadenbild Mariens. Bei den seit 1627 in Luxemburg ansässigen Augustinerinnen der Kongregation U. L. F. (später umbenannt in »Sainte-Sophie«) gehörte die Marienverehrung sowieso zur DNA. In der Münsterabtei gab es seit dem 12. Jahrhundert eine Wallfahrt zu U. L. F. von Münster, bei den Franziskanern in der Oberstadt wurde die Statue der Schwarzen Not-

---

11 Michel SCHMITT, *Die Verehrung der Trösterin der Betrübten in der Kathedrale von Luxemburg*, Faltblatt des Pfarr-Rats von Liebfrauen, Luxemburg o. J.

muttergottes verehrt, die sich heute in Stadtgrund befindet.[12] »Die Förderung der Muttergottesverehrung in dieser Zeit ist kein Monopol der Jesuiten. [...] Der Umstand allerdings, daß schlagartig im selben Moment die Stadtklöster pastoral in dieselbe Kerbe schlagen, dürfte wohl auf den großen Erfolg, welcher von Anfang an der spektakulären Initiative P. Brocquarts beschieden war, zurückzuführen sein.«[13] So erklärt sich auch, warum es anfänglich gegen die Wallfahrt der Jesuiten einigen Widerstand gab. »Die Verehrung Mariens unter diesen verschiedenen Titeln führte dann auch zu einer Art Konkurrenzdenken.« (Emile André)[14] Doch wurde ab 1640 die Verehrung der Trösterin der Betrübten Gemeingut aller luxemburgischer Klöster.

Im damals luxemburgischen Bastnach (Bastogne) gab es seit 1630 auf dem Hügel »Bonne-Conduite« ein Marienbild, das womöglich in Beziehung zu dem aus Foy zu sehen ist, und seit 1671 eine Kapelle, die von Pilgern aufgesucht wurde.[15] In Arlon organisierten die Kapuziner ab 1654 den Marienkult auf dem Donatushügel für ihre Stadt.[16]

---

12 In der Franziskanerkirche auf dem »Knuedler« stand die Statue in einer Seitenkapelle, Sitz der Rochus- oder Pestbruderschaft, inmitten von sechs Pestheiligen: Rochus, Hadrian, Sebastian, Antonius der Einsiedler, König Ludwig der Heilige und Karl Borromäus. Zunächst als »Muttergottes und Stern des Himmels«, wurde sie nach dem 30-jährigen Krieg als »Notre-Dame de la Paix« angerufen. Doch wurden auch die Titel »Unbefleckte Empfängnis« (Immakulata) und »Himmelskönigin« (Regina coeli) mit der Statue verbunden. Vgl. *Die Schwarze Notmuttergottes*, in: *Luxemburger Wort* (23.2.1966), S. 5.

13 François LASCOMBES, *Chronik der Stadt Luxemburg 1444–1684*, Luxemburg 1976, S. 498 f.; zum Wettstreit zwischen Jesuiten und Franziskanern bezüglich der Ablasserteilung, vgl. ebd., S. 538.

14 Emile ANDRÉ, *Die Geschichte des Festes, des Offiziums und der Messe der »Consolatrix Afflictorum«*, Diplomarbeit Trier 1982, S. 8.

15 André NEUBERG, *Bastogne et Notre-Dame de Luxembourg*, in: MUSÉE EN PICONRUE (éd.), *Notre-Dame de Luxembourg. Dévotion et Patrimoine*, Bastogne 2016, S. 90–96. Neuberg schlussfolgert im Hinblick auf die vom Magistrat der Stadt Bastnach getätigte Erwählung Mariens von 1679: »C'est donc Notre-Dame de Luxembourg, dite Consolatrice des Affligés, qui est invoquée sous le vocable de Notre-Dame de Bonne Conduite.« Vgl. auch Claude DE MOREAU DE GERBEHAYE, *Notre-Dame dans les armoiries de la Ville de Bastogne*, ebd., S. 201–203. Laut seiner Forschung ist jedoch die Madonna im Bastnacher Stadtwappen nicht die Luxemburger Trösterin, sondern eher die »Notre-Dame de Foy«.

16 *Zwei Schwesterstädte Luxemburgs u. ihre Beziehung zur Trösterin*, in: *Die Warte* (25.4.1956). FALTZ, *Ausland*, S. 93–98.

I. Entstehung und Entwicklung der Wallfahrt zur Trösterin der Betrübten (1624–1795)

Ähnliche Marienverehrungsorte entstanden auf dem Mont-Marie bei Ansemburg im Eischtal, in Echternach (Muttergotteskapelle vor der Stadt) und Clerf (Loreto-Kapelle).

Die zu Beginn des 17. Jahrhunderts in Luxemburg entstehende Wallfahrt zur Trösterin der Betrübten wird die Grundlage für einen einheimischen Patriotismus legen, eine auch in anderen Ländern aufkommende und sich durchziehende Entwicklungslinie, die Papst Johannes Paul II. 1995 folgendermaßen auf den Punkt bringen wird: »Im Christentum stellt nämlich die Gestalt der Gottesmutter eine großartige Quelle der Inspiration nicht nur für das religiöse Leben dar, sondern auch für die christliche Kultur und selbst für die Vaterlandsliebe. Dafür gibt es im historischen Erbe vieler Nationen Beweise [...]. Die Mutter des Gottessohnes ist für einzelne Menschen und für ganze christliche Nationen zur ›großen Inspiration‹ geworden.«[17]

Gründerjahre

1624 kann man als das Gründungsjahr der Oktavwallfahrt ansehen.[18] Die Entwicklung, die hier in Gang kommt, ist nachhaltig verbunden mit der Gesellschaft Jesu und ihrer Tätigkeit in Luxemburg, nicht zuletzt der durch sie ins Leben gerufenen marianischen Studentensodalitäten.[19]

---

17 Papst JOHANNES PAUL II., *Brief an die Priester für Gründonnerstag 1995*, Nr. 2.
18 Louis KUNTGEN, *Histoire de Notre-Dame de Luxembourg*, Luxembourg 1866, S. 13–152. Paul-Aloyse AM-HERD, *Maria die Trösterin der Betrübten oder Geschichte der Verehrung Mariä als der Schutzpatronin der Stadt und des Landes Luxemburg*, Luxemburg ²1886, S. 1–99. Michael FALTZ, *Heimstätte U. L. Frau von Luxemburg*, Luxemburg ³1948, S. 1–13. MAERTZ, *Entstehung*, S. 53–87. Andreas HEINZ, *Bis an die Grenzen des Landes. Auf dem Weg zur Erwählung der Trösterin der Betrübten zur Patronin der Stadt und des Herzogtums Luxemburg*, in: *Sech Hir schenken. Trois regards sur la consécration à Marie*, hg. von Georges HELLINGHAUSEN, Luxemburg 2016, S. 33–62.
19 Andreas HEINZ, *Die Wallfahrt zu Maria, der »Trösterin der Betrübten«*, in: *Hémecht* 46/1 (1994), S. 125–139.

Gründerjahre

Am 8. Dezember 1624, dem Fest der unbefleckt empfangenen Gottesmutter Maria (Immakulata), trugen Schüler aus dem Jesuitenkolleg, die meisten wohl Sodalen, eine hölzerne, polychromierte Marienstatue durch die Straßen der Stadt Luxemburg hinaus auf das »Glacis«, jenes freie, den Festungsanlagen vorgelagerte Gelände, das an Gärten und einen Waldrand stieß – auch im Ausland (Lüttich, Lille) trugen Sodalen bei Prozessionen regelmäßig Marienstatuen auf ihren Schultern durch die Stadt. Hinter der Initiative in Luxemburg stand der Studienpräfekt aus dem Kolleg, Pater Jacques Brocquart, gebürtig aus Diedenhofen.[20] Die Absicht, eine Wallfahrt zu begründen, musste er anfänglich gegen den Willen seines Oberen durchsetzen. Die Statue wurde an einem kurz zuvor aufgestellten Kreuz befestigt, auf einem Landstück von etwa dreißig Ar, das ihm Gönner, der Rechtsanwalt Melchior Wiltz (Garten) und der Stadtschöffe Franz Meiss (Grundstück), großherzig abgetreten hatten. Bald wurde die Statue ein Anziehungspunkt für Bürger der Festung, die mit ihren existenziellen Sorgen und Nöten hierher zum Beten kamen: Ausgangspunkt der späteren »Oktave«.

Dem aus Lindenholz geschnitzten Bild wurde von Brocquart, wohl mit Blick auf die missliche Zeitlage, der Titel »Trösterin der Betrübten« verliehen, ein Titel, der auch sonst im Umlauf war.[21] Doch stellt die Statue keine Mater Dolorosa dar, wie der Titel nahelegen könnte, sondern Maria als Apokalyptische Frau auf der Mondsichel, majestätisch,

---

20 Nicolas DICOP, *Jacques Brocquardt 1588–1660. Un Jésuite thionvillois aux origines du pèlerinage des Lorrains à Luxembourg*, Yutz 1998. Michael FALTZ, *Wenn wir Dein vergässen. Zum 300-jährigen Todestag des Jesuitenpaters Jakob Brocquart 1588–1660*, in: *Luxemburger Marienkalender* 1960, S. 31–33. Antoinette REUTER, *Aux origines d'une vocation: l'entourage thionvillois du Père Jacques Brocquardt SJ (1588–1660)*, in: *Hémecht* 46/1 (1994), S. 117–122. Die 1991 in einer neugegründeten Vereinigung zusammengeschlossenen sieben kirchlichen bzw. christlich inspirierten Internate Luxemburgs nennen sich in Anlehnung an den bedeutenden Jesuitenpater »Les Internats Jacques Brocquart asbl«.

21 Arthur PEIFFER, *Zur Geschichte des Marien-Titels »Consolatrix Afflictorum«*, in: *Luxemburger Wort* (8.10.1966), S. 19. *Idee und Erwählung des Consolatrix-Titels bei P. Brocquart*, ebd. Georges HELLINGHAUSEN, *Der Titel »Consolatrix afflictorum« – theologisch, historisch, sozial*, in: *D'Oktav als Erausfuerderung*, S. 65–92. Thomas P. OSBORNE, »*Regardez les pleurs des opprimés. Ils n'ont pas de consolateur« (Qo 4,1). Regards croisés sur la consolation dans la Bible*, ebd., S. 43–63.

I. Entstehung und Entwicklung der Wallfahrt zur Trösterin der Betrübten (1624–1795)

Das Gnadenbild ohne die traditionelle Bekleidung, so wie es am 8. Dezember 1624 auf dem Glacis aufgestellt wurde. Es handelt sich um eine polychromierte Holzskulptur von vor oder nach 1600. Foto: Georges Hellinghausen.

das Jesuskind auf ihrem Arm tragend. Sie verweist auf das biblische Buch der Geheimen Offenbarung des Johannes, Kapitel 12, wo es heißt: »Dann erschien ein großes Zeichen am Himmel: eine Frau, mit der Sonne bekleidet, der Mond zu ihren Füßen und ein Kranz von zwölf Sternen auf ihrem Haupt […]. Und sie gebar ein Kind, einen Sohn, der über alle Völker mit eisernem Zepter herrschen wird.« Diese Bibelstelle, ursprünglich ein Hinweis auf das personifizierte Volk Gottes des Judentums, aus dem der Messias hervorging, war durch eine spätere Tradition mit der Gottesmutter in Verbindung gebracht worden und findet sich ikonografisch in zahlreichen Immakulata-Darstellungen, so auch der hier besprochenen Holzskulptur, abgebildet.

Die Glacis-Kapelle

Ab 1625 kamen vereinzelte Pilger und Gruppen zu diesem Bild auf dem Glacis, so dass Pater Brocquart beschloss, der Stelle eine bleibende Struktur zu geben. Er plante eine Kapelle und begann 1625 mit dem Bau. Warum auf dem Glacis-Feld, wo wegen potenzieller Kriegsmanöver eigentlich nicht gebaut werden durfte? Wohl damit diejenige, die dort verehrt wurde, auch bei militärischer Gefahr nahe an den Festungsanlagen angerufen werden konnte. Vorbilder gab es im Ausland. So wurde Maria als »Notre-Dame des Remparts« in Ypern und in Namür verehrt. In Luxemburg erteilte der Gouverneur (Vertreter des Königs), Graf von Berlaymont, ein günstiges Gutachten der Festungsingenieure aufgreifend, die Erlaubnis zum Kapellenbau nahe an der Festung. Bei der Grundsteinlegung waren der Gouverneur, Vertreter der Stände sowie zahlreiche Stadtbürger anwesend. Es war eine Zeit des Krieges und der Pest: Holländische Freibeuter plünderten die Ortschaften an der Sauer, u.a. Diekirch; die Franzosen standen kurz vor einem Angriff auf den Süden des Herzogtums. 1626 brach schließlich die Pest aus.[22]

P. Brocquart wurde 1626 von der Pest befallen. In einem Gelübde versprach er, im Fall einer Genesung mit umso größerem Eifer die Kapelle fertigzubauen. Das geschah, und so konnte das kleine Heiligtum fertiggestellt werden und die Muttergottesstatue aufnehmen. Am 5. August 1627, Fest »Maria Schnee«, wurde das erste feierliche Hochamt in der Glacis-Kapelle zelebriert. Am 10. Mai 1628 wurde sie vom Trierer Weihbischof Georg von Helffenstein – er hielt sich während mehrerer Wochen zur Visitation und zur Erteilung der Firmung im Luxemburgischen auf –, unter Assistenz der Äbte von Neumünster/Luxemburg und St. Maximin bei Trier sowie im Beisein der Zivil- und Militärinstanzen aus Stadt und Land, konsekriert. Das Heiligtum war eine Rotunde mit Kuppel, die dem Rundbau der Basilika von Mon-

---

22 LASCOMBES, *Chronik 1444–1684*, S. 498–502.

I. Entstehung und Entwicklung der Wallfahrt zur Trösterin der Betrübten (1624–1795)

taigu, die zur selben Zeit vollendet wurde, ähnelte. (Da das römische Pantheon im 7. Jahrhundert in eine Marienkirche umgewandelt worden war, wurde die Kuppelarchitektur für Marienkirchen bevorzugt.)[23] Zahlreiche Geschenkgaben hatten Bau und Ausschmückung der Kapelle möglich gemacht.[24]

Die Kapelle wurde zu einem Pilgerziel, zunächst für die Einwohner der Stadt, nach einigen Jahren auch aus den entlegeneren Landesteilen, besonders als der Dreißigjährige Krieg mit seinen Schrecken das Herzogtum heimsuchte. Von Anfang an war von auffallenden, wunderbaren Gebetserhörungen, d. h. Krankenheilungen, die Rede, die ab 1639 in sogenannten »Mirakelbüchern« notiert wurden; diese wurden später immer wieder ergänzt und neu aufgelegt.

Viele Menschen wurden von dem Muttergottesbild angezogen: 1630 sollen es in einem Monat 12.000 und in fünf Monaten 60.000 gewesen sein, auch wenn letztere überlieferte Zahl eine rhetorische Übertreibung sein mag. 1632 wurde in der Kapelle auf dem Glacis eine erste »Oktave«, d. h. eine Marienwoche mit Gebeten und Gottesdiensten, für die Jugend, besonders aus dem Kolleg, gefeiert; an einem eigenen Bittgang dorthin nahmen die Ordensleute aller Klöster teil – Anfang dessen, was wir noch heute als »Oktav« bezeichnen. 1.500 Bildchen der Muttergottesstatue wurden verteilt. Bereits 1628 hatten die Jesuiten Richtlinien herausgegeben, um Missstände bei Wallfahrten zu verhindern und die echte Pietas zu fördern.

1632 wurde eine Statue der Luxemburger Madonna in Chastrès-lez-Walcourt, ebenso in einer Kapelle in Floreffe (beide Ortschaften in

---

23 Luc. KOENIG, *Einiges aus der Geschichte der alten Muttergotteskapelle auf dem Glacis. Limpertsberg (1624–1796)*, Luxemburg 1935.

24 Paul MARGUE, *Die ersten Schenkgeber der Muttergotteskapelle*, in: *Hémecht* 18/3 (1966), S. 289–296. Aufzählung der Geschenke aus den Jahren 1624–1702 bei Martin BLUM, *Sammlung von Aktenstücken zur Geschichte des Gnadenbildes Mariä, der Trösterin der Betrübten, zu Luxemburg*, Luxemburg 1917, S. 81–127. Vgl. auch das Mobiliar-Inventar der Kapelle in den Jahren 1668–1670, ebd., S. 187–190 sowie das Verzeichnis aller vor Ausbruch der Französischen Revolution zum »Muttergottesschatz« gehörigen Objekte, ebd., S. 63–78.

der belgischen Provinz Namür) aufgestellt, 1636 in Saint-Vincent bei Étalle (heutige Provinz, damals Herzogtum Luxemburg).

1635, als Spanien Frankreich den Krieg erklärte, prallten im Herzogtum kaiserliche, französische, lothringische, kroatische und polnische Truppen aufeinander. Die Soldateska brandschatzte und verwüstete das Land. Zudem brach 1636 erneut die Pest aus, heftiger als zuvor,[25] so dass nebst Dank- und Bittprozessionen vom Luxemburger Stadtrat in der Kollegskirche der Jesuiten die Pestheiligen Hadrian, Sebastian und Rochus als Schutzpatrone der Stadt erwählt wurden – seit dem späten Mittelalter hatte der Hl. Quirinus (Sankt Grein) als Patron der Stadt rangiert, der nahe der Mündung der Petrus in die Alzette im Stadtgrund in einem Felsenheiligtum gegen verschiedene Krankheiten und Leiden, und das noch bis Mitte des 20. Jahrhunderts, angerufen wurde. 1544–1680 wurde ihm zu Ehren eine jährliche, von Provinzialrat und Stadtmagistrat gelobte Prozession abgehalten. Die »Hadrianus-Prozession«, Gelöbnis des Jahres 1636 – es wurde im Cholerajahr 1832 von der Stadt erneuert –, hielt sich bis zu Beginn des 21. Jahrhunderts. Der nun aufkommende Kult der Trösterin der Betrübten ließ diese Heiligen zurücktreten.[26]

Nach der Pest erlebte die Glacis-Wallfahrt einen sensationellen Aufschwung. War die Andacht zur Trösterin der Betrübten bis dahin die Privatangelegenheit einzelner Pilger gewesen, so kamen nun ganze Ortschaften in geschlossenen Prozessionen und brachten dicke Wachskerzen als Geschenke mit. Jung und Alt, Adel und Volk beteiligten sich. Die Gouverneure von Embden, Beck und d'Havré besuchten die Kapelle, bevor sie in den Krieg zogen. Beck schrieb seine militärischen Erfolge der Trösterin der Betrübten zu. Ein regelrechter Wallfahrtsbetrieb

---

25 Gérard TRAUSCH, *De la peste à la Covid-19: mortalité et société au Luxembourg*, in: INSTITUT GRAND-DUCAL, *Actes de la section des Sciences Morales et Politiques*, vol. XXIV, Luxembourg 2021, S. 247–320, hier S. 250–254.

26 Michel PAULY, *Pestepidemien in Mittelalter und Früher Neuzeit*, in: *Hémecht* 73/2 (2021), S. 133–158, hier S. 151–153. Ders., *Die Geschichte der Stadt Luxemburg in 99 Objekten*, Luxemburg 2022, S. 131–134. André TOUSSAINT, *Der hl. Quirinus (Gräin) und die Muttergottesoktave*, in: *Luxemburger Wort* (11.5.2001), S. 20. LASCOMBES, *Chronik 1444–1684*, S. 532–538 und S. 623.

setzte ein, um den sich entwickelnden Massenandrang zu ordnen und zu kanalisieren. Bilder und Medaillen des Gnadenbildes wurden massenhaft für die Pilger angefertigt.

Wie sehr sich der Consolatrix-Kult nun ausbreitete, beweist auch die Tatsache, dass bald nach der Pestepidemie mehrere Marienkapellen auf dem Land errichtet wurden, die dem Glacis-Heiligtum nachempfunden waren: in der Nähe von Dasburg, Oberkail und Igel (alle drei Ortschaften heute jenseits der deutsch-luxemburgischen Grenze gelegen) – letztere ausdrücklich der Trösterin der Betrübten geweiht und mit Nachbildung des Luxemburger Gnadenbildes. Denn auch bis an die Randgebiete des Herzogtums um Trier, das Saargebiet, Bitburg, Neuerburg und St. Vith hatte sich die neue Frömmigkeitspraxis ausgedehnt, Wallfahrer mobilisiert und Wunderheilungen zugunsten der Einwohner besagter Gegenden aufkommen lassen.

Heilungs- und andere Wunder

1639–40 stellte einen Höhepunkt der Wallfahrt dar, mitten in den Verheerungen des Dreißigjährigen Krieges. Tausende von Messen wurden gelesen, Abertausende beichteten in der Kapelle. Pilger mussten stundenlang warten, bevor sie in die Kapelle eingelassen wurden. Wegen des bedeutenden Zulaufs und der dort besonders seit 1639 verzeichneten Wunder – die spektakuläre Heilung der Johanna Goudius (Gaudius), gelähmte und stumme Tochter eines Provinzialratsmitglieds, hatte für Furore gesorgt[27] – wurde die Gnadenkapelle auf dem Glacis rasch zu klein. So wurde in demselben Jahr 1639, als außergewöhnlich viele Pilgermassen in die Stadt strömten, eine spezifische Wallfahrtswoche eingeführt. Deren Ablauf bildet die Grundstruktur für die Oktavfeierlichkeiten bis heute: Zum ersten Mal wurde wegen des großen Andrangs der Pilger die Statue der Trösterin für acht Tage

---

27 Michael FALTZ, *Johanna Gaudius, die grosse Geheilte (1639)*, in: *Luxemburger Marienkalender* 1964, S. 35–37.

in die Jesuitenkirche in die Stadt gebracht und nachher, mit einer groß angelegten Prozession, wieder in die Wallfahrtskapelle vor den Toren der Stadt zurückgetragen. Bald bürgerte sich diese Sitte ein, die Statue für die Zeit solcher Oktaven bzw. wenn der Stadt militärische und andere Gefahren drohten, zur Verehrung *intra muros*, in die innerstädtische Jesuitenkirche, zu tragen und danach wieder zurück in das Kapellenheiligtum. Auf diese Weise wurde die Jesuitenkirche vorübergehend zur Wallfahrtskirche – heute ist sie es permanent, besonders zur Oktavzeit. So war auch die Schlussprozession der Oktave entstanden, die sich über die Jahrhunderte und bis dato erhalten hat, als Höhepunkt und Abschluss der jährlichen Pilgerzeit.

1639-40 wurden Berichte über wundersame Lichterscheinungen um die Kapelle sowie um das Gnadenbild verbreitet. Da der Zulauf der Pilger stetig anwuchs, auch die spektakulären Heilungswunder und auffallenden Gebetserhörungen sich vermehrten, musste der ursprüngliche Kuppelbau bereits ab 1640 durch einen rechteckigen Anbau, der als Chor und Sakristei diente, vergrößert werden. Am 5. Juli 1642 wurde die Konsekration des Neubaus durch den Trierer Weihbischof Otto von Senheim vorgenommen.[28] Weihegeschenke und Gaben von Wohltätern dienten der Ausstattung und Ausschmückung der Kapelle: »So sehr hatten sich nach und nach die Opfergaben vermehrt, dass Alles in Silber und Gold, Perlen und Edelsteinen prangte.«[29] Zu den Geschenkgebern gehörten auch betuchte Verwandte von Pater Brocquart.

Nach 1640 entwickelte sich die lokale Wallfahrt auf dem Glacis zu einem wichtigen Aspekt der Volksfrömmigkeit für Stadt, Land und Region. Pilger kamen nun nicht mehr nur aus dem Herzogtum, sondern

---

28 Einige Autoren führen als Konsekrationsdatum bereits den 5. Juli 1640 an – eine solche kurze Bauzeit von ein paar Monaten (am 10. Mai 1640 war der Grundstein zum Neubau gelegt worden) erscheint unrealistisch. Vgl. Anzeige der Feier der Einweihung, mit Ablass für den Besuch der Kapelle und Gebet daselbst »für Erhöhung der Katholischen Kirchen, Ausreutung der Ketzereien und Vereinigung der Christlichen Fürsten«, bei BLUM, *Sammlung*, S. 191 f. Ebenso LASCOMBES, *Chronik 1444–1684*, S. 553 f. und S. 557.

29 [Julius MÜLLENDORFF], *Kurze Geschichte des Gnadenbildes der Trösterin der Betrübten zu Luxemburg,* Luxemburg ²1866, S. 15.

I. Entstehung und Entwicklung der Wallfahrt zur Trösterin der Betrübten (1624–1795)

Die ursprüngliche und die neue Glacis-Kapelle. Das erste Heiligtum stand von 1628 bis 1796, als es abgerissen wurde. Die neue Kapelle wurde knapp 90 Jahre später, 1884–85, in unmittelbarer Nähe und in Erinnerung an die erste, errichtet. Zeichnung von Michel Engels, Ende des 19. Jh.

immer mehr auch aus dem benachbarten Trierer Land, der Saargegend, aus der Nordeifel und dem Kölner Raum sowie aus Lothringen. Weit über die Grenzen des Herzogtums hatte sich der Ruf vom Luxemburger Gnadenbild verbreitet. Besonders empfänglich dafür waren die Orden, vor allem die Jesuitenniederlassungen und -schulen in den Spanischen Niederlanden. Mit unterschiedlichem Erfolg wurde die Andacht zur Trösterin eingeführt in Cambrai, Valenciennes, Ath, Maubeuge, Lüttich, Namür, Mons, Huy und Neuß. Große Begeisterung zeigten die Sodalen, wiederum besonders an den Jesuitenkollegien, für die marianische Sache. 1652 führten diejenigen des Luxemburger Kollegs ein Theaterstück über die Trösterin der Betrübten auf. Auch die weibliche Jugend in der Schule der Schwestern der »Congrégation de Notre-Dame« (»Sainte-Sophie«), in der Jesuiten als Seelsorger tätig waren, pflegten die Andacht zur Consolatrix Afflictorum. Das Mirakelbuch »Wunderwerck«, Werbeschrift, das die Jesuiten drucken und verbreiten ließen, berichtete über die Entstehung der Wallfahrt sowie belobigend über die auf die Intervention der Trösterin der Betrübten zurückgeführten, notariell beglaubigten Heilungen. Dieses »Wunderwerck«

wurde auch in den Jesuitenkollegien von Neuß, Münstereifel, Köln und Trier gelesen. Allgemein wird der Erfolg der Wallfahrt nach Luxemburg sich auch aus den Zeitumständen und besonders den harten Lebensbedingungen erklären, welche die Menschen damals religiös zu verarbeiten und zu bewältigen suchten: Krieg auf weiten Strecken und während langen Jahrzehnten, Missernten, Hungersnot, Pest, verunsicherter Glaube durch den Protestantismus an den Grenzen des Herzogtums.

1642 begann die Wallfahrt in Kevelaer am Niederrhein, wohin vordem in Luxemburg stationierte hessische Soldaten ein kleines Andachtsbild der Luxemburger Trösterin, als Gewandfigur dargestellt, mitgenommen hatten: ein weiterer Beleg für die Ausstrahlung und Fernwirkung des Luxemburger Marienkultes über die Grenzen des Herzogtums hinaus.

Das Gnadenbild

Kristallisationspunkt der von den Luxemburger Jesuiten initiierten Andacht war von Anfang an jene 73 cm hohe Marienstatue aus Lindenholz, die als Gnadenbild der »Trösterin der Betrübten« bis heute in der Luxemburger Kathedrale im Mittelpunkt steht und deren Raumbild beherrscht.[30] Zunächst vor den Stadttoren, dann in der Glacis-Kapelle und zeitweise in der Jesuitenkirche aufgestellt, blieb sie endgültig dort, als die Muttergotteskapelle während der Französischen Revolution 1796 abgetragen wurde. Das Gnadenbild U. L. F. trägt bis heute, als Relikt aus der Zeit der Zugehörigkeit zu Spanien, eine Gewandung, so wie man sie auch, aber nicht ausschließlich, in den restlichen Territorien der früheren Spanischen Niederlande (Belgien) bzw. anderer Länder, die zur spanischen Krone gehört haben, beibehalten hat, wie etwa den Philippinischen Inseln oder den süd- und mittelamerikanischen Staaten. Diese der Statue übergezogenen steifen Stoffkleider entsprechen einer Mode, die bis ins Spätmittelalter zurückreicht, und sie betraf nicht nur Marienstatuen.

---

30 MAERTZ, *Entstehung*, S. 67–75. LASCOMBES, *Chronik 1444–1684*, S. 492f.

I. Entstehung und Entwicklung der Wallfahrt zur Trösterin der Betrübten (1624–1795)

Die Marienstatue mit Bekleidung, auf dem während der Oktave jeweils aufgerichteten »Votiv«-Altar mit Exvoto-Herzen. Foto: Nicole Knoch.

Zierrat und figürlich-plastische Präsentation des Luxemburger Gnadenbildes haben sich im Lauf der Zeit geändert.[31] Ab 1640 zeigen die Nachbildungen es in feierlicher, weiter Gewandung und mit Krone, so auch das Jesuskind. Dazu ein Zepter in der rechten Hand der Gottesmutter, die Erdkugel in der linken Hand des Jesuskindes. Kettengehänge (geschenkte Halsketten, lange Perlenschnüre), die die Statue über den Kleidern von Anfang an trug, werden ihr heute nicht mehr umgehängt, auch nicht mehr das ihr vermachte Goldene Vlies des Grafen von Elter – um die restaurierten Kleider möglichst zu schonen. Nach 1667 kam der goldene Schlüssel dazu, Ausdruck ihrer Schutzherrschaft über die Stadt, 1866 das goldene Herz der Dienstmädchen aus der Stadt Luxemburg; beides trägt die Statue am rechten Arm. Vorher hatte Bischof Johannes Theodor (Jean-Théodore) Laurent in den vierziger Jahren des

---

31 ANDRÉ, *Geschichte*, S. 11.

19. Jahrhunderts die breite Gewandung gotisieren, d. h. zu einem Kegel verengen lassen – so zeigt sich die bekleidete Statue bis heute. Unter Bischof Koppes kam zum Zierrat der ebenfalls an der rechten Hand aufgehängte Rosenkranz dazu, Ausdruck der unter Papst Leo XIII. sich ausbreitenden Rosenkranzandacht gegen Ende des 19. Jahrhunderts.

Die Herkunft der Statue ist bisher nicht geklärt. Wann und von wem sie geschnitzt wurde, dazu gibt es mehrere Hypothesen. Eine davon besagt, sie stamme von Daniel Müller, einem Künstler aus Freiberg/Sachsen, der sich in Luxemburg niedergelassen und im Dienst der Jesuiten gearbeitet hatte (Teile ihrer Kirche, besonders die Empore und das Hauptportal, stammen von ihm); die Statue sei möglicherweise eine Nachbildung einer älteren Skulptur im Besitz der Luxemburger Jesuiten. Eine zweite Hypothese sieht die Statue in Zusammenhang mit dem Gnadenbild von Montaigu.[32] Dort war um 1600 eine Wallfahrt um eine Marienstatue entstanden, die so bedeutend wurde, dass Kopien davon nachgeschnitzt und in alle Welt verteilt wurden; die Luxemburger Statue sei ein Ableger hiervon (tatsächlich hat sie einige Züge, die an das Montaiguer Bild erinnern), zumal der Kult der Madonna von Montaigu von den Luxemburger Jesuiten gefördert wurde und sie 1613 eine Nachbildung jener Statue in ihrer Kapelle aufgestellt hatten.[33] Die dritte Hypothese – von Muriel Prieur gelegentlich der Restaurierung der Statue 2008 thematisiert[34] – besagt, die Holzskulptur könne eventuell älter sein als die Zeit, wo sie begann Geschichte zu machen; sie habe als spätgotische bzw. frühbarocke Statue schon vielleicht Ende des 16. Jahrhunderts existiert und sei vom deutschen Kul-

---

32 Hans GEYBELS, *Notre-Dame de Montaigu*, in: MUSÉE EN PICONRUE (éd.), *Notre-Dame de Luxembourg*, S. 71–80. Ders., *Onze-Lieve-Vrouw van Scherpenheuvel in de Verbeelding*, Scherpenheuvel o. J. Fr. PALLEMAERTS, *Histoire de N. D. de Montaigu*, I-II, Paris 1937, bes. II, S. 151–154.

33 Martin BLUM, *Unsere Liebe Frau von Montaigü in der ehemaligen Grafschaft Chiny*, in: *Luxemburger Marienkalender* 1887, S. 15–20, hier S. 17.

34 Muriel PRIEUR – Jana SANYOVA, *La sculpture de la Consolatrix Afflictorum. Matériaux, techniques et restauration,* in: MUSÉE EN PICONRUE (éd.), *Notre-Dame de Luxembourg,* S. 255–267.

turraum beeinflusst.³⁵ Die Legende, das Gnadenbild sei von Jugendlichen an einer Eiche beim Crispinusfelsen in der Stadt Luxemburg entdeckt worden, wohin es dreimal zurückgekehrt sei, ehe es von Pater Brocquart und seinen Studenten auf das Glacis getragen wurde, kam erst viel später auf.³⁶

Die Statue wurde mannigfach auf Abbildungen reproduziert, besonders nach 1678, als die Trösterin der Betrübten zur Patronin des Landes erkoren worden war. Doch längst vor diesem Ereignis und selbst vor der Erwählung zur Stadtpatronin 1666 hatte Pater Rutius SJ, Rektor des Kollegs in Luxemburg, Kopien jenseits der Grenzen des Herzogtums verschickt: nach Maubeuge, Cambrai, Douai, Mons, Valenciennes usw. Die Statue der Trösterin über der Neupforte in der Stadt Luxemburg scheint bereits vor der Jahrhundertmitte (genaues Datum unbekannt) aufgestellt worden zu sein. Diese Statue wechselte, wenngleich am gleichen Ort, mehrere Male ihren Platz. Zunächst über der Pforte, die »Marienpforte« oder »Muttergottespforte« genannt wurde, zur Stadtseite gekehrt, wurde sie 1876 nach der Schleifung der Festung den Pilgern, die in die Stadt kamen, zugekehrt und in einer neoklassizistischen, einem Pariser Wandbrunnen nachempfundenen Hausnische an der Ecke zwischen Bäder- und Neutorstraße aufgestellt. Seit 1977 wird sie wieder zur Stadtseite hin gezeigt, in einer modernen, an den Gebäudekomplex des Forum Royal angebauten stilisierten Marmornische. Die Statue ist eine Kopie, das Original aus Stein befindet sich heute im Museum »Dräi Eechelen«.³⁷ Nach der Erwählung der Landespatronin wurden im späten 17. und im 18. Jahrhundert auch

---

35 Muriel PRIEUR, *Consolatrix Afflictorum: Etude stylistique et iconographique. L'importance de la garde-robe*, ebd., S. 19–33.

36 AM-HERD, *Maria*, S. 17–20.

37 Michael FALTZ, *Das Bild der Trösterin in der Neutorstrasse in Luxemburg*, in: *Luxemburger Marienkalender* 1966, S. 40–46. Robert-L. PHILIPPART, *Un édicule en l'honneur de la Patronne de la Ville*, in: *Annuaire de l'ALUC* 2003, S. 8–11. Ders., *Luxembourg, de l'historisme au modernisme. De la ville forteresse à la capitale nationale*, Thèse de doctorat UCL, Luxembourg 2006, S. 476–480. Marcel WEYDERT, *Die Muttergottesstatue am Neutor in Luxemburg*, in: *Letzeburger Journal* (17.5.2006), S. 25–27.

in anderen Kirchen des Landes, zunächst noch sehr zögerlich, vollplastische Nachbildungen des Luxemburger Gnadenbildes aufgestellt, auf dem Gebiet des heutigen Großherzogtums in der Stadt Luxemburg, in Altwies, Boevingen/Attert, Esch/Sauer, Hoscheid, Hoffelt, Kalborn, Koerich, Weiler/Helzingen. Viele andere Mariendarstellungen aus demselben Zeitraum, besonders »Pietà«-Bilder (schmerzhafte Muttergottes, auch noch »Vesperbild« genannt) sowie Immakulata- und Himmelfahrtsdarstellungen, wurden für andere Kirchen angeschafft, Zeugnisse einer breit aufgefächerten Marienverehrung, in welche der Kult der Trösterin der Betrübten sich integrierte.[38] Die systematische Aufstellung von Consolatrix-Statuen in den Landkirchen wird sich erst im 19. Jahrhundert, nach der Proklamation der Trösterin zur ersten Patronin aller Pfarreien, ab 1840 durchsetzen und bleibt bis heute ein Merkmal luxemburgischer Kirchen und Kapellen.

Zur Botschaft des Bildes.[39] Die polychromierte Statue ist einzureihen als Beispiel des Typus »Unbefleckte Empfängnis« (Immakulata), der ab dem 17. Jahrhundert, nicht zuletzt durch die Jesuiten, zum eigentlichen Marienbild des Barocks wurde. Sie trägt zu ihren Füßen die Mondsichel, was sie als den Satan siegreich bekämpfende himmlische Frau identifiziert (an anderen Statuen ist der Satan in Form einer Schlange tatsächlich dargestellt). Dass sie mit Krone und Zepter präsentiert wird, macht aus ihr die Himmelskönigin, Ausdruck eines im Zuge der Gegenreformation neu entstandenen Selbstbewusstseins der abendländischen Catholica, die sich mit dem Konzil von Trient erneuerte und festigte und noch einmal die gesamte Kultur religiös wie sinnstiftend zu durchdringen suchte. Dieses Sendungsbewusstsein kommt im Bildnis der »Maria vom Siege«, das hier mit der frühbarocken Mondsichelmadonna verschmilzt, zum Ausdruck. »Ce thème du triomphe sur le ›Mal‹ se retrouve aux origines du culte de Notre-Dame de Luxem-

---

38 Marcel SCHROEDER – Georges SCHMITT, *Madones au Luxembourg*, Luxembourg 1966.
39 Michel SCHMITT, *Das Wallfahrtsbild und seine Botschaft*, in: *Télécran* Nr. 19 (1984), S. 14–17. Sonja KMEC, *Les multiples symboliques de la Consolatrix Afflictorum*, in: *Woxx* (23.12.2005), S. 4f.

bourg«, gleich welche Form dieses Böse auch annehmen sollte.[40] Herrscherlich-hoheitsvoll inkarniert sich dieser Siegesgedanke in der Dargestellten, die als Hüterin und Garantin des rechtmäßigen Glaubens in einer erneuerten Kirche angesehen wurde. Im 18. Jahrhundert verbreitete sich dieser Immakulata-Bildtypus in Kirchen und Kapellen, wie in Esch-Sauer, Vianden, Tadler, Heiderscheid, Kaundorf und Tandel.

Nun steht diese hehre Darstellung aber in Widerspruch zum Titel »Trösterin der Betrübten«.[41] Bild und Bezeichnung klaffen auseinander. Pater Brocquart hatte wohl bei der Namensgebung die krassen Notsituationen des Dreißigjährigen Krieges und die akute Pestgefahr vor Augen, er verlieh der Skulptur eine existenzielle Bedeutung im Kontext des Zeitgeschehens. So wurde die damit zusammenhängende Botschaft erweitert und gab dem Bild eine zusätzliche Anziehungskraft, die durch die Jahrhunderte Verkündigung, Katechese, Oktavspiritualität und Volksfrömmigkeit inspirierte. Bezeichnenderweise wird Jahrhunderte später das Zweite Vatikanische Konzil (1962–65) in der Konstitution über die Kirche »Lumen gentium« die Idee aufgreifen und Maria als »Zeichen der sicheren Hoffnung und des Trostes für das pilgernde Gottesvolk« bezeichnen.

In der Glacis-Kapelle stand das Gnadenbild in einer durch sich verjüngende Bögen markierten, perspektivisch ausgearbeiteten Altarnische, von der heute noch einige Nachbildungen im Großherzogtum existieren, so in der Michaelskirche in der Stadt Luxemburg für die Rosenkranzkönigin, in den Kirchen von Bettborn und Esch-Sauer sowie in der 1654 nach Art der Glacis-Kapelle vor den Stadtmauern errichteten Muttergotteskapelle in Echternach für die Schmerzhafte Muttergottes.[42]

---

40 Sonja KMEC, *L'Octave : changements et continuités*, in: CNA (éd.), *Kalbasslamettanationalpilgeralbum. Traditions en migration*, Luxembourg 2006, S. 10–19, hier S. 10.

41 PEIFFER, *Zur Geschichte des Marien-Titels*.

42 Paul SPANG, *La Chapelle Notre-Dame d'Echternach, œuvre du Père Brocquart ou de l'Abbé Fisch?*, in: *Hémecht* 18/3 (1966), S. 363–367. – Die Jesuitenkommunität in Luxemburg-Belair hat in ihrem Besitz ein Ölgemälde der Trösterin aus dem 18. Jahrhundert, das sie in einer solchen perspektivischen Nische zeigt.

Der Name »Trösterin der Betrübten« (Consolatrix Afflictorum) existierte vor dem entstehenden Luxemburger Kult unter verschiedenen Varianten bereits anderwärts: Die Madonna von Montaigu trug den Titel »Trösterin des Menschengeschlechts« (Humani generis consolatrix) und diejenige von Avioth, einem beliebten Pilgerort im Südteil des Herzogtums Luxemburg, der mit dem Pyrenäenfrieden von 1659 zu Frankreich kam, wurde als »Suzeraine du Luxembourg et Consolation dans notre exil« angerufen. Es gab also den Titel »Consolatrix (consolatio) Afflictorum« längst vor der Luxemburger Wallfahrt. Der Titel, der Maria als Nothelferin charakterisiert, ist Bestandteil der Lauretanischen oder Muttergottes-Litanei, die im Mittelalter entstanden war.[43] Bereits im 12. Jahrhundert gab es in der elsässischen Ortschaft Sewen (Haut-Rhin) eine Wallfahrt zur »Notre-Dame des Affligés / U. L. F. der Betrübten«. Auch findet man in unseren Gegenden im ausgehenden Mittelalter viele »Pietà«-Darstellungen mit der Schmerzensmutter, die ihren toten Sohn auf dem Schoß trägt.[44] So konnten Menschen in Not und Leid sich mit der Schmerzensmadonna identifizieren und sie in ihren Nöten anrufen.[45] Durch die Jesuiten wurde der Kult der Trösterin der Betrübten zusätzlich durch die typische ignatianische Trost-Dimension bereichert.[46] Idee und Vokabular der marianischen »consolatio« flossen zudem aus der frühchristlichen und mittelalterlichen Literatur (Trostbücher, marianische Dichtung, »Consolatio«-Titel in verschiedenen Varianten für die Gottesmutter) mit ein. Es gab die Anrufung

---

43 W. DÜRIG, *Lauretanische Litanei*, in: *Marienlexikon*, IV, St. Ottilien 1992, S. 33–42, bes. S. 38 f.

44 *Notre-Dame des Douleurs dans l'art ancien du Luxembourg*, in: *Luxemburger Wort* (9.6.1954), S. 2 f. Joseph HIRSCH, *Vierges de pitié luxembourgeoises*, in: *Hémecht* 19/3 (1967), S. 297–397; 20/2–3 (1968), S. 117–379; 32/4 (1980), S. 397–423.

45 Diese marianische Spiritualität bleibt heute aktuell. Papst Johannes Paul II. widmet in seinem biographisch-spirituellen Buch *Geschenk und Geheimnis*, Graz-Wien-Köln 1997, S. 36–40, bes. S. 38, ein kleines Kapitel Ausführungen über den »Draht zu Maria«, wobei »der Dialog der Seele mit der Schmerzhaften Muttergottes« einen besonderen Platz einnimmt.

46 André LESCH, *Tröstet, tröstet mein Volk … Variationen über Trost und Trösterin*, in: *Die Warte* (25.4.2013), S. 4 f., hier S. 5.

»Trösterin der Betrübten« besonders auch im Lothringischen Raum, oft unter der Vokabel »N.-D. des Douleurs« oder einer ähnlichen. Es gab den Titel in Lüttich (St. Jacques), in Laeken bei Brüssel und anderen Ortschaften des heutigen Belgien (Saint-Remy, Chèvremont, Lebbeke, Groeninghe), zu denen später noch andere dazukamen (Buggenhout, Lede, Wanférée-Baulet, Sugni, Uccle-Calvoet, Uccle-Stalle, Bornival, Gistoux, Bois-Seigneur-Isaac, Tilly, Vilvorde).[47] Für den benachbarten deutschen Raum sind zu nennen: Bornhofen, Beurig und Eberhardsklausen. In der Pariser Kirche Saint-Germain-des-Prés wird bis heute eine mittelalterliche Statue als »N.-D. de Consolation« verehrt.[48] Historische »Consolatrix«-Kirchen, -Wallfahrten oder -Bilder gibt es, abgesehen von der Luxemburger Tradition, im katholischen und im orthodoxen Einflussbereich: Salzburg (Maria Plain), Wien (Kapuzinerkirche),[49] Nesselwang (Allgäu), Namür (St. Jean Baptiste), Rom (S. Maria Consolatrice, S. Camillo de Lellis), Turin (S. Maria Consolatrice), Drohiczyn (Polen), St. Petersburg usw.[50] Besondere Verehrung genießt die Consolatrix Afflictorum, abgesehen von der Luxemburger Tradition, zudem: in der spanischen Region Almeria, auf den Philippinischen Inseln (von den Spaniern importiert), in der Region Serre Vibonesi (Kalabrien).[51]

Erste Oktaven

Die Glacis-Kapelle vor den Toren der Stadt Luxemburg ist der Ursprungsort der Luxemburger Oktave. Hier fanden bereits sehr früh die ersten »Oktaven«, d. h. Pilgerzeiten von acht Tagen zu Ehren der Trös-

---

47 »*Notre-Dame de Consolation*«, in: *Die Warte* (4.5.1955).
48 Georges HELLINGHAUSEN, *Die Trösterin der Betrübten in Saint-Germain-des-Prés*, in: *Die Warte* (6.5.1999).
49 Georges HELLINGHAUSEN, *Erwählung der Stadtpatronin vor 330 Jahren*, in: *Luxemburger Wort* (10.10.1996), S. 17.
50 HELLINGHAUSEN, Titel »*Consolatrix afflictorum*«, S. 78–80.
51 *Consolatrix Afflictorum. Historia, espiritualidad, devoción, arte*, hg. von Ramón DE LA CAMPA CARMONA, 2 Bde, Sevilla 2022.

terin der Betrübten statt, so im Jahr 1632. Die Glacis-Kapelle wurde zu einem mythischen Ort. Im 17.–18. Jahrhundert wurde sie systematisch auf den Consolatrix-Darstellungen, besonders den Stichen von Collin, Weiser, Kaeyll, Gebrüder Klauber u. v. a. oder den Andachtsbildchen (etwa das von Kevelaer, aus dem Jahr 1640) neben der Madonna, im Hintergrund und meist mit Pilgergruppen oder Prozessionen, abgebildet. Zur Zeit der Französischen Revolution wurde die Kapelle profaniert und schließlich abgerissen (1796). Seit 1794 steht das Gnadenbild der Trösterin endgültig in der alten Jesuitenkirche, der heutigen Kathedrale. 1885 wurde in Anlehnung an die alte eine neue, neogotisch konzipierte Glacis-Kapelle als Friedensheiligtum am Boulevard Joseph II, nahe am Luxemburger Stadtpark, errichtet. Bereits bei Straßenbauarbeiten 1913 waren die Fundamente der ersten Kapelle, der Rotunde von 1628, entdeckt und zerstört worden. 2016, im Rahmen von Tram-Arbeiten, wurden die Überreste des angebauten Rechtecks

Fundamente des rechteckigen Anbaus der Glacis-Kapelle, 1640 gelegt, bei Tram-Arbeiten im Frühjahr 2016 wiederentdeckt und konsolidiert. Unter den dunklen Plastikmatten befinden sich Leichenfunde. Foto: Georges Hellinghausen.

von 1640–42 wiederentdeckt und konserviert.[52] Der »Notre-Dame«-Friedhof (»Niklos-Kierfecht«, »Kapelle-Kierfecht«) hinter der Kapelle entstand um 1690 und wurde ein knappes Jahrhundert später, als Kaiser Joseph II. das Bestatten in den Kirchen und innerhalb der Ortschaften verbot, zum offiziellen Stadtfriedhof.

An seinen Anfängen und bis ins 19. Jahrhundert hatte der Kult der Trösterin der Betrübten eine antiprotestantische Konnotation. Er war von den Jesuiten als katholische Bastion gegen das Eindringen des Protestantismus inszeniert worden, mit den typischen Elementen einer barocken Volksfrömmigkeit, die die Bevölkerung religiös einigen sollte und dem protestantischen Kult entgegengesetzt war: Wallfahrt, Messe, eucharistische Anbetung, Heiligenverehrung, besonders Verehrung der Jungfrau Maria, Wunder, Ablässe, Prozessionen, äußere Formen von Religiosität, Feierlichkeit und triumphalistische Ausdrucksmittel. Dies hat sonder Zweifel zur katholischen Integration und lange Zeit zur konfessionellen Einheit des Landes beigetragen – der einheitliche Konfessionsstaat wurde damals überall in Europa angestrebt, wenngleich unter variablen konfessionellen Vorzeichen.[53] Nächstliegende Beispiele und Vorbilder waren die Spanischen Niederlande und das Erzstift Trier: »Zu einer intensiven Verschränkung von Territorium, katholischer Reform und Konfessionalisierung kam es auch im luxemburgischen Teil des Erzbistums, wo dies besonders durch den neuen Kult der Trösterin der Betrübten deutlich wird.«[54] Kurtrier und Herzogtum Luxemburg wurden im Ancien Régime katholische Konfessionsstaaten, welche die Protestanten fernhielten und nach Möglichkeit ausschlossen. »Le triomphe de Notre-Dame« war das Buch eines Jesuiten

---

52 Georges HELLINGHAUSEN, *Die alte Glacis-Kapelle, ein mythologischer Ort*, in: https://cathol.lu/article5374. Vgl. *Luxemburger Wort* (5.4.2016), S. 21, (6.4.2026), S. 23, (6.5.2016), S. 23, (11.8.2016), S. 17.

53 Zur Wallfahrt als kontroversem Kennzeichen der Konfession vgl. Klaus GUTH, *Geschichtlicher Abriss der marianischen Wallfahrtsbewegungen im deutschsprachigen Raum*, in: *Handbuch der Marienkunde*, II, Regensburg 1997, S. 321–448, bes. S. 368–395.

54 Wolfgang SCHMID, *Kirche, Kunst und Kultur*, in: *Geschichte des Bistums Trier*, III, S. 492–550, hier S. 547.

aus Lille überschrieben. Die Gottesmutter wurde in den katholischen Ländern Europas als »Siegerin (Maria Victrix)« gefeiert: Sieg gegenüber dem Protestantismus, Sieg gegenüber dem militärischen Gegner (wobei jeder versuchte, die Muttergottes auf seine Seite zu bekommen, bzw. gegen einen gemeinsamen Feind, etwa die Türken).[55] Besonders Frankreich und das Haus Habsburg, nicht zuletzt in den südlichen Niederlanden, wurden diesbezüglich initiativ, auch gegeneinander. Das Volk schloss sich diesem Verehrungsmotiv, das sich insbesondere katholische Fürsten und einige Intellektuelle zu eigen machten, jedoch nur sehr bedingt an.[56] Für Luxemburg gibt es für die militärische Inanspruchnahme der Gottesmutter folgende Belege: Gouverneure, die vor dem Kriegsdienst in der Glacis-Kapelle beteten; große Bittprozession im Jahr 1643 zur Kapelle, um übernatürliche Hilfe vor den französischen Truppen anzurufen; Dankesbekundung an die Gottesmutter im Rahmen der beiden Erwählungen von 1666 und 1678 für Verschonung und besonderen Schutz in Kriegswirren; Triumphwagen der Consolatrix bei der großen Schauprozession von 1666 und danach, die den besiegten Kriegsgott Mars hinter sich herzog, und allegorischer Vergleich der Gottesmutter mit der alttestamentlichen Judith, die mit dem Schwert das Haupt des Holofernes abgeschlagen hat; Lichtge-

---

55 Alain LOTTIN, *Les grandes inflexions de la dévotion mariale aux temps modernes (XVIe-XVIIIe siècle)*, in: *La dévotion mariale de l'an mil*, S. 29–40, bes. S. 30–35. Henri PLATELLE, *Marie, vierge, mère, souveraine, au moyen âge occidental*, ebd., S. 13–28, hier S. 25–27. Zu »Maria, der Siegreichen (Maria vom Sieg)« vgl. auch Klaus SCHREINER, *Maria – Jungfrau, Mutter, Herrscherin*, München-Wien 1994, S. 367–409. Ders., *Maria, Leben – Legenden – Symbole*, München 2003, S. 99–108.

56 »L'historien doit cependant reconnaître dans ces fugaces allusions que les traits guerriers dont on dépeint à l'occasion la Vierge sont, en réalité, des caractères secondaires de ce personnage sacré. [...] Des fidèles, en effet, se tournent un peu partout vers les traditionnelles figures mariales de miséricorde ou d'intercession pour implorer une protection en ces périodes de conflits militaires. [...] Cette figure belliqueuse reste cependant exceptionnelle et ne s'impose pas dans l'abondante littérature mariale qui voit le jour dans ces régions en ces temps de réforme du catholicisme. Elle continuera pourtant à être sporadiquement mise en scène dans le courant du XVIIe siècle.« Annick DELFOSSE, *Une Vierge guerrière au service des Habsbourg et de l'Église catholique dans les Pays-Bas méridionaux*, in: *La dévotion mariale de l'an mil*, S. 337–345, hier S. 342 und 344f.

stalt, die die heranrückenden Franzosen 1682 vertrieben habe, was zur Aufhebung der französischen Blockade geführt habe. Der Luxemburger Jesuitenpater Peter Wiltz erwähnt in seiner 1736 herausgegebenen und dem Gouverneur Leopold Wilhelm von Österreich gewidmeten Neuausgabe des Mirakelbuchs von 1648 die Muttergottes als siegverheißende »Generalissima«.[57] Auch viel später wurde immer wieder ein Bezug zwischen Muttergottesverehrung und politisch-militärischer Bewandtnis hergestellt: Ein Jahr nach der Krönung des Marienbildes am 2. Juli 1866 durch einen Legaten Pius' IX. seien die Preußen aus der Festung Luxemburg ausgezogen; 1870 sei Luxemburg durch marianische Intervention von der Besetzung durch deutsche Truppen bewahrt geblieben; am 10. Oktober (Stichdatum der Stadtpatronin) 1941 bekundeten die Luxemburger im von den Nazis organisierten Referendum ihren Willen zur Unabhängigkeit und gegen eine Inkorporierung ins Deutsche Reich durch ein dreifach notiertes »Lëtzebuergesch«.[58] Noch nach dem Zweiten Weltkrieg sprach eine Strömung der Muttergottes den Sieg über die Nazis zu,[59] und die Oktave 1946 wurde offi-

---

57 MAERTZ, *Entstehung*, S. 79. P. Wiltz gab die allgemeine Überzeugung wieder, die mehrfache militärische Verschonung der Stadt Luxemburg inmitten kriegerischer Turbulenzen sei der besonderen Schutzherrschaft der Trösterin zu verdanken. Dazu KUNTGEN, *Histoire*, S. 159. – Sonja Kmec unterstreicht den Aspekt der »Maria Victrix« oder »Generalissima«, militärisch verstanden, im internationalen Kontext, besonders im Zusammenhang der Spanischen Niederlande, zu denen Luxemburg gehörte. So in: *L'Octave*, S. 11 f.; »*Marienland Luxemburg«. L'historiographie du culte de Notre-Dame de Luxembourg entre aspirations universalistes et ancrage national*, in: Hémecht 66/3–4 (2014), S. 493–512, hier S. 507; *Die Muttergottesoktave im Wandel der Zeit*, in: *Luxemburg, eine Stadt in Europa*, hg. von Marie-Paule JUNGBLUT – Michel PAULY – Heinz REIF, Luxemburg 2014, S. 270–285, hier S. 281; *Notre-Dame de Luxembourg et sa fête annuelle. L'Octave comme lieu de mémoire*, in: MUSÉE EN PICONRUE (éd.), *Notre-Dame de Luxembourg. Dévotion et Patrimoine*, Bastogne 2016, S. 223–228, hier S. 224 f.

58 Vgl. *Dreihundert Jahre »Votum solemne«. Aus vergilbten Blättern*, in: Letzeburger Sonndesblad Nr. 27 (16.7.1978), S. 15. Der anonyme Autor schlussfolgert, in Fettdruck: »Sonderbare Heimatgeschichte, wo die Trösterin der Betrübten immer wieder die letzte Entscheidung trifft!«

59 Im Gedicht von Marcel Fischbach »Un d'Schutzpatro'nin«, veröffentlicht am 11. September 1944 im *Luxemburger Wort*, einen Tag nach der Befreiung Luxemburgs durch die Amerikaner, hieß es: »Mir wössen, duurch Deng Höllef ass de Sieger bei ons agezunn.«

ziell als »Oktave des Sieges« gefeiert.[60] – Letztlich wurde die »Immakulata«, die mit ihrem Fuß auf Satan tritt, um ihn zu töten, als Siegerin gegen alle Formen des Bösen und alle potentiellen Feinde angesehen und angefleht. Als solche war sie für die Erwählung als privilegierte Schutzpatronin von Städten und Staaten attraktiv geworden.[61] Kein Wunder, dass im 17. und 18. Jahrhundert zahlreiche Immakulata-Darstellungen (Gemälde, Statuen usw.), zu denen auch die Trösterin der Betrübten gehörte, in Luxemburgs Kirchen Einzug hielten.[62]

Die Jahre von 1640 bis 1660 waren von Krieg und Hungersnot gekennzeichnet. Die Dezimierung der Bevölkerung im Herzogtum schritt voran. Nur ein Drittel der Bevölkerung überlebte, ganze Dörfer verschwanden. Die Wallfahrt stagnierte nach ihrem Höhepunkt von 1640, wurzelte sich aber im Herzogtum ein. Zu den Beichten und Kommunionen, Prozessionen von Pfarreien, Mess-Stiftungen und Geschenken für Heilungen und andere Gebetserhörungen kamen Konversionen von Protestanten dazu. Pfarreien kamen alljährlich gepilgert, immer mehr Bilder und Medaillen wurden in der Gnadenkapelle aus-

---

60 Bischof Philippe erklärt etwas schwammig im Hirtenbrief vom 1. Mai 1945, vgl. *Kirchlicher Anzeiger für die (Erz-)Diözese Luxemburg* 76 (1946) Fol. 5, S. 1–3, hier S. 1: »War die Oktave von 1945 die Oktave der Befreiung, so soll diejenige von 1946 die O k t a v e   d e s   S i e g e s sein. Um dieses Wort voll und ganz zu ermessen, brauchen wir nur an die Jahre der Bedrückung zurückzudenken und uns zu vergegenwärtigen, dass solches auf immer unser Los hätte werden sollen. Das sagt genug. Wir wollen dieses Wort über unsere Grenzen ausdehnen und die Gnade des Sieges in allen Ländern schauen, besonders in den Nachbarländern unserer geliebten Heimat, weil gerade mit ihnen soviele Bande uns verbinden und ihr Leid uns zwangsläufig mitberührt.«

61 »Enracinée dans l'assurance et l'optimisme d'une foi rénovée, la vénération de l'Immaculée Conception évoque l'idée de la victoire sur toutes les forces du mal et les ennemis pouvant menacer l'Église […], l'image anticipée de l'Église victorieuse, dans laquelle les fidèles sont invités à s'engager d'une manière résolue en vue de l'action apostolique. Garante de la victoire finale, la Vierge Marie devient la protectrice privilégiée des États, des villes et de leurs populations. On lui attribue les grandes victoires de la chrétienté à Lépante en 1571 et au Kahlenberg près de Vienne en 1683.« So Michel SCHMITT, *Le concile de Trente et les nouveaux modes d'expression de la piété catholique dans l'art*, in: MUSÉE EN PICONRUE (éd.), *Piété baroque*, S. 195–206, hier S. 200.

62 Liste bei Michel SCHMITT, *L'image de la Vierge immaculée, expression d'une piété confiante et engagée*, in: MUSÉE EN PICONRUE (éd.), *Piété baroque*, S. 200.

geteilt. Reichlich verzierte Bilder in Großformat wurden bestellt und angefertigt, zunächst in Antwerpen, später auch in Luxemburg selbst, ebenso in Augsburg, Paris und danach in Epinal. 1651 gründete Pater Brocquart eine Bruderschaft der Trösterin der Betrübten und ließ sie vom Papst und dem Erzbischof von Trier anerkennen sowie mit Ablässen ausstatten. Sie spielte bei der Verbreitung und Festigung des Kultes der Trösterin der Betrübten eine erhebliche Rolle.

Die Loslösung des Südteils des Herzogtums, das nach dem Pyrenäenfrieden von 1659 in das französische Königreich integriert wurde, tat den Wallfahrten besagter Ortschaften keinen Abbruch. Zahlreiche Pilger kamen weiterhin von Diedenhofen, Yutz, Rodemacher, Königsmacher usw. Zur selben Zeit wurden auf dem Glacis vor der Festung Luxemburg sieben Stationen errichtet, die anhand der Sieben Schmerzen Mariä die Wallfahrer auf den Besuch bei der Consolatrix Afflictorum einstimmen sollten.

1660 kamen insgesamt 48 Pfarreien nach Luxemburg gepilgert, besonders Diedenhofen; 1661: 28, besonders Arlon; 1663: 54, besonders Grevenmacher und Wiltz; 1664: 54, besonders Munshausen, Hosingen und wiederum Grevenmacher. In der Glacis-Kapelle wurden täglich bis zu 10, an manchen Tagen bis zu 40 Messen gelesen. Pater Philippe de Scouville, Verfasser eines luxemburgischen Katechismus, war es angelegen, den Marienkult während seiner missionarischen Tätigkeit auf dem Lande mit derselben Methode einzuführen, die auch seine Mitbrüder aus dem Orden anwandten: durch die von ihnen verbreiteten »Christenlehrbruderschaften«, die Promotion des Rosenkranzgebetes, die Vermehrung von Bildern der Consolatrix in den Pfarreien, das Verteilen von Andachtsbildchen und Medaillen mit Abbildungen der Trösterin und durch Einladungen, zur Gnadenkapelle nach Luxemburg zu pilgern.[63] Auf diese Weise wurde das Bild der Luxemburger Consolatrix im Herzogtum und über die Grenzen hinaus bestens bekannt.

---

63 MAERTZ, *Entstehung*, S. 95.

Als Zeugnis ihrer Verehrung auf dem Lande sei eine Kapelle erwähnt, die 1691 in Obereisenbach im Norden Luxemburgs, im Ösling, errichtet wurde, nachdem die Gebrüder Lieners im Anschluss an ein Gelübde heil aus dem Dreißigjährigen Krieg zurückgekehrt waren. Im 18. Jahrhundert amtierte dort ein Messner im Auftrag des Klosters Hosingen. Die Kapelle blieb im Besitz der Familie, die sie 1951 der Gemeinde Hosingen schenkte. 2006 erhielt sie eine neue Consolatrix-Statue.[64]

Die Luxemburger Wallfahrt wurde so bekannt, dass sie im 1672 erschienenen »Atlas Marianus«, einem vom Jesuitenpater Wilhelm Gumppenberg aus München herausgegebenen und in mehrere Sprachen übersetzten Sammelwerk (Marienlexikon) mit Beschreibung der bekanntesten wundertätigen Gnadenbilder U. L. Frau aus aller Welt, Eingang fand, neben Clairefontaine, Avioth und Aywaille für das Herzogtum Luxemburg. Der entsprechende Artikel stammt von Pater de Viron, Zeitgenosse von Pater Brocquart und Rektor des Luxemburger Jesuitenkollegs.[65] Bereits 1640 war eine Geschichte der Wallfahrtskapelle und deren Bedeutung erschienen, wahrscheinlich aus der Feder von P. Brocquart.

---

64 Mireille MEYER, *Neue Statue der »Trösterin der Betrübten«*, in: *Luxemburger Wort* (22.8.2006), S. 25.
65 Michael FALTZ, *Atlas Marianus*, in: *Luxemburger Marienkalender 1958*, S. 19–24.

I. Entstehung und Entwicklung der Wallfahrt zur Trösterin der Betrübten (1624–1795)

Exkurs 1: Marianische Sodalitäten und Bruderschaft der Trösterin der Betrübten

Marianische Sodalitäten oder Kongregationen, die allentwegen von den Jesuiten gegründet wurden, waren in Luxemburg einer der Faktoren, die den Weg zu Marienverehrung und Oktave geebnet haben.[66] Ergänzt wurde deren Wirken durch die Bruderschaften. Relevant für den Consolatrix-Kult und die Wallfahrt wurde vor allem die von Pater Jacques Brocquart gegründete Bruderschaft der Trösterin der Betrübten. Sodalitäten und Bruderschaften konsolidierten im 17. und 18. Jahrhundert Oktavwallfahrt und -spiritualität in der Stadt- und Landbevölkerung des Herzogtums.[67]

Sodalitäten in Luxemburg

Begründer des Sodalitätswesens im Allgemeinen war Pater Sebastian Cabarrasi, der 1560 am Jesuitenkolleg in Syrakus (Sizilien) eine Schülervereinigung zwecks seelsorglicher Begleitung der Zöglinge errichtet

---

66 Josy BIRSENS SJ, *Die Bruderschaften der Jesuiten in Luxemburg im 17. und 18. Jahrhundert*, in: *Hémecht* 49/3 (1997), S. 333–390, hier S. 344–374 und 389 f. Ders., *Les sodalités mariales du Collège*, in: Josy BIRSENS – Michel SCHMITT – Guy THEWES, *Fir Glawen a Kultur, Les Jésuites au Luxembourg hier et aujourd'hui.* Catalogue de l'exposition, Luxembourg 1994, S. 26–28. Bernhard SCHNEIDER, *Volksfrömmigkeit, Katholische Reform und die Sodalitäten und Bruderschaften der Jesuiten im Herzogtum Luxemburg im 17. und 18. Jahrhundert*, in: *Hémecht* 46/1 (1994), S. 141–163, hier S.141–150. Ders., *Die Geschichte des Luxemburger Jesuitenkollegs (1594–1773)*, in: *Für Gott und die Menschen. Die Gesellschaft Jesu und ihr Wirken im Erzbistum Trier* (= Quellen und Abhandlungen zur Mittelrheinischen Kirchengeschichte, Bd. 66), hg. vom Bischöflichen Dom- und Diözesanmuseum Trier und der Bibliothek des Bischöflichen Priesterseminars, Mainz 1991, S. 313–332, hier S. 324–327. FALTZ, *Heimstätte*, S. 248–252. Bodo BOST, *Vor 400 Jahren Marianische Sodalität in Luxemburg errichtet.* »*Gott in allen Dingen suchen*«, in: *Die Warte* (21.1.2010), S. 6–8. Marc JECK, *Die Marianische Sodalität Luxemburg von 1610 und ihre Weiterentwicklung zu modernen Gemeinschaften*, in: *Vierhundert Jahre Glaubenszeugnis Trierer Bürger. Die marianische Bürgersodalität Trier von 1610 und ihre Kongregationskirche Welschnonnen*, hg. von Roland RIES und Franz RONIG, Trier 2010, S. 253–258.

67 Allgemein zum Sodalitäten- und Bruderschaftswesens im Erzbistum Trier im 17. und 18. Jahrhundert, vgl. SCHNEIDER, *Heilige Zeiten*, bes. S. 377–387. Ders., *Die Sodalitäten und Bruderschaften am Trierer Jesuitenkolleg*, in: *Für Gott und die Menschen*, S. 273–281.

hatte. Der flämische Jesuit Johannes Leunis aus Lüttich, der ebenfalls in Syrakus unterrichtete, nahm die Idee einer solchen Sodalität mit nach Rom und rief am dortigen Jesuitenkolleg drei Jahre später eine ähnliche Vereinigung ins Leben, die als »Prima Primaria« unter dem Titel »Mariä Verkündigung« nicht nur für alle folgenden Vorbildcharakter haben sollte, sondern auch als Zentrale, unter Leitung des Jesuitengenerals, normierend wurde, gemeinsame und verbindliche Statuten inbegriffen. Eine ganze Sodalitätsbewegung ging nun von Rom aus und verbreitete sich mit dem Jesuitenorden in alle Welt. An der 1560 gegründeten Trierer Jesuitenschule entstand eine der ersten Sodalitäten in Deutschland. Der Erfolg des Sodalitätenmodells führte dazu, dass neben Studentensodalitäten auch eigene Sodalitäten für Priester, Gelehrte, Adelige sowie einfache Bauern, Erwachsene und Junggesellen entstanden. Kirchlich anerkannt wurde das Sodalitätsmodell durch Papst Gregor XIII. im Jahr 1584.

1604, ein Jahr nach der Eröffnung des Jesuitenkollegs in Luxemburg, wurde dort für die Bürger der Stadt die erste Sodalität mit dem Titel »Mariä Verkündigung« gegründet, der viele gelehrte Männer, Kleriker wie Laien, dazu auch fortgeschrittene Schüler aus dem Kolleg, beitraten. 1607 wurde sie von der »Primaria« approbiert. Zu dieser Gelehrtensodalität kam 1610 eine weitere Sodalität für verheiratete Männer unter dem Titel »Mariä Lichtmess« oder »Mariä Reinigung«. Vervollständigt wurde die Trias, so wie in der gallo-belgischen Jesuitenprovinz (zu der Luxemburg gehörte) üblich, durch die 1612 gegründete Junggesellensodalität unter dem Titel »Mariä Heimsuchung«. Mariendevotion und Vervollkommnung des christlichen Lebens durch regelmäßigen Sakramentenempfang, Gebet, Tugendübung und gute Werke waren das deklarierte Ziel. Unter Anführung der Gelehrtensodalität veranstalteten alle Sodalen des Luxemburger Kollegs 1643, mitten in den Kriegswirren des Dreißigjährigen Krieges, eine feierliche Prozession zur Muttergotteskapelle auf dem Glacis. Bei der Bedrohung Wiens durch die Türken organisierten die Sodalen der Herrensodalität 1664 liturgische Feiern mit Prozession um die Gnadenkapelle.

I. Entstehung und Entwicklung der Wallfahrt zur Trösterin der Betrübten (1624–1795)

Diese Bürgersodalitäten sind zu unterscheiden von den Schülersodalitäten. 1605 wurde für die Schüler der unteren Klassen des Kollegs die »Engel-Sodalität« gegründet, 1637 wurde sie von ihrem Präfekten (Praeses, Vorsteher) Pater Alexander Wiltheim der Unbefleckten Empfängnis Mariens umgewidmet. Eine 1607 errichtete zweite Schülersodalität erhielt den Namen »Mariä Himmelfahrt«. Beide wurden der römischen »Primaria« angegliedert.

Die komplizierten Bewegungen und Verbindungen des sich gliedernden Sodalitätswesens in Luxemburg lassen sich nicht immer präzise fassen; die bisherige Forschung gibt unterschiedliche und manchmal gegensätzliche Auffassungen wieder. Gleiches gilt für Datierungen. Mitte des 17. Jahrhunderts existierten im Herzogtum Luxemburg fünf Sodalitäten. Im Rahmen der Volksmissionen der Jesuiten sollen ebenfalls Sodalitäten auf dem Lande entstanden sein.

Bei der Gründung und Festigung der Oktave spielten die jungen Sodalen eine wesentliche Rolle. Sie waren es vor allem, die mit Pater Brocquart am 8. Dezember 1624 das Gnadenbild der Trösterin der Betrübten von der Stadt auf das Glacis trugen, und sie waren nachher bei allen großen Gelegenheiten in der ersten Reihe: bei der Grundsteinlegung der Glaciskapelle 1625, bei der Konsekration am 10. Mai 1628, bei der Einweihung des Anbaus 1642, bei allen Prozessionen, die die Marienstatue in die Jesuitenkirche und zurück brachten. Die Weihegebete an die Trösterin bei den beiden Erwählungen von 1666 und 1678 waren nicht nur von den Erwählungsformeln der Sodalen beeinflusst, sondern praktisch in identischer Sprache und Duktus verfasst. Jedes Sodalitätsmitglied sollte Maria als »Patronin und Advokatin« persönlich erwählen. Die Aufnahme in die Sodalität umfasste in der Tat, neben einer Generalbeichte, auch die persönliche Weihe des Kandidaten an die Gottesmutter, in deren Dienst er sich stellte, um, von ihr angeleitet, ein Leben in Tugend und Glaube zu führen.[68] Zu den Frömmigkeits-

---

68 Josy BIRSENS SJ, *Marie dans la spiritualité ignatienne*, S. 102 f. Beispiel eines Sodalitätendiploms (Aufnahmediplom) bei FALTZ, *Heimstätte*, S. 250. Die deutsche und französische Weiheformel weist hin auf das doppelsprachige Luxemburg des Ancien Régime.

übungen gehörten die festlich begangenen Marienfeiertage, die tägliche Messe, das Rosenkranzgebet, eine wöchentliche Versammlung und die monatliche Katechese in einem Spital oder Gefängnis, wodurch neben der Spiritualität auch ein Stück bodenständiger Weltverantwortung mit ins Spiel kam. Mit der Praxis war auch ein Ablass verbunden.

Im Jesuitenkolleg in Luxemburg gab es eine eigene Sodalitätskapelle (so wie später in Vianden[69]). Um 1660 nahm das Sodalitätswesen einen neuen Aufschwung, Mitte des 18. Jahrhunderts kamen mehrheitlich weibliche Mitglieder dazu. Mit der Auflösung der Gesellschaft Jesu 1773 verschwanden auch die von ihnen patronierten Sodalitäten.

Mit dem Wiedererstehen des Jesuitenordens 1814 war der Weg frei für eine Neuerrichtung der marianischen Kongregationen oder Sodalitäten. Nach anfänglichen Versuchen unter dem Apostolischen Vikar Johannes Theodor Laurent (1842–1848) – eine Sonntagsschule des Vikars Nik. Wies von Liebfrauen führte am 16. Juli 1843 zur Wiedererstehung der Sodalität unter der alten Bezeichnung »Heimsuchung Mariä« – erwuchs aus dieser Vereinigung 1861 eine neue Marianische Studentensodalität, die sich jedoch erst mit der Niederlassung der Jesuiten in Luxemburg ab 1895 festigen konnte, als es unter ihrer Fürsorge zu einem neuen Aufschwung des Sodalitätswesens kam. So entstanden neben der Studentensodalität (mit wechselhaften Bewandtnissen um die Jahrhundertwende) auch wiederum eine Bürgersodalität und eine Jünglingssodalität. 1910 wurde eine grandiose Dreihundertjahrfeier der Marianischen Sodalität mit Abendvorträgen, Festzug zur Kathedrale, Weihegruß an die Trösterin und Festversammlung begangen, 1911 gefolgt von einem Sodalentag, zu dem auch die Bürgersodalität der Nachbarstadt Trier mit 700 Teilnehmern erschien – ein Besuch, der 1912 luxemburgischerseits bei Gelegenheit des internationalen Marianischen Kongresses in Trier erwidert wurde. Doch ging es bei diesen Vereini-

---

69 Zur 1736 in Vianden gegründeten Marianischen Sodalität »Mariä Himmelfahrt«, vgl. Gaby HEGER, *Marianische Sodalität von Vianden*, in: *Luxemburger Wort* (28.2.2024), S. 19. Pierre BASSING, *Vianden in seinen Kirchen, Kapellen und sakralen Kunstschätzen*, Vianden 1983, S. 181–190.

gungen des 20. Jahrhunderts nicht eigentlich um Massen-, sondern eher um Eliteorganisationen. Ziel war die persönliche Heiligung und religiöse Disziplinierung der Mitglieder durch Mariendevotion und im Hinblick auf das Apostolat. Dazu gehörte die Vertiefung des spirituellen Lebens durch Rekollektionen, Exerzitien, Wallfahrten.

Zu Beginn des Zweiten Weltkriegs wurden die Jesuiten aus Luxemburg vertrieben und die Marianischen Sodalitäten verboten. Noch vor Kriegsende sammelten sich ehemalige Mitglieder um den Vikar aus der Herz-Jesu-Pfarrei in der Stadt Luxemburg, Jacques Hoffmann, und gründeten die »Jeunesse Étudiante Catholique« (JEC), die ab 1950 von Jesuiten betreut wurde und sich für die Erziehung der Jugend zum gesellschaftlichen Leben einsetzte (Equipenversammlungen, Sommerlager usw.) mit, ab den sechziger Jahren, alternativ-kritischer Bewusstseinsbildung. Nach 1968 gingen hieraus aktive Gruppen wie »ATD Quart Monde« und »ASTM Action Solidarité Tiers Monde« sowie auch »ASTI (Action de Soutien aux Travailleurs Immigrés)« hervor. Die bereits 1916 gegründete Marianische Kongregation der Lehrerinnen machte sich in den fünfziger Jahren auch vermehrt bemerkbar. 1969 fusionierten die beiden Marianischen Kongregationen der Männer und Lehrerinnen zur »Fédération luxembourgeoise des Communautés Vie Chrétienne« (CVX). Die CVX ist bis heute eine geistliche Gemeinschaft im Sinn der ignatianischen Quellen, die sich seit den 1990er Jahren vermehrt den sozialen Problemen des Landes widmet (Integration von Asylbewerbern, Begleitung ausländischer Studenten), in Kontinuität und Diskontinuität zu den alten Marianischen Kongregationen.[70]

Bruderschaft der Trösterin der Betrübten

Ein zweiter Pfeiler der Verehrung der Consolatrix Afflictorum wurde bei der Entstehung und danach die Bruderschaft der Trösterin der Be-

---

[70] Guy THEWES, *L'action des Jésuites dans le milieu étudiant. L'histoire de la JEC*, in: *Hémecht* 46/1 (1994), S. 285–302.

trübten. Josy Birsens SJ hat anhand des vom Luxemburger Diözesanarchiv erworbenen historischen Katalogs, d. h. des handschriftlichen Mitgliederbuchs, dieser Bruderschaft deren Entstehung und Entwicklung, ihre Eigenart und ihren Einfluss, ihre Besetzung und ihre geographische Verteilung systematisch erschlossen.[71] Mehr als 10.000 Namen von Bruderschaftsmitgliedern werden in diesem Verzeichnis für die Jahre 1652–1795 aufgelistet, darüber hinaus noch Einzeleintragungen für die Zeitspanne 1822–1829. Gegründet wurde die Bruderschaft 1652 von den Jesuiten, um die Verehrung der Trösterin der Betrübten im Volk zu verankern und die katholische Reform, nicht zuletzt als Abwehr gegen den Protestantismus, voranzutreiben.

Solche und ähnliche Wallfahrtsbruderschaften existierten, auch im Großraum um Luxemburg, seit dem Mittelalter bzw. wurden jetzt gegründet.

Initiator und Verfasser der Bruderschaftssatzung war Pater J. Brocquart ab dem Jahr 1651. Im Jahr darauf erhielt die Bruderschaft die bischöfliche Approbation von Trier sowie die Konzession zahlreicher Ablässe durch Papst Innozenz X. Der Trierer Erzbischof Karl Kaspar von der Leyen setzte sich sogar persönlich für die Unterstützung der Neugründung ein und lud seine Diözesanen mit Nachdruck ein, der Vereinigung beizutreten. P. Brocquart richtete ein Schreiben an alle Dechanten und Pfarrer, um zur Teilnahme an diesem »Marianischen Verbindniß« anzuregen.

Inhaltlich ging es bei der Bruderschaft der Trösterin der Betrübten zunächst darum, die Mitglieder für die ewige Bestimmung nach dem Tod zu sensibilisieren und sie darauf durch ein moralisch vorbild-

---

71 Josy BIRSENS, *La confrérie de la Consolatrice des Affligés à Luxembourg (1652–1795)*, in: MUSÉE EN PICONRUE (éd.), *Notre-Dame de Luxembourg*, S. 53–62. Ders., *Die Bruderschaft der Trösterin der Betrübten in Luxemburg: Entstehung und Entwicklung (1652–1795)*, in: Hémecht 69/1 (2017), S. 5–27. Ders., *Die Bruderschaften der Jesuiten in Luxemburg im 17. und 18. Jahrhundert* II, in: Hémecht 49/4 (1997), S.459–506, hier S. 459–467 und 502–504. Vgl. auch FALTZ, *Heimstätte*, S. 247–249. Zur inhaltlichen Gestaltung der Bruderschaftsspiritualität und den Verpflichtungen der Mitglieder vgl. HEINZ, *Wallfahrt*, S. 130 f.; ebenso SCHNEIDER, *Volksfrömmigkeit*, S. 151–155.

liches Leben vorzubereiten. Zudem sollten bei Gott, Maria und den Heiligen in allen körperlichen und seelischen Nöten Beistand erfleht werden, desgleichen Abstand genommen werden von Beschwörungen, Zauberei und abergläubischen Segnungen. Dabei sollten die monatlich gefeierten Sakramente von Beichte und Kommunion, kirchlich approbierte Sakramentalien wie Weihwasser, Rosenkranz und Consolatrix-Medaillen behilflich sein. Vor einem kleinen Bildnis der Trösterin der Betrübten zu Hause sollte die Familie morgens und abends zum Gebet zusammenkommen. Diese Bindung an die Familie unterscheidet die Bruderschaft der Trösterin der Betrübten von anderen Bruderschaften, die sich eher nach der Pfarrei, einer Zunft oder einer Ordensgemeinschaft ausrichteten. Die gegenreformatorische Ausrichtung war von Anfang an gegeben und blieb erhalten.

Doch empfahlen die Statuten der Bruderschaft auch ganzen Ortschaften, kollektiv die Trösterin der Betrübten zu ihrer Schutzpatronin zu erwählen. Ohnehin hatte es bereits vorher solche gemeinschaftlichen Marienweihen in den Spanischen Niederlanden gegeben. Die Stadtweihe von 1666 und die Landesweihe von 1678 fielen also nicht vom Himmel.

Neue Bruderschafts-Mitglieder[72] wurden verpflichtet, nach vorheriger Beichte die Consolatrix als Mutter und Zuflucht in allen Nöten zu erwählen, sei es einzeln, sei es gemeinschaftlich mit der Pfarrei oder der eigenen Familie. Vor dem Gnadenbilde sollte zudem allen abergläubischen und der Integrität des katholischen Glaubens entgegengesetzten Praktiken abgeschworen werden und die Kommunion empfangen werden. Weihe und Absage sollten jährlich erneuert werden, im Idealfall vor dem wundertätigen Marienbild in Luxemburg. Ein Bruderschaftsdiplom mit einem täglich zu verrichtenden Weihegebet, das in Ehren gehalten und oft eingerahmt und aufgehängt wurde, belegte die Zugehörigkeit zum frommen Verein.[73]

---

72 Muster eines Aufnahmescheins bei BLUM, *Sammlung*, S. 40–42 und 50–52.
73 Beispiel eines Diploms der Bruderschaft bei FALTZ, *Heimstätte*, S. 249.

Exkurs 1: Marianische Sodalitäten und Bruderschaft der Trösterin der Betrübten

Werbeblatt für die Bruderschaft der »Trösterin der Betrübten« von Ende des 18. Jh. Der aufgeklebte Marienstich stammt aus einer Serie von Johannes Martin Kaeyll. Foto: Diözesanarchiv Luxemburg (DAL), NL.Massarette 21.

Gleich zu Beginn (1652–1655) kannte die Bruderschaft einen Aufschwung: 470 Einschreibungen im Jahr. Danach sackten die Neuzugänge ab – ein Wechselspiel, das sich bis zur Französischen Revolution mehrfach wiederholte, mit Höhepunkten an Eintritten in den Jahren 1702–1711, 1722–1731, 1742–1751 und 1772–1791. Von Anfang an waren hochgestellte Persönlichkeiten aus Adel, Politik und Gesellschaft

I. Entstehung und Entwicklung der Wallfahrt zur Trösterin der Betrübten (1624–1795)

aus dem In- und Ausland mit dabei, wie prominente Mitglieder des Provinzialrats, Schöffen der Stadt Luxemburg oder der Gouverneur. Heraus ragt die polnische Prinzessin Maria Leszczynska, nachmalige Gemahlin Ludwigs XV. von Frankreich, die 1718 die Glacis-Kapelle aufsuchte und der Consolatrix-Statue ein bis heute erhaltenes Kleid schenkte. Systematisch vertreten waren Welt- und Ordensgeistliche, manchmal ganze Ordensgemeinschaften, aber auch gottgeweihte Jungfrauen der Stadt Luxemburg; desgleichen Eheleute und Familien mitsamt ihren Kindern sowie größere Gruppen aus Pfarreien, einmal auch ein hoher Prozentsatz an Soldaten. Männer und Frauen waren vertreten, der Anteil der Frauen lag jedoch höher; Kinder waren im Register eher selten angeführt. Die meisten Mitglieder stammten aus dem einfachen Volk. Geographisch gesehen waren vor allem die Stadt Luxemburg und die ländlichen Gegenden des südlichen Herzogtums vertreten, viel weniger die Ardennen und die Eifel. Einzelne Mitglieder stammten auch von jenseits der Grenzen des Herzogtums, manchmal aus dem entfernten Ausland.

Nach der Auflösung des Jesuitenordens brachte der Weltklerus es zustande, die Bruderschaft aufrechtzuerhalten und zu beleben. Nach dem Bruderschaftsverbot von Kaiser Joseph II. 1786 wurden bis 1790 keine neuen Mitglieder mehr aufgenommen. Danach, als das Verbot rückgängig gemacht wurde, kamen wieder Eintragungen dazu. Mit der Französischen Revolution wird die Liste der Bruderschaftsmitglieder eingestellt.

Die Bruderschaft der Trösterin der Betrübten war eine »typische Wallfahrtsbruderschaft, die die Früchte des Pilgergangs in den Alltag umsetzen helfen sollte. […] Unverkennbar ist jedoch die sicherlich weit verbreitete, aber auch von P. Brocquart als pädagogisches Mittel benutzte Angst vor übernatürlichen Kräften und der Bedrohung durch Unheil. Ein absolutes Vertrauen auf die Fürsprache der Trösterin der Betrübten sollte dieser Angst ebenso Einhalt gebieten wie der rechte Gebrauch der kirchlich approbierten Sakramentalien, wobei die Grenze zwischen Aberglauben und Orthopraxis nicht immer klar zu erkennen ist.«[74]

---

74 BIRSENS, *Bruderschaften* II, S. 500.

Neugegründet wurde die Vereinigung 1889 unter dem zweiten Bischof von Luxemburg Jean-Joseph Koppes. Er gliederte sie der »Bruderschaft zum Trost der Armen Seelen« an, um die vom Papst bewilligten Ablässe den Verstorbenen zuzuwenden. Zweck der Bruderschaft war die Förderung der Verehrung der Consolatrix Afflictorum, das Erwirken des eigenen Seelenheils sowie desjenigen der Verstorbenen. Hierfür sollten die Mitglieder sich aller glaubens- und kirchenfeindlicher Gesellschaften, Zeitungen, Schriften usw. enthalten, die Gebote Gottes und der Kirche treu befolgen und Werke der christlichen Liebe ausführen. Angeraten wurde, die Beichte und öftere Kommunion zu praktizieren, die persönliche Erwählung der Gottesmutter vor dem Gnadenbild oder einem anderen Muttergottesbild vorzunehmen und jedes Jahr in der Oktavzeit zu wiederholen, des Weiteren in der Familie täglich vor einem aufgehängten Wallfahrtsbild gemeinschaftlich zu beten. Gesegnete Medaillen der Bruderschaft wurden reichlich verteilt.[75]

Aufschluss über diese Neuauflage der Bruderschaft der Trösterin der Betrübten, ihre Entwicklung und Verbreitung, ihren Impakt sowie ihr Erlöschen gibt es bisher nicht. Lediglich M. Faltz gibt für die Zeit nach der Neugründung an: »Alljährlich melden sich Hunderte zur Oktavzeit in diesen frommen Verein. Selbst aus entlegenen Gegenden schickt man Namenlisten, um dieselben in das Register einzutragen. Eine fromme Sitte ist es hierzulande, die Kinder am Nachmittag des Erstkommuniontages der Trösterin der Betrübten zu weihen und sie bei dieser Gelegenheit in die Bruderschaft der Trösterin der Betrübten aufzunehmen.«[76] Jedenfalls hat sie bis in die sechziger Jahre des 20. Jahrhunderts existiert. Danach verlieren sich ihre Spuren.

---

[75] Offizielle Dokumente in: *Kirchlicher Anzeiger* 19 (1889), S. 39–42 und S. 45; 20 (1890), S. 61. Aufnahmezettel und Beschreibung der Bruderschaft, vgl. *Bruderschaft der allerseligsten Jungfrau Maria »Trösterin der Betrübten«, und zum Troste der armen Seelen im Fegfeuer errichtet in der Liebfrauenkirche zu Luxemburg*, Luxemburg 1889. Beschreibung auch bei Michael FALTZ, *Siehe deine Mutter. Die Trösterin der Betrübten*, Luxemburg 1962, S. 18 f.

[76] FALTZ, *Heimstätte*, S. 248.

I. Entstehung und Entwicklung der Wallfahrt zur Trösterin der Betrübten (1624–1795)

Exkurs 2: Wunderheilungen

Mirakel, d. h. Gebetserhörungen, Gnaden, Guttaten, Zeichen, Wunderwerke, Heilungen, gehören seit jeher zu Pilgerorten. Luxemburg war diesbezüglich kein Einzelfall.

Lag allgemein die Blütezeit von Marienwundern im Mittelalter zwischen 1100 und 1500, so erlebte der Glaube hieran, besonders durch das Wirken der 1539 gegründeten Gesellschaft Jesu, in der Gegenreformation als wichtiger Bestandteil der Marienverehrung ein Revival, das sich von der protestantischen Heiligenpolemik und -minimalistik absetzte.[77]

Das »Wunderwerck« und sein Inhalt

Ähnlich wie die meisten anderen Wallfahrten, die im 17. Jahrhundert aufblühten, wurden auch in Luxemburg diese Wunder, die mit der Verehrung der Trösterin der Betrübten in Zusammenhang gebracht wurden und ihr Auftrieb gaben, in einem Mirakelbuch aufgeschrieben.[78] Die erste Fassung dieses »Wunderwercks« geht auf 1639 zurück – in drei Sprachen verfasst (deutsch, französisch, lateinisch), Autor ist wahrscheinlich Pater Brocquart SJ; es wurde bis 1781 immer wieder ergänzt und neu aufgelegt.[79] Quintessenz dessen, was berichtet wird, ist die Erhörung am Gnadenort für einen in seelischer oder körperlicher Not befindlichen Menschen, mit mehr oder weniger genauen Angaben über seine Heilung sowie Zeugenaussagen zwecks Beglaubigung derselben. »Wunder, Gebetserhörungen sind bei manchen Wallern Hauptziel ihrer Wallfahrt. Um geheilt zu werden, oder aus Dank für eine Heilung brachte man Opfer, wurden Messen gestiftet, trug man zum Bau

---

[77] M. LEMMER, *Mirakel*, in: *Marienlexikon*, IV, St. Ottilien 1992, S. 460–464.

[78] A. SCHÜTZ, *Mirakelbücher*, ebd., S. 464–466.

[79] KMEC, »*Marienland Luxemburg*«. L'historiographie du culte de Notre-Dame de Luxembourg entre aspirations universalistes et ancrage national, in: Andrea BINSFELD – Michel PAULY – Hérold PETTIAU (dir.), *Histoire religieuse – Bilan & Perspectives. Actes des 5es Assises de l'historiographie luxembourgeoise*, in: Hémecht 66/3-4 (2014), S. 493–512, hier S. 502f.

von Kapellen und mächtigen Votivkirchen bei. So greift das Wunder in die Liturgie, in den Volkskult tief ein, beeinflusst das Wallfahrtsgeschehen, verklärt das Gnadenbild in den Augen des gläubigen Volkes, umgibt das Bild mit einem goldenen Kranz von Ex-Votos.« (Joseph Maertz)[80]

Gerade die Barockzeit war für Wunderheilungen sehr empfänglich, um nicht zu sagen süchtig danach. Diese Wunder spielten bei der Initialzündung der Luxemburger Oktave eine wichtige Rolle. »Es ist auch die Zeit des 30-jährigen Krieges, furchtbarer körperlicher und seelischer Not, wo man Hilfe von oben erflehte und erwartete mehr denn je, da alle menschliche Hilfe versagte. Es ist die Zeit, da man Schuldige suchte für das Leiden der Zeit und sie fand in den traurigen Opfern des Hexenwahns. Es ist eine erregte Zeit, die den Extremen verfiel, tiefstem, echtem, mystischem Glauben, aber auch fanatischen, bedauernswerten Exzessen.«[81]

Mit die erste Wunderheilung, die im Rahmen der Verehrung der Consolatrix Afflictorum verzeichnet wurde, war diejenige von Pater Brocquart von der Pest im Jahr 1626, also unmittelbar zu Beginn der Devotion und sie selbst fördernd. Andere folgten ab 1628, zunächst vor allem für Hilfesuchende aus der Stadt Luxemburg – 18 Heilungen sind für die Jahre 1626–1639 überliefert. Vom zuständigen Trierer Generalvikariat wurden sie, wie auch die nächstfolgenden, examiniert und approbiert, die Druckgenehmigung durch den Jesuitenprovinzial erteilt.[82] Sensationell wirkte diejenige der Johanna Goudius (Gaudius) von 1639, die in dem Kapellenheiligtum von Lähmung und Stummheit inmitten des Volkes geheilt wurde.[83] Dies gab der einsetzenden Wallfahrt mächtigen Auftrieb.

---

80 MAERTZ, *Entstehung*, S. 76.
81 Ebd., S. 85.
82 BLUM, *Sammlung*, S. 24–29.
83 FALTZ, *Heimstätte*, S. 10f. Ders., *Johanna Gaudius, die grosse Geheilte (1639)*, in: *Luxemburger Marienkalender* 1964, S. 35–37.

I. Entstehung und Entwicklung der Wallfahrt zur Trösterin der Betrübten (1624–1795)

Die meisten Wunderheilungen fanden in der Gnadenkapelle statt, andere außerhalb, meistens infolge von Gelübden entweder nach Gebeten, wiederholter Teilnahme an der Messe oder mehreren Kapellbesuchen, oder auch durch Bestreichen der Gebrechen mit Öl aus einer Lampe oder Wachs von einer Kerze, die vor dem Gnadenbild brannten, oder mit Wasser aus der Zisterne unter der Kapelle; denselben Effekt konnten auch dem Kranken aufgelegte Medaillen oder Bilder mit einer Muttergottesdarstellung herbeiführen (Sakraltherapie).[84] Dahinter stand die Überzeugung, ein Gegenstand, der irgendwie in Verbindung stehe zum wundertätigen Gnadenbild, könne dieselben Wirkungen hervorbringen wie das Original. Daher ließen Pilger ihre Rosenkränze, Gebetbücher, Bilder oder andere Andachtsgegenstände an der Consolatrix-Statue anrühren.[85] Daher auch die bis ins 18. Jahrhundert viel verbreitete Sitte, sowohl Stiche wie Andachtsbilder der Trösterin mit der Inschrift »hat das heilige Bild angerührt – a touché la sainte Image« zu verbreiten. Auch andernorts übernahmen solche oder andere »angerührte« Gegenstände die Heilsfunktion des jeweiligen Gnadenbildes. Viel später, im 20. Jahrhundert, besonders im Zweiten Weltkrieg, wurden Madonnenbildchen mit kleinen Stoffresten verschlissener Kleider der Consolatrix aus der Kathedrale versehen, um eine ähnliche Nähe zu erwirken.

Die häufigsten Heilungen, die in der Wallfahrskapelle vor den Toren der Stadt oder in ihrer Nähe verzeichnet wurden, bezogen sich auf Gebrechen wie Lähmungen an Armen und Beinen, aber auch Kopfweh, Bauchschmerzen oder starkes Fieber. Weniger häufig war das Wiedererlangen der Sprache, des Augenlichts oder des Gehörs, die Heilung von Wunden oder von Sinnesverwirrung bzw. Besessenheit. Viele Betroffene zeigten sich dankbar, indem sie für erlangte Gnaden

---

84 Zum allgemeinen Kontext vgl. Ferdinand STADLBAUER, *Realien der Marienverehrung im profanen Bereich*, in: *Handbuch der Marienkunde*, II, S. 527–554, bes. 527–531.
85 LASCOMBES, *Chronik 1444–1684*, S. 550. Zum allgemeinen Kontext vgl. Walter PÖTZL, *Marianisches Brauchtum an Wallfahrtsorten*, in: *Handbuch der Marienkunde*, II, S. 483–526, bes. S. 512–526.

ihre Krücken am Gnadenaltar aufhängten oder wächserne, bildmäßige Darstellungen der geheilten Körperteile, gemalte Votivtafeln oder einfache goldene und silberne Herzen schenkten. Solche Votiv-Herzen schmücken nach wie vor den Wallfahrtsaltar der Trösterin der Betrübten, noch bis in die sechziger Jahre des 20. Jahrhunderts wurden an dessen Seitenaltären Krücken u. ä. zur Schau gestellt.

Ausweitung der Wunder ...

Das »Wunderwerck« von 1648, dritte vermehrte Ausgabe des ersten Mirakelbuches von 1639, ist dem Erzherzog Leopold Wilhelm von Österreich, Gouverneur der Spanischen Niederlande, gewidmet. 1640, auf dem Höhepunkt der Wallfahrt, wird von 34 Heilungen in 9 Monaten berichtet. Die Geheilten kamen aus allen Gegenden des Herzogtums (aus dem heutigen Großherzogtum: Bourscheid, Consthum, Echternach, Grevenmacher, Koerich, Medernach, Schüttringen, Wasserbillig; aus der luxemburgischen Eifel: Ferschweiler, Metzdorf/Sauer, Peffingen, Schankweiler, Kruchten bei Neuerburg, aus der Stadt Neuerburg) und darüber hinaus (Trier, Saar). Die Geheilten erschienen nun vor Notar und Zeugen und gaben eidliche Erklärungen ab. Von 76 Heilungen zwischen 1640 und 1647 wird in einem dritten Teil berichtet,[86] wobei sich der Herkunftskreis der Geheilten ausdehnte bis nach Lothringen, ganz Belgien, Württemberg, der Saar und unteren Mosel, nach Köln, Aachen und Speyer. Danach wurden die Heilungen, da sie zu zahlreich wurden, nicht mehr systematisch notiert.

Das »Wunderwerck« wurde später neu aufgelegt: 1661, 1724, 1736 mit nur wenigen zusätzlichen, offiziell aufgenommenen Heilungen aus der Zeit nach 1648, wobei diejenige der Johanna Jovilet von Boudresie in Lothringen, im Erzbistum Trier, im Jahr 1719 durch ihre genaue

---

[86] Angeführt sind 19 Heilungen für die Jahre 1629–1638, 34 für die Monate Januar–Dezember 1640, 25 von Oktober 1640 bis Ende 1641, 18 für 1642, 11 für 1643, 9 für 1644, 5 für 1645 und 8 für 1646 – allesamt von Zeugen bestätigt und von Notaren aufgeschrieben. Vgl. LASCOMBES, *Chronik 1444–1684*, S. 572 f.

I. Entstehung und Entwicklung der Wallfahrt zur Trösterin der Betrübten (1624–1795)

Untersuchung vermittels einer bischöflichen Prozesskommission hervorstach.[87] Es kam zu weiteren Neuauflagen 1769 und 1781.[88]

Zusätzlich hatte es mehrfach merkwürdige Lichterscheinungen gegeben (wie an anderen Marienorten, etwa der berühmten Marienkapelle in Loreto in Mittelitalien). Bereits 1639 war vermerkt worden, wie die Glacis-Kapelle während drei Stunden in vollem Licht erstrahlte. Das wiederholte sich auch nach der Vergrößerung der Kapelle mehrere Male.[89] Als 1682 französische Truppen bis an die Festungsstadt heranrückten, um sie zu belagern, sollen französische Soldaten mehrmals die Muttergottes-Kapelle in hellglänzendem Licht, andere mehrere Nächte hintereinander eine hohe, mächtige Frau in weißen Kleidern auf den Stadtmauern und anderwärts einhergehen gesehen haben, was zu Spekulationen und Ängsten in ihren Reihen führte. Als die französische Blockade aufgehoben wurde, schrieben die Stadtbewohner diesen Umstand der Fürbitte ihrer Schutzpatronin zu und veranstalteten aus Dank eine besonders feierliche Prozession ihr zu Ehren am Schluss der Oktave.[90]

Über die in den Mirakelbüchern vermerkten Wunder hinaus werden andere konstatiert worden sein. Das Mirakelbuch hatte in der Intention der Jesuiten eine katechetische Funktion und wurde eingesetzt, um den Kult der Trösterin zu verbreiten, auch in einem gegenreformatorischen Sinn. Maria erscheint im Mirakelbuch als universale Heilerin, die jede Krankheit bei jedem Typus von Person, gleich welchen Standes, zu heilen vermag.[91]

---

87 [MÜLLENDORFF], *Kurze Geschichte*, S. 54–59.
88 Zur Wunderproblematik vgl. AM-HERD, *Maria*, S. 35–51, 65f. KUNTGEN, *Histoire*, S. 56–79, 97–120, 365–368. FALTZ, *Heimstätte*, S. 10f., 47f. MAERTZ, *Entstehung*, S. 76–87.
89 FALTZ, *Heimstätte*, S. 12.
90 AM-HERD, *Maria*, S. 206–208. LASCOMBES, *Chronik 1444–1684*, S. 739f.
91 Giovanni ANDRIANI, *Étude des miracles de Notre Dame de Luxembourg, Consolatrice des Affligés (1626–1647)*, Mémoire de Maîtrise Nancy, 2004–2005. Besprechung in: *La Voix* (10.3.2007), S. 5.

... und ihr Rückgang

Im 19. Jahrhundert verloren sich in Luxemburg spektakuläre Heilungen als verbreitetes Phänomen. Ein Unikum bleibt eine etwas absonderliche Heilung, der Exorzismus der lothringischen Maria Anna Katharina Pfefferkorn, die der Apostolische Vikar J. Th. Laurent in der Oktave 1842 vor dem »Votivaltar« (Wallfahrtsaltar mit der Statue der Trösterin) durchführte und die zu einer großen nationalen und internationalen Polemik in der Presse, besonders der antiklerikalen, führte.[92]

Spektakuläre Wunderheilungen spielen seither, zumindest äußerlich, keine Rolle mehr in der Luxemburger Oktave. Persönliche Gebetserhörungen allgemeiner oder spezieller Natur entziehen sich der objektivierbaren Erfahrung und damit der Geschichtsschreibung, sollten dennoch nicht ignoriert werden, denn ohne dieselben, so wie sie sich in der subjektiven Überzeugung und dem Empfinden der Betroffenen eingraviert haben, ließe sich der Erfolg der Oktave, der bis heute andauert, nicht erklären.

Heute geht dem Luxemburger Marienkult die eklatante Wunderdimension, die z. B. in Lourdes nach wie vor eine große Rolle spielt, ab. Die 1995 von der Charismatischen Erneuerung Luxemburgs gedruckte Broschüre »Zeichen und Wunder auf die Fürsprache der Trösterin der Betrübten« listet nochmals bekannte Wunderheilungen aus dem Jahrhundert zwischen 1626 und 1719 auf. Der an die Leser gerichtete Appell, etwaige auf die Fürsprache Mariens erhaltene Hilfen oder spezielle Gnadenerweise mitzuteilen, erbrachte spärliche Reaktionen; lediglich einige Gebetserhörungen wurden gemeldet.

---

92 Georges HELLINGHAUSEN, *Bischof J. Th. Laurent zum 200. Geburtstag: Wissenschaft, Nachwirken, Reminiszenzen*, in: *Hémecht* 56/3 (2004), S. 311–343, hier S. 327–329. Vgl. auch Nicole SAHL, *Kleines ABC der Pseudonyme in Luxemburg*, Luxemburg 2018, S. 279.

Exkurs 3: Pilgerfahrt

Die Oktave war und ist vor allem eine Pilgerfahrt (Wallfahrt) bzw. eine Zeit des Pilgerns.[93]

Pilgern ist ein universales Phänomen in der religiösen Geschichte der Menschheit und lässt sich zurückverfolgen bis ins Paläolithikum. Das christliche Pilgern steht in der Linie des jüdischen Pilgerns hinauf zum Tempel nach Jerusalem, wo der Gott Israels angebetet wurde. Christliches Pilgern ist Ausdruck der Kirche in Bewegung, des Gottesvolkes auf dem Weg zu seiner himmlischen Bestimmung. Pilgerheiligtümer, Ziel von Wallfahrten, sind spirituelle Zentren, die den Gläubigen umorientieren und religiöse Elemente mit kulturellen verbinden, welche die Sphäre der Volksreligiosität betreffen. Pilgern hat sowohl eine individuelle wie gemeinschaftliche Dimension, ist auch ein Weg innerer Umkehr und eine Erfahrung gemeinschaftlich erlebten Glaubens und kirchlicher Gesinnung.[94]

Pilgern in der Neuzeit

Nach einem regelrechten Massenpilgerboom im Mittelalter – es waren besonders lange dauernde Fernwallfahrten zu den Pilgerzielen Jerusalem, Rom und Compostela in Spanien – brachte die Neuzeit eine Ernüchterung und kritische Einstellung dem Wallfahrtswesen gegenüber, bedingt durch Fehlentwicklungen in den bestehenden Frömmigkeitsformen und eine entsprechend negative Reaktion der Reformation. Erst das Konzil von Trient (1545–63) und die einsetzende katholische Reform führten zu einer Erneuerung. In der Barockzeit blühten vor al-

---

93 Michael FALTZ, *Gedanken um die Wallfahrt zur Trösterin der Betrübten*, in: *Hémecht* 18/3 (1966), S. 321–331.

94 Jean PIROTTE, *Gestes et espérances des pèlerins*, in: MUSÉE EN PICONRUE (éd.), *Notre-Dame de Luxembourg*, S. 209–217. Julien RIES, *Le premier congrès mondial des directeurs de pèlerinages et des recteurs de sanctuaires*, in: *Luxemburger Wort* (14.3.1992), S. 6. Renée SCHLOESSER, *Von Wallfahrten und Prozessionen*, in: *Letzeburger Sonndesblad* (13.8.1989), S. 2.

lem die in engerem geographischem Rahmen stattfindenden Nahwallfahrten, oft Tageswallfahrten, zu Marienheiligtümern[95] und wurde das Wallfahrtswesen überhaupt zu einer grandiosen »Demonstratio catholica« im Konfessionsstaat. Das volkstümliche Wallfahrten zu den vielen Stätten der Marienverehrung erhielt neuen Auftrieb und bestimmte die Barockfrömmigkeit der Neuzeit bis zur Aufklärungsepoche. Dass sich gerade die Jesuitenpatres für das Wallfahrtswesen einsetzten, hängt nicht zuletzt mit ihrem Gründer, dem hl. Ignatius von Loyola, zusammen, der sich selbst in seinen Schriften im Hinblick auf seinen inneren Weg sowie sein ganzes Leben als »Pilger« bezeichnete.[96] Zudem kam der Anrufung Mariens in seinen Lebensentscheidungen und in seiner Frömmigkeit, die ansonsten auf die vollkommene Nachfolge Jesu zentriert war, besondere Bedeutung zu.

Die Anfänge der Verehrung der Trösterin der Betrübten, von den Jesuiten initiiert, sind in das Pilgern eingebettet.[97] Der Consolatrix-Kult war von Anfang an mit einer Wallfahrt verbunden: 1624 hatten Studenten der Marianischen Sodalität mit ihrem Präfekten, dem Jesuitenpater Brocquart, die aus Lindenholz geschnitzte Statue der Consolatrix Afflictorum auf das freie Feld vor den Festungsanlagen der Stadt Luxemburg getragen. Hier sollte sie von nun an aufgesucht und verehrt werden. Ab 1625 kamen vereinzelte Pilger oder Studentengruppen, später, als eine Kapelle die Statue aufnahm, waren es bereits konstituierte kirchliche Gruppen, Pfarreien usw. So entstand die Oktave als Wallfahrt. Und sie ist es, trotz vielem Auf und Ab, bis heute geblieben.

Der Ring der Ortschaften, von wo die Pilger nach Luxemburg kamen, weitete sich innerhalb weniger Jahrzehnte progressiv aus: von der Hauptstadt zu den Grenzen des alten Herzogtums und darüber hinaus bis ins nahe und später auch entfernte Ausland – Indiz des Erfolges

---

95 Franz COURTH, *Wallfahrten zu Maria*, in: *Handbuch der Marienkunde*, II, S. 9–30.
96 IGNATIUS, *Der Bericht des Pilgers*. Übersetzt und erläutert von Burkhart Schneider, Freiburg i. Br. ⁴1977.
97 Annick DELFOSSE, *Notre-Dame de Consolation au Luxembourg. Naissance et essor d'un pèlerinage*, in: MUSÉE EN PICONRUE (éd.), *Notre-Dame de Luxembourg*, S. 219–222.

I. Entstehung und Entwicklung der Wallfahrt zur Trösterin der Betrübten (1624–1795)

Erzbischof Jean-Claude Hollerich begleitet eine Pilgergruppe beim Einzug in die Kathedrale während der Oktavwallfahrt 2017. Foto: Erzbistum Luxemburg.

der Luxemburg-Wallfahrt. Die Übertragung des Gnadenbildes von der Glacis-Kapelle in die innerstädtische Jesuitenkirche, um größere Pilgermassen kanalisieren zu können, was sich ab 1639 verifizierte, belegt zudem, wie eng Pilgerfahrt und Bildverehrung zusammenhingen. »Im Mittelpunkt des Wallfahrens steht die auf vielfältige Weise erfolgende Begegnung mit dem Gnadenbild. Im Unterschied zu Antike und Mittelalter verlangt das christliche Pilgern der Neuzeit die Begegnung mit dem Bild, es wird zu einer ausgesprochenen Bildwallfahrt.« (Michel Schmitt)[98] Jedoch wurde im Bild das damit ausgedrückte Urbild, Maria oder die Heiligen, verehrt bzw. wurden diesen Bitten, Anliegen und Dank entgegengebracht. Das Wallfahren selbst manifestierte sich in volksnaher, barocker Prachtentfaltung.

Welches war die Motivation zum Pilgergang? »Die Wallfahrt war Teil des Alltags der Gläubigen, die Bittfahrten unternahmen, um ihr Gewissen zu erleichtern, Heilung von Krankheit zu suchen oder ihr Seelenheil zu erlangen.« Oft war sie Dank für empfangene Gnaden. Doch konnte es sich auch um einen Bußgang reuiger Verbrecher im

---

98 Michel SCHMITT, *Die Verehrung*.

Sinne eines Strafvollzugs nach einer Verurteilung handeln: »Ab den 50er Jahren des 17. Jahrhunderts wurde auch U. L. Frau von Luxemburg verstärkt zum Pilgerort für solche Bußfahrten. Sogar Mörder, die normalerweise eher nach Rom geschickt wurden, wurden zur Trösterin der Betrübten gesandt, um den Nachlass ihrer Sünden zu erlangen.« Der Ablass zwecks Erlassung der zeitlichen Sündenstrafen spielte von Anfang an bis ins beginnende 20. Jahrhundert eine wichtige Rolle.[99]

Regression und Neubelebung

Die Aufklärung im 18. Jahrhundert wurde ihrerseits eine wallfahrtskritische Zeit, was sich auch auf die Oktave auswirkte und Verbote seitens des Trierer Erzbischofs sowie des Kaisers Joseph II. mit sich brachte. Vorgeworfen wurde den Pilgern allgemein: Müßiggang, abergläubische Praktiken, Störung von Ruhe und Ordnung sowie Gefährdung der Gesundheit auf dem Pilgerweg. Wallfahrt galt nun als nicht statthafte Konkurrenz zum regulären Gottesdienst in der Pfarrei. Pilgern wurde als vergangenheitsorientierte Frömmigkeitsübung verdächtigt und die Wallfahrer als geistig Zurückgebliebene. Gerade in den Jahren 1820–1830 gingen die Pilgerfahrten stark zurück, während andere Formen von Volksfrömmigkeit weiterlebten. Nach der Jahrhunderthälfte kam es wieder zu einer Renaissance. Dieser allgemeine Trend war auch für die Marienwallfahrt nach Luxemburg bestimmend.[100] In den vom Mutterland nach und nach abgetrennten Gebieten (1659 Gegend von Thionville-Montmédy, 1815 Eifel-Gegend um Bitburg, Neuerburg und Sankt Vith, 1839 belgische Provinz Luxemburg) ging der Kult der Luxemburger Muttergottes sowieso zurück. »Der Kampf,

---

99 KMEC, *Muttergottesoktave*, S. 271 f. Zum Aspekt »Bußpilgerfahrt« vgl. auch dies., *L'Octave*, S. 12, und FALTZ, *Gedanken*, S. 326. Vor der Entstehung des Trösterin-Kultes beorderte der Luxemburger Provinzialrat die Straftäter nach Saint-Nicolas-de-Port in Lothringen oder zu den Marienheiligtümern Eberhardsklausen bei Trier, Beurig bei Saarburg, Montaigu, Avioth oder auch nach Toul.
100 Michael EMBACH, *Wallfahrt und Zeitenwende*, in: *Paulinus* (28.5.2000), S. 15.

den die Aufklärung in der ersten Hälfte des 19. Jahrhunderts gegen diese volksfromme Sitte führte, ließ die meisten Bildnisse der Trösterin der Betrübten aus den Eifeler Kirchen verschwinden und hat damit wesentlich zum Niedergang der Luxemburg-Wallfahrt in diesem Raum beigetragen.«[101] Gleiches galt für die belgische Provinz Luxemburg: »Cependant sous le régime hollandais le pèlerinage dégringola rapidement [...]. La séparation du Grand-Duché de la province belge en 1839 n'était pas favorable à la participation des pèlerinages de Belgique [...]. Pendant tout le XIXe siècle il n'y avait plus que des groupes de pèlerins plus ou moins grands qui se formaient selon leur goût ou selon la tradition pour aller prier à Luxembourg.«[102]

Pilgerziel der Wallfahrt zur Consolatrix war bis knapp vor 1800 die Glacis-Kapelle gewesen, oder – während der Oktave – die Jesuitenkirche und spätere Kathedrale. Der Pilgerweg wurde während Jahrhunderten zu Fuß bewältigt, individuell oder in einer organisierten Prozession; er konnte kurz oder lange sein. Unterwegs wurde Rosenkranz gebetet, je nachdem auch gesungen. Ab dem 19. Jahrhundert wurde auch die Postkutsche und dann progressiv die Eisenbahn in Anspruch genommen, um sich in die Stadt Luxemburg zu begeben. Offiziell stellte sich dann die Prozession in einiger Entfernung der Pilgerkirche auf, etwa bei der »Alten Brücke« (Viaduc), und zog anschließend feierlich, vom Klerus und Kommunionkindern begleitet und von der lokalen Musikgesellschaft angeführt, in die Wallfahrtskirche.[103] Zum Teil ist das bis heute so geblieben.

Nach Höhepunkten um 1900 und einem gewissen Nachlassen nach dem Zweiten Weltkrieg boomte das Pilgerwesen an der Schwelle zum

---

101 Andreas HEINZ, *Schicksale einer Wallfahrt. Zum Kult der »Trösterin der Betrübten« in den 1815 abgetrennten altluxemburgischen Gebieten*, in: *Hémecht* 31/1 (1979), S. 5–52, hier S. 7.

102 Joseph MAERTZ, *Le pèlerinage belge jusqu'à nos jours*, in: *Hémecht* 30/1 (1978), S. 15–27, hier S. 15.

103 Wilhelm WEIS, *Die Wallfahrt*, in: *Luxemburger Marienkalender* 1961, S. 65–69. Michael FALTZ, *Wie man vor 300 Jahren zur Trösterin pilgerte*, in: *Luxemburger Marienkalender* 1963, S. 30–33. Claude BACHE, *Sainte Marie, nous marchons vers toi ...*, in: *Spes Nostra* (Mai-Juni 1994), S. 8 f. L., *D'Oktav ass do. De Bittgank an d'Kathedral*, in: *Die Warte* (28.4.2005).

21. Jahrhundert als Ausdrucksform religiösen Lebens allgemein erneut.[104] 1992 stellte der Religionswissenschaftler und spätere Kardinal Julien Ries fest, das Luxemburger Volk sei ein Volk von Pilgern, und er unterstrich die jährliche »grande mobilisation qui voit défiler chaque paroisse du Luxembourg au sanctuaire national de Notre-Dame consolatrice des affligés«.[105] Dazu kommt, wie Mathias Schiltz geschrieben hat: »Immer wieder mischen sich Männer und Frauen, die sonst übers Jahr kaum den Weg in die Kirche finden, diskret und verstohlen unter die Reihen der Wallfahrer.«[106] In Moderne und Postmoderne wird Pilgern zu einem nach außen demonstrativ vollzogenen Glaubensakt in einer säkularisierten Welt. Existenziell wird der Pilgerweg als Beten mit den Füßen, als ganzheitlicher religiöser Akt, verstanden und illustriert das theologische Verständnis vom Glauben als Weg.[107]

Exkurs 4: Kevelaer

Die heute sehr bedeutende Marienwallfahrt nach Kevelaer am Niederrhein im Nordwesten von Nordrhein-Westfalen (Geldern), an der deutsch-niederländischen Grenze gelegen, ist ein Ableger der Luxemburger Wallfahrt.[108] Wie ist es dazu gekommen?

---

104 Danièle HERVIEU-LÉGER, *Le pèlerin et le converti. La religion en mouvement*, Flammarion 1999.

105 RIES, *Premier congrès*.

106 Mathias SCHILTZ, *Die Oktave: ein Prisma Luxemburger Kultur*, in: *Letzeburger Sonndesblad* (7.5.1995), S. 12.

107 Rudolf HÄSELHOFF, *Sinn unterwegs. Grundlegendes und Praktisches zur Wallfahrt*, Thaur-Wien-München 1999. *Im Namen Gottes unterwegs*, bes. S. 25–30.

108 E. VALASEK, *Kevelaer*, in: *Marienlexikon*, III, St. Ottilien 1991, S. 547–549. *Consolatrix Afflictorum. Das Marienbild zu Kevelaer. Botschaft, Geschichte, Gegenwart*, hg. von Josef HECKENS – Richard SCHULTE STAADE, Kevelaer 1992. *Die Wallfahrt nach Kevelaer zum Gnadenbild der »Trösterin der Betrübten«*, hg. von Peter DOHMS, Kevelaer 1992. FALTZ, *Ausland*, S. 54–64. Zur Kevelaerer Geschichtsschreibung aus Luxemburger Blickwinkel und in Beziehung zum Luxemburger Kult der Consolatrix vgl. Sonja KMEC, *»Marienland Luxemburg«*, S. 499.

I. Entstehung und Entwicklung der Wallfahrt zur Trösterin der Betrübten (1624–1795)

Die Luxemburger Madonna am Ursprung

Ein kleines Andachtsbild der Luxemburger Trösterin war von zwei hessischen Soldaten 1641 nach Kevelaer mitgebracht worden. Nach einer Vision über eine zu errichtende Kapelle und unterstützt durch seine Frau Mechel Schrouse, die in einer nächtlichen Erscheinung ein ähnliches Marienbildchen gesehen hatte, machte sich der Handelsmann Hendrik Busman im Einvernehmen mit dem Kevelaerer Pfarrer Johannes Schink daran, ein Heiligenhäuschen zu errichten. Hierin wurde 1642 das mitgebrachte Bild der Consolatrix eingesetzt. Der kleine Kupferstich wurde sofort Anziehungspunkt vieler Pilger. Wunder wurden festgestellt und der Pilgerstrom wurde so groß, dass bald mit dem Bau einer Wallfahrtskapelle, der heutigen Kerzenkapelle, begonnen wurde; sie wurde 1645 vollendet. Die Kevelaer-Wallfahrt, als Spontan-Wallfahrt »von unten« entstanden, wurde bald darauf kirchlich rezipiert. Die Synode von Venlo 1647 anerkannte acht Wunderheilungen und offizialisierte den Kult. Mirakelbücher wurden bald darauf angelegt, so wie in Luxemburg. Das schlichte Heiligenhäuschen wurde ab 1654 durch die jetzige sechseckige Gnadenkapelle umbaut, die von außen den Blick auf das Gnadenbild freigibt. Das von den Oratorianern 1647 errichtete Priesterhaus wurde später ständig erweitert, zumal sich Kevelaer im Verlauf des 18. Jahrhunderts zu einer Groß-Wallfahrt entwickelte. Dazu kamen im 19. Jahrhundert die große Marienbasilika (1864 fertiggestellt), die Beichtkapelle und ein Kreuzweg, im 20. Jahrhundert eine große Freilicht-Kirche, das »Forum Pax Christi«. Bis heute ist die Kevelaerer Wallfahrt eine der bedeutendsten Wallfahrten Deutschlands und die größte der holländischen Katholiken. Im Mai 2000 erklärten die Bürger der Stadt Kevelaer die Trösterin der Betrübten offiziell zur Stadtpatronin und gelobten, ihr Heiligtum zu schützen – ein Schutzversprechen, das seither jedes Jahr am 31. Mai wiederholt wird.[109]

---

109 *Singuläres Ereignis in Kevelaer. Bürgerschaft erklärt Muttergottes zu ihrer Schutzpatronin*, in: Luxemburger Wort (23.5.2000), S. 12.

Exkurs 4: Kevelaer

Das Kevelaerer Gnadenbild von 1640,[110] ein sogenanntes »kleines Andachtsbild«, näherhin ein kleiner Kupferstich aus Antwerpen (11 × 7,5 cm), auf Papier gedruckt, ist eine der ältesten Bildzeugnisse der Luxemburger Madonna. Es handelt sich um die Wiedergabe der real existierenden, bekleideten Gnadenstatue und zeigt die Marienfigur im Kontext der Stadt Luxemburg: links die Festungsstadt mit Kirchen und Stadtmauer, rechts die Glacis-Kapelle in seiner ursprünglichen Form, d. h. ohne den rechteckigen Anbau von 1640–42, und mit Prozessionen, die den Zulauf zum Gnadenort dokumentieren.[111]

Dem Kevelaer-Bild verwandtes kleines Andachtsbild von 1640 (Plattengröße: 9,5 × 5,8 cm): die Consolatrix Afflictorum, links im Hintergrund die Festungsstadt Luxemburg, rechts die erste Gnadenkapelle von 1628 auf dem Glacis, mit Pilgerströmen. Bestimmte Partien des Papierbildes wurden ausgestochen und mit glänzender farbiger Metallfolie hinterlegt, was im 18. Jh. besonders in Süddeutschland sehr beliebt war (»Harrer-Bildchen«, nach einer Münchner Firma dieser Zeit benannt). Privatsammlung. Foto: Erzbistum Luxemburg.

---

110 FALTZ, *Heimstätte*, S. 14–17. AM-HERD, *Maria*, S. 91–99.
111 Ulrike BERGMANN, *Zur Ikonographie des Gnadenbildes der »Trösterin der Betrübten« in Kevelaer*, in: *Consolatrix Afflictorum. Das Marienbild zu Kevelaer*, S. 346–351; Michel SCHMITT, *Die Oktavwallfahrt in künstlerischen Darstellungen*, in: *nos cahiers* 18/2 (1997), S. 91–102, hier S. 92 und Tafel I.

I. Entstehung und Entwicklung der Wallfahrt zur Trösterin der Betrübten (1624–1795)

Luxemburg-Kevelaer

An dieser Stelle ist hinzuweisen auf ikonografische Überschneidungen der Luxemburger mit der Kevelaerer Bildtradition.[112] Letztere reproduziert das Luxemburger Andachtsbildchen mitsamt Hintergrund. Doch zeigt bereits das älteste Abbild von Kevelaers Wallfahrtsbild aus dem Jahr 1652 eine Mutation: Die Luxemburger Heiligtümer sind ersetzt durch diejenigen aus Kevelaer, was später systematisch weiterentwickelt wurde. Ab dem 19. Jahrhundert gibt es Kevelaer-Bilder, welche die Trösterin der Betrübten mit den Sakralbauten der Stadt Luxemburg und denjenigen der Stadt Kevelaer zeigen. Wird die Luxemburger Consolatrix fast ausnahmslos mit dem Stadtschlüssel, Erinnerung an die Erwählung von 1666, dargestellt, so gilt dies nicht für die Kevelaerer Tradition (sie war ja vor der Weihe der Stadt Luxemburg an die Trösterin entstanden), die ansonsten der Luxemburger Ikonografie folgt. So wie das Luxemburger Gnadenbild ist ebenfalls das Kevelaerer Bildchen unzählige Male reproduziert worden, auch in Kirchen sowie an anderen Orten. Als Beispiel sei eine 1899 vom Kevelaer-Maler Friedrich Stummel porträtierte, farbige Kevelaer-Madonna in der hinteren Seitenkapelle der Bonner Remigius-Kirche erwähnt, die 2001 gestohlen und durch eine Kopie der Künstlerin Ingrid Kemp ersetzt wurde.[113]

Beziehungen zwischen den Wallfahrtsorten Kevelaer und Luxemburg[114] wurden Ende des 19. Jahrhunderts geknüpft und seither weiterverfolgt. Erst das Aufkommen der Eisenbahn hatte Kontakte zwischen

---

112 Burkhard SCHWERING, *Gelobt seist du, Maria. Volkstümliche Darstellungen des Wallfahrtsbildes von Kevelaer*, Wien 1987; Katalog zur Kevelaerer Ausstellung vom 12. Sept. bis 25. Okt. 1987 *Gnadenbilder aus drei Jahrhunderten*, Antiquariat und Galerie Heinz Janssen …, Kevelaer 1987; Katalogband *Kevelaer, 350 Jahre Wallfahrt ohne Grenzen*. Sonderausstellung vom 10. Juli bis 13. September 1992, Kevelaer 1992, S. 39; Robert PLÖTZ, *Maria »Trösterin der Betrübten«. Zur Geschichte der Wallfahrt nach Kevelaer und ihres Bildes*, Kevelaer o. J.

113 Klaus SAEGER, *Minoritenkirche St. Remigius Bonn*, Kleine Kunstführer Schnell & Steiner Nr. 2903, Regensburg 2018, S. 11 f.

114 Louis HELD, *Maria, die Mutter Jesu, die Trösterin der Betrübten, in ihrem Gnadenbilde zu Luxemburg und Kevelaer*, Luxemburg 1895.

den beiden Marienstädten erleichtert. Die für das Bizentenarium von 1866 (Zweihundertjahrfeier der Erwählung der Trösterin der Betrübten zur Patronin der Stadt Luxemburg) geplante Wallfahrt einer Kevelaerer Delegation nach Luxemburg scheiterte am preußisch-österreichischen Krieg. Das angefertigte Weihegeschenk musste mit der Post geschickt werden: eine kleine Silberplatte mit dem Gnadenbild von Kevelaer, die seither am Luxemburger Votiv-Altar, über der Consolatrix-Statue, angebracht ist. Doch kamen im September 1891 bei Gelegenheit der Wallfahrt zum Heiligen Rock nach Trier 100 Kevelaerer Pilger auch nach Luxemburg und brachten eine 33 Pfund schwere Kerze mit, mit der Aufschrift *filia matri* (die Tochter an die Mutter). Zum 250. Jubiläum der Kevelaer-Wallfahrt im Jahr 1892 erfolgte der Gegenbesuch aus dem Großherzogtum; die knapp 300 Pilger brachten als Exvoto eine Brosche aus zwei vergoldeten Rosenzweigen mit, die seither das Kevelaerer Bild schmückt. Die Aufschrift lautet: *Mater Ex Luciliburgo Filiae in Kevelaer* (die Mutter aus Luxemburg an die Tochter in Kevelaer).

Die Kontakte zu Kevelaer brachten mit sich, dass der Münsteraner Maler Friedrich Stummel, der die Kevelaerer Basilika ausmalte, auch für die Ausschmückung des Altarraumes (der heutige »Durchbruch«) der Luxemburger Kathedrale Ende des 19. Jahrhunderts beauftragt wurde.

Die Beziehungen zwischen beiden Städten wurden durch den Ersten Weltkrieg abgebremst, doch kam es immer wieder zu gegenseitigen Besuchen. Der Luxemburger Bischof Pierre Nommesch, der bereits als Vikar an der Liebfrauenkirche mehrmals Kevelaer aufgesucht hatte, besuchte die Marienstadt im September 1922. Bei den im 20. Jahrhundert eingesetzten Kirchenfenstern der Kevelaerer Kerzenkapelle erinnert eines im Langhaus an Bischof Nommesch, dessen Wappen von denjenigen der zwölf Luxemburger Kantone umgeben ist. 1933 pilgerten 500 Kevelaerer nach Luxemburg, 1948 eine Luxemburger Delegation zum Pax-Christi-Kongress nach Kevelaer. 1951 beteiligten sich 150 Kevelaer-Pilger an der Schlussprozession in Luxemburg – erstmals wieder Pilger vom Niederrhein nach dem Krieg.

Immer wieder kommt es zu mehr oder weniger regelmäßigen Besuchen an den jeweiligen Wallfahrtsorten und zur Wallfahrtszeit; in Kevelaer dauert diese vom 1. Mai bis 1. November. Höhepunkte waren die 300-Jahrfeier der Luxemburger Stadtpatronin 1966 mit 700 Kevelaerern und das 350. Jubiläum der Kevelaer-Wallfahrt 1992 mit zahlreichen Luxemburger Pilgern. 1991 schenkten die Kevelaerer der Luxemburger Kathedrale ein kostbares Evangeliar, in Erinnerung an die erste Kevelaer-Wallfahrt ins Großherzogtum. Der Kevelaer Pfarrer wird vom Luxemburger Bischof traditionsgemäß zum Ehrendomherrn der Kathedrale von Luxemburg ernannt. In Kevelaer gibt es einen »Luxemburger Platz« mit einer in einem Glasschrein befestigten Consolatrix-Statue sowie eine »Luxemburger Galerie«, in der Stadt Luxemburg an der Ecke Rue de Strasbourg/Rue des États-Unis im Bahnhofsviertel ein Haus mit einem Relief der »N. D. de Kevelaer« und seit 2015 auf Kirchberg eine Rue de Kevelaer, mit erklärender Plakette: »Ville rhénane, lieu de vénération de Notre-Dame de Luxembourg 1642«.[115]

Wahl der Patronin von Stadt und Land (1666/1678)

Initiator und Protagonist der Marienweihe in Luxemburg war der Jesuitenpater Alexander Wiltheim, zweiter Rektor der Glacis-Kapelle, Nachfolger von Brocquart, Rektor des Luxemburger Kollegs, Begründer der einheimischen Archäologie und Polyhistoriker.[116] Er hatte große Verdienste um die Wallfahrtskapelle und hatte u. a. ein kleines Gebetbuch sowie eine weitere Schrift zur Trösterin der Betrübten ver-

---

115 Nicolas WIRTZ, *Luxemburg und Kevelaer*, in: *nos cahiers* 18/2 (1997), S. 87–90. Marc JECK, »Marianische Brücke« zu Kevelaer. Wichtige Stationen im Austausch zwischen Luxemburg und Kevelaer im 19. und 20. Jahrhundert, in: *Luxemburger Wort* (27.3.2014), S. 8 f. Ders., *Une Consolatrice peut en cacher une autre : La vénération de Notre-Dame de Luxembourg à Kevelaer*, in: MUSÉE EN PICONRUE (éd.), *Notre-Dame de Luxembourg*, S. 82–89.

116 Michael FALTZ, *Pater Alexander von Wiltheim, zweiter Direktor der Wallfahrtskapelle*, in: *Luxemburger Marienkalender* 1961, S. 33–35.

fasst. Allgemein kann der Einfluss der Gesellschaft Jesu, die sich der Unterstützung der Behörden wie auch des Ansehens bei der Bevölkerung erfreute, nicht hoch genug bei den beiden Erwählungen von 1666 und 1678 veranschlagt werden, nicht zuletzt durch bestehende Familienbande vieler Patres mit dem Provinzialrat und durch den Einsatz ihrer Schule, die sich seit einem halben Jahrhundert der Ausbildung einer gesellschaftlich und religiös engagierten Elite widmete.

Auf A. Wiltheims Ersuchen hin erwählte die Stadt Luxemburg 1666, dann 1678 gefolgt vom ganzen Herzogtum, Maria als Schutzpatronin. Eine solche Wahl (»electio«) entsprach gängiger Praxis in der Barockzeit, als vielerorts im Rahmen damaliger Frömmigkeit sowie religiös-politischer Erörterungen Marienerwählungen in den katholischen Ländern durchgeführt wurden.

Luxemburg war also nicht die erste und nicht die einzige Stadt, die die Gottesmutter als Schutzfrau erkor; Vorbilder gab es seit dem Mittelalter.[117] Der internationale Kontext muss hier mitbedacht werden. Maria war bereits zuvor als Patronin der Städte Namür (1622), Lille (1634) und Arlon (1656) proklamiert worden. Turin, wo der Kult der Consolatrix Afflictorum seit dem Mittelalter bestand, tat es offiziell 1714, und die Stadt Mexiko nahm U. L. F. von Guadalupe 1737 als ihre Schutzfrau an (1895 auf ganz Mexiko übertragen). Wichtige Städte Belgiens, so Brüssel, Gent, Tournai, Audenarde, Mons, Nivelles u. a., weihten sich in der Barockzeit der Muttergottes von Hal. Nach den mittelalterlichen Lokalwallfahrten und den Fernwallfahrten nach Compostela, Rom oder Jerusalem entstanden nun, im Rahmen des Pilgerns im Nahbereich, Landschaftswallfahrten oder nationale Wallfahrten, die ein bestimmtes, mehr oder weniger abgegrenztes Territorium betrafen. »In den Städten, den Zentren dieser Landschaften, wurde das Gnadenbild manchmal Anlass zu echtem Stadtstolz.

---

117 Das Muster der »Patrona Civitatis« finden wir in Byzanz, Siena und Straßburg im 12. und 13. Jahrhundert. Vgl. SCHREINER, *Maria, Leben*, S. 94–98. Ders., *Maria – Jungfrau*, S. 331–366.

I. Entstehung und Entwicklung der Wallfahrt zur Trösterin der Betrübten (1624–1795)

Die gesamte Bürgerschaft hielt sich verpflichtet, ihr Marienbild zu verehren, zu schmücken, ihm Kirchen, zuweilen mächtige barocke Bauten, zu errichten, glänzende Prozessionen zu veranstalten, eigene Hymnen zu dichten.« (J. Maertz)[118] So wurde die Erwählung Mariens zur Stadtpatronin von Arlon gefolgt von einer Wallfahrt der Umgegend, an der sich auch Luxemburg mit einer Prozession beteiligte und an welcher der Prinz von Chimay, Gouverneur von Luxemburg, teilnahm.

Solche Wahlen konnten sich auch auf größere Territorien oder Länder erstrecken. »Der Gedanke des Marienpatronats blieb nicht allein auf städtische Kommunen beschränkt. Auch Länder und Königreiche unterstellten sich der Schutzherrschaft Marias.« (K. Schreiner)[119] Die ausschlaggebenden Gründe für diesen Schritt konnten unterschiedlich sein. So war die von König Ludwig XIII. 1638 vorgenommene Weihe Frankreichs an die Muttergottes verknüpft mit dem Dank für die eigene Genesung sowie der Erwartung eines Thronfolgers für das Königreich.[120] Politische und religiöse Erneuerungsbestrebungen verbanden sich mit folgenden »Erwählungen« auf jeweils nationaler Ebene:[121] Der französische Entdecker und Seefahrer Jacques Cartier hatte bereits 1536 Kanada als »Neu-Frankreich« unter die Schirmherrschaft Marias gestellt. Herzog Maximilian von Bayern ließ, in gegenreformatorischer Gesinnung, der »Patrona Bavariae« 1638 in München auf dem Marienplatz eine Gedächtnissäule errichten. Kaiser Ferdinand III. vertraute 1647, während des Dreißigjährigen Krieges, Österreich dem besonderen Schutz der Muttergottes an. Und 1656 erwählte König Johann II. Kasimir dieselbe, nach der heldenhaften Verteidigung des Klosters Jasna Gora, zur »Regina Poloniae«. Im selben Jahr stellte

---

118 MAERTZ, *Entstehung*, S. 88.
119 SCHREINER, *Maria – Jungfrau*, S. 365 f.
120 Georges HELLINGHAUSEN, *Ludwig XIII. und die Marienweihe Frankreichs (1638)*, in: *Die Warte* (8.10.1998). René LAURENTIN, *Le vœu de Louis XIII*, F.-X. de Guibert 2004.
121 Michel SCHMITT, *Die Erwählung Marias zur Landespatronin im Jahr 1678*, in: *Hémecht* 30/2 (1978), S. 161–183, hier S. 168.

das Parlament von Sassari das Königreich Sardinien unter den Schutz der Unbefleckten Empfängnis als »Regina Sardorum«. In Kuba entstand im kleinen Dorf El Cobre zu Beginn des 17. Jahrhunderts eine Wallfahrt zur »Kupfermadonna«, auch wenn die offizielle Proklamation zur Patronin Kubas erst viel später erfolgte.[122]

Genau um die Zeit, als in Luxemburg die beiden Erwählungen der Trösterin der Betrübten erfolgten, kam der spezifische Consolatrix-Kult auch im Ausland zum Blühen – so dass auch in diesem Punkt Luxemburg keine Ausnahme und das Erwählungsgeschehen zunächst nichts Typisches war (was es aber dann nachher wurde). Die Gründe für die Popularität des Kultes waren überall annähernd dieselben: Pest in ganz Europa,[123] Hungersnot und Krieg (Dreißigjähriger Krieg vor allem) mit seinen Verwüstungen, die eine Zuflucht zur Trösterin nahelegten, um das leidgeprüfte Leben mit übernatürlicher Hilfe meistern zu können.

»Die geistigen Grundströmungen der Zeit, die Nachwirkungen des Humanismus und die ersten Regungen des lebenserfüllten Barocks, ebenso wie der staatliche Schutz der Religion und die vom Trienter Konzil aus erfolgte kirchliche Erneuerung« bildeten näherhin den Rahmen der Erwählung der Consolatrix zur Schutzpatronin von Stadt und Land Luxemburg. Zu diesem Kontext gehörten echte religiöse Inbrunst und ein tiefer Glaube genauso wie heidnischer Aberglaube, Wundersucht und Hexenwahn, auch wenn Letzterer eher im Abklingen begriffen war.[124] Dass bei den beiden Erwählungen von

---

122 Georges HELLINGHAUSEN, *Maria – Patronin Luxemburgs, Patronin von Kuba*, in: *Die Warte* (9.10.2003).

123 Zu Maria als Patronin der Bürger, die gegen die Pest schützt vgl. SCHREINER, *Maria – Jungfrau*, S. 260–262 und 355–361. Ders., *Maria, Leben*, S. 98.

124 Paul MARGUE, *1666. Ein Streifzug durch Stadt und Volk*, in: *Luxemburger Marienkalender 1966*, S. 30–39, Zitat S. 35. Vgl. auch *Regards sur un monde contemporain d'une dévotion mariale naissante*, in: *Die Warte* (11.5.1960). DIÖZESANARCHIV LUXEMBURG, *Die Marienverehrung in Luxemburg in ihrem historischen Kontext*. Ausstellung zum 350. Jubiläum der Erwählung der Consolatrix Afflictorum zur Patronin der Stadt Luxemburg, Luxemburg 2016.

I. Entstehung und Entwicklung der Wallfahrt zur Trösterin der Betrübten (1624–1795)

1666 und 1678 die politischen Amtsträger Hauptprotagonisten und Ausführer wurden, hängt damit zusammen, dass Kirche und Staat im 17. und 18. Jahrhundert weitgehend miteinander in Osmose funktionierten und der Staat genauso unreflektiert wie selbstverständlich Verantwortung für das »Seelenheil« seiner Untertanen zeigte, wie die Kirche in die weltlichen Belange und die irdischen Lebensverhältnisse regelnd und steuernd eingriff. Die Consolatrix-Verehrung und ihre Ausdrucksformen sind in einer »christentümlichen« Gesellschaft entstanden. Ein Prozess der Entflechtung und Neuaufteilung der Kompetenzen beider Sphären wird erst mit der Französischen Revolution um 1800 einsetzen.

Das Muster der beiden Erwählungen von 1666 und 1678 finden wir bei der »electio« der Muttergottes, so wie sie von den Mitgliedern der Gesellschaft Jesu und ihren Sodalitäten praktiziert wurde, als eine Methode der Glaubenserneuerung. Ähnlich bei der von den Luxemburger Jesuiten 1652 gegründeten Bruderschaft der Trösterin der Betrübten, deren Mitglieder sich ebenfalls der Muttergottes weihten und ein Leben unter ihrem Schutz und angeleitet durch ihr Beispiel gelobten.[125] Zudem organisierten die Luxemburger Jesuiten, um das Pfarrleben im Herzogtum zu dynamisieren, Pfarrmissionen und verbreiteten »Christenlehrbruderschaften«, deren Mitglieder ihrerseits eine Weihe an Maria vornahmen und jedes Jahr erneuerten. Dies alles im Dienst an der Evangelisierung im Herzogtum Luxemburg. Das ganze Erwählungsgeschehen von 1666/1678 einschließlich der sich anschließenden Oktavfeiern ist, vom internationalen Kontext einmal abgesehen, formal und inhaltlich aus dem Geist der Gesellschaft Jesu und ihrer pastoralen Methoden in Luxemburg entstanden.

---

125 AM-HERD, *Maria*, S. 249–255.

1666: Stadtpatronin

In Luxemburg war die Idee einer Stadtweihe wohl seit längerem herangereift.[126] Näherer Zusammenhang war, neben einer neu aufkommenden Pestwelle, die militärische Expansionsgefahr, die von Frankreich, auch nach dem Pyrenäenfrieden von 1659, ausging und eine Besetzung Luxemburgs im Visier hatte.

Pater Alexander Wiltheim SJ richtete im September 1666 eine entsprechende Bittschrift an den Provinzialrat, dessen Präsident sein Bruder Eustache war. Er wies darauf hin, dass dank der wundertätigen Fürsorge Mariens die Festung oft bereits von Kriegen und Verheerungen verschont geblieben sei. Die Antwort des Provinzialrates, auf den 27. September datiert, fiel positiv aus. Hierin hatte auch der Gouverneur Philippe de Croÿ-Arenberg, Prinz von Chimay, dessen Frau eine glühende Marienverehrerin war, der Initiative beigepflichtet. So bestimmten und proklamierten Gouverneur, Präsident und Senatoren des Königlichen Rates (Provinzialrat), für sich und ihre Nachfolger, die seligste Jungfrau Maria zur Patronin der Stadt. Der Stadtmagistrat schloss sich am 5. Oktober feierlich an, auch der Stadtklerus gab seine Zustimmung, möglicherweise nicht mit voller Überzeugung, so wenig wie der Regularklerus, der zunächst in der Jesuiteninitiative eine Konkurrenz zur eigenen Muttergottesverehrung befürchtete.

Die Wahl, von den weltlichen und kirchlichen Autoritäten getätigt, wurde durch einen bedeutenden, feierlichen Akt in der Öffentlichkeit sanktioniert. Für besagte Festlichkeiten am 9. und 10. Oktober 1666 dienten wahrscheinlich diejenigen der Stadt Lille, die ebenfalls von den Jesuiten inszeniert worden waren, als Vorlage. Es geschah im Rahmen

---

126 Marc JECK, *Als die Muttergottes zur »res publica« wurde*, in: *Die Warte* (18.2.2016), S. 8–10. LASCOMBES, *Chronik 1444–1684*, S. 623–628. Friedrich RASQUÉ, *Votum Solemne. Damals – später – heute*, Luxemburg 1966; ebenso in: *Die Warte* (6.1.1966). MAERTZ, *Entstehung*, S. 88–109. FALTZ, *Heimstätte*, S. 37–43. AM-HERD, *Maria*, S. 100–164. KUNTGEN, *Histoire*, S. 152–211, 374–377. Zu den Akten des Erwählungsgeschehens vgl. BLUM, *Sammlung*, S. 38–40, 161–170.

einer Oktave, einer Festfeier von acht Tagen. Am Samstag, dem 9. Oktober, wurde das Gnadenbild der Trösterin in feierlicher Prozession, begleitet von den Autoritäten, Welt- und Ordensklerus sowie den Zünften und Studenten, in die innerstädtische Jesuitenkirche getragen, wo tags darauf vom Abt von Sankt Maximin die Erwählungsmesse in Anwesenheit aller zivilen und religiösen Autoritäten (Gouverneur und Besatzungsoffiziere, Provinzialrat und Stadtmagistrat, Abt von Echternach und Stadtklerus) nebst dem Hochadel des Landes gefeiert wurde. Nach der Predigt – Prediger war ein Jesuit – wurde die Erwählungsformel vorgetragen und vom Volk durch ein doppeltes »Amen« bestätigt: »Heilige Maria, Mutter Jesu, Trösterin der Betrübten! Wir, Gouverneur, Präsident, Rath, Richter und Schöffen sammt allen Bürgern und Einwohnern dieser Stadt Luxemburg, erwählen Dich am heutigen Tage in unserm und unserer Nachkommen Namen zu unserer Gebieterin und Schutzfrau, und nehmen uns festlich vor, diese Huldigung, wodurch wir Dir uns selbst aufopfern, inskünftig alle Jahre in Deiner Kapelle zu erneuern. Derowegen bitten wir Dich auf das Demüthigste, Du wollest uns unter Deinen Schutz und Schirm aufnehmen und uns beistehen zur Zeit des Krieges, der Pestilenz und in all' unseren Nöthen und Widerwärtigkeiten.« Bei der Formel fällt auf, dass die Wahl vorgenommen wird durch die politischen Verantwortlichen von Stadt und Herzogtum sowie durch die Bevölkerung, der Klerus aber nicht erwähnt wird. Die Erwählung war in erster Instanz ein offizieller politischer Akt, kein rein kirchliches Geschehen, auch wenn die Initiative von den Jesuiten ausgegangen war. Damit war der Grund gelegt für das, was sich später unter verschiedenen Formen als »nationaler Aspekt« des Luxemburger Marienkultes ausformen wird. Auch verfügte die Erwählungsformel, dem Geschehen eine Langzeitdauer durch jährliche Erneuerung der Wahl und Einbeziehung der Nachkommen zu verleihen. Die Erwählung war ein förmlicher öffentlicher Vertrag, ein gerichtlicher Amtsakt, der über einen religiösen Kultakt hinausging; es war ein rechtlich religiöser Staatsakt, der zeitüberdauernd auch die Nachfahren an die Muttergottes als »Patrona, Advocata, Domina (Schutzfrau,

Fürsprecherin, Herrin)« band. »In dieser Entwicklung drückt sich die Symbiose von Kirche und Gesellschaft im Sinne des Weiterlebens des mittelalterlichen Gesellschaftsverständnisses aus. Der Öffentlichkeitscharakter der Verehrung soll den gemeinsamen Glauben der Bevölkerung und deren Geschlossenheit stärken.«[127]

Im heutigen Mariendom in Luxemburg findet der feierliche Erwählungsakt, dort, wo er am 10. Oktober 1666 vollzogen worden war, seinen künstlerischen Niederschlag im 1963 geschaffenen Hochrelief von Albert Hames an der linken Stirnfläche des Chortriumphbogens (das Pendant rechts zeigt die Weihe an die Landespatronin am 20. Februar 1678). Die volkstümliche Darstellung von Louis Kuschmann auf einer Postkarte vom Ende des 19. Jahrhunderts zeigt dieselbe Szene farbenfroh in der mit Fahnen und Wappen geschmückten Jesuitenkirche, auch wenn das Geschehen hier um einen Tag vorverlegt ist.

Die Statue der Trösterin der Betrübten trägt bis auf den heutigen Tag in der rechten Hand einen hängenden Stadtschlüssel. Es ist der Schlüssel der Stadt Luxemburg und verweist auf die Erwählung von 1666. Am 10. Oktober hatten der Stadtpropst (Krongut-Verwalter) und der Stadtrichter (Bürgermeister) der Consolatrix Afflictorum, die im Chor der Jesuitenkirche auf einer Säule aufgestellt war, die Schlüssel der Hauptfestungspforten angeboten und dieselben vor ihr niedergelegt. Der Stadtbaumeister (Stadt-Einnehmer) hatte eine silberne Platte dargebracht mit einer Inschrift, die an das Erwählungsgeschehen erinnerte; sie wurde aufgehängt. Ein Jahr später, am 10. Oktober 1667, wurde dem Gnadenbild vom Prinzen von Chimay ein vergoldeter, symbolischer Zierschlüssel überreicht, den es seither als Insigne trägt. Im Lauf der Zeit wurden noch andere Schlüssel geschenkt: u. a. durch die Pfarrei Echternach im Erwählungsjubeljahr 1866 sowie durch den Schöffen- und Gemeinderat der Stadt Luxemburg bei der Jahrtausendfeier der Stadt im Jahr 1963.

---

127 Michel SCHMITT, *Das Oktavgeschehen. Zugänge zu seinem geschichtlichen Verständnis in der Erlebniswelt von heute*, in: *D'Oktav als Erausfuerderung*, S. 109–118, hier S. 110.

I. Entstehung und Entwicklung der Wallfahrt zur Trösterin der Betrübten (1624–1795)

Erwählung der Stadtpatronin und Übergabe der Stadtschlüssel (10. Oktober 1666), auf einer Postkarte von Louis Kuschmann von Ende des 19. Jh. Die volkstümliche Darstellung zeigt die Szene farbenfroh in der mit Fahnen und Wappen geschmückten Jesuitenkirche, auch wenn das Event selbst hier um einen Tag vorverlegt ist. Privatsammlung. Foto: Erzbistum Luxemburg.

Der Stadtschlüssel von 1667,[128] der seither auch bei den Abbildern der Luxemburger Madonna stets reproduziert worden ist, übt bis heute eine eigenartige Faszination aus. Die Geste der Schlüsselüberreichung ist auf dem Hintergrund entsprechender politischer Symbolik zu verstehen: Beim feierlichen Einzug mittelalterlicher oder neuzeitlicher Herrschaftsträger in ihre Städte zwecks zeremonieller Inbesitznahme (»Adventus«) gehörte zum Begrüßungsritual die Übergabe der Stadtschlüssel.[129] Die Luxemburger Schlüsselüberreichung, durch die sich die Stadt Maria verschrieben hat – Geste, die in späterem Verständnis auch auf die Provinz Luxemburg ausgedehnt wurde –, ist einerseits etwas Besonderes, findet aber ein Pendant bei anderen Nationen, wo Maria symbolisch-ikonografisch die Königskrone dargereicht wird, so im Frankreich Ludwigs XIII. (»vœu« von 1638) oder bei späteren Illustrationen der Weihe Ungarns an die Gottesmutter durch den heiligen König Stephan in der ersten Hälfte des 11. Jahrhunderts. Doch gab es auch in der Barockzeit andere Städte, wie Antwerpen oder Huy, die ihrer Stadtmadonna Schlüssel überreichten und sie fortan mit diesem Insigne darstellten.

Die Bedeutung des Luxemburger Stadtschlüssels wurde später ins Mythologische hochstilisiert. Bei seinem Besuch in Luxemburg am 9. Oktober 1804 wurde Kaiser Napoleon nach gängiger Überlieferung dieser Stadtschlüssel des Gnadenbildes symbolisch überreicht, woraufhin er die protokollarischen Worte gesagt haben soll: »Reprenez-les, elles sont en bonnes mains.« – was über das gängige Ritual eines solchen Besuchs hinaus von Marienanhängern als prophetische Aussage des

---

128 FALTZ, *Heimstätte U. L. Frau von Luxemburg einst und jetzt*, Luxemburg 1920, S. 42 f.

129 *Adventus. Studien zum herrscherlichen Einzug in die Stadt*, hg. von Peter JOHANEK-Angelika LAMPEN, Köln-Weimar-Wien 2009, S. 37 f. – Beispiele heutiger Schlüsselübergaben aus dem kirchlichen und zivilgesellschaftlichen Bereich: Bei der Installation eines Pfarrers wird diesem vor dem Einzug in die Pfarrkirche der Kirchenschlüssel überreicht. Bei einem Ministerwechsel im Großherzogtum wird traditionell der Schlüssel des Ministeriums vom Amtsvorgänger seinem Nachfolger bei der Zeremonie der Amtsübernahme überreicht. Der englischen Königin Elisabeth II. wurde bis zum Schluss ihres Lebens vor ihrem Sommerurlaub in Schottland jeweils der Stadtschlüssel von Edinburgh bei ihrer Ankunft protokollarisch dargereicht. Beim Kölner Karneval werden bei der Proklamation des Dreigestirns dem Bauern durch den Oberbürgermeister die Stadtschlüssel für die Zeit des Karnevals übergeben.

Franzosenkaisers gedeutet und später ikonografisch verwertet wurde (1882 von Louis Kuschmann, 1914 von L. Hénon).[130] Ebenso symbolträchtig ist der neue Votivschlüssel, der 1963 zum Auftakt der Jahrtausendfeier der Stadt Luxemburg dem damaligen Bischof Leo (Léon) Lommel für die Stadtpatronin seitens des Stadtrates von Bürgermeister Emile Hamilius in der Ostermesse in der Kathedrale überreicht wurde; er war angefertigt worden vom Goldschmied Nic. Welter aus Luxemburg, mit der Inschrift: »À la Patronne de la Cité et de la Patrie. La Ville de Luxembourg en son Millénaire«.[131]

Am Nachmittag des 10. Oktober 1666 wurde die Marienstatue in einer glänzenden Szenen- oder Schauprozession, wie sie Luxemburg noch nicht erlebt hatte, durch die Stadt zurück in die Glacis-Kapelle getragen:[132] mit einem großen Triumphwagen und einem leben-

---

130 Paul SPANG, *Stadtschlüssel als historische Dokumente*, in: *Die Warte* (11.3.1993). Norbert THILL, *Zur Erinnerung an den 10. September 1944, Zäsurdatum unserer Geschichte*, in: *Luxemburger Wort* (8.9.2001) S. 15. Jacques DOLLAR, *L'illustre visite de Napoléon à Luxembourg*, in: *Die Warte* (7.10.2004). Georges HELLINGHAUSEN, *Kaiser Napoleon und der Schlüssel der Stadtpatronin*, in: *Luxemburger Wort* (9.10.2004), S. 6. Jean-Claude MULLER, *Vor 200 Jahren: Kaiser Napoleon auf Staatsbesuch in Luxemburg*, in: *de Familjefuerscher* Jg. 22/74 (Okt. 2004), S. 43–48. Simone FEIS, *Kuschmann dessine Napoléon*, in: MUSÉE DRÄI EECHELEN, *Collections 2012–2022*, Luxembourg 2022, S. 186 f. Das Kuschmann'sche Motiv befand sich auch auf einer großen Fahne, die um und nach 1900 für die Oktav-Schlussprozession über eine der Prozessionsstraßen gehängt wurde.

131 Michel SCHMITT, *Der Kirchenschatz der Kathedrale im Kontext der Verehrungsgeschichte der Trösterin der Betrübten*, in: *150 Joër Maîtrise vun der Kathedral 1844–1994*, Lëtzebuerg 1994, S. 169–185, hier S. 174 f. »A la Patronne de la Cité«, in: *Luxemburger Wort* (16.4.1963), S. 5. Marc JECK, *Vor 50 Jahren. Lucilinburhuc feiert Geburtstag*, in: *Luxemburger Wort* (5.3.2013), S. 20 f.

132 Treffend charakterisiert F. Lascombes diese Prozessionen: »In Erinnerung an die mittelalterlichen Mysterienspiele und im Zusammenhang mit dem Jesuitentheater wurden diese Schauprozessionen von den Jesuiten als ein Mittel anschaulicher Katechese besonders gefördert. Überreste davon gibt es heute noch in den farbenfrohen Ländern spanischer Zunge zu Fronleichnam und besonders in der Karwoche. Auch das berühmte Passionsspiel von Oberammergau, um 1662 entstanden, rangiert in dieser Kategorie. [...] Wie in der ganzen barocken Kunst kommt auch hier der ›spielende Mensch‹ im Bereich des Religiösen auf seine Rechnung. Die mythologischen Elemente, buntgemischt mit biblischen Darstellungen, sollen zugleich den Beweis liefern, wie humanistisches Gedankengut verchristlicht werden kann. [...] Aus dem Empfinden ihrer Zeit heraus gewachsen, haben die Szenenprozessionen bestimmt die Menschen jener Tage stark angesprochen.« Vgl. LASCOMBES, *Chronik 1444–1684*, S. 625 f.

den Bild, die Trösterin als Schutzfrau darstellend; mit spektakulären Schaubühnen und lebenden Bildern, die, jesuitisch-barockem Empfinden entsprechend, historisch-mythologische und biblische Szenen lebendig und geräuschvoll vorführten. Eine Woche lang wurde daraufhin in der Glacis-Kapelle täglich die Messe jeweils für einen anderen Stand zelebriert. Am Sonntag, dem 17. Oktober, wurde abends die Festoktave mit einer Prozession um die Kapelle beschlossen.

1667–68 besetzten die Franzosen Teile des Herzogtums, und die Bedrohung für die Festung wurde in den kommenden Jahren immer handgreiflicher. Von den Landprozessionen, die nach Luxemburg-Stadt kamen, gestalteten sich die Prozessionen aus Grevenmacher umso beeindruckender, als ebenfalls die Moselgegend von den Franzosen bedroht wurde. 1667 wurde die Erwählung Mariens zur Stadtpatronin im Rahmen einer Oktave, ähnlich der vom Jahr davor, zwischen dem 2. und dem 3. Sonntag im Oktober, erneuert. 500 Bilder der Consolatrix-Statue wurden bei der Gelegenheit an Arme gratis verteilt, ein Geschenk des Kanonikers der Brüsseler Ste. Gudule-Kirche Joh. Heinrich Gobellinus und wahrscheinlich entworfen vom in Luxemburg geborenen und in Brüssel verstorbenen Kupferstecher Richard Collin (1627–1697).[133] Als im Dezember 1667 die französischen Truppen vorrückten, ließ der Prinz von Chimay das Gnadenbild in die Stadt bringen, wo in der Jesuitenkirche eine Oktave gefeiert wurde. 1668 war bereits im Januar seitens der dort stationierten Truppen eine achttägige Andacht in der Glacis-Kapelle organisiert worden, gefolgt von der eigentlichen Oktave in Erinnerung an die Wahl im Oktober in der Jesuitenkirche. Am 26. Mai desselben Jahres war die Erwählung von 1666 vom Trierer Erzbistum aus approbiert worden. Am 24. November wurde sie von Rom bestätigt. Und am 8. Oktober 1669 verfügte der Trierer Erzbischof Karl Kaspar von der Leyen, das Fest der Trösterin der Betrübten jährlich am 2. Sonntag im Oktober zu feiern, mit einer Oktave. So wurde zwischen 1670 und 1677, entsprechend diesem Dekret, die

---

133 LASCOMBES, *Chronik 1444–1684*, S. 634.

achttägige Andacht als Jahrfeier der Erwählung und ihrer Erneuerung vom 2. bis 3. Oktobersonntag gefeiert.[134]

Als Luxemburgs Stadtpatronin entsprach nun die Consolatrix Afflictorum dem Typus der »Stadtmadonnen« (»Vierges de la Cité«), wie er sich allenthalben in Europa, besonders in Spanien, verbreitete. Durch einen Pakt band sich eine Stadtgemeinschaft durch ihre zunächst politischen Führer an die Gottesmutter, verkörpert durch ein bestimmtes Bildnis, dem große überirdische Macht in Form von Heil- oder anderen Wunderkräften, ggf. auch von militärischem Schutz, zugesprochen wurde. Das gegenseitige Engagement – Beistand durch die Stadtpatronin, Ehrerweisung ihr gegenüber durch die Bevölkerung und ihre Autoritäten – fand seinen Ausdruck in alljährlichen Feiern, besonders Wallfahrten, Prozessionen und Gottesdiensten, in denen das Marienbildnis im Mittelpunkt stand, der Bevölkerung gezeigt und mit herausragenden Zeremonien ausgezeichnet wurde. Vielerorts lebt diese Tradition, wenn auch in mutierter Form und den religiösen Überzeugungen heutiger Zeit angepasst, weiter.[135] »Le culte officiel et public rendu à la Vierge Marie a joué un grand rôle dans la vie urbaine de l'Occident chrétien. Il a été un puissant moyen d'intégration locale, en créant et en entretenant un vif sentiment d'unité. La Vierge apparaissait comme la protectrice par excellence en cas d'extrême danger: famine, guerre, peste et tremblement de terre. Elle était aussi la garante des libertés locales toujours menacées de l'extérieur ou de l'intérieur.« (Henri Platelle)[136]

---

134 Jean HENGEN, *Unsere Oktave, eine Doppeloktave*, in: *Dossier fir Informatioun an Dokumentatioun. Beilage zum Kirchlichen Anzeiger* 2/1994, S. 56–64, hier S. 56f. (ebenfalls abgedruckt in: Georges VUILLERMOZ, *Te Matrem praedicamus*, III, Luxemburg 2002, S. 361–371, bes. S. 361f.). AM-HERD, *Maria*, S. 100–164.

135 Georges HELLINGHAUSEN, *Patronne de la Cité. La tradition et les traditions*, in: MUSÉE EN PICONRUE (éd.), *Notre-Dame de Luxembourg*, S. 35–50, bes. S. 41–45. Marlène ALBERT-LLORCA, *Les Vierges miraculeuses. Légendes et rituels*, Gallimard 2002. Dominique FOYER, *Une Cité et sa »Patronne«: Des rapports ambigus mais significatifs. Le cas de Valenciennes et de la Vierge du »Saint-Cordon«*, in: *La dévotion mariale de l'an mil*, S. 189–199.

136 Henri PLATELLE, *Marie, vierge, mère, souveraine, au moyen âge occidental*, ebd., S. 13–28, hier S. 23.

Als Stadtpatronate der Consolatrix Afflictorum in Spanien sind zu erwähnen: Ohanes (Almeria) und Carrión de los Céspedes (bei Sevilla). Verehrt wird die Consolatrix Afflictorum auch in folgenden spanischen Städten und näherhin im Raum Andalusien, von wo sie auch in die Neue Welt exportiert wurde: Sevilla, Cadiz, Granada, Cordoba, Huelva, Malaga, Murcia, Utrera, Mallorca, Madrid, Valdepenas (Kastilien). Darüber hinaus sind zu erwähnen: Uccle (Belgien), Reggio Calabria, Medjugorje, Berg Athos, Puebla (Mexiko), Ribeira Seca (Azoren).[137]

Auf die Marienverehrung in der Stadt Luxemburg vor 1624, getragen durch die verschiedenen Ordenszweige, ist bereits hingewiesen worden. »Mit der Erwählung Mariens als Trösterin der Betrübten zur Stadtpatronin, haben die Jesuiten die Formen der Marienverehrung der anderen Stadtklöster endgültig überflügelt.« (F. Lascombes)[138] Dass das Marienbild sich im religiösen Bewusstsein der Stadtbevölkerung Luxemburgs tief eingegraben hat, zeigen erhaltene Beispiele von Madonnen aus der Barockzeit und darüber hinaus, die bis heute das Stadtbild prägen, ob es sich nun um Consolatrix-Darstellungen handelt oder andere: so an Kirchenfassaden wie dem alten Portal der Kathedrale, an Häuserfassaden wie am und um den Fischmarkt, an Straßenkreuzungen wie dem »Conrotseck«, in Straßen wie der »Großgasse«, in Gärten wie im Mutterhaus Sainte Elisabeth und auf Plätzen wie dem Paradeplatz.[139] Bereits sehr früh, vor oder nach der Mitte des 17. Jahrhunderts, war auch über dem Neutor der Stadtmauer die bereits erwähnte vollplastische steinerne Nachbildung der Trösterin der Betrübten aufgestellt worden, so dass das Tor nun »Marientor« oder »Muttergottestor« genannt wurde.[140]

---

137 *Consolatrix Afflictorum. Historia, espiritualidad, devoción, arte*, hg. von Ramón DE LA CAMPA CARMONA, 2 Bde, Sevilla 2022.
138 LASCOMBES, *Chronik 1444–1684*, S. 623.
139 Kim KRIER, *O Mamm léif Mamm … Les statues mariales de la Ville de Luxembourg*, in: MUSÉE EN PICONRUE (éd.), *Notre-Dame de Luxembourg*, S. 167–183. Michael FALTZ, *Die Gnadenstatue der Trösterin der Betrübten und ihre plastisch-figürlichen Darstellungen*, in: *Luxemburger Marienkalender* 1966, S. 52–60.
140 Robert L. PHILIPPART, *L'image est publique, la matière est privée*, in: *nos cahiers* 37/3 (2016), S. 63–76.

1678: Patronin des Herzogtums

Zwölf Jahre nach der Stadtweihe, als die Belagerung Luxemburgs durch Ludwig XIV. imminent wurde, kam, wiederum ausgehend von Pater A. Wiltheim, der Gedanke auf, Maria als Patronin des ganzen Herzogtums zu erwählen.[141] In einer Generalversammlung der Landstände (Klerus, Adel, Dritter Stand, vertreten durch die Städte) vom 6. Oktober 1677 wurde der Entschluss gefasst. Neben der Furcht und Unsicherheit vor dem Krieg war auch die Sorge um die Treue »in der wahren Religion und in der wahren Verehrung Gottes«, d. h. die Angst vor einem Eindringen des Protestantismus, ein Anliegen.

Die offizielle Feier fand am 20. Februar 1678 vor dem Gnadenbild in der Jesuitenkirche statt, nach dem Muster derjenigen von 1666 und auch dieses Mal im Rahmen einer Oktave. Vertreten waren die Magistrate der 14 offiziell als Städte anerkannten Orte (Arlon, Chiny, Virton, Bastogne, Durbuy, La Roche, Marche, Grevenmacher, Echternach, Bitburg, Neuerburg, Sankt Vith, Vianden, Diekirch) sowie der drei als »Franchises« bezeichneten Ortschaften (Neufchâteau, Houffalize, Remich). Die Wappen dieser 17 Ortschaften sind im modernen Anbau der früheren Jesuitenkirche, der heutigen Kathedrale, angebracht. Die Erwählungsformel, die diejenige von 1666 geringfügig an die neue Situation anpasste, ist in französischer Fassung erhalten: »Sainte Marie, Mère de Jésus, Consolatrice des Affligés, Nous les trois États du Pays Duché de Luxembourg et Comté de Chiny avec tous les habitants du dit Pays Vous choisissons pour dame et patronne perpétuelle de toute la Province et professons fermement de Vous honorer toujours pour telle. Ce pourquoi nous Vous supplions très humblement de nous recevoir dans Votre protection et de nous assister au temps de guerre, peste et famine et en toutes nos nécessités et adversités. Amen.«

---

141 SCHMITT, *Erwählung*. FALTZ, *Heimstätte*, S. 43–47. AM-HERD, *Maria*, S. 165–202. KUNTGEN, *Histoire*, S. 212–235, 377–387.

Wahl der Patronin von Stadt und Land (1666/1678)

Auf drei Pergamenturkunden unterschrieben die Stadtschreiber der Magistrate die vom Ständerat beschlossene Erwählung der Trösterin zur »Herrin, Patronin und ewigen Beschützerin« des Herzogtums Luxemburg und der Grafschaft Chiny, dabei für den Schutz dankend, den die Trösterin in den Stürmen und Wirren der Kriege dem Herzogtum und der Grafschaft habe angedeihen lassen. Den Ortschaften und den Pfarreien wurde nahegelegt, die Erwählungsfeier vor Ort zu wiederholen. Die Wahl wurde am 4. Juni 1678 vom Erzbischof von Trier Johann Hugo von Orsbeck für den trierischen Jurisdiktionsbereich des Herzogtums und am 6. Februar 1679 vom Bischof von Lüttich Maximilian Heinrich von Bayern für den Lütticher Anteil gutgeheißen. Auch die römische Ritenkongregation gab ihre Einwilligung im Mai 1679 und gewährte den Betern vor dem Gnadenbild einen vollkommenen Ablass.[142] Da es 1678 wegen des herrschenden Kriegszustands nicht angebracht erschienen war, viele Auswärtige in die Festungsstadt kommen zu lassen, wurden die für das Erwählungsereignis vorgesehenen Feiern in die Zeit nach Friedensschluss verlegt. So wurde der Patronin von Stadt und Land Luxemburg in einem feierlichen Akt am 2. Juli 1679, dem Fest Mariä Heimsuchung, vor dem Gnadenbild in der Jesuitenkirche gehuldigt, mit anschließender Oktave.[143] Nach dem vom Trierer Weihbischof von Anethan zelebrierten morgendlichen Hochamt in Anwesenheit aller geistlichen und zivilen Autoritäten wurde am Nachmittag das Gnadenbild in einer glanzvollen Triumphprozession, welche diejenige von 1666 noch übertraf – mit mehr Triumphwagen und theatralischen Schaubühnen sowie Szenenspielen, Altären, chronogrammverzierten Schildern und anderen Dekorationen (im Ganzen um die zweihundert) –, zurück zur Gnadenkapelle auf dem Glacis getragen. Dort schloss sich eine Festoktave an mit Abschlussprozession in einem weiten Umkreis um die Kapelle am darauffolgenden Sonntag. Während dieser Oktave wurden 40.000 Kommunionen ausgeteilt. In der Festmesse am Vormittag des 2. Juli war die Erneuerung der

---

142 BLUM, *Sammlung*, S. 12–14.
143 Anzeige des Beginns dieser Oktave ebd., S. 192–194.

Wahl vorgenommen worden, mit einer erweiterten Formel (vorgetragen von einem Pater der Gesellschaft Jesu), die von nun an bei der jährlichen Wahlerneuerung innerhalb der Oktave herangezogen wurde.

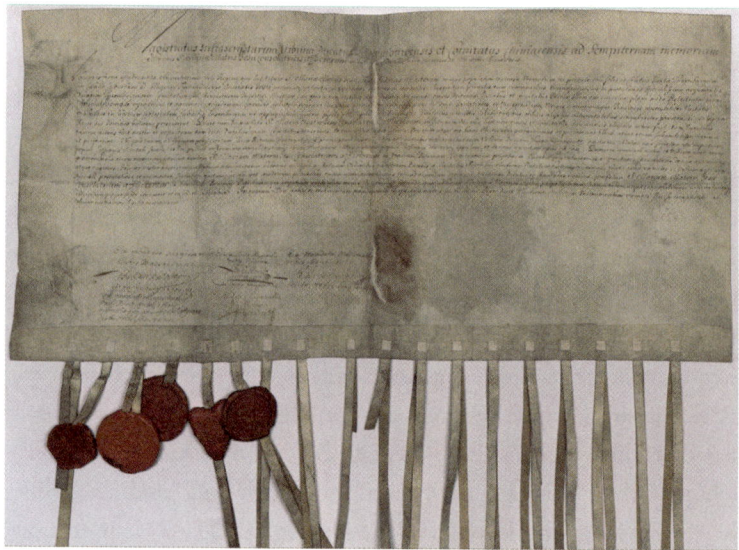

1678: eine der drei Pergament-Urkunden mit den Unterschriften der Vertreter der Magistrate von Bastnach, Marche, Durbuy, Houffalize und La Roche, die die Wahl der Trösterin der Betrübten zur Landespatronin des Herzogtums Luxemburg bestätigen. Foto: DAL, GV. Urkunden 104.

Nach der Genehmigung der Wahl Mariens zur Landespatronin hatte der Fürstbischof von Lüttich am 23. Juni 1679 für die kommende Zeit die Feier der jährlichen Oktave zu Ehren der Trösterin der Betrübten auf den 4. bis 5. Sonntag nach Ostern festgesetzt. Dem schloss sich per Dekret auch der Trierer Erzbischof am 9. März 1680 an. Weshalb die Oktave vom Herbst in den Frühling verlegt wurde, bleibt unklar, doch mögen die marianische Konnotation des Maimonats und die größere Disponibilität der Landleute zu der Jahreszeit mit entscheidend gewesen sein. Denn ganze Dörfer pilgerten mit Kreuz und Fahnen, den Rosenkranz in der Hand, in die Stadt, von ihren Geistlichen begleitet. In einer Oktavperiode wurden um die 1.400 Messen, 200 am Tag, gelesen. In der Folgezeit wurde nun folgende Formel bei der jedes Jahr während der Oktave stattfindenden Wahlerneuerung gebraucht: »Wir, Gubernator, Präsident und Rath des Herzogthums Luxemburg und der Grafschaft Chiny, sowie auch Wir, Räthe und Schöffen der Stadt sammt allen Bürgern und Inwohnern, erwählen Dich heutiges Tags für Uns und alle Unsere Nachkommen zu Unserer gnädigen Beschützerin und ewigen Patronin, und setzen uns festlich vor, Dich jederzeit für Solche zu erkennen und zu verehren.«

Mitte September 1678 wurde die rechtzeitige Aufdeckung einer Verschwörung in der Festungsstadt dem besonderen Schutz der Consolatrix zugeschrieben.

Seit der Erwählung von 1678 verbreitete sich auch, auf Stichen, Bildern, Sockeln sowie in der Mentalität, der Titel »Patrona Civitatis et Patriae Luxemburgensis (Patronin der Stadt und der Heimat Luxemburgs)«, was nicht zuletzt das Wir-Gefühl der Menschen innerhalb der Provinzgrenzen und einen gewissen Luxemburger Partikularismus erstarken ließ.[144] Denn »in einer Erwählung oder Weihe findet diese Dimension der Marienverehrung ihren höchsten und wirksamsten Ausdruck nicht nur für den Einzelnen, sondern auch für eine Gemeinschaft oder ein Volk«. (Michel Schmitt)[145] Die bis heute mit dem Consolatrix-Kult verbundene nationale Dimension findet hier einen ersten beredten Ausdruck. F. Lascombes betont zu Recht: »In der Gefahr, während der Machtkämpfe der ›Großen‹ zerrissen und seiner Zusammengehörigkeit beraubt zu werden (die Gebietsverluste beim Pyrenäen-Frieden redeten ja auch eine deutliche Sprache in dieser Hinsicht), erhält das ›Land‹ Luxemburg durch die Erwählung der Trösterin der Betrübten zur ›Landespatronin‹ ein zusätzliches Band, das seinerseits wiederum für die Eigenständigkeit förderlich sein wird.«[146]

---

144 Klaas VAN GELDER, *Eine Festungsstadt im europäischen Rahmen*, in: MUSÉE DRÄI EECHELEN, *Sub umbra alarum. 1716–1741. Luxemburg, Festung der Habsburger*, Luxemburg 2023, S. 10–31, hier S. 28 f.
145 SCHMITT, *Erwählung*, S. 169.
146 LASCOMBES, *Chronik 1444–1684*, S. 709.

I. Entstehung und Entwicklung der Wallfahrt zur Trösterin der Betrübten (1624–1795)

Ein eigenes liturgisches Fest zu Ehren der Landespatronin entstand um 1678, mit einem von Pater Philippe de Scouville verfassten eigenständigen Festoffizium, d. h. entsprechenden liturgischen Texten (1680). Auch der von Rom genehmigte vollkommene Pilgerablass half, die Verehrung der Trösterin der Betrübten im Glaubensbewusstsein der Bevölkerung zu verwurzeln. Die Verbreitung des von den Jesuiten geförderten Kultes stieß, wie bereits angedeutet, nicht unbedingt auf große Akzeptanz aufseiten der anderen Orden (Dominikaner, Franziskaner, Kapuziner und Karmeliten), die ihre eigene Marienverehrung hatten. Auch in einigen Pfarreien war die Organisation einer alljährlichen Wallfahrt zum Gnadenbild nicht unproblematisch. In Remich etwa bedurfte es noch 50 Jahre, bis sich eine reguläre Wallfahrt durchsetzen konnte. Erst schrittweise und nicht schlagartig intensivierte sich die Andacht, von den Jesuiten und ihrem Kolleg getragen und von den staatlichen Behörden gefördert, bis zur Aufhebung der Jesuitenordens 1773 bzw. zum durch die Französische Revolution bedingten gesellschaftlich-politischen Einbruch. Dass die Trösterin zur Patronin der Stadt (1666) und des Landes Luxemburg (1678) erwählt worden war, gab dennoch der Oktave mittel- und langfristig mächtigen Auftrieb, die ab jetzt systematisch strukturiert und organisiert wurde.

Nach den beiden Wahlen von 1666 und 1678 verbreitete sich die Verehrung der Consolatrix weiter im Volk, namentlich durch die Pfarrmissionen der Jesuiten im Herzogtum, die von ihnen implantierten »Bruderschaften der Christlichen Lehre« und die nun alljährlich vom 4. bis 5. Sonntag nach Ostern organisierte Wallfahrtszeit. Die Jesuiten verankerten die Andacht zur Trösterin der Betrübten in Liturgie und Volksfrömmigkeit: durch die Festfeier der Oktave auch in den Pfarreien, mit entsprechendem Breviergebet (Offizium) für Welt- und Ordensklerus sowie Liedern für die Gläubigen, durch massives Verteilen von Andachtsbildchen und Medaillen mit einer Abbildung der Muttergottes.[147] »Für eine ständige Verehrung zeugt ebenfalls seit dem 18.

---

147 HEINZ, *Wallfahrt*, S. 134–138.

Jahrhundert die schrittweise Verbreitung von Abbildungen der Wallfahrtsstatue in den Kirchen und Kapellen.«[148]

Die Idee des Vertrags zwischen Volk und Transzendenz, grundgelegt in den beiden Erwählungen von 1666 und 1678, wird auch in späteren Jahrhunderten an Schlüsselmomenten aufgegriffen und thematisiert werden. Sie schwingt mit bei den Oktavliedern des ausgehenden 19. und beginnenden 20. Jahrhunderts. Sie war vielfach Inhalt marianischer Verkündigung und Predigt. In der Zeit um die beiden Weltkriege war sie besonders stark präsent. »In diesem Denkkonzept entsteht spätestens mit Beginn des Ersten Weltkriegs ein Imaginativ, das sich vielerorts in der Publizistik und Literatur, hier wiederum bevorzugt in der Lyrik niederschlägt und dem im Zusammenhang der politisch prekären 1930er Jahre nähere Betrachtung gebührt: die Idee eines privilegierten Verhältnisses des Großherzogtums zu Gott. Darüber, dass sich die Wirksamkeit dieser Beziehung gerade in Zeiten äußerster Gefahr manifestiere, geben Texte […] Auskunft, worin man den für Luxemburg günstigen Ausgang verschiedener Krisensituationen, darunter des Ersten Weltkriegs und der ihm folgenden revolutionären Unruhen, als Beweis ebendieses göttlichen Beistands auslegt […]. Durch die abundante Anrufung der Consolatrix Afflictorum gewinnt dieser ›Gottesvertrag‹ eine zusätzliche nationale Spezifität; dass die Muttergottes in ihrer Eigenschaft als Patrona patriae ›ihrem‹ Volk besonderen Schutz angedeihen lässt, versichern wiederum Texte wie Nikolaus Heins Gedichte ›O Trouscht vom Land‹ oder ›Tro'schtgebied am Krig‹.«[149] Für das Jubiläum 1966 thematisierte Dompfarrer Rasqué dieselbe Idee des Vertrags ausdrücklich: »Es ist ein Schutzverhältnis und ein Dienstverhältnis zwischen den Luxemburgern und der Consolatrix. Es ist ein förmlicher Vertrag, ein beidseitiger Vertrag (un contrat bilatéral), der nicht einfachhin nur von einer Seite ge-

---

148 SCHMITT, *Oktavgeschehen*, S. 112.

149 Daniela LIEB, *Luxemburgs 1930er Jahre – eine Zeit im Spiegel ihrer Aussagen*, in: *Luxemburg und der Zweite Weltkrieg. Literarisch-intellektuelles Leben zwischen Machtergreifung und Epuration*, hg. von Claude D. CONTER – Daniela LIEB – Marc LIMPACH u. a., Mersch 2020, S. 12–99, hier S. 61.

kündigt werden kann.«¹⁵⁰ Die Idee eines Bundes (Pakt, Allianz, Vertrag), ein urbiblisches Thema, gibt es ähnlich bei vielen anderen Stadt- oder Landpatronaten der Gottesmutter im nahen und fernen Ausland.¹⁵¹ In Luxemburg ist sie hingegen gegen Ende des 20. Jahrhunderts mit der Übernahme der biblisch und heilstheologisch bestimmten Konzilsmariologie deutlich in den Hintergrund gerückt und in der Verkündigung großteils verschwunden. Geblieben ist sie jedoch in den Liedern (etwa in »O Mamm, léif Mamm, do uewen«: »Wie soll sech hir net schenken am Lëtzebuerger Land!?«) sowie den bis heute üblichen Erwählungsformeln, die am Ende der Oktave wiederholt werden, wo die Rede ist von »eist ganzt Vollek, dat däint ass a fir ëmmer däint wëllt bleiwen (tout le peuple luxembourgeois qui est Vôtre et restera Vôtre)«.

Exkurs 5: »Marienweihe« bzw. »Erwählung«

Die Erwählungsformel von 1666, an die zukünftige Stadtpatronin gerichtet, lautet in modernem Deutsch:

> *Heilige Maria, Mutter Gottes*
> *und Trösterin der Betrübten,*
> *wir, Gouverneur, Präsident, Rat,*
> *Richter und Schöffen,*
> *samt allen Bürgern und Einwohnern*
> *dieser Stadt Luxemburg,*
> *erwählen Dich am heutigen Tag*
> *in unserem und unserer Nachkommen Namen*
> *zu unserer Gebieterin und Schutzfrau*

---

150 RASQUÉ, *Votum solemne*, S. 14f. Dazu auch Georges HELLINGHAUSEN, »*Wie soll sech hir net schenken …*« *D'Wei u Maria – kierchlech, theologesch, existenziell*, in: *Sech Hir schenken. Trois regards sur la consécration à Marie*, hg. von Georges HELLINGHAUSEN, Luxemburg 2016, S. 65–106, bes. S. 85 und 90–93.

151 HELLINGHAUSEN, *Patronne*, bes. S. 41–45.

und nehmen uns fest vor,
diese Huldigung,
wodurch wir uns selbst aufopfern,
in Zukunft alle Jahre
in Deiner Kapelle zu erneuern.
Darum bitten wir Dich auf das Demütigste,
Du wollest uns unter Deinen Schutz und Schirm nehmen
und uns beistehen
zur Zeit des Krieges, der Pest
und in all unsern Nöten und Widerwärtigkeiten. Amen.

Dieses Weihegebet, wie ähnlich diejenigen von 1678/1679 und danach, enthält drei Aufbauelemente: 1. eine Erwählung (»electio«); 2. eine Huldigung (mit Übereignung und Weihe sowie dem Vorsatz einer alljährlichen Erneuerung); 3. eine Bitte (um Schutz in allen Nöten). Dieselbe Drei-Etappen-Struktur und z.T. denselben Wortlaut hat die Weihe an Maria, die der Hl. Johannes Berchmanns SJ vollzogen hatte, ebenso die Formel, mit der er 1615 in Mechelen der dortigen Marianischen Sodalität beigetreten war. Die Sodalenweihe diente in der Tat als Vorlage für die in Luxemburg formulierten Weiheformeln bei den Erwählungsakten von 1666 und 1678/79.[152] Diese wurden im Namen der politischen und religiösen Autoritäten gesprochen, vom Volk öffentlich durch sein »Amen« bestätigt und der Nachwelt übergeben.

Die Tradition der Marienweihe

Zum historischen Kontext.[153] Nach Vorformen, die bis in die Antike reichen, kam es im 17. Jahrhundert allgemein zu Weihegebeten an die

---

152 Bischof Hengen zeigt diesen Parallelismus präzise auf, vgl. Jean HENGEN, *Die Luxemburger Marien-Oktave in den Jahren nach dem Krieg 1946–1949*, in: *nos cahiers* 18/2 (1997), S. 41–47, hier S. 45.

153 HELLINGHAUSEN, *»Wie soll sech hir net schenken …«*. – Zum weltkirchlichen Rahmen vgl. Franz COURTH, *Marianische Gebetsformen*, in: *Handbuch der Marienkunde*, I, S. 526–566, bes. S. 557–564 (Weihegebete).

I. Entstehung und Entwicklung der Wallfahrt zur Trösterin der Betrübten (1624–1795)

Gottesmutter, besonders im Rahmen der von den Jesuiten gegründeten marianischen Kongregationen, mit zwei charakteristischen Schwerpunkten: 1. sich Maria verschreiben (sich ihr weihen, »consecrare«) soll die eigene religiöse Erziehung und damit ein vorbildliches christliches Leben fördern; 2. neben einer angestrebten Verinnerlichung ist auch das Apostolat, der christliche Einsatz in der Welt, Ziel der Marienweihe.

Obwohl von ihrem Gründer Ignatius noch nicht propagiert, praktizierten die Jesuiten ihrerseits eine Weihe an Maria und riefen, so auch in Luxemburg, marianische Sodalitäten ins Leben, die eine »electio« der Muttergottes vornahmen und regelmäßig wiederholten. Gleiches galt für die von Pater J. Brocquart 1652 gegründete Bruderschaft der Trösterin der Betrübten sowie die von den Luxemburger Patres verbreiteten »Christenlehrbruderschaften« zwecks Erneuerung des Pfarrlebens auf dem Lande. All diese Faktoren waren wesentliche Bestandteile ihrer pastoralen Methoden zur Glaubensneubelebung im Herzogtum Luxemburg, und sie wurden Muster und Matrize für die kollektiven Erwählungsgeschehen, die von ihnen in die Wege geleitet wurden. »Was für die Jesuiten ein hervorragendes Seelsorgemittel war, geschieht 1666 und 1678 auf breiter Basis und in mehr volksnaher Darstellung für Stadt und Herzogtum.« (Michel Schmitt)[154]

Wenn in diesen Erwählungsakten Maria als »Herrin«, »Gebieterin«, »Patronin«, »Schutzfrau« und »Beschützerin« erwählt wurde, so erinnert dieses Vokabular an die hochmittelalterliche Gesellschaftsordnung und die höfische Ritterkultur, in welcher die Beziehung zwischen Herrin und ritterlichem Dienstmann von zentraler Bedeutung war – in der Spiritualität von Ignatius von Loyola war dieser Aspekt noch mit eingeflossen. In diesen Zusammenhängen waren auch folgende Ausdrücke geprägt worden, die nachher auf den Kult der Trösterin der Betrübten in Luxemburg übergegangen sind: »Notre-Dame«, »Unsere Liebe Frau«, »Gebieterin (Domina)«.

---

154 Michel SCHMITT, *Die katechetischen Verkündigungselemente aus der Geschichte der Verehrung der Trösterin der Betrübten*, Manuskript o. J., S. 5.

Exkurs 5: »Marienweihe« bzw. »Erwählung«

Allerdings gingen die gemeinschaftlichen, territorialen und nationalen Weihen an Maria über die zugleich individuellen und die solidarisch verbindenden Weihen bei Sodalitäten und Bruderschaften hinaus und zeigten eine neue Qualität auf – bis hin zur Weihe der Welt an das Unbefleckte Herz Mariä durch Papst Pius XII. 1942, eine »consécration du monde«, die seither mindestens achtmal von drei Päpsten wiederholt wurde. Die Weihe von Stadt und Land Luxemburg reiht sich ein in die Serie dieser gemeinschaftlichen, territorialen und nationalen Weihen, wie sie etwa von Ludwig XIII. 1638 für ganz Frankreich inszeniert und jedes Jahr an Mariä Himmelfahrt (15. August) gefeiert und erneuert wurde.

Theologisch gesehen sind folgende Elemente tragende Pfeiler solcher Marienweihen, in Luxemburg wie anderswo:[155] Kontinuität zwischen grundlegendem Erwählungsakt und dessen jährlicher Wiederholung, Weihegebet als intensives Bittgebet um besonderen Schutz, Verpflichtung und Versprechen eines heiligmäßigen Lebenswandels als Authentifizierung der Marienweihe, Bindung an die Gottesmutter durch einen gemeinsam geschlossenen Pakt, mit verbindlichen Engagements beiderseits, Christusnachfolge.

Die Luxemburger Weiheformel, die seit den Erwählungen jedes Jahr wiederholt wird – sie wurde in der Regel auf Deutsch und Französisch vorgetragen, seit einigen Jahren erfolgt dies auf Luxemburgisch –, änderte ein paarmal im Lauf der Geschichte geringfügig ihren Wortlaut.[156] In der Zeit der Zugehörigkeit zu den österreichischen Niederlanden, unter Maria Theresia, geschah sie im Namen von Präsident und Rat Ihrer Kaiserlichen Majestät, Königin von Ungarn und Böhmen … 1844 wurde die Erwählungsformel von Bischof J. Th. Laurent, dem Geist der Zeit entsprechend, umgeändert und damit die Wahlerneuerung am Schluss der Oktave abgeschwächt. Es war nun das kirch-

---

[155] Dom Michel JORROT OSB, *La consécration à la Vierge Marie dans le magistère de l'Église*, in: *Sech Hir schenken*, S. 13–30.
[156] ANDRÉ, *Geschichte*, S. 21–26. RASQUÉ, *Votum Solemne*.

I. Entstehung und Entwicklung der Wallfahrt zur Trösterin der Betrübten (1624–1795)

liche Oberhaupt, der Bischof, der im Namen des Landes, das seiner Hirtensorge anvertraut ist, das feierliche Versprechen der Vorfahren erneuerte. Die Erwählung geschah nicht mehr im Namen der weltlichen Autoritäten, doch wurden und werden diese bis heute in der Erwählungsformel erwähnt. Sie lautet derzeit:

Helleg Maria, Gottesmamm,
Tréischterin am Leed!
Mat dem ganze Lëtzebuerger Vollek
erwielen ech Dech haut op en Neits
a mengem eegenen Numm
an am Numm vu mengen Nofolger
zu eiser Schutzpatréinesch,
déi beim Härgott fir äis antrëtt.
Mir huelen äis fest vir,
dech ëmmer als sollech unzeerkennen an ze veréieren.

Sou froe mir dech,
datt s du äis all ënner däi besonnesche Schutz hëlls:
Stad a Land Lëtzebuerg, eist Herrscherhaus,
eist ganzt Vollek, dat däint ass a fir ëmmer däint wëllt bleiwen!

Léif Tréischterin,
stéi äis bäi mat dengem Trouscht,
wa mir a Gefor sinn
a schwéier vum Liewe gepréift ginn.
A verloos äis net
an der Stonn vun eisem Doud.
Amen.

Exkurs 5: »Marienweihe« bzw. »Erwählung«

»Votum solemne« am Schlusssonntag der Oktave 2019: Maria wird als Patronin von Stadt und Land Luxemburg wiedererwählt. Erzbischof J.-Cl. Hollerich liest die Weiheformel vor dem Volksaltar, Erzbischof M. Aupetit von Paris präsidiert vor dem Votivaltar. Links unten im Bild: Großherzog Henri und Großherzogin Maria Teresa. Foto: Erzbistum Luxemburg.

Der Gedanke der Weihe fand Eingang in die Oktavlieder und kommt am besten zum Ausdruck in der zweiten Strophe von »O Mamm, léif Mamm«, komponiert von Pierre Barthel, mit Text von Charles Mullendorff:

Ech sinn esou wäit ech denken,
ee Muttergotteskand.
Wie soll sech hir net schenken,
am Lëtzebuerger Land.

Auch das »Gebet der Oktavpilger«, Nr. 810 des aktuellen *Magnificat*-Gesangbuchs für die Erzdiözese Luxemburg, ist ein solches Weihegebet. Es wird jeweils am 10. Oktober und am 20. Februar alljährlich beim »Votum solemne«, der Erneuerung der Wahl Mariens, vom Bischof bzw. einem anderen Hauptzelebranten vorgebetet und vom Volk nachgesprochen – erstmals bei der Jubiläumsfeier am 9. Oktober 1966, nachher geringfügig, besonders die fortschreitende Chronologie berücksichtigend, adaptiert:

Helleg Maria, Gottesmamm,
Tréischterin am Leed,
wéi all Joer
gi mir dir eist Verspriechen.

Méi wéi dräihonnert Joer
bass du mat äis gaang.
Haut versprieche mir dir op en neits,
dech gär ze hunn
an trei ze sinn am chrëschtleche Glaf.

Léif Mamm, Patréinesch vu Stad a Land,
alles leeë mir an deng Hänn,
wat äis léif an helleg ass:
eis Familljen, eis Kanner,
eis Fräiheet, eis Eenegkeet,
d'Gléck vun der Heemecht
an de Fridden uechter d'Welt.

Seen, déi äis regéieren,
behitt deng Kanner
heiheem an an der Friemd,
a féier äis de Wee
an d'éiweg Heemecht.
Amen.

Exkurs 5: »Marienweihe« bzw. »Erwählung«

Weihe von Kindern

Von Interesse ist, dass von 1675 bis 1808, entsprechend einem spezifischen Ritus, Kleinkinder zwischen eins und vier Jahren in der Gnadenkapelle auf dem Glacis bzw. nach 1800 anderwärts der Trösterin geweiht und in ein Weiheregister eingetragen wurden. Das Ritual wurde vom Wallfahrtskaplan ausgeführt. Während der Zeit der Jesuiten waren es nur Mädchen, danach auch Knaben, ja sogar Erwachsene, darunter Priester, Mönche und Einsiedler – es funktionierte nun in der Art einer Bruderschaft. Diese Kleinkindweihe, eine Ergänzung der schon bestehenden Andachtsübungen zu Ehren der Consolatrix Afflictorum (Oktave, Sodalitäten, Bruderschaften, Pfarrmissionen), zeigt, wie die Jesuiten den ihnen Anbefohlenen von der Wiege bis zur Bahre mit einer marianischen Spiritualität den katholischen Glauben systematisch und auf eine genauso anschauliche wie verbindliche Art vermittelten. Der Ritus der Kleinkindweihe, bei dem das Kind zu Ehren der Muttergottes weiß und blau eingekleidet wurde, umfasste folgende Elemente, die jeweils von entsprechenden Gebeten des Priesters begleitet wurden: Segnung des ihm bestimmten Kleides, Besprengung des Kindes mit Weihwasser und Beräucherung mit Weihrauch, Anlegen des weißen Kleides, Überreichung einer blauen Binde und einer brennenden Kerze, Segnung des Kindes, Ablegung der Votivkleider. Vorgesehen war auch ein zu späterer Zeit zu tätigender zweiter Besuch in der Kapelle zwecks Erfüllung des Gelöbnisses. 1675–1773 wurden, laut Register, 783 Kleinmädchen und ein Knabe dieser feierlichen Weihe an Maria teilhaftig, 1774–1808 waren es 624 Personen, ohne Unterschied des Alters, Geschlechts und Berufes.[157]

---

157 Michael FALTZ, *Die Weihe der Kleinkinder an die Trösterin der Betrübten (1675–1808)*, in: *Luxemburger Marienkalender* 1968, S. 30–34.

Dieselbe Tradition lebt fort. Die persönliche Weihe jedes neugetauften Kindes an die Gottesmutter nach der Taufzeremonie ist ein Ritus, der sich in Luxemburg durchzieht bis heute. Der derzeit gebräuchliche Wortlaut des Weihegebetes ist:[158]

Helleg Maria, Gottesmamm,
Tréischterin am Leed,
eist Vollek huet dech
viru Jorhonnerten
zu senger Patréinesch gewielt.
Mir bréngen eist Kand,
dat elo grad gedeeft gouf,
bei dech,
fir dir et ze weien.
Hal du deng Hand iwwert eist Kand,
sou wéi's du et fir däi Kand Jesus
gemaach hues,
a biet fir hatt beim Herrgott.
Hëllef äis,
et gutt ze erzéien
an et op d'Liewe virzebereeden.
Mir verspriechen dir op en neits
dech gären ze hunn
an trei ze sinn am chrëschtleche Glaf.
Stéi äis all zur Säit mat dengem Gebiet,
bei allem wat mer dinn a maachen,
a bleif bei äis
all Stonn vun eisem Liewen.
Amen.

---

158 *Liturgesch Feiere fir Lëtzebuerg*, Luxembourg 1994, S. 149.

In derselben Linie ist die »Muttergottesweihe« zu sehen, die die LKA (Lëtzebuerger Kanneraktioun) ihren kleinen Mitgliedern nahelegte, und die auf ihrem namentlich gekennzeichneten »Muttergottesdiplom« eingetragen war:[159]

> *Helleg Maria, Gottesmamm, Tre'schterin, vun elo un, eso' wëll*
> *ech et hun, solls Du iwer mech gebidden, Deng mächteg Hand*
> *solls De iwer mech halen a bei Gott fir mech antrieden.*
> *Ech verspriechen Dir, nimols Dir ontrei ze gin, ni Dech ze belé-*
> *degen oder zo'zelossen, datt aner Denger E'er ze no trieden.*
> *Ech bieden Dech vu ganzem Herz, mech opzehuelen ënert*
> *d'Zuel vun dënen, dë' ëmmer an e'weg Dir dengen wëllen; ste'*
> *mir zur Seit bei allem, wat ech din a maachen, a bleif bei mir*
> *an der leschter Stonn vu mengem Liewen. Amen.*

Dieses »Weihegebied« wurde in derselben Logik gemeinschaftlich gesprochen bei der Muttergottesweihe, die nach der Erstkommunion traditionsgemäß in der Nachmittagsandacht von den Erstkommunikanten in der Pfarrkirche vorgenommen wurde und sich teils bis heute erhalten hat. Andere, unterschiedliche und persönliche »Widmungsgebete« (deutsch, französisch, später auch luxemburgisch), manchmal in Verbindung mit einer »Lebensregel«, wurden Ende des 19. und im 20. Jahrhundert durch Consolatrix-Andachtsbildchen verbreitet. Lange gab es zudem in Luxemburg den Brauch, den Brautstrauß nach der kirchlich geschlossenen Ehe auf dem Muttergottesaltar der Trau-

---

159 Auch in dem nach dem Zweiten Weltkrieg den Kindern ausgeteilten, individuellen »L.K.A. Pass des Gotteskindes« mit seiner etappenweise vermittelten Lebensregel spielte die Trösterin d. B. eine erhebliche Rolle. Hier sah eine Rubrik die Unterschrift der Eltern vor, durch die sie sich zu Folgendem verpflichteten: »D'Léift zur Muttergottes as en echt Letzeburgescht Irwsteck. Et ass duerfir eng national Pflicht, an onse Kanner eng déif Léift zur Consolatrix grouss ze zéihen. Well si sollen hire Nokommen déi Muttergottesléift weiderginn. – D'Liewesregel vum ›Bloe Kreiz‹, och Muttergottesdëngscht genannt, wöllt duerfir eng hl. Letzeburger Missioun erfëllen. D'Léift zur Consolatrix beim Letzeburger Kand ze verdéiwen.« Das Kind konnte kleine Marken mit Muttergottesdarstellungen, Belohnung für bestimmte Verdienste, in den Pass, u. a. neben die Consolatrix-Darstellung, kleben.

ungskirche niederzulegen und so die frisch geschlossene Ehe unter den Schutz der Gottesmutter zu stellen. All das belegt, dass – so wie zur Zeit der Jesuiten im Ancien Régime – die marianische Prägung des katholischen Lebens in Luxemburg bis in die Moderne mit System ritualisiert und gestaltet wurde. Die Tradition alter und neuer Weihegebete lebt heute, etwa auf den jedes Jahr herausgegebenen Oktavbildchen mit Consolatrix-Abbildung, fort.[160]

Marienweihen außerhalb der Grenzen Luxemburgs

Einige Beispiele von Marienweihen aus der Großregion seien hier angefügt. Nach dem Dreißigjährigen Krieg hatte der Trierer Erzbischof und Kurfürst Karl Kaspar von der Leyen (1662–1676) das Bistum Trier der Muttergottes geweiht, Parallele gewissermaßen zur von den Jesuiten angeregten öffentlichen Erwählung Marias als Patronin von Stadt und Herzogtum Luxemburg. Die Trierer Weihe wurde nachher mehrmals, besonders in Not- und Umbruchzeiten, an die »Unbefleckte Empfängnis« erneuert, so jüngst durch Bischof Bornewasser 1939, durch Bischof Marx 2003 und durch Bischof Ackermann 2020 im Zusammenhang der Corona-Pandemie. Bereits 1866 war auf dem Trierer Markusberg zu Ehren der Bistumspatronin eine Mariensäule aufgestellt und geweiht worden.[161] Auch das Bistum Aachen weihte sich der Gottesmutter: 1931, erneut 1943, 1954 und 1984.

Am 2. Oktober 1982 weihte sich die Metzer Großpfarrei St-Quirin aus der Gegend von Sarrebourg feierlich der Luxemburger Trösterin der Betrübten und stellte in der Dorfmitte eine Consolatrix-Statue auf.

---

160 So werden auch prägnante Textzitate der herausragenden Theologen Karl Rahner und Joseph Ratzinger über Erwählung und Weihe an Maria angeführt in: *1978 Kalenner vum Jubiläumsjoer vun der Consolatrix Afflictorum 1678–1978*, hg. von KATHOULESCH MÄNNERAKTIOUN (A.C.M.L.), Lëtzebuerg 1978 (Mai-Versoseite).

161 Hans CASEL, *8. Dezember: Bischof Dr. Reinhard Marx erneuert die Weihe des Bistums Trier an die Gottesmutter*, in: *Paulinus* (14.12.2003), S. 11. Marc JECK, *Das zweite Wahrzeichen der Stadt*, in: *Luxemburger Wort* (20./21.2.2016), S. 39.

Die Tradition von Marienweihen setzt sich fort. Am 25. März 2001 wurde das Bistum Münster durch den amtierenden Bischof R. Lettmann der Gottesmutter geweiht.[162]

Die Weihe des Menschengeschlechts an das Unbefleckte Herz Mariä, die Pius XII. 1942 vollzogen hatte, wurde in Luxemburgs Pfarreien getätigt während der Fatima-Feiern in Luxemburg im September 1947 und für die ganze Diözese am 24. September d. J. in der Kathedrale.[163]

Ancien Régime, Hoch-Zeit der Wallfahrt (1679–1795)

So wie allgemein im Orbis catholicus wurde die Luxemburg-Wallfahrt zur Trösterin der Betrübten nach ihrer Entstehung zu einem privilegierten pastoralen Instrument der innerkatholischen Reform. Maria wurde zum Symbol und Ausdruck eines neuen kirchlichen Selbstverständnisses.[164] Bei der Verbreitung und Konsolidierung des Consolatrix-Kultes im Volk hatten die von den Jesuiten ins Leben gerufenen Bruderschaften (»Bruderschaft der Trösterin der Betrübten«, »Bruderschaften der Christlichen Lehre«)[165] sowie die von ihnen organisierten Pfarrmissionen eine wichtige Rolle gespielt. Bis zur Aufhebung ihres Ordens 1773 blieben die Patres Träger der Andacht und Wallfahrt, danach wurde sie vom Stadtklerus übernommen. Auch die unter dem Einfluss der Dominikaner in vielen Luxemburger Ortschaften propagierten Rosenkranz-Bruderschaften begünstigten im 17. und 18. Jahrhundert die Consolatrix-Verehrung.[166]

---

162 *Bischof Lettmann weiht das Bistum Münster der Gottesmutter*, in: *Westfälische Nachrichten* (27.3.2001).
163 Vgl. *Hirtenwort des Bischofs* (Philippe), in: *Luxemburger Wort* (12.8.1949).
164 GUTH, *Marianische Wallfahrtsbewegungen*, S. 377–383 und S. 396–422.
165 AM-HERD, *Maria*, S. 250–255.
166 Philippe NILLES, *Étude sur la vie religieuse dans le doyenné d'Arlon, d'après les procès-verbaux des visites pastorales (1753–1773)*. Mémoire de maîtrise Université de Nancy II, 2004–2005, S. 104–107.

I. Entstehung und Entwicklung der Wallfahrt zur Trösterin der Betrübten (1624–1795)

Die Oktave etabliert sich

Auch für das Trierische galt: »Seit der Weihe des alten Herzogtums Luxemburg an Maria, die Trösterin der Betrübten (1678), strahlte die Luxemburger Marienwallfahrt weit in den ganzen Westteil des alten Erzbistums aus.«[167] So verbreitete sich der Kult allenthalben und verdrängte andere Mariendevotionen und -bilder. »Eifeler Wallfahrtskirchen werden zu Stätten der Verehrung der Trösterin der Betrübten. Das Bild der Luxemburger Muttergottes im Schmuck von prächtigen Stoffgewändern mit glitzernder Krone und goldenem Zepter entsprach besser dem barocken Zeitgeschmack des 17. und 18. Jahrhunderts als die spätmittelalterlichen gotischen Vesperbilder. So beobachten wir bald, dass die Verehrung der Landespatronin selbst an alten Eifeler Wallfahrtsorten die Andacht zu dem älteren örtlichen Marienbild mehr und mehr in den Hintergrund treten lässt.«[168] Manchmal kam es zu einem Nebeneinander von örtlichem Gnadenbild und dem der Trösterin der Betrübten, so in Weidingen und in der Schankweiler Klause. In Auw an der Kyll, wo 1712 eine Wallfahrtsbruderschaft unter dem Titel »Maria, Zuflucht der Sünder und Trösterin der Betrübten« gegründet wurde, ersetzte die Consolatrix das vorhandene ältere Vesperbild und wurde zum eigentlichen Gnadenbild, bis es Mitte des 19. Jahrhunderts seinerseits einer nicht bekleideten Figur der Himmelskönigin weichen musste.

1684, bei der Belagerung durch die Franzosen, war die Muttergottesoktave in Luxemburg besonders intensiv gefeiert worden. Während ganzer zwei Jahre war das Gnadenbild der Trösterin in der Stadtluxemburger Jesuitenkirche geblieben.

---

167 Andreas HEINZ, *Aus der Geschichte der Wallfahrten im Bistum Trier*, in: *Im Namen Gottes unterwegs*, S. 17–24, hier S. 23.

168 Andreas HEINZ, *Die Verehrung der Trösterin der Betrübten in den altluxemburgischen Gebieten der Eifel und an der Obermosel*, in: *Hémecht* 30/2 (1978), S. 233–258, hier S. 251.

Im Zeitraum von 1680 bis 1773[169] wurde die Oktave, so wie 1679 kirchlich festgelegt, jedes Jahr vom 4. bis 5. Sonntag nach Ostern gefeiert. Am Samstag vor dem 4. Sonntag nach Ostern wurde das Gnadenbild in die Jesuitenkirche getragen, soweit es wegen Kriegsgefahr dort nicht bereits aufgestellt war. Am selben Sonntag wurde es nachmittags in feierlicher Prozession zurück in die Glacis-Kapelle getragen, wo vom Weltklerus und vom Volk die Oktave bis zum 5. Sonntag nach Ostern weitergefeiert wurde. Die Prozession wurde »Oktavprozession« genannt. Als mit der Zeit der Andrang zunahm, ließ man die Statue in der Jesuitenkirche während der ganzen Oktave stehen und brachte sie erst am letzten Oktavsonntag zurück in die Kapelle. So wurde aus der »Oktavprozession« die »Schlussprozession«. Im Ancien Régime wurde, wegen der Zweisprachigkeit im Herzogtum, viel Wert darauf gelegt, die volkssprachlichen Partien der Liturgie, besonders die Predigt und die Erneuerung der Marienerwählung, in Deutsch und Französisch oder abwechselnd in der einen oder anderen Sprache zu gestalten. Gouverneur und weitere weltliche Autoritäten, Provinzialrat, Obergericht, die Drei Stände und der Stadtmagistrat beteiligten sich aktiv an der Oktave und nahmen sowohl bei den Gottesdiensten als auch bei der großen Oktavprozession Ehrenplätze ein. Ebenso die geistliche Obrigkeit: Trierer Weihbischöfe, die, wenngleich selten, für die Feier der Oktave angereist kamen, die Äbte der inländischen Abteien (besonders derjenige von Münster, der zeitweilig als ranghöchster des inländischen Klerus die alljährliche Wahlerneuerung im Namen der Versammelten vornahm), die Ordenszweige der Stadt, die Schüler des Kollegs und die Zünfte. Allesamt machten sie aus der Oktave eine feierliche religiöse Stadt- und Staatsangelegenheit, die weit über die Privatfrömmigkeit oder die Andacht einzelner Ortschaften hinausging. In dieser Ausprägung sollte sie erst mit dem

---

[169] AM-HERD, *Maria*, S. 202–311. KUNTGEN, *Histoire*, S. 235–278. FALTZ, *Heimstätte*, S. 18f., 48–62. François LASCOMBES, *Aus der Geschichte der Trösterin*, in: *Luxemburger Wort* (8.10.1966), S. 18.

Erlöschen des Ancien Régime durch die Französische Revolution aufhören zu bestehen.

Die Oktave, besonders die barocke Oktavprozession durch die Stadt, mit Schauwagen, Szenenspielen und spektakulären Allegorien an Straßenkreuzungen und Plätzen, wurde in der Regel mit großem Pomp gefeiert. Im Lauf der Zeit wurde die Prozessionsordnung je nach Umständen geändert und mehrere Male angepasst. Die Oktavprozession wurde von den Jesuitenpatres gefördert und inszeniert, Ende des 17. Jahrhunderts von der puristischen Strömung des Jansenismus, die ein aktives Zentrum in der Orvaler Abtei hatte,[170] jedoch stark hinterfragt – eine Polemik, die auch andernorts mit einer gewissen Heftigkeit ausgetragen wurde.[171] Jesuiten und Jansenisten bekämpften sich argumentativ und gingen in ihrer Kritik nicht zimperlich miteinander um. Die Jansenisten warfen den Luxemburger Jesuiten theatralische Oberflächlichkeit, Vermengung christlicher Spiritualität mit heidnischen Mythen (Synkretismus), abergläubische und profane Praktiken sowie politische Instrumentalisierung der Oktave vor. In der Tat wurde die Wallfahrt von den politischen Machthabern vor deren Karren gespannt. Wurden in der spanischen Zeit die Marienszenen in der Prozession so aufgezogen, dass die Consolatrix Stadt und Land vor den Franzosen schützte, so wurde nach dem Einmarsch von Ludwig XIV. 1684 der Spieß umgedreht: Maria war nun die »Patronne honorée et bienfaisante dans la France et dans le Luxembourg«, und die französischen Könige wurden der Reihe nach als große Protektoren des Marienkultes aufgeführt. Auf diese Art und Weise wurde die Loyalität zum neuen Landesherrn eingefordert. Ein jansenistischer »Avis«, unterzeichnet

---

170 Vom Jansenismus waren Luxemburg und die westlichen Teile des Erzbistums Trier betroffen. Das Trappistenkloster Orval wurde zur Herberge heimatsuchender Jansenisten, damit eine Jansenistenhochburg und so Brückenkopf und Einfallstor der neuen Strömung für das Herzogtum und das Erzbistum Trier, auch wenn sich deren Verbreitung dann letztlich doch in Grenzen hielt und an den katechetischen Bemühungen der Jesuiten abprallte. Vgl. Wolfgang SEIBRICH, *Das Erzbistum in theologischen und kirchenpolitischen Kontroversen des 17. und 18. Jahrhunderts*, in: *Geschichte des Bistums Trier*, III, S. 750–766, bes. S. 753–763.

171 LOTTIN, *Inflexions*, S. 35–37.

vom Jansenistenführer Arnauld, ironisierte: »La métamorphose est trop subite d'un cœur espagnol à un cœur français. [...] La sainte Vierge n'est ni française ni espagnole. Elle est Patronne de tous ceux qui l'invoquent comme ils le doivent, de quelque pays qu'ils soient«.[172] Und auch Anton Feller, Pfarrer von Alt-Sankt Nikolaus, lästerte zu Beginn der Oktave 1685: »Heute beginnen die Jesuiten die Feier der seligen Jungfrau Maria, der Trösterin der Betrübten, welche sie vor 12 oder 13 Jahren ›caute et subtiliter‹ listig und geschickt, von den Ständen, dem Provinzialrat und dem Magistrat der Stadt als Landespatronin erwählen ließen, zum besonderen Schutz gegen den Einfall der Franzosen. Sobald die Stadt erobert war, drehten sie alles ins Gegenteil um, lobten dieselbe Patronin wegen der Hilfe, die sie Frankreich angedeihen lasse und stellten den neuen König als Beispiel hin wegen seiner Marienfrömmigkeit, der auch gerade deshalb so viele Siege davontrage. Viele sind verwundert und machen sich über dieses Verhalten lustig, aber wohl nicht zu Unrecht.« Doch lobte auch er später den Sonnenkönig ob seiner Spendierfreudigkeit, vermerkte dann wiederum bei der Rückkehr Luxemburgs zu Spanien zu Beginn 1698 in seiner Pfarrchronik, ein Bibelzitat paraphrasierend: »Heute ist diesem Land Heil widerfahren.«[173]

Die Oktav-Pilger, manchmal aus höchsten wohlhabenden Schichten, kamen zum Teil in öffentlichen Anliegen, so Kurfürst Karl Kaspar von Trier, die Gouverneure Beck, Philippe und Alexander de Croÿ-Chimay, der Fürst von Havré, Kaiser Joseph II. Die meisten wallfahrteten in Leibes- und Seelennöten, einzeln oder in Gruppen, wie die Jung-

---

172 Raymond BAUSTERT, *La Querelle janséniste extra muros ou La Polémique autour de la Procession des Jésuites de Luxembourg, 20 mai 1685* (= Biblio 17, vol. 162), Tübingen 2006, S. 134–136. Ders., *Le Grand Arnauld et la Procession de Luxembourg*, in: *Die Warte* (9.5.1985). Ders., *Autour de la Procession de Luxembourg du 20 mai 1685: la mythologie au centre du débat jésuitico-janséniste*, in: récré 21 (2005), S. 197–213. Georges HELLINGHAUSEN, *Une polémique entre Jésuites et Jansénistes*, in: *Die Warte* (16.11.2006), S. 11f. Vgl. auch KMEC, *L'Octave*, S. 13f., und *Muttergottesoktave*, S. 275f.

173 François LASCOMBES, *Chronik der Stadt Luxemburg 1684–1795*, Luxemburg 1988, S. 34f.

frauen von Grevenmacher und Arlon. Ebenso gab es Dankwallfahrten für erlangte Hilfe (z. B. der Graf von Wiltz), Buß- und Sühnewallfahrten, Wallfahrten im Angesicht des Todes. Die Dekanats- und Pfarrwallfahrten hingen bis Mitte des 19. Jahrhunderts mehr oder weniger vom Gutdünken der Geistlichen und des gläubigen Volkes ab.[174]

Für das erste Zentenarium der Stadtpatronin 1766 fielen die Jubelfeiern diskret aus – wohl da sich allenthalben ein Misstrauen gegen die Gesellschaft Jesu ausbreitete, was 1773 zu ihrer Auflösung führen sollte. Immerhin schafften die Ordensväter für das Jubiläum einen neuen, im Rokoko-Stil entworfenen Wallfahrtsaltar an, der seither jedes Jahr und bis auf den heutigen Tag für die Oktave aufgerichtet wird, um das Gnadenbild wie auf einem imposanten Thron den Pilgern zur Verehrung vorzuführen. Dieser schmiedeeiserne »Votivaltar« wurde vom Luxemburger Kunstschlosser Pierre Petit, der seine Ausbildung in Orval erhalten hatte, angefertigt. Er ist mit Reliquien (Trierer Märtyrer), vielen silbernen Ampeln, Herzen und anderen Votiv- und Weihegaben der Pilger ausgestattet, Ausdruck des Dankes für empfangene Gnaden, erfüllte Hoffnungen, erfahrene Hilfen, Genesungen.[175]

Was tat sich ansonsten, von den eigentlichen Oktavfeierlichkeiten abgesehen? 1754 war die Glacis-Kapelle restauriert worden. Jährlich wurde das Fest der Kapellweihe festlich begangen, mit Gewinnung eines vollkommenen Ablasses. Die vier Hauptfeste der Muttergottes wurden durch vier Oktaven ausgezeichnet. Das ganze Jahr über wurden Stillmessen, d. h. Messen in schlichter Form, ohne Gesang und oft ohne Teilnahme von Gläubigen, in der Kapelle gelesen. Die Überzahl an Stiftungs- und anderen Intentionen, die nicht gehalten werden konnten, wurden an die Dechanten auf dem Lande weitergereicht. Das tägliche Programm war in der Kapelle das Jahr hindurch: Messen am Vormittag, Andachten am Nachmittag. Auch Novenen, d. h. neuntägige Andach-

---

174 FALTZ, *Gedanken*.
175 Michel SCHMITT, *Der Votivaltar aus dem Jahre 1766*, in: *nos cahiers* 18/2 (1997), S. 103–113. FALTZ, *Heimstätte*, S. 19, 50–52.

ten, zur Trösterin der Betrübten waren sehr beliebt. Andachtsbücher in deutscher und französischer Sprache leiteten hierzu an.

Dem Gnadenbild bzw. der Kapelle wurden großartige Geschenke gemacht: ein Goldenes Vlies durch den Grafen von Elter (1645–1716), kostbare Kleider, Ampeln, Kerzen, liturgische Gewänder, Antependien usw. Dass dadurch Diebe angelockt wurden – ein sensationeller Einbruch geschah etwa 1705 –, war ein natürlicher Vorgang. Auch in die Kollegskirche wurde mehrfach eingebrochen, so 1748. Der materielle Besitz der Glacis-Kapelle wurde durch eine Fabrik verwaltet. Diese betrieb einen bedeutenden Kleinhandel mit Andachtsbildern der Trösterin in allen Formen, Größen und Ausprägungen (kolorierte oder nichtkolorierte, auf Papier oder Pergament, einfach oder mit Stoff durchwirkt …), nebst Medaillen von unterschiedlichem materiellem Wert (Gold, Silber, Horn, Kupfer, Messing usw.). Auch Gussplatten (»Taken«) mit dem Bildnis der Trösterin der Betrübten wurden verbreitet.

Während dieser Zeit blieb die Andacht zur Trösterin der Betrübten ein Werk der Jesuiten. Im Jahr 1750 gab es um die 50 Väter am Luxemburger Kolleg. Rektor der Muttergotteskapelle war jeweils ein Jesuit – angefangen bei Pater Brocquart (†1660). Die Kapelle war Besitz der Jesuitenpatres, betreut wurde sie jedoch von einem Wallfahrtskaplan, einem Weltpriester, der als Kustos oder Wächter über der Sakristei wohnte und für den sonntäglichen Gottesdienst, die Kapellordnung und die Bedienung der Pilger zuständig war. Der Bereich um die Kapelle war als Sakralbereich für die Pilger gestaltet worden (Stationen der Sieben Schmerzen Mariä, Schutzengelstatue, von Pater A. Wiltheim 1651 aufgestellt, usw.). Ihren Unterhalt bestritt die Kapelle aus den Einkünften der immobilen Kapellgüter, den Zinsen der Kapitalien, den Pilgeropfern, Partikulargeschenken sowie den verkauften Gegenständen. Die Einnahmen ließen sich zeigen, weshalb zwecks Verwendung sogar der Jesuitengeneral in Rom, also die höchste Spitze des Ordens, eingeschaltet wurde. 1641 hatte er verfügt, einen Teil dem Kolleg, einen anderen bedürftigen Priestern und Armen in Notzeiten sowie einen weiteren vierzehn armen Kirchen des Landes zukommen zu lassen. 1668 wurde die Einteilung dahingehend geändert, dass dem Kolleg ein Drittel der Gesamteinnahmen zugesprochen wurde.[176]

Aufklärerische Tendenzen

Die Zeit der Aufklärung im 18. Jahrhundert brachte überall eine Mäßigung gegenüber der Gottesmutter und ihrer Verehrung, sie war bestrebt, die Marienfrömmigkeit rational und reduktiv zu ordnen.[177] 1772 erließ der Erzbischof von Trier Clemens Wenzeslaus im Geiste der Aufklärung und mit dem von dieser Geistesrichtung verfolgten Ziel, den »inneren« Kult zu propagieren und den »äußeren« einzudämmen, eine einschränkende Neuregelung der Prozessionen und Segnungen mit dem Allerheiligsten. Diese Reform hätte die Oktav-Schlussprozession und die zahlreichen sakramentalen Segen während der Oktave beeinträchtigen oder in Frage stellen können. Nach einem sachlich-resoluten Schreiben des Pfarrers von Sankt Nikolaus Paul Feller (»Sans l'appareil extérieur le culte du cœur s'affaiblit et si la religion ne parlait point aux sens il serait impossible d'y attacher fortement quelque peuple que ce soit.«) sowie einer Intervention des Luxemburger Provinzialrats, der die einheimischen Traditionen verteidigte, wurde die geplante Reform vom Trierer Weihbischof Hontheim mit Kulanz abgemildert und auf ein Minimum zurückgeschraubt. So konnten sowohl die Oktavprozessionen als auch die eucharistischen Segnungen, wenngleich in geminderter Zahl, weiterbestehen.[178]

1773 war der Jesuitenorden von Papst Klemens XIV. aufgehoben worden. Kirche und Kolleg wurden der Stadt geschenkt, die Besitz-

---

176 LASCOMBES, *Chronik 1444–1684*, S. 555.
177 DE FIORES, *Geschichte*, S. 190–197.
178 LASCOMBES, *Chronik 1684–1795*, S. 160 (Zitat) und S. 374. Emile DONCKEL, *Sieh, wie unsere Väter kamen, von Nah und Fern, zur Mutter des Herrn! Ein Beitrag zur Geschichte der Luxemburger Marienwallfahrt*, in: *D'Letzeburger Dueref* Nr. 3 (März 1966), S. 1–3. Gilbert TRAUSCH, *L'Octave de Notre-Dame de Luxembourg aux prises avec le joséphisme et les réformes catholiques du 18e siècle*, in: *Hémecht* 18/3 (1966), S. 333–362, hier S. 339–348.

tümer als Staatsgut beschlagnahmt. Da 1775 die am Krautmarkt gelegene Pfarrkirche Sankt Nikolaus abgebrochen wurde, wurde 1778 die Jesuitenkirche zur Pfarrkirche erhoben unter dem Patrozinium des Heiligen Nikolaus und der Heiligen Theresia – Letzteres zu Ehren der regierenden Kaiserin Maria-Theresia, zu deren Erblanden das Herzogtum Luxemburg im 18. Jahrhundert gehörte.[179] Die »Nikloskierch« ist bis heute Pfarrkirche geblieben, auch nachdem sie 1870 zur Domkirche erhoben wurde. Die Besitztümer der Glacis-Kapelle wurden 1777 einer Fabrik mit drei Mitgliedern übertragen: einem Vertreter des Provinzialrats, einem Stadtschöffen und dem Pfarrer der Nikolauskirche.[180] Ein Bericht über ihre Besitztümer – Ländereien, ein Garten, ein Haus, Stiftungskapitalien, regelmäßige Überweisungen von Einzelpersonen und Familien, Geschenkgaben – wurde 1788 erstellt.[181] Die Kapelle wurde eine Annexe der Stadtpfarrkirche.

Mit der Auflösung der Gesellschaft Jesu 1773 verschwanden auch deren Sodalitäten, die bis dahin, so wie die Bruderschaft der Trösterin der Betrübten – sie konnte bis zur Französischen Revolution weiterbestehen –, einen wichtigen Rückhalt der Oktavspiritualität und -praxis in der Bevölkerung darstellten.

Die Aufhebung der Gesellschaft Jesu war ein schwerer Schlag und hätte das Aus der Oktave bedeuten können. Doch wurde die Wallfahrt auf Drängen der Stadtverantwortlichen weitergeführt – der Stadtklerus, vor allem der Pfarrer von Sankt Nikolaus, übernahm nun die Zuständigkeit. 1778 wurde der Friedhof der Nikolauspfarrei, der mit der alten Nikolauskirche verschwunden war, in die unmittelbare Nähe der Glacis-Kapelle außerhalb der Stadt (»Niklos-Kierfecht«) verlegt, wo bereits 1691 ein kleiner Friedhof eingeweiht worden war.[182]

---

179 LASCOMBES, *Chronik 1684–1795*, S. 381f.
180 BLUM, *Sammlung*, S. 43f.
181 Alphonse SPRUNCK, *Les propriétés et les affaires financières de la Chapelle de Notre-Dame de Consolation en 1788,* in: *Die Warte* (25.2.1978).
182 LASCOMBES, *Chronik 1684–1795*, S. 68 und S. 383f.

I. Entstehung und Entwicklung der Wallfahrt zur Trösterin der Betrübten (1624–1795)

Das große Jubiläum von 1781

Wegen all dieser Umbrüche konnte das Jubiläum von 1778, Zentenarium der Landesweihe, nicht gefeiert werden. Es wurde auf 1781 verlegt und unter Stadtpfarrer Paul Feller mit großem Pomp nachgefeiert:[183] Die Nikolaus-Pfarrkirche wurde eigens hergerichtet und mit Wappen, Sinnbildern, Inschriften und Chronogrammen geschmückt. An der Stadthaus-Fassade (laut einer anderen Überlieferung: in der Nikolauskirche) schwebte ein großes Bild, das die Provinz Luxemburg durch eine Jungfrau darstellte, die der Trösterin den Stadtschlüssel als Weihegeschenk darbot – eine Darstellung von Bruder Abraham Gilson aus Orval. Das Votivbild ist nicht erhalten, doch gibt es kleinere Nachbildungen: u. a. als Ölgemälde von 1785 in der heutigen Bistumszentrale und von um 1820 im Pfarrhaus von Liebfrauen (Kopie von Maisonet) sowie als Bleistiftzeichnung von 1781 im Nationalmuseum. Eine Postkarte von Jean Berward nahm zu Beginn des 20. Jahrhunderts das Motiv auf.[184]

Bei der Jubiläumsfeier taten sich ausdrücklich die Zünfte hervor, indem sie einzeln die Wahlerneuerung vornahmen, was bis dahin noch nie geschehen war, »denn Maria sollte fernerhin auch als Schirmherrin der Zünfte und Sachwalterin des bürgerlichen Lebens gepriesen werden«.[185] Beichte zwecks Ablassgewinnung wurde überall in der

---

183 Detaillierte Beschreibung bei KUNTGEN, *Histoire*, S. 329–363 und S. 387f. FALTZ, *Heimstätte*, S. 57–62. LASCOMBES, *Chronik 1684–1795*, S. 392–394. Alex CARMES, *Le Jubilé de 1781*, in: *Die Warte* (7.12.2000). Boris FUGE, *Le jubilé de la Consolatrix afflictorum en 1781*, in: *Ons Stad* Nr. 110 (Dez. 2015), S. 42–44. Henri Carême schreibt: »C'est pourquoi à la veille de cette grande festivité religieuse renouvelant solennellement l'alliance du Luxembourgeois avec la Consolatrice des Affligés, la ville de Luxembourg s'était transformée en un lieu de spectacle à ciel ouvert. Les façades des maisons étaient couvertes d'inscriptions, des guirlandes de fleurs étaient accrochées aux murs des édifices et des couronnes de verdure, tressées avec art, étaient pendues aux croisements des rues.« Henri CARÊME, *Peintres et peinture dans le duché de Luxembourg au XVIIIe siècle*, Luxembourg 2023, S. 326.

184 Ebd., S. 325–331.

185 [MÜLLENDORFF], *Kurze Geschichte*, S. 66.

Ancien Régime, Hoch-Zeit der Wallfahrt (1679–1795)

Postkarte, von Jean Berward um 1900 herausgegeben, mit dem Votivbild von Bruder Abraham Gilson aus Orval anlässlich des Jubiläums von 1781: Die Provinz Luxemburg übergibt der Himmelsmutter die Stadtschlüssel, unten die personifizierten Flüsse Mosel, Sauer und Alzette vor den Kulissen der Stadt. Privatsammlung. Foto: Erzbistum Luxemburg.

Stadt, in den Kirchen, Klöstern, ja sogar auf öffentlichen Plätzen, gehört (mehr als zweihundert Beichtväter). Altäre für Messfeiern waren zusätzlich am *Roude Pëtz* und auf dem Paradeplatz errichtet worden. Nach einem Jubiläumsbericht sollen über 100.000 Pilger gezählt und 2.400 Messen gehalten worden sein. Abwechselnd hielten täglich der Trierer Weihbischof Johann Nikolaus von Hontheim und die Äbte von Sankt Maximin, Münster und Echternach das Hochamt. Bezeichnend dafür, wie seit der Landesweihe die »Patrona Patriae Luxemburgensis« als Schutzzuständige für das abgegrenzte Herzogtum wahrgenommen wurde, zeigt die Frage eines Benediktinerpredigers aus Sankt Maximin bei Trier in einer der Festmessen an die Landespatronin, »ob sie denn auch Trierische, wiewohl Ausländer, unter ihren Schutz zu nehmen sich würdigen wolle, derweilen sie nicht in der allgemeinen Wahl des Luxemburger Landes einbegriffen wären« und »wofern sie die Gnade nicht haben sollten, als ihre Kinder angesehen zu werden, sollte sie wenigstens sich würdigen, sie als ihre untertänigsten und unwürdigen Diener aufzunehmen und anzusehen«.[186] Ein beredtes Beispiel, wie sich die Oktave zwischen Partikularismus, sprich Identitätsstiftung und Ausgrenzung, und Universalismus, d. h. Öffnung und Integration, zu artikulieren suchte. Für die Jubiläumsprozession, krönender Höhepunkt und Abschluss, waren mehrere Altäre in der Stadt errichtet worden. Der Umzug wurde mit großer barocker Prachtentfaltung und Glanz abgehalten und in einem eigens angefertigten Stich, der die teilnehmenden Akteure, Wagen, Kutschen, Gruppen reproduzierte und beschrieb, für die Nachwelt erhalten. Er ist integriert in einer Broschüre mit dem Verlauf und der Gestaltung der in volksnahem Barock inszenierten Prozession, in der sämtliche Städte und Stände des Herzogtums, desgleichen die Zünfte der Hauptstadt mit ihren Standarten, Schildern, Fahnen und Kerzen vertreten waren.[187]

---

186 FALTZ, *Heimstätte*, S. 60 f.
187 *Description du Jubilé, célébré à l'honneur de Marie, Consolatrice des Affligés*, Luxembourg 1781. Das Bändchen beinhaltet auch einen Stich mit der Schlüsselübergabe an Maria von Bruder A. Gilson, im Mehrfarbendruck.

Ancien Régime, Hoch-Zeit der Wallfahrt (1679–1795)

Stich von 1781, der die große Jubiläumsprozession d. J. illustriert. In barocker Prachtentfaltung ziehen die teilnehmenden Akteure, Wagen, Kutschen, Gruppen mit dem Gnadenbild der Trösterin der Betrübten von der Stadt zurück zur Kapelle auf dem Glacis. Foto: Sammlung Bibliothèque Nationale du Luxembourg.

Inzwischen war auch, den politischen Konstellationen entsprechend, die Erwählungsformel geändert worden. Sie trug der Zugehörigkeit Luxemburgs zu den österreichischen Kronländern Rechnung und lautete nun bis zur Französischen Revolution: »Wir, Gubernator, Präsident und Rath Ihrer Kaiserlich-Königlich- und Apostolischen Majestät von Ungarn und Böhmen, sowie auch Wir, Räthe und Schöffen der Stadt sammt allen Bürgern und Inwohnern, erwählen Dich […].«

Kaiser Joseph II. hatte bei seinem Besuch in Luxemburg 1781 vor dem Gnadenbild auf dem Glacis gekniet. Für die Feier seiner Einführung als Herzog von Luxemburg hatte man die Schaubühnen der Jubiläumsoktave stehen lassen und lediglich die Statue der Consolatrix durch Bilder des Kaisers ersetzt. Unter ihm ging der Prozess der Entbarockisierung, der bereits eingesetzt hatte, weiter und wurde handgreiflich.¹⁸⁸ Der vom Aufklärungsdenken geprägte Joseph II. war bestrebt, die Kirche in seinen Erblanden zu reformieren, d. h. von volksreligiösen, als abergläubisch empfundenen Praktiken zu säubern und der Vernunft unterzuordnen. Durch ein Edikt von 1786 verbot er, in den Prozessionen Statuen, Bilder und Fahnen mitzutragen. Er reduzierte die Zahl der Prozessionen, wobei er nur noch, und auch diese ohne Prunk, Statuen und Bilder und ohne Musik, Bittprozessionen, die Fronleichnamsprozession und eine vom Ortsbischof zu bestimmende Werktagsprozession für die Pfarreien erlaubte; gemeinsame Wallfahrten waren gänzlich unter Strafe untersagt. Das hätte das Ende der Oktave und der Oktavprozessionen bedeuten können. Schon wurden drei der Triumphwagen der Jubiläumsprozession mit anderen Dekorationen öffentlich versteigert. Doch wusste man in Luxemburg kreativ mit dem kaiserlichen Dekret umzugehen. Das Gnadenbild der Trösterin wurde für die Oktave 1787 in der Galakutsche des Echternacher Abtes in die Nikolauskirche gefahren und acht Tage darauf wieder zurück in die Glacis-Kapelle, während an den Straßenrändern die Menschen Spalier standen: keine Prozession und keine Prozession mit Statue – dem Gesetz war, dem Buchstaben nach, Folge geleistet. Doch nachdem entsprechende Luxemburger Suppliken von der Ständeversammlung, den Händlern der Stadt (sie sorgten sich wegen des Ausfalls der oktavbedingten Einkommen und pochten auf den wirtschaftlichen Schaden) und dem Provinzialrat verfasst worden waren und sich auch im Ausland Widerstand gegen die kaiserlichen Reformen regte, wurden die josephinischen Bestimmungen zurückgenommen und so konnten die Prozessionen wieder abgehalten werden. Spätestens mit dem Tod des Kaisers 1790 wurden die einengenden kirchlichen Reformen rückgängig gemacht.¹⁸⁹ Mit der Abschaffung der Bruderschaften durch Joseph

---

188 Zum allgemeinen Kontext vgl. LOTTIN, *Inflexions*, S. 35–40.
189 AM-HERD, *Maria*, S. 311–322. KUNTGEN, *Histoire*, S. 279–287. FALTZ, *Heimstätte*, S. 62–64. TRAUSCH, *Octave*, S. 348–358. LASCOMBES, *Chronik 1684–1795*, S. 394–397 und 412–419. Roby ZENNER, *Als Kaiser Joseph II. die Luxemburger Oktave abschaffte*, in: *Letzeburger Sonndesblad* (24.5.1987), S. 3.

II. war auch diejenige der Trösterin der Betrübten vorübergehend zum Stillstand gekommen, lebte danach aber wieder kurz bis zur Französischen Revolution auf.

Exkurs 6: Oktav-Ablass

Ein nicht unwichtiger Anziehungspunkt für eine Oktav-Wallfahrt war bis ins frühe 20. Jahrhundert die Gewinnung eines Pilgerablasses.[190] Einen Ablass gewinnen war bis dahin eine allgemein übliche und verbreitete Praxis unter Katholiken, die von der kirchlichen Hierarchie gefördert wurde. Von den Päpsten wurden Ablässe konzediert, so auch für die Oktavfeier, auf offizielle Anfrage hin. Durch den Ablass konnte man die sogenannten »zeitlichen Sündenstrafen« teilweise (auf Tage, Monate oder Jahre quantifiziert) oder bei einem vollkommenen Ablass gänzlich abtragen, um so möglichst schnell nach dem Tod sein Seelenheil zu erwirken. »Sündenstrafen« sind nach katholischer Tradition Reste von Bösem, Folgen der Schuld, läuternde Prüfungen, die auch nach der durch das Bußsakrament (Beichte) gewährten Sündenvergebung erhalten bleiben und entweder auf Erden oder im Fegefeuer noch abzubüßen sind. Der Ablass setzt die Beichte voraus, ersetzt sie aber nicht. Heute spielt der Ablass in Verkündigung und Praxis so gut wie keine Rolle mehr, da nach der Mitte des 20. Jahrhunderts sich die Stoßrichtung der christlichen Spiritualität geändert hat: Sie peilt nicht mehr prioritär das ewige Seelenheil im Jenseits an, sondern ist bestrebt, eine Gottesbeziehung in diesem Leben zu gestalten, wohl dann mit Perspektive über den Tod hinaus.[191]

---

190 AM-HERD, *Maria*, S. 212–218 und S. 356 f. ANDRÉ, *Geschichte*, S. 32–36. KMEC, *Muttergottesoktave*, S. 272. Akten zu Oktavablässen, vgl. BLUM, *Sammlung*, S. 8–11, 16–18, 30 f., 44–46, 63.

191 *Ablass*, in: *Lexikon für Theologie und Kirche*, I, Freiburg-Basel-Rom-Wien 1993, Kol. 51–58; ebenso in: *Marienlexikon*, I, St. Ottilien 1991, S. 15 f.

Für die Bruderschaft der Trösterin der Betrübten hatte ihr Gründer, Pater J. Brocquart, 1652 von Papst Innozenz X. einen Ablass erbeten für alle Mitglieder am Tag ihres Beitritts, an ihrem Todestag, für die Hauptfeier der Bruderschaft sowie für getätigte gute Werke. Allen die Marienlitanei in der Glacis-Kapelle zu Luxemburg betenden oder singenden Gläubgen beiderlei Geschlechts gewährte Papst Alexander VII. 1657 einen Ablass. Für die sieben Stationen der Sieben Schmerzen Mariä, die auf dem Glacis den Pilgerweg zur Muttergottes-Kapelle säumten, verlieh der Trierer Weihbischof 1659 einen Teilablass von 40 Tagen bei jeder Station.

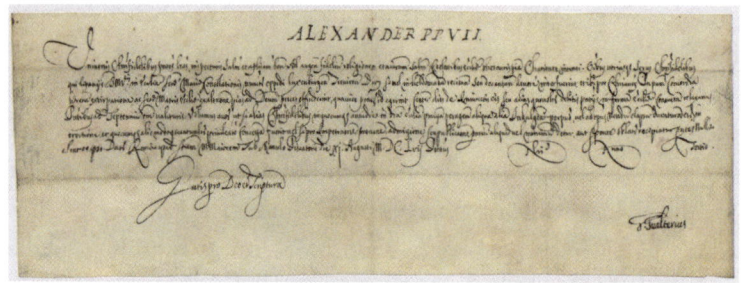

Ablass-Privileg vom 11. August 1657: Papst Alexander VII. gewährt allen die Marienlitanei in der Glacis-Kapelle zu Luxemburg betenden oder singenden Gläubigen beiderlei Geschlechts einen Ablass. Foto: DAL, GV.Urkunden 99.

Mit der Marienwallfahrt zur Glacis-Kapelle war 1640 ein von Papst Urban VIII. konzedierter Ablass verbunden gewesen. 1665 verlieh Alexander VII. ebenfalls einen Ablass an die Besucher der Gnadenkapelle. Für den Tag der Erwählung Marias zur Stadtpatronin, den 10. Oktober 1666, scheint man keinen Ablass angefragt zu haben. Auf Ersuchen seitens des Klerus und der weltlichen Obrigkeit gewährte Papst Innozenz XI. 1677 für sieben Jahre den erbetenen vollkommenen Ablass für den Tag der Wahlerneuerung, d. h. am 2. Sonntag im Oktober. Er wurde, auf Gesuch der Drei Stände, gelegentlich der Erwählung der Landespatronin 1678 erweitert auf alle Tage der Oktave, für den Tag der Erwählung, und anschließend für zehn Jahre am Tag der Wahlerneuerung, bei der Bedingung der Beichte, der Kommunion und des Besuchs des Gnadenbildes in der Kapelle vor dem Neutor oder der Jesuitenkirche in der Stadt. Provinzialrat und Gouverneur bewirkten schließlich durch ein erneutes Gesuch von 1687, dass Innozenz den vollkommenen Ablass für jeden Tag der Oktave und dies für ewige Zeiten nach Empfang von Buß- und Altarsakrament sowie Gebet vor dem Gnadenbild konzedierte (dass man »die heiligen Sakramente würdig empfange und einige Zeit vor dem Gnadenbilde für die Eintracht unter den christlichen Fürsten, die Ausrottung der Ketzereien und die Erhöhung der katholischen Kirche bete«). Er wurde im 18. Jahrhundert mehrfach erneuert.

Desgleichen, zumal mit dem Konkordat Napoleons alle vorherigen kirchlichen Bestimmungen erloschen, im 19 Jahrhundert: 1803 nach Intervention des für das Wälderdepartement (größter Teil des alten Herzogtums Luxemburg, das von der Französischen Republik annektiert worden war) zuständigen Bischofs von Metz Bienaymé, 1808/09 und 1816 auf Ersuchen seines Nachfolgers Jauffret sowie 1844 durch den Apostolischen Vikar J. Th. Laurent für alle Christgläubigen während der Oktave in der Pilgerkirche, »die, nach würdig gehaltener Beicht und Kommunion, die genannte Kirche besuchen und daselbst für die allgemeinen Anliegen der Christenheit nach der Meinung seiner Päpstlichen Heiligkeit beten«.

1864 erwirkte der Apostolische Vikar Nikolaus Adames einen zusätzlichen Ablass für diejenigen, die das Jahr über die Liebfrauenkirche besuchten und entsprechende Gebete verrichteten. 1897 verlängerte Leo XIII. auf sieben Jahre den Ablass für den Besuch der Liebfrauenkirche während des Jahres. Beide Ablässe wurden mehrmals verlängert: 1905 durch Pius X., 1922 und 1934 durch Pius XI. Der Pilgerablass wurde erneut gewährt durch Johannes XXIII. 1962 und durch Paul VI. 1968 – und ist bis heute für die Oktavzeit gültig, auch wenn das Angebot kaum noch in Anspruch genommen wird.

Die Ende des 19. Jahrhunderts neugegründete Bruderschaft der Trösterin der Betrübten wurde ebenso mit zahlreichen Ablassvarianten für ihre Mitglieder versehen.[192] Auch zirkulierten Consolatrix-Bildchen mit bischöflich gewährten Teilablassen, so etwa von 100 Tagen im Anschluss an ein Weihegebet an die Trösterin und »Unter deinen Schutz und Schirm …« gelegentlich der »Oktave des Sieges« 1946.

---

192 *Kirchlicher Anzeiger* 19 (1889), S. 42.

II. Neue Zeiten, Dekadenzzeiten (1795–1840)

Französische Revolution (1795–1801)

Eine dezisive Zäsur wurde im Oktavbetrieb die Französische Revolution Ende des 18. Jahrhunderts.[1] Sie unterbrach die Wallfahrt in ihrer überlieferten Form und brachte den öffentlichen Kult allgemein zum Erliegen, so dass das kirchliche Leben entweder ganz unterging oder bestenfalls ins Kircheninnere verlegt wurde. Nur jene Luxemburger Geistlichen, die den staatlich vorgeschriebenen Hasseid auf die Monarchie und den Treueid auf die Republik abgelegt hatten, durften weiterhin Kulthandlungen in ihren Kirchen vornehmen.[2]

Doch zu den Ereignissen. Zwischen 1789, als in Paris die Revolution ausbrach, und 1795 wurde öfter, wegen drohender Kriegsgefahr, die Statue der Trösterin der Betrübten von der Wallfahrtskapelle in die Luxemburger Stadtpfarrkirche übertragen, so im Dezember 1789 und im Dezember 1792. Für die Oktave dieses Jahres waren im Übrigen, wegen des offenen Konfliktes zwischen Frankreich und Österreich (wozu Luxemburg gehörte), die Dechanten angewiesen worden, lediglich zwei Prozessionen pro Dekanat zur Oktave zuzulassen, mit-

---

1 Michel PAULY, *Die Geschichte der Stadt Luxemburg in 99 Objekten*, Luxemburg 2022, S. 177–181.
2 AM-HERD, *Maria*, S. 322–351. KUNTGEN, *Histoire*, S. 287–300. FALTZ, *Heimstätte*, S. 64–66.

samt Abgabe der Namensliste aller Teilnehmer an der Stadtpforte.[3] Die letzte öffentlich gefeierte Oktave mit Schlussprozession fand in der von den Franzosen belagerten Stadt, die unter Beschuss stand, am 9. Mai 1795 statt, ohne viel Pomp und nur mit Stadt-Luxemburgern und Soldaten; ein in der Prozession einherschreitender Kanonier wurde dabei durch eine Kugel am Arm verletzt. Am 20. Mai schlug, während eines Bombardements, eine Bombe in das Dach der Nikolauskirche ein und landete im Chor vor dem Altar mit dem aufgestellten Gnadenbild; es blieb bei Sachschaden. 14 Tage später fiel die Festung in die Hand der französischen Revolutionstruppen. Luxemburg wurde von Frankreich annektiert und zum »Département des Forêts« (Wälderdepartement) erklärt. Die Gesetze des Pariser »Directoire«, auch *in ecclesiasticis*, fanden nun hier Anwendung. In den nächsten sieben Jahren konnte daher die Oktave mit Schlussprozession nur innerhalb der Nikolauskirche stattfinden. Und auch das nur, weil Pfarrer Kaeuffer zusammen mit seinen sechs Kaplänen, im Gegensatz zu den meisten anderen luxemburgischen Geistlichen, den Hasseid geleistet hatte. Das Trierer Generalvikariat hatte ihm zu diesem Schritt geraten, der ihm dann aber von Klerus wie von vielen Gläubigen verübelt wurde, so dass er sich isolierte und schließlich 1803 abdankte. Er hatte den Eid abgelegt, um das Gnadenbild und den Kult der Trösterin zu retten und die Kirche zu halten. So konnte die Oktave, einschließlich der Prozession, mit minimalem Aufwand und ohne äußere Manifestationen während der ganzen Revolutionszeit im Inneren der Nikolauskirche abgehalten werden. Doch kam es im Zusammenhang mit der Oktave 1798 zu geringfügigen Differenzen zwischen Klerikern, die geschworen hatten (»assermentés«), und denen, die nicht geschworen hatten (»insermentés«, »réfractaires«), sowie ihren jeweiligen Anhängern und mit den Behörden.[4] Die Statue der Trösterin der Betrübten, die 1794 in der Niko-

---

3   LASCOMBES, *Chronik 1684–1795*, S. 454.
4   Gilbert TRAUSCH, *L'Octave en 1798*, in: ders., *Un passé resté vivant. Mélanges d'histoire luxembourgeoise*, Luxembourg 1995, S. 47–51.

lauskirche aufgestellt worden war, blieb nun dort.⁵ Seither ist die alte Jesuitenkirche und heutige Kathedrale Wallfahrtskirche, wenn auch prioritär zur Oktavzeit.

Zu Beginn des Jahres 1796 wurden die Kapellgüter des Glacis-Heiligtums beschlagnahmt und inventarisiert. Die Gnadenkapelle selbst, seit 1628 Heimstätte U. L. F., wurde zunächst in ein Armeeschlachthaus umfunktioniert und schließlich »aus Verteidigungsgründen« noch im selben Jahr von den Franzosen abgerissen.⁶ Die Kostbarkeiten und Wertsachen, darunter 24 Muttergotteskleider und andere Schmuckgegenstände, wurden versteigert. Einiges wurde von wohlgesinnten Bürgern aufgekauft und nachher in den Muttergottesschatz zurückgegeben. Mit dem Abbruch der Kapelle war, nach 168 Jahren, ein zentraler Lebensnerv der Oktave zerstört, und man muss sich wundern, dass die Luxemburger Marienverehrung diesen Verlust überstanden hat.

Auch waren die vielen Marienstatuen an Häuserfassaden und -ecken der Stadt Luxemburg entfernt oder mit Kalk überdeckt sowie die große steinerne Statue über dem Neutor herabgenommen worden.

Die Französische Revolution läutete für die Oktave insgesamt einen Rückgang ein, der von 1795 bis 1842 anhielt und eine Abschwächung der Wallfahrt mit sich brachte.

Unter dem Konkordat

Nach dem Konkordat Bonapartes (1801), der den Frieden zwischen Staat und Kirche in Frankreich wiederherstellte und der Kirche eine neue Existenzweise in der Öffentlichkeit verschaffte, konnte ab 1802

---

5 G. H. [Georges HELLINGHAUSEN], *1794: Definitive Aufstellung des Gnadenbildes in der Kathedrale*, in: *Luxemburger Wort* (30.4.1994), S. 14.

6 Jos. BOUR, *Der Abbruch der Muttergotteskapelle auf dem Glacis im Jahre 1796*, in: *Die Warte* (25.2.1978). Michael FALTZ, *Sta Viator! Steh' stille, Wanderer!*, in: *Luxemburger Marienkalender* 1961, S. 30–33.

II. Neue Zeiten, Dekadenzzeiten (1795–1840)

auch die Oktave in Luxemburg wieder öffentlich gefeiert werden.[7] 1803 bewegte sich die Schlussprozession durch die Straßen der Festungsstadt zum ersten Mal von der Stadtkirche fort und dorthin wieder zurück.[8] Späterhin beteiligten sich sogar wieder die militärischen und bürgerlichen Autoritäten, angeführt vom Präfekt des Wälderdepartements, an der Prozession. Unterstützt wurde die Oktavfeier von den beiden Metzer Bischöfen Bienaymé und Jauffret, die nacheinander den Luxemburger Sprengel verwalteten, war doch mit dem Konkordat das Wälderdepartement der neu errichteten Diözese Metz zugeschlagen worden. Mehrmals beteiligten sie sich an der Schlussprozession, 1807 hielt Mgr. Jauffret die Oktavpredigt,[9] 1808 schrieb er seinen Luxemburger Diözesanen einen Hirtenbrief über die Oktave.[10] Er setzte sich 1809[11] und 1816 auch für die Erneuerung des vollkommenen Oktav-Ablasses ein, der mit den konkordatären Neuordnungen verlorengegangen war. Die in der Stadt Luxemburg entfernten oder versteckten Marienbilder an Häuserfassaden und Giebeln waren inzwischen wieder hergerichtet, die steinerne Marienstatue über dem Neutor 1803 erneut aufgestellt worden.

1803 setzten auch erste Bemühungen ein, die zerstörte Wallfahrtskapelle vor den Toren der Stadt neu zu errichten. Doch brachten die strikten Bedingungen des französischen Kriegsministeriums das Projekt zum Scheitern. Desgleichen blieb 1807 eine erneute Bittschrift an dasselbe Ministerium ohne Resultat. Genauso wie die Befürwortung einer Rekonstruktion, die 1809 vom Präfekten des Wälderdepartements ausgesprochen wurde.[12]

---

7 FALTZ, *Heimstätte*, S. 70–75 und S. 233. AM-HERD, *Maria*, S. 351–361. KUNTGEN, *Histoire*, S. 300–308. LASCOMBES, *Aus der Geschichte*. J. BOUR, *Die Neubelebung der Marienverehrung und der Oktave nach der französischen Revolution,* in: *Luxemburger Wort* (15.5.1993), S. 6.
8 BLUM, *Sammlung*, S. 35 f.
9 Ebd., S. 37.
10 Ebd., S. 5–7.
11 Ebd., S. 63.
12 Dazu Dossier ebd., S. 53–62.

Napoleon in Luxemburg (1804). Ein Mädchen präsentiert den Schlüssel der Stadt. Es ist der Goldschlüssel der Trösterin der Betrübten. Der Kaiser antwortet: »Nehmt ihn zurück, er ist in guten Händen.« Gouache-Bild von L. Hénon, Paris 1914. Postkarte von Jean Berward, Luxemburg. Privatkollektion.

Von der symbolträchtigen Übergabe des Stadtschlüssels der Consolatrix an Kaiser Napoleon am 9. Oktober 1804 und dessen mehrdeutige Restituierung war bereits an anderer Stelle die Rede. Damit in Zusammenhang ist von einer Szene im Jahr 1807 zu berichten, im Zeitraum zwischen Ancien und Nouveau Régime gewissermaßen.[13] Da mit dem Konkordat Bonapartes das reguläre kirchliche Leben wieder auflebte, wurde der Stadtschlüssel von 1667 der Trösterin aufs Neue überreicht, und zwar durch denselben, der den Schlüssel 1804 Napoleon bei dessen Luxemburg-Besuch bereits dargeboten hatte: durch den Stadtbürgermeister Jean-Baptiste Servais (1803–1811). Am 3. Mai 1807, Schlusssonntag der Oktave, ging dieser während der Pontifikalmesse nach dem Offertorium zum Votivaltar und reichte auf einer Silberplatte dem zelebrierenden Metzer Bischof Jauffret den Marienschlüssel im Namen des Luxemburger Stadtrates mit den Worten: »Je viens renouveller un hommage cher à nos pères et qui ne l'est pas moins à leurs enfans. Je viens au nom du Conseil général de la Commune, qui n'est en cela que l'organe de tous les habitans de Luxembourg, présenter à l'auguste Patronne de cette ville la clef en vermeil que j'ai eu l'honneur d'offrir au très-grand et très-puissant Empereur des Français. Ce prince eut la bonté de m'assurer que cette clef ne pouvait pas être dans des meilleures mains. Ce n'est pas tromper l'attente du Prince, c'est la justifier que de consacrer par notre culte les sentimens que nous lui devons, et d'attester ainsi les cieux, en présence de tout le peuple de ces contrées, de l'éternelle fidélité qui nous unit à son Empire.« Ein Amalgam von Marienkult und Napoleonkult! Es hing, wie sich versteht, mit der Bewandtnis zusammen, dass Luxemburg als Wälderdepartement ein Teil Frankreichs und Bestandteil einer französischen Diözese war.

Der Metzer Bischof, als treuer französischer Staatsdiener und Bischof von Napoleons Gnaden, setzte noch eins drauf in seiner Antwort: »L'acte religieux que vous faites en ce jour [...] est digne d'éternelle mémoire. La Religion et la Patrie y applaudissent. On y reconnoit les antiques habitans de ces contrées, toujours bons, loyaux, généreux et fidèles envers le

---

13 Ebd., S. 2–4. FALTZ, *Heimstätte*, S. 71 f. AM-HERD, *Maria*, S. 352.

Souverain du ciel et de la terre. Cette clef de vermeil est le symbole de ses vertus, et venir la consacrer entre les mains de la Protectrice céleste de votre ville, c'est venir renouveller dans son Temple, rempli de la Majesté du Très-haut, profession de la foi de vos pères; c'est assurer à l'univers, que la fidélité que vous avez jurée au grand Empereur et Roi Napoléon, en lui présentant cette même clef, a pour témoin, pour caution et pour protecteur Dieu et Notre Dame de Luxembourg. – Heureux votre premier Pasteur de recevoir de vous un si beau témoignage de vos sentiments chrétiens et français.« Und symbolträchtig legte er den Schlüssel auf den Tabernakel zu Füßen der Muttergottes und stellte sich und seine Diözese unter ihren Schutz.

Hier wird augenscheinlich, wie der Marienkult durch den französischen Patriotismus vereinnahmt wurde. Die Szene von 1807 ist wie die Negativfolie dessen, was sich späterhin mit der Entstehung des Luxemburger Nationalbewusstseins und -gefühls ab 1850 entwickeln wird, die sich ebenfalls mit dem Kult der Trösterin der Betrübten verbinden werden, dann jedoch innerhalb der politischen wie kirchlichen Grenzen des heutigen Großherzogtums und luxemburgisch-patriotisch getönt. Nun wird Maria aufs Neue zur Mutter Luxemburgs.[14]

In den Jahren 1804–1814 wurde die Oktave regulär gefeiert. Doch konnten weder der frühere Glanz noch die hohe Beteiligung des Volkes wieder aufleben, nicht zuletzt wegen Zwistigkeiten im Klerus, der sich in der Frage des Hasseides in Geschworene und Nichtgeschworene aufgespalten hatte. Im Gefolge lebten Oktavprozessionen in Diekirch,[15] Wiltz[16]

---

14 Gilbert TRAUSCH, *Aux origines du sentiment national luxembourgeois*, in: *nos cahiers* 5/2 (1984), S. 73–111. Edouard MOLITOR, *L'influence de l'élément religieux sur la formation de notre conscience nationale*, ebd., S. 113–125.

15 Jos. HERR, *150 Jahre Oktave und Muttergottesprozession in Diekirch*, in: *Luxemburger Wort* (28.4.1971), S. 6. Ders., *170 Jahre Muttergottesprozession in Diekirch*, in: *Die Warte* (9.5.1985). Die Muttergottesprozession in Diekirch war wohl um 1814 entstanden und wurde 1820/21 durch ein päpstliches Breve bestätigt und mit einem besonderen Ablass versehen, vgl. BLUM, *Sammlung*, S. 16–18.

16 In Wiltz wird bereits einige Jahre vor 1800 eine Oktave stattgefunden haben, da 1804 der Hl. Stuhl den damit verbundenen Ablass für weitere sieben Jahre verlängerte. Vgl. ebd., S. 30.

und Clerf auf. 1810 war auch der Trierer Bischof Menan zur Oktavprozesssion eingeladen worden. Der französische Präfekt Jourdan nahm zwar nicht an der Prozession teil, stellte aber für das Gnadenbild seine Kutsche zur Verfügung, falls es regnen sollte. 1813 sah man zum letzten Mal einen Prachtwagen in der Prozession. Seit der Restauration nahm die Prozession auch einen anderen Weg: Da die Kapelle vor dem Neutor nicht mehr existierte, bewegte sich der Umzug nicht mehr in Richtung Glacis, sondern durch die Straßen der Stadt, von der Pfarrkirche ausgehend durch die Pastorsgasse, den Paradeplatz, die Philipps- und Großgasse über den Krautmarkt und durch die Königinstraße wieder zur Pfarrkirche zurück. Letztere hatte im Übrigen durch das Konkordat den Titel »Peterskirche (église Saint-Pierre)« erhalten und rangierte nun als Mutterkirche von Stadt und Departement.

1815 mussten die Oktavfeierlichkeiten ausfallen, sowohl außerhalb wie innerhalb der Kirche. Es war das erste Mal, dass die Oktavprozession nicht abgehalten wurde (zur Revolutionszeit hatte sie immerhin im Inneren der Kirche selbst stattgefunden). Die Stadt war überfüllt mit fremden Soldaten aus Preußen, Österreich und Russland, die gegen Napoleon zogen und durch den Sieg bei Waterloo im Juni d. J. sein Comeback verhinderten. Mit dem Wiener Kongress wurde Luxemburg im selben Jahr als Großherzogtum dem niederländischen König Wilhelm I. zugeordnet und verlor seine Anteile in der Eifel mit Sankt Vith, Bitburg und Neuerburg an Preußen. Luxemburg gehörte nun zum Deutschen Bund und die befestigte Hauptstadt wurde eine der Bundesfestungen. 1816 blühte die Oktave wieder auf und konnte eine Teilnehmerzahl von 50.000 verbuchen – der für Luxemburg zuständige Generalvikar von Neunheuser, Pfarrer der Peterskirche, hatte mit Dringlichkeit zur Teilnahme aufgerufen.[17] Bis 1830 fanden Oktave und Oktavprozession regelmäßig jedes Jahr statt, doch ohne Beteiligung der Landesregierung, die seit der Revolution im Prinzip fernblieb. 1823 war Luxemburg der niederländisch-belgischen Diözese Namür zugeteilt worden, bis 1840

---

17 Ebd., S. 30 f.

Die Wallfahrt verlor durch das Fernbleiben der Regierung ihren nationalen Charakter und wurde vornehmlich zu einer Stadtangelegenheit, wobei die politischen Spitzen der Stadt sich im Verlauf des Jahrhunderts mehr oder weniger an den Feierlichkeiten beteiligten. In der Wahl-Erneuerungsformel, die nach der Französischen Revolution gebraucht wurde, hieß es nun: »Wir Bürgermeister und Schöffen dieser Stadt Luxemburg, sammt allen Bürgern und Inwohnern der Stadt und des Landes, erwählen dich […].«

Die neue Our-, Sauer- und Moselgrenze hatte 1815 das Bitburger Land vom Großherzogtum getrennt. Die altluxemburgischen Pfarreien der Eifel kamen zur Trierer Diözese, die Pfarrprozessionen nach Luxemburg hörten auf, ohne dass diese Loslösung das sofortige Ende der luxemburgischen Marienfrömmigkeit bedeutet hätte. Im 19. Jahrhundert kamen nur mehr Einzelpilger oder kleinere Gruppen gewallfahrtet. »Trotzdem lebte die Erinnerung an die alte Verbindung zu Luxemburg weiter. Es scheint, dass erst im Zusammenhang mit der nationalen Welle infolge der Proklamation des preußischen Königs Wilhelm I. zum deutschen Kaiser nach dem gewonnenen deutsch-französischen Krieg 1870/71 die Zeichen der Bindung an Luxemburg nach und nach beseitigt wurden.« So verloren die Eifeler auch ihren Bezug zur »Luxemburger Muttergottes«, zumal der vom Aufklärungsgeist geprägte Trierer Bischof Josef von Hommer (1824–1836) das überkommene Wallfahrtswesen einzuschränken suchte und zudem bekleidete Marienstatuen verboten hatte. Die Folge war, dass die Consolatrix-Statuen nach und nach aus den Kirchen dieser Region entfernt und entsorgt wurden – ersetzt wurden sie durch aus dem Kunsthandel erworbene neugotische Gipsstatuen. Andere »Trösterinnen« landeten auf Kirchen- und Pfarrhausspeichern, wo etliche, nach ihrem Dornröschenschlaf, Ende des 20. Jahrhunderts wiedergefunden, restauriert und an alter Stelle wiederaufgestellt wurden.[18]

---

18 Andreas HEINZ, *Die einstige Statue der »Trösterin der Betrübten« in der Wallfahrtskirche von Weidingen*, in: *Beiträge zur Geschichte des Bitburger Landes* 30/3-4 (2020), S. 89–92, Zitat S. 90. Ders., *Schicksale einer Wallfahrt*, S. 32–35.

II. Neue Zeiten, Dekadenzzeiten (1795–1840)

Niedergang zur Zeit der Belgischen Revolution

Nach 1815 konnte die Oktave normal abgehalten werden, bis im August 1830 in Brüssel die Belgische Revolution ausbrach, womit sich Belgien vom niederländischen König Wilhelm I. loslöste und ein eigenständiges Königreich wurde. Das Großherzogtum beteiligte sich an dem Aufstand. Daraufhin wurde das flache Land von Brüssel aus verwaltet. Stadt und Festung waren hingegen holländisch geblieben, da ein militärisches Bundeskontingent mit einer preußischen Garnison das legale Regime Wilhelms I. aufrechterhalten konnte.

Die Hauptstadt war holländisch, das Land belgisch, die Festungsmauern wurden zu Landesgrenzen. Wie die endgültige Zugehörigkeit Luxemburgs aussehen sollte, blieb lange unklar. Der allgemeine Niedergang der Oktav-Wallfahrt, wie er zu Beginn des 19. Jahrhunderts eingesetzt hatte, steigerte sich in den dreißiger Jahren noch.[19] Die Zahl der Pilgerfahrten nahm ab, bedingt durch politische Unruhen und die Isolierung der orangistisch gebliebenen Stadt Luxemburg. Die Zeit der Belgischen Revolution gilt als Zeit des weiteren Niedergangs der Oktave.

Der Kommandant der preußischen Garnison Dumoulin hatte in der Hauptstadt den Kriegszustand ausgerufen und 1831 jede öffentliche Prozession im inneren Bering der Festungswerke verboten, so dass keine Oktavprozession(en) in der Stadt und zur Stadt abgehalten werden durften. Die Oktavfeierlichkeiten waren erneut in das Innere der Stadtpfarrkirche verlegt.

1832 kamen keine Prozessionen in die Stadt. Lediglich die Schlussprozession wurde erlaubt, wofür sich der neue Stadtpfarrer Johannes Theodor Van der Noot eingesetzt hatte. Prof. Müller, Direktor des Athenäums und Oktavprediger 1832, schrieb: »Nach 100 Jahren wird man vielleicht im Bauernkalender finden: anno 1831 und 1832 wurde die Oktavprozession nicht gehalten, sintemalen Aufruhr im Land und

---

19 FALTZ, *Heimstätte*, S. 75–77. AM-HERD, *Maria*, S. 362–368. KUNTGEN, *Histoire*, S. 308–310.

Zwietracht in der Stadt herrschte und die Muttergottes fürchtete, die großen Kinder möchten sie auf der Straße fragen, ob sie holländisch oder belsch sei.« Wegen der Grenze zwischen Stadt und Land kamen bis 1834 keine Prozessionen in die Stadt hinein. Ab 1835 wurde auf Betreiben Van der Noots dies wieder möglich: Er teilte allen Pfarreien mit, die durch die Auswirkungen der Revolution unterbrochenen Prozessionen der Landpfarreien könnten wieder zur Stadt kommen.[20] So erreichten 48 Prozessionen mit circa 15.000 Pilgern die Stadt; 1836 ging die Teilnahme etwas zurück. 1837, als auch der zuständige Namürer Bischof die Oktavwallfahrt anempfahl und ihren Messritus vorschrieb, kamen, laut polizeilichen Zählungen, 37 Landprozessionen mit nahezu 14.000 Pilgern, 1838 35 Prozessionen mit mehr als 13.000 Pilgern, 1839 37 Prozessionen mit fast 14.500 Pilgern, 1840 49 Prozessionen mit über 17.000 Pilgern.[21] Am Unterschied der Kommunionen ist ersichtlich, wie seit dem Ancien Régime die Beteiligung an der Wallfahrt zurückgegangen war: ehedem pro Oktave 30.000–40.000 Kommunionen, jetzt nur noch 5.000–6.000. 1841 wurden es immerhin schon 55 Prozessionen mit 20.000 Pilgern. Dass durch den Londoner Vertrag von 1839 die belgische Provinz Luxemburg endgültig bei Belgien und ab 1840 auch beim Namürer Bistum verblieb, hatte als Konsequenz, dass sich die Bande, die die Luxemburger »jenseits« mit dem Mutterland und der Hauptstadt, ebenso mit dem Gnadenbild als gemeinsamer Landespatronin sowie der Oktavwallfahrt verbanden, nun lockerten, die Zahl der Pilger zusehends abnahm und die Wallfahrt gänzlich unterzugehen drohte. Nur noch unterschiedlich große Gruppen kamen, je nach Tradition und Überzeugung, aus dem belgischen Grenzgebiet. Zudem hatte ja auch die Luxemburger Regierungsmannschaft ihre Distanzen zur Wallfahrt genommen und blieb fern.

---

20 BLUM, *Sammlung*, S. 47 f.
21 Statistiken des Polizeikommissars Gangler, vgl. Albert CALMES, *L'Octave il y a un siècle*, in: ders., *Au fil de l'histoire*, II, Luxembourg 1971, S. 118–120. Der Kirchliche Anzeiger gab seinerseits für das Jahr 1837 lediglich 35 Prozessionen mit 11.600 Pilgern an, vgl. *Kirchlicher Anzeiger* 8 (1878), S. 63.

In der Hauptstadt war indes der Stadtmagistrat in den dreißiger Jahren der Oktave treu geblieben und wohnte geschlossen und an einem Ehrenplatz jeweils drei Hochämtern in der alljährlichen Wallfahrtszeit bei, neben den beiden Sonntagen auch an einem Werktag.

Dass die Polizei die Pilger zählte, war Ausdruck ihrer Kontrollfunktion denjenigen Personen gegenüber, die in diesen bewegten Jahren nicht in der Festungsstadt wohnten. Nachher kam es nie wieder zu solchen polizeilichen Maßnahmen gegenüber Pilgern.

Als zusätzliches Indiz des Verfalls der Oktave im beginnenden 19. Jahrhundert wurde das progressive Verschwinden der Muttergottesbilder aus den Privathäusern verbucht. Vordem besaß so gut wie jede Familie eine Abbildung der Trösterin der Betrübten zu Hause, vor dem gebetet und der Gedanke an die Oktavwallfahrt und die Oktavspiritualität wachgehalten wurden. Nun wurde auch vermehrt in Kirchen der belgischen Provinz Luxemburg die Muttergottes von Luxemburg durch andere Statuen ersetzt.

Exkurs 7: Die Consolatrix Afflictorum in Kunst und Kultur

So wie die Wallfahrt selbst haben ihre ikonografischen Darstellungen, dabei besonders die Bilder der Luxemburger Madonna, eine geschichtliche Entwicklung mitgemacht, mit Konstanten und Variationen.[22] Bilder als Verbreitung des katholischen Glaubens gehörten von Anfang an zu dem von den Jesuiten propagierten Methoden, auch zum von ihnen in Szene gesetzten Oktavgeschehen, nachdem sich das Trienter Konzil 1563 klar für die Bilderverehrung ausgesprochen hatte. Dank dieses Mediums konnten die marianischen Ideen leicht

---

22 Georges HELLINGHAUSEN, *350 Jahre »Patrona Civitatis« – Die Stadtpatronin in der Ikonografie*, in: *nos cahiers* 37/1 (2016), S. 9–51. Ders., *Das Oktavbild des Tages. L'image du jour de l'Octave*, in: https://cathol.lu/rubrique563.

und schnell in der Öffentlichkeit zirkulieren.²³ »De formats divers et d'une esthétique variée, ces représentations constituaient alors un outil phénoménal pour les Jésuites dans la propagation du culte.« (Henri Carême)²⁴

Das Kevelaerer Bildchen von 1640, die erste bekannte Abbildung der Consolatrix Afflictorum, ein unscheinbarer Kupferstich auf gewöhnlichem Papier, stammt aus Antwerpen, damals wichtigstes Zentrum der Druckgraphik. Es eröffnet den Reigen der unzähligen Andachtsbilder, die seit der Erfindung und Verbreitung der Druckgraphik zum konstitutiven Bestandteil einer jeden Wallfahrt gehörten. Nicht nur, dass sie die Verehrung und die Wallfahrtsstätte förderten, sie nährten auch, als Einlegebild etwa in den sich verbreitenden Gebetbüchern, die innere Betrachtung des Einzelnen und das Nacherleben des Wallfahrens im alltäglichen Leben, hatten also eine menschlich-nahe Note.

Die Trösterin in der Ikonografie

Mit dem Kevelaerer Bildchen beginnt auch die lange Serie der Kupferstiche, durch die im 17. und 18. Jahrhundert die Muttergottes von Luxemburg als in Kleider gehülltes Gnadenbild den Pilgern vor Augen geführt wird. In den nächsten Jahrzehnten werden die Andachtsbilder der Consolatrix Afflictorum das hier grundgelegte Muster – Stadtarchitektur als Hintergrund, geprägt von Kirchtürmen und Festungsmauern, Prozessionsmotiv zur Wallfahrtskapelle (nun mit Anbau, manchmal

---

23 Alex LANGINI, *La diffusion du culte de Notre-Dame de Luxembourg par l'image*, in: MUSÉE EN PICONRUE (éd.), *Notre-Dame de Luxembourg*, S. 101–109. Lise CONSTANT, *Notre-Dame de Luxembourg, une image miraculeuse et ses représentations*, ebd., S. 129–142. HELLINGHAUSEN, *Patronne de la Cité*. Michel SCHMITT, *Die Oktavwallfahrt in künstlerischen Darstellungen*, in: *nos cahiers* 18/2 (1997), S. 91–101. FALTZ, *Ausland*, S. 179–188.

24 Henri CARÊME, *Les gravures de Notre-Dame de Luxembourg réalisées par l'artiste silésien Jean-Georges Weiser*, in: MUSÉE EN PICONRUE (éd.), *Notre-Dame de Luxembourg*, S. 110–127.

ohne Prozession) – weiterführen:[25] zunächst die künstlerisch wertvollen Kupferstiche von Richard Collin aus Brüssel, der mit als Erster das Trösterin-Bild in Großformat stach und 1682, kurz nach der Erwählung der Landespatronin, Maria als »Patrona Civitatis et Patriae Luxemburgensis« erstmals auf einer Darstellung betitelte.[26] In diesem Zeitraum treten ebenfalls als Consolatrix-Kupferstecher hervor: Jakobus de Man in Antwerpen und Henri Bonnard in Paris. Dieselbe Tradition wird in der ersten Hälfte des 18. Jahrhunderts übernommen von Johann Georg Weiser[27] und Johannes Martin Kaeyll, die in Luxemburg arbeiteten. Danach tritt in Luxemburg J. N. Schutz mit seinen Kunststichen hervor. Viele andere entstehen in Frankreich, Flandern, Süddeutschland. In Augsburg setzen sich für die Produktion und Verbreitung von Trösterin-Stichen Albrecht Schmidt, Josef Ottinger, Martinus Engelbrecht und die Gebrüder Sebastian und Johann Baptist Klauber (»Klauber Catholici«)[28] ein. Dienten die kleinen Stiche als Einlegebilder für die Gebetbücher, so die größeren Formate als Wandbilder, die in den Häusern aufgehängt wurden. Auch kam der Brauch auf, bestimmte Druckflächen des Bildes zu kolorieren oder mit Seide, barockem Brokatstoff oder auch farbiger Metallfolie (diese Mode war im 18. Jahrhundert besonders in Süddeutschland sehr beliebt, die Bilder wurden nach einer Münchner Firma als »Harrer-Bildchen« benannt), ausnahmsweise sogar mit Spiegelscherben zu überziehen, was aus dem ursprünglichen Kupferstich ein kostbares Kleidebild machte und dem auf Anschaulichkeit ausgerichteten Volksempfinden entgegenkam. Oft veränderten die

---

25 Georges SCHMITT, *Luxemburger Kupferstecher in ihren Zusammenhängen mit dem Andachtsbild der Trösterin der Betrübten*, in: *Hémecht* 18/3 (1966), S. 297–310. Michel SCHMITT, *Das Andachtsbild der Trösterin im Laufe der Jahrhunderte*, in: *Luxemburger Wort* (4.5. – 18.5.1974). Ders., *Das Bild der Landespatronin in volkstümlichen Darstellungen*, ebd. (21.4.1978), S. 4.

26 Laut Henri Carême griff er wohl auf eine Vorlage des Rubens-Schülers Abraham van Diepenbeck zurück, vgl. CARÊME, *Gravures*, S. 114.

27 Carême bespricht sieben verschiedene Kupferstichvorlagen von Weiser, unter den Consolatrix-Stechern »le plus prolifique dans ses productions«. Vgl. ebd., Zitat S. 124.

28 Vgl. dazu auch Georges HELLINGHAUSEN, »*Consolatrice des Affligés! Priés pour nous*«. *Die Lauretanische Litanei der Gebrüder Klauber*, in: *Die Warte* (24.4.2008), S. 6f.

Pilger selbst die Stiche, die sie bei den Jesuiten auf dem Glacis erworben hatten, indem sie sie malten, ausschnitten, bekleideten und rahmten. Auch Ölgemälde greifen denselben Bildkanon auf, etwa das vor 1640 entstandene, im Pfarrhaus von Liebfrauen in Luxemburg befindliche Votivgemälde mit der Trösterin (noch ohne Stadtschlüssel), nebst anderen. Mit denselben ikonografischen Identifikationsmerkmalen wird die Consolatrix, gewöhnlich auch textuell, durch eine deutende Kartuschinschrift in lateinischer Sprache als Patronin von Stadt und Herzogtum/ Heimat Luxemburg (»Patrona Civitatis et Patriae Luxemburgensis«) in ihrem durch Wunder bekannten Heiligtum der Gesellschaft Jesu präsentiert. Oft waren solche Bilder mit dem zweisprachigen Zusatz versehen, der auf die Wunderkraft verwies, die dem Gnadenbild zugesprochen wurde und einen mittelbaren Kontakt mit demselben ermöglichte: »hat das heilige Bild angerührt – a touché la sainte Image«. Auch für spätere, moderne Nachbildungen, etwa für die jährlichen Oktav-Wallfahrtsbildchen neuerer Zeit oder für Produktionen bei Gelegenheit von Jubiläen, dienten alte Stiche als Vorlage, besonders derjenige der Gebrüder Klauber von 1779. Der herausragende Jubiläumsstich von 1781 illustriert die imposante Schauprozession, die sich mit ihren verschiedenen Teilnehmergruppen, prunkvollen Karossen, Triumphwagen und Baldachinen von der Stadt zur Glacis-Kapelle in großen Windungen hinbewegt. Einzigartig in seiner Art ist wohl ein Consolatrix-Stich aus der ersten Hälfte des 19. Jahrhunderts, der die Hauptfassade der Jesuitenkirche mit einziehenden Pilgermassen und den früheren Anbauten, die 1850 durch eine steinerne Umfassungsmauer ersetzt wurden, abbildet. »Pour conclure, il apparaît que pour celles et ceux qui n'avaient pas le temps d'effectuer le pèlerinage à Luxembourg, être en possession d'une image imprimée, peinte ou sculptée de la Consolatrice des Affligés était finalement un moyen de substitution efficace pour perpétuer dans un cadre privé son culte et invoquer à tout moment sa divine protection.« (Henri Carême)[29]

---

29 CARÊME, *Peintres*, S. 331.

Consolatrix-Bilder vom 17. bis 20. Jh. Privatsammlung. Foto: Georges Hellinghausen.

Gusseiserne Platten (»Taken«) mit der Consolatrix Afflictorum gab es bereits Ende des 17. Jahrhunderts. Es entwickelten sich, inspiriert von den Kunststichen derselben Epoche, verschiedene Modelle – acht verschiedene Typen sind bekannt – mit mehr oder weniger aufwändigen

Dekorationen (Lorbeerzweige und andere Pflanzenmotive, Andreas-Kreuze, Sterne, Engel, Baldachin, Vorhänge); es gab sie sowohl in Adelsschlössern als auch in den Häusern der kleinen Leute, wo sie das Andenken an die Trösterin in der Familie wachhielten.[30]

Auch Gemälde wurden im Ancien Régime angefertigt, von großer künstlerischer Qualität[31] oder auch in volkstümlicher Manier. Eines der bekanntesten ist das Jubiläumsbild von Bruder Abraham Gilson aus der Abtei Orval von 1781, das die Übergabe der Stadtschlüssel an die Schutzpatronin kommemoriert und in mehreren Variationen überliefert ist. Es muss faszinierend gewirkt haben, sonst wäre es nicht so oft kopiert worden – zuletzt in der von Friedrich Stummel ausgemalten Chornische der alten Kathedrale, eine Wandmalerei, die beim Abriss der Chorapsis 1935 leider zerstört werden musste. Aus ikonografischen Vergleichen ergibt sich, dass Gilsons Gemälde als Kombination zwischen zwei bestehenden Bildtypen entstanden sein muss:[32] die Übergabe der Stadtschlüssel durch eine als Frau personifizierte Stadt an ihren (neuen) Herrn, wie La Rochelle an den französischen König Ludwig XIII. nach Einnahme der Stadt durch Kardinal Richelieu 1628, und die Überreichung königlicher Insignien wie Krone und Zepter an die Muttergottes, wie bei der Darstellung des 1638er »vœu« durch denselben König oder der Weihe Ungarns an die Madonna durch König Stephan I. um das Jahr 1000.

Zu den historischen Gemälden kommen, bis ins 20. Jahrhundert, populäre, manchmal primitiv ausgeführte Darstellungen in zwei oder drei Dimensionen (Malereien in Bauernbarock, Puppenhäuser usw.).

---

30 Jean-Claude MULLER, *Notre-Dame de Luxembourg comme motif de taque en fonte. Une iconographie restreinte*, in: MUSÉE EN PICONRUE (éd.), *Notre-Dame de Luxembourg*, S. 145–151. LANGINI, *Diffusion*, S. 104. FALTZ, *Ausland*, S. 193–196.

31 Beschreibung von fünf solchen Gemälden bei CARÊME, *Peintres*, S. 330 f.

32 Ich teile nicht die Einschätzung von Henri Carême: »Nous pensons que frère Abraham créa son sujet au thème propre au Luxembourg en réinterprétant des scènes dans lesquelles on voit apparaître la Vierge et l'Enfant Jésus remettant un objet liturgique (habit, chapelet, scapulaire, etc.) à un saint ou, dans une moindre mesure, à des scènes historiques et allégoriques de remises de clés.« CARÊME, *Peintres*, S. 328.

Zu erwähnen sind an dieser Stelle auch die im 18. Jahrhundert in Luxemburg und besonders in Nancy durch die Gebrüder Guillot aus Wachs gewerbsmäßig hergestellten und prunkvoll bekleideten Trösterin-Puppen hinter Glas, auch »Cires habillées« genannt.[33] Desgleichen die vielen Consolatrix-Darstellungen, die auf Kaseln und Chormänteln gestickt wurden, angefertigt von Klosterfrauen und Paramentenvereinen, bis weit ins 20. Jahrhundert.[34]

Manchmal wurden ältere, auch barocke Statuen zurechtgestutzt, um den Kleideüberhang der Trösterin aufnehmen zu können und so als echte »Luxemburger Muttergottes« auszusehen. Bei manchen Kopien gab es zusätzlich zu den geschnitzten Inkarnaten (freie Hautpartien: Gesichter und Hände) lediglich einen hölzernen Rumpf oder nur einen Stiel, worüber die klassischen Gewänder gehängt wurden. Vielfach im 19. und bis ins 20. Jahrhundert gab es auch das Genus »Kartrongs-Muttergottes«, wo lediglich der Kopf und die Hände aus Holz gefertigt und auf einem Rumpf aus Pappkarton befestigt waren, über den die Stoffkleider gestülpt wurden, so dass die Erscheinung die einer klassischen Trösterin war. Da solche Darstellungen 1936 vom Luxemburger Bischof Philippe verboten wurden, sind nicht viele auf uns gekommen (u. a. Brachtenbach, Hersberg, Schüttringen); in einigen Pfarreien wurden sie, da sie leichter als Holzskulpturen sind, beibehalten, um in den Prozessionen getragen zu werden.

Neue Formensprache

Die Tradition des Andachtsbildes der Consolatrix Afflictorum wird Ende des 18. und zu Beginn des 19. Jahrhunderts weitergeführt durch die klein- und großformatigen, stark kolorierten und gegenüber vorigen Zeiten ebenfalls vereinfachten »Images d'Épinal«, die von Pellerin/Épi-

---

33 Georges SCHMITT, *o. T.*, in: *Luxemburger Wort* (12.5.1966), S. 3.
34 Norbert THILL, *Die Faszination der Kunststickerei als Reverenz an die Consolatrix*, in: *Luxemburger Wort* (20.4.1999), S. 26.

nal,³⁵ Gangel/Metz und Basset/Paris produziert wurden, oft auf phantasiereichem Hintergrund mit fiktiven Konstruktionen. Die Romantik änderte nochmals den Bildkanon: keine Pilger mehr, dafür aber stimmungsvolle Landschaften, Naturhintergrund (Wiesen, Blumen), Stadtmotive und -monumente, ab 1866 zusätzlich das von den Dienstmägden der Stadt Luxemburg geschenkte Votivherz. Auch nationale Symbole wurden in der Ikonografie nun vermehrt aufgegriffen und mitverarbeitet, wie Fahnen und Wappen (Landeswappen mit dem Roten Löwen, Wappen der Kantone). Der Sockel, auf dem die Statue der Consolatrix steht, wurde zu einem zusätzlichen Erkennungszeichen der Luxemburger Muttergottes und vielfach zusammen mit dem Gnadenbild abgebildet, in zahlreichen Kirchen im In- und Ausland auch regelrecht nachgeschnitzt (Diekirch, Echternach/Basilika, Hollerich, Hobscheid, Kloster Peppingen, Luxemburg/Sacré-Cœur, Luxemburg/Fassade Rue Origer, Manternach, Merl, Steinfort, Weimerskirch, Carey/USA, Remsen/USA usw.) oder reproduziert auf Bildern (früheres Altarbild der neuen Glacis-Kapelle, Kühlen-Bild usw.), Fahnen und Kirchenfenstern (Hemstal, Herborn, Rollingergrund, Bastnach/N.-D. de Bonne Conduite, Ebly/Belgien, Basilika von Dyersville/USA). Michel Engels edierte 1893 eine Serie von 31 Bildern über die Teilnehmer und den Verlauf der Schlussprozession. Auch zeichnete er ein großes Triumphbild der Trösterin, »Klagt in Leid« betitelt, mit dem flehentlichen Gebet von Pilgern und dem Sieg Mariens über Pest, Tod und Irrlehre. Die Lithographie Erasmy aus Luxemburg brachte ein großes Trösterin-Bild in grünem Gewand auf den Markt. Vielfach zeigt das Andachtsbild der Trösterin nun, auch als Kleidebild auf Lithographien bei Auslassung der barocken Zutaten, eine schlichte, lineare Formensprache. Bildchen mit spitzenartig aus Papier gestochenen Rändern treten ebenfalls auf.

Im späten 19. Jahrhundert entsteht schließlich die Tradition des fotografierten Gnadenbildes, wobei Romantisierung und Verkitschung in der

---

35 Zum Haus Pellerin vgl. Fr. K., *Volkstümliche Kunstausstellung in Metz: 1.–16.9.78*, in: *Luxemburger Wort* (17.9.1978), S. 13.

II. Neue Zeiten, Dekadenzzeiten (1795–1840)

Ausführung nicht immer ausbleiben. Vom Anfang des 20. Jahrhunderts bis zum Zweiten Weltkrieg fand ein im Druck herausgegebenes, von Bischof Koppes in Auftrag gegebenes Farbfoto vom Verleger Bernhard Kühlen aus Mönchengladbach mit der Consolatrix in rot-goldenem Gewand eine starke Verbreitung, als großes Porträt in Sakristeien, als Kommunion- und Firmungsandenken bis hin zum kleinen Andachtsbild. Nach dem Ersten Weltkrieg gab die Paulusdruckerei größere und kleinere Andachtsbilder heraus, meistens mit der Madonna im Jubiläumsgewand von 1866. Bei einem Jamboree in Holland (Vogelenzang, Sommer 1937) verteilten die Luxemburger katholischen Scouts Tausende von Darstellungen der Trösterin, nach einem Cliché von Bernard Kutter.

Viele Abbildungen der Luxemburger Stadtpatronin, vom 17. bis besonders ins 20. Jahrhundert (Emile und Joseph Probst, Charlotte Knaff, Jean Barillet), greifen das ikonografische Thema der Schutzmantelmadonna auf, die ihren weiten Mantel über die Stadt Luxemburg breitet oder Einzelpersonen, Vertreter von Ordensfamilien oder ganze Volksgruppen um sich schart und schützt.

Ab dem 19. Jahrhundert wurden auch kleine vollplastische Metallstatuen der Trösterin zu einem beliebten Souvenir, das die Erlebnisse der Oktavzeit zu Hause verlängerte.

Mit der beginnenden Fotografie Ende des 19. Jahrhunderts entstehen, neben fotografischen Abbildungen sowohl des Gnadenbildes als auch der Oktavprozession, ebenfalls Postkarten – es gibt das Genre bis heute. Sie zeigen öfter die Stadtpatronin zusammen mit Stadtmotiven bis hin zur traditionellen Darstellung der Schutzfrau über dem Stadtpanorama. Die Trösterin mit ihrer Pilgerkirche, der Kathedrale, wird nun ein häufig verwendetes Motiv. Auch das sehr verbreitete, von Nic. Sibenaler (1911–1978) fotografierte Gnadenbild erhebt sich vor schattenartigen Umrissen der Kathedrale. Vielfach abgelichtet wurde die Trösterin, nun öfter auch ohne den traditionellen Behang, von Edouard Kutter,[36] Tony Krier und Marcel Schroeder.

---

36 *Consolatrix Afflictorum. Notre-Dame de Luxembourg, Patronne de la Cité 1666–1966*, … Photographies par Edouard KUTTER, Luxembourg 1966.

Ab Ende des 19. Jahrhunderts ändern neben der bildlichen Darstellung, die sich entsprechend dem Stil der Zeit von romantisch bis modern und stilisiert ausgestaltet, auch Methoden und Material bei der Herstellung dank Mehrfarbendruck, Fotografie und Industrialisierung. Die Lebendigkeit des Marienkultes und des Oktavgeschehens illustrieren im 20. Jahrhundert allerhand Gebrauchsgegenstände wie Schachteln – in den 30er Jahren gab es sogar Seife »Savon Notre-Dame de Luxembourg« –, Kästchen, Gläser, Dosen, Kacheln, Kelchdeckel, Schneedöschen und andere Souvenirs, kleine Altäre als Kinderspielzeug, ebenso Wallfahrtsbildchen, Gadgets, Anstecknadeln, Scheren, »porte-clés« und Produktionen zu Jubiläumsanlässen, die z. T. auf die alten Kunststiche zurückgreifen, z. T. eine neue originelle Formen- und Bildsprache aufweisen. Auch mancherlei Kitsch wie Leuchtmadonnen, Deko-Puppen mit Zwinkeraugen u. dgl. m. sind hier zu erwähnen.

Medaillen, Kettenanhänger, Anstecknadeln, Krawattennadeln, Brieföffner, Schlüsselbundexemplare usw. mit Trösterin-Abbildung oder Kathedral-Motiv. Privatsammlung. Foto: Georges Hellinghausen.

Andachtsbildchen mit der Trösterin waren z. Z. des Zweiten Weltkrieges besonders populär. Nach dem Krieg wurde die Muttergottes oft als Landespatronin mit den Umrissen des Großherzogtums gezeigt. Auch hatte der aus Echternach stammende Künstler François Gillen eine Zeichnung mit der Trösterin inmitten der Verwüstungen und Gefahren der Rundstedt-Offensive in verschiedenen Serien herausgebracht. Lange Jahrzehnte, auch nach dem Krieg, gehörten Consolatrix-Foto und -Anrufungen zum gängigen Code bei Sterbebildchen, auch bei prominenten Verstorbenen wie Bischöfen (Philippe, Lommel, Hengen) oder Mitgliedern der großherzoglichen Familie (die Großherzoginnen Charlotte und Joséphine-Charlotte, Großherzog Jean usw.). Ebenso für Erstkommunionen, Firmungen, Priesterweihen, Primizen sowie Bischofs- und Priesterjubiläen waren Consolatrix-Abbildungen seit Jahrzehnten, wenn auch nicht ausschließlich, beliebte Motive für die Erinnerungsbildchen; auch dasjenige der Kardinalskreierung von Erzbischof Jean-Claude Hollerich am 5. Oktober 2019 in Rom präsentiert eine farbige Ablichtung des Luxemburger Gnadenbildes. Bestimmte Darstellungen wie das Ölbild des früheren neogotischen Altars der neuen Glacis-Kapelle, die kolorierte Fotografie von B. Kühlen aus Mönchengladbach von um 1900 oder die Trösterin-Statue der Luxemburger Exilierten im polnischen Wartha z. Z. des Zweiten Weltkrieges wurden Ausgangspunkt für neue Bildtraditionen mit unverkennbaren stilistischen Merkmalen.

Als Künstler neueren Datums, die sich in ihren Produktionen mit der Stadt- und Landespatronin befassten, können stellvertretend erwähnt werden: Claus Cito, Albert Hames, Charlotte Engels, Jeanne Mootz, Auguste Trémont, Lucien Wercollier, Joseph, Emile und Denise Probst, Léon Nosbusch, Emil Mergen, Josy Jungblut, François Gillen, Gustav Zanter, Sylvère Linster, Christiane Yogeshwar-Chomé, Ota Nalezinek, Victor Zürn, Nina und Julien Lefèvre. Originell ist ein von Marcel Thill gezeichnetes Consolatrix-Bild im Stil einer »Chinoiserie«, das Papst Paul VI. zu seinem 75. Geburtstag überreicht wurde; die Darstellung erschien auch als Kunstteller.[37] Jacques Schneider bearbeitete jüngst Mariendarstellungen auf Fotos kreativ mit originellen Farbübermalungen.[38]

Kirchenfenster, Fahnen, Glocken, Medaillen

Jean-Claude Muller hat die meisten der Kirchenfenster abgebildet und besprochen, die 1890–1978 in vielen Luxemburger Kirchen und Kapellen, besonders nach dem Zweiten Weltkrieg, eingesetzt wurden und oft sehr realistisch, bisweilen eher skizzenhaft, Trösterin-Porträts wiedergeben: Aspelt, Befort, Clerf, Colmar-Berg (von der großherzoglichen Familie gestiftet), Consthum, Cruchten (Bourghaff), Ell, Ernster, Esch-Lallingen, Eselborn, Everlingen, Fischbach (Geschenk der großherzoglichen Familie), Hemstal, Herborn, Hoffelt, Kayl, Kopstal, Lamadelaine, Lullingen, Luxemburg-Kathedrale, Machtum, Medernach, Medingen, Metzerlach, Moutfort, Niederanven, Oberdonven, Olingen, Pfarrhaus Liebfrauen/Luxemburg, Remich, Rollingergrund, Sandweiler, Schoenfels, Trotten, Ulflingen, Untereisenbach, Weicherdingen, Weiswampach und Wilwerdingen. Folgende Künstler zeichnen hauptsächlich verantwortlich für diese Farbfenster: Frantz Kinnen, Nina und Julien Lefèvre, Emile, Joseph und Denise Probst, Lé Tanson und Gust. Zanter. Besondere Erwähnung verdient der Consolatrix-Historienzyklus, der für das Jubiläum 1966 von den Probst-Brüdern für die Glacis-Kapelle entworfen wurde.[39]

Der Glasfensterzyklus des neuen Kathedralchores, von Louis Barillet, illustriert die Rosenkranzgeheimnisse sowie zentrale Anrufungen aus der

---

37 *Luxemburger Künstler mit Papstmedaille ausgezeichnet*, in: *Luxemburger Wort* (30.9.1972), S. 3.

38 So in einer Ausstellung in der Kathedrale 2016–17 und in seiner Publikation *Léif Mamm. Grand-Duché de Luxembourg*, Luxembourg 2022.

39 Jean-Claude MULLER, *Les vitraux ecclésiastiques luxembourgeois consacrés à la Consolatrice des Affligés. Un inventaire commenté*, in: *Musée en Piconrue. Ethnologie, Légendes, Art religieux et Croyances populaires en Ardenne et Luxembourg* Nr. 125 (2017), S. 11–22. Vgl. auch Norbert THILL, *Die Glasmalerei im Dienst der Gottesmutter*, in: *Luxemburger Wort* (8.5.1999), S. 19.

Lauretanischen Litanei.[40] Ein Glasfenster in der Domsakristei, 1938 von Emile Probst und Louis Barillet angefertigt, zeigt das Luxemburger Gnadenbild als Statue in einer Mandorla über den Türmen und Dächern der Stadt, das von der Luxemburger Regierung gestiftete Fenster von Louis Barillet von 1947 über dem hinteren Eingang der Kathedrale die Trösterin als Schutzmantelmadonna, die prominente Persönlichkeiten der Zeit (Bischof Philippe, Großherzogin Charlotte, Prinz Jean, Mitglieder der Regierung usw.) unter ihrem Schutzmantel vereinigt.

Fahnen mit Trösterin-Darstellungen waren Legion und wurden in vielen Prozessionen in Stadt und Land mitgeführt, nicht nur zur Oktavzeit. Berühmt wurden vor allem folgende, die in der Kathedrale aufbewahrt werden: die der Lothringer Oktavpilger von 1897, die in modernem Design vom Künstler Gust. Zanter entworfene aus den 1950er Jahren, die stilisiert sich präsentierende der »Lëtzebuerger Kanner an Amerika«, die von ihren Nachkommen 1966 gestiftet wurde.

Der Trösterin der Betrübten geweihte Glocken gibt es in den Kirchen von: Alzingen, Bartringen, Befort, Bivingen, Bettborn, Contern, Dahl, Echternach, Ehleringen, Esch-Alzette (Herz-Jesu), Ettelbrück, Ermsdorf, Heiderscheid, Hosingen, Junglinster, Kehmen, Luxemburg-Liebfrauen, Luxemburg-Herz-Jesu, Kopstal, Manternach, Niederdonven, Obermertzig, Remich, Schifflingen, Schwebsingen, Simmern, Steinbrücken, Steinsel, Walferdingen, Wintringen.[41]

---

40 FALTZ, *Heimstätte*, S. 171–174. Marcel OSWALD, *Die Chorfenster der Kathedrale von Luxemburg*, in: *Heimat + Mission* Nrn. 4/5, 7/8 und 9 (1988).

41 *Sie läuten zu Ehren der Trösterin der Betrübten*, in: *Luxemburger Wort* (11.5.1966), S. 4. Für die 2009 gegossene Trösterin-Glocke in Junglinster vgl. https://lensterkierch.lu/fr/musik/ (Zugriff 6.10.2023). In die Rundung der Glocke ist folgender Spruch eingraviert: HELLEG MARIA TREISCHTERIN AM LEED PATREINESCH VU STAD A LAND FÉIER EIS ZU DENGEM JONG JESUS CHRISTUS BIET FIR EIST LAND AN EIS KIERCH ZU LËTZEBUERG ECH LAUDE FIR DE GLAF Z'ERHALEN D'HOFFNUNG ZE STÄERKEN AN D'LÉIFT ZE VERDÉIWEN – JONGLËNSTER 2009. – Der Muttergottes unter anderen Titeln geweihte Glocken gibt es in den Kirchen von: Ahn, Asselborn, Beidweiler, Berdorf, Bonneweg, Burscheid, Dalheim, Drinklingen, Echternach, Eschdorf, Ernster, Fels, Folscheid, Gostingen, Grosbous, Haller, Heinerscheid, Hoffelt, Howald, Lallingen, Lullingen, Luxemburg-St. Michael, Luxemburg-Stadtgrund, Luxemburg-St. Alphonse, Luxemburg-Weimerskirch, Medernach, Metzerlach, Mondorf, Munshausen, Niederkerschen, Niederwiltz, Ospern, Rambruch, Rodenborn, Schieren, Trintingen, Ulflingen, Vianden, Wahlhausen. Vgl. *Der Muttergottes unter verschiedenen Titeln geweihte Glocken*, in: *Luxemburger Wort* (13.5.1966), S. 4.

Auch auf Devotionalien wie Medaillen tritt der klassische Kanon, nämlich Maria mit Stadtansicht und Glacis-Kapelle, vereinzelt auf, wie Beispiele aus dem 17. und 18. Jahrhundert belegen.[42] Die überlieferte Medaillen-Tradition mit Darstellungen der Luxemburger Consolatrix geht auf das Jahr 1640 zurück, als die Luxemburger Jesuiten anlässlich des Zentenariums der Ordensgründung Medaillen prägen ließen – laut Brocquart in Antwerpen und Dinant –, die die Trösterin als Kleidefigur präsentierten. Auch wenn solche Medaillen, aus Silber, Kupfer oder Horn, auf dem Glacis haufenweise verkauft wurden, so sind doch aus dem 18. Jahrhundert nur wenige Exemplare erhalten. Auf der Kehrseite dieser u. a. in Nancy bestellten Medaillen waren Heilige wie der Hl. Joseph, Ignatius oder Franz Xaver abgebildet. Erst im 19. Jahrhundert, wohl in Zusammenhang mit der ab 1832 verbreiteten »Médaille miraculeuse« der »Rue du Bac« in Paris, wird das Medaillentragen zu einer bestimmenden Mode bei den Gläubigen. Die Medaille der Trösterin der Betrübten findet ab der Zeit massiv Verwendung als Rosenkranzanhängsel, Taufandenken, Jubiläumserinnerung und Pilgerabzeichen. Auf der Rückseite sind nun dargestellt, entsprechend der Frömmigkeit der Zeit: die marianischen Initialen MA, das Herz Jesu, der Hl. Willibrord, Papst Pius IX. Die Produktion steigert sich vor allem in den Jubiläumsjahren 1866, 1921, 1963, 1966 (Julien Lefèvre) und 1978 (Charlotte Engels). Auch gelegentlich des Papstbesuches 1985 wurde eine Medaille mit der Statue der »Notre-Dame de Luxembourg« vor den Umrissen der Kathedrale herausgegeben. »Nicht zu vergessen die Schlüsselketten für Autofahrer mit dem Bild der Trösterin der Betrübten sowie die Abzeichen für Luxemburger Lourdespilger (in ovaler oder Wappenform), die das Bild der Landespatronin auf blauem Email darstellen.«[43]

---

42 Raymond WEILLER, *Les médailles de Notre-Dame de Luxembourg au XVIIe siècle*, in: *Hémecht* 30/2 (1978), S. 197–210. Ders., *Notre-Dame de Luxembourg. Médailles et insignes de pèlerins*, in: BIRSENS – SCHMITT – THEWES, *Fir Glawen a Kultur*, S. 36–38.
43 FALTZ, *Ausland*, S. 189–192.

II. Neue Zeiten, Dekadenzzeiten (1795–1840)

Kapellen, Statuen, Briefmarken

Wegkapellen mit Trösterin-Statuen gibt es u. a. in Aspelt, Bastendorf, Bavigne, Berdorf, Blaschette, Clerf, Dippach, Koerich, Moutfort, Roodt-Syr und Rollingergrund; doch dominieren in den zahlreichen Kapellen, neben Kreuzen und anderen Heiligen, Vesperbilder oder Lourdes-Statuen.[44] Eher selten ist das Motiv der Consolatrix mit eng anliegendem Mantel auch auf steinernen Wegkreuzen zu finden, so wie auf dem Steinkreuz vor der Kirche in Belair, das aus dem »Kräizgrëndchen« (Val Sainte Croix) stammt; andere befinden sich in Bettborn, Blaschette, Nagem, Ospern, Redingen und Useldingen.[45]

Auch eher selten wurden in den Kirchen ältere plastische Nachbildungen als skulptierte Repliken des Gnadenbildes aufgestellt (Böwingen/Attert, Koerich, Altwies, Everlingen, Hoffelt, Tintigny im heutigen Belgien), wohl darum, weil an sich wenige Gotteshäuser der Trösterin der Betrübten geweiht waren. Rezente Beispiele solcher vollplastischen Nachbildungen: die von Aurelio Sabbatini geschaffene Stein-Consolatrix an der hinteren Fassade der Clerfer Abtei, die von Albert Hames 1964 geschnitzte Trösterin-Statue im Priesterseminar auf Weimershof oder die vom selben Künstler geschaffene Skulptur in der Kirche von Bonneweg. Einige Antependien (jeweilige Vorderseite des Altarunterbaus) mit der Luxemburger Madonna sind in der Gegend um Bitburg erhalten.

An dieser Stelle sei auch hingewiesen auf die Briefmarken mit der Schutzpatronin. Zu einer fünfteiligen Serie aus dem Nachkriegsjahr 1945 gehört eine von Auguste Trémont entworfene Marke, die Maria als »Patrona Civitatis« über der Stadt erkennen lässt und zugleich als »Stella matutina«, versinnbildlicht durch das Sternenlicht um ihr

---

44 Gabrielle WARNIER, *Les chapelles privées du Grand-Duché de Luxembourg*, 2 vol., Luxembourg 1989. Die Autorin konnte im Großherzogtum 666 Kapellen ausfindig machen. Zu den verhältnismäßig wenigen Kapellen mit Trösterin-Darstellungen, vgl. Bd I, S. 8, 106, 188 und Bd II, S.10, 35, 74f., 91 und 161.

45 LANGINI, *Diffusion*, S. 106.

Haupt. Auch ein Caritas-Block von 1945 zeigt, neben zwei »Käppercher« mit Großherzogin Charlotte, den Votivaltar in Rot mit der Trösterin in Blau und mit der Inschrift: »A Notre Dame Consolatrice des Affligés Patronne de la Ville de Luxembourg«. Eine alte Stichdarstellung – Maria mit Stadtmotiven im Hintergrund – wird von einer weiteren Briefmarke aufgegriffen, die im Rahmen einer vierteiligen Serie von S. L. Hartz, Enschede, das Jubiläum von 1966 kommemoriert. Eine Briefmarke aus derselben Serie gibt auf grünem Hintergrund den historischen Stadtschlüssel zwischen zwei Wappen wieder. Die Briefmarke zum Jubiläum von 1978 zeigt das Antlitz der Trösterin, diejenige von 2016 – eine Koproduktion von Luxemburger Post und Vatikanischer Post – die vollplastische Statue im roten Kleid auf dem Hintergrund von Stadt Luxemburg und römischem Petersdom.[46]

Auf die Oktave als kulturelles Ereignis mit den vielen Veranstaltungen, die sich in ihrem Umfeld abspielten und abspielen (Konferenzen, Konzerte, Bücherausstellung, Missionsausstellung, thematische Ausstellung, musikalische Kompositionen und Darbietungen, Theaterstücke …), kann an dieser Stelle lediglich hingewiesen werden.[47]

---

46 Jean-Claude MULLER, *Notre-Dame de Luxembourg, motif philatélique*, in: MUSÉE EN PICONRUE (éd.), *Notre-Dame de Luxembourg*, S. 185–196. HELLINGHAUSEN, *350 Jahre*, S. 35–39.
47 SCHILTZ, *Die Oktave*.

III. Wiederaufschwung (1840–1940)

Oktav-Revival unter Bischof Laurent (1842–48)

Durch Johannes Theodor Laurent, den zweiten Apostolischen Vikar von Luxemburg, der von 1842 bis 1848 die Kirche im Großherzogtum leitete, konnte die Oktave erneut angekurbelt und lanciert werden.[1]

J. Th. Laurent bewegte sich von Haus aus in marianischem Fahrwasser. Als Vertreter eines rheinischen marienfreudigen Katholizismus war er zudem von seiner Erziehung und seinem Werdegang her ein ausgeprägter Marienfan. Sein Bischofsspruch, dem Marienhymnus »Ave maris stella« entnommen, lautete »Iter para tutum« (Bereite sicheren Weg), sein Bischofswappen zeigte den marianischen Meerstern. Zu einer Wiederbelebung der Oktave prädestinierten ihn seine Persönlichkeit und seine Überzeugungen.

Bischöfliches Wappen des Apostolischen Vikars Johannes Theodor Laurent. Es zeigt den Meerstern, eines der ältesten und meistverbreiteten Mariensymbole. Bild und Wappenspruch erklären sich gegenseitig: Maria, der leuchtende Stern über dem brandenden Meer, soll einen sicheren Weg bereiten (»Iter para tutum«). Foto: Erzbistum Luxemburg.

---

1 Georges HELLINGHAUSEN, *Bischof Laurent und die Wiederbelebung der Oktave*, in: *nos cahiers* 18/2 (1997), S. 9–39. FALTZ, *Heimstätte*, S. 77–79. AM-HERD, *Maria*, S. 368–375. KUNTGEN, *Histoire*, S. 311–315.

III. Wiederaufschwung (1840–1940)

Erste Ansätze einer Erneuerung

Laurents Bemühungen um die Wallfahrt und die Verehrung der Consolatrix Afflictorum in Luxemburg reihen sich ein in die mit der Entstehung des Apostolischen Vikariats einsetzende Gestaltwerdung einer einheimischen Kirche unter marianischen Vorzeichen. Sein diesbezügliches Engagement basierte auf kurz davor gelegten Fundamenten, institutionellen wie volksreligiösen, die er dann mächtig ausbaute.

Aus dem Londoner Vertrag von 1839 war, territorial gesehen, das heutige Großherzogtum Luxemburg hervorgegangen. Kirchlich wurde für das Gebiet 1840 ein eigenes Apostolisches Vikariat geschaffen. Zum Leiter der neu errichteten Kirchenjurisdiktion wurde von Rom der Stadtpfarrer Johannes Theodor Van der Noot ernannt. Er teilte dem Klerus die strukturelle Neuerung sowie seine eigene Ernennung durch ein Hirtenschreiben vom 30. Dezember 1840 mit, in welchem er die Trösterin der Betrübten zur Ersten Patronin aller Pfarreien im neuen Jurisdiktionsgebiet erhob.[2] Desgleichen schrieb er im Osterhirtenbrief des darauffolgenden Jahres (25. März 1841) die Feier der Muttergottesoktave in den Pfarreien vor und empfahl »das gesamte geistliche Wohl unseres geliebten Luxemburger Vaterlandes« der Trösterin der Betrübten, »unter deren holden und mächtigen Schutz und Schirm wir unsern geistlichen Sprengel von neuem gesetzt – wie unsere frommen katholischen Voreltern, nachdem sie nicht selten augenfällig die Hilfe dieser Himmelsbraut erfahren hatten, dieses schon vor 200 Jahren getan«.[3] Das neue Apostolische Vikariat Luxemburg machte mit betont marianischer Ausprägung seine ersten Schritte. Das Terrain für eine Wiederbelebung der Oktave war vorbereitet.

Sie konnte nun, nach den Wirren zweier ihr nicht förderlicher Revolutionen (1795–1801 und 1830–39), in eine Aszendenzphase tre-

---

2 BLUM, *Sammlung*, S. 49 f.
3 G. H. [Georges HELLINGHAUSEN], *1840: ein Apostolisches Vikariat unter marianischen Vorzeichen* in: *Luxemburger Wort* (7.5.1990), S. 5.

ten. Mit Bischof Laurent als Initiator und Motor sollte der einheimische Marienkult, nach jahrzehntelanger Stagnation bzw. anhaltendem Rückgang, wieder aufblühen. Für den Apostolischen Vikar spielte bei seinem Vorgehen auch das konfessionelle Motiv, d. h. die Abgrenzung gegenüber dem Protestantismus sowie die katholische Durchdringung der Gesellschaft, eine Rolle.

In seinem Antrittsschreiben vom 12. März 1842 hob Laurent hervor: »Hat doch die Hochgebenedeite dies unser Vaterland in seiner Hauptstadt mit einem ihrer Bildnisse beschenkt, bei dem es auf ihre Fürbitte dem Allerhöchsten gefallen hat mächtige Wunder zu wirken und große Gnaden zu erteilen […]. Der Meeresstern hat uns zur Trösterin der Betrübten geleitet, unter ihren Muttermantel stellen wir die uns anvertraute teure Herde, zu ihren Füßen legen wir unsern Hirtenstab.«[4]

Konkrete Schritte und Maßnahmen

Laurent förderte die Oktav-Prozessionen, deren Zahl ebenso wie die Gesamtzahl der Pilger zunahm. Bereits 1842 war die allgemeine Beteiligung an den Oktavfeierlichkeiten, wohl aufgrund des »Laurent-Effekts«, bedeutender ausgefallen als zuvor. Laut offiziellen Statistiken kamen 59 Prozessionen mit 20.510 Pilgern in die Hauptstadt (Mitte der dreißiger Jahre waren es nur jeweils um die 13.000 gewesen). Die Luxemburg-Wallfahrt erfreute sich nun, so wie andere, zunehmender Popularität.

Im Großherzogtum verbanden sich, religionssoziologisch gesehen, ab der Jahrhundertmitte Mentalität, Volksreligiosität, Feierkultur und Milieukatholizismus eng mit dem Marianischen. Die Verehrung der Trösterin der Betrübten wurde zum greifbaren Mittel- und Sammelpunkt der Bevölkerung, was bis in unsere Epoche nachwirkt.

---

4 G. H. [Georges HELLINGHAUSEN], *Bischof J. Th. Laurent und die Trösterin der Betrübten*, in: *Luxemburger Wort* (8.5.1990), S. 7. DIÖZESANARCHIV LUXEMBURG, *150 Jahre Bistum Luxemburg – Wegmarken*, Luxemburg 2020, S. 39–41.

Vom Land kamen immer mehr Prozessionen in die Stadt. Die Sakramente wurden eifriger gespendet, die Oktave erlebte eine spirituelle Vertiefung. Papst Gregor XVI. gewährte ab 1844, auf Laurents Anfrage hin, einen vollkommenen Ablass für die Oktavwoche sowie Sondervollmachten für die Beichtväter.[5]

Hatte sich Laurent für die verstärkte Einpflanzung des Consolatrix-Kultes in den Pfarreien eingesetzt, so sollte der Festcharakter der Oktavzeit auch liturgisch hervorgehoben werden. Der Apostolische Vikar bemühte sich um die äußere Prachtentfaltung und die Verschönerung der Gottesdienste während der Oktave. Er schaffte 1844 für die Wallfahrtskirche goldstoffene liturgische Gewänder an und ließ Leuchter und Ampeln neu vergolden. 1847 gewährte die römische Ritenkongregation auf Anfrage hin das Abhalten mehrerer Singmessen zu Ehren der Muttergottes am selben Tag während der Oktave.

Als erster in Luxemburg residierender Bischof nahm Mgr. Laurent persönlich an den Hauptmomenten der Wallfahrt teil, was sowohl die Festlichkeit als auch den kirchlichen Charakter erhöhte. An den zwei Oktavsonntagen hielt er das Pontifikalamt und die Vesper am Nachmittag, täglich die Abendandacht, und bei der Schlussprozession trug er selbst das Allerheiligste (konsekrierte Hostie in einer Monstranz, d. h. einem dekorierten, sonnenförmigen Schaubehälter) und erteilte damit den Segen. Die Oktave trug dazu bei, dass in der jungen Luxemburger Ortskirche Kirchenvolk und Bischof zusammenwuchsen, dass Peripherie und Zentrum aufeinander zu lebten. Die Luxemburger Bischöfe haben in der Folge diese kirchenintegrierende Praxis weitergeführt bis heute. Dadurch wurde verhindert, dass die Oktave in ein kirchliches Abseits glitt, vielmehr wurde sie aufgewertet und rückte ins Zentrum des ortskirchlichen Geschehens.

1843 hatte Laurent eine neue Prozessionsordnung durchgeführt, die er später ausbaute. Dabei stach besonders die Oktavprozession von 1847 hervor, zu der er den Bischof von Trier Wilhelm Arnoldi sowie

---

5   BLUM, *Sammlung*, S. 44–46.

dessen Weihbischof Johann Georg Müller eingeladen hatte (»Dreibischofsprozession«).

In der Oktave war vor Laurents Zeit höchstens an den beiden Sonntagen gepredigt worden. Er führte als nachhaltige Neuerung die tägliche Predigt in der Abendandacht ein, in der ein Oktavprediger den Glauben der Pilger festigen und ihren Eifer entfachen sollte. Für die Oktavpredigten lud er Stadt- oder Landgeistliche ein, 1846 die Redemptoristen von Witten, besonders den bekannten Pater Dechamps, den nachmaligen Kardinal-Erzbischof von Mecheln. 1847 predigte am Schlusssonntag der Trierer Bischof Arnoldi. Laurent selbst hatte die Oktavpredigten im Jahr 1844 über das »Ave Maria« gehalten.

Entsprechend den Konstellationen des neuen politischen Regimes änderte er die Wiedererwählungsformel des »Votum Solemne«. Seit der Französischen Revolution hatte nur mehr der Gemeinderat der Stadt die Wahl der Patronin erneuert, bis dann auch der Stadtrat der Feier fernblieb. Das Land war als solches politisch-gesellschaftlich nicht mehr vertreten. Laurent nahm, im Sinne der zunehmenden Unterscheidung von Staat und Kirche, die Entwicklung wahr, dass die Oktave immer mehr eine rein kirchliche Angelegenheit wurde. Aus diesem Grund nahm er nun als oberster Hirte der Luxemburger Ortskirche die Erneuerung des Gelöbnisses vor und verfügte, dass bei der Erwählung die Formel »Wir, Gubernator, Präsident und Rath […]« ersetzt werde durch »Im Namen des ganzen Luxemburger Landes, das meiner Hirtensorge anvertraut ist, erwähle ich dich […]«. So ist es bis heute geblieben. In seinem Hirtenbrief vom 1. Mai 1844 hatte Laurent geschrieben: »Die jährliche Erinnerung und Erneuerung dieser Wahl ist noch heute eines unserer schönsten Kirchenfeste, während dessen feierlichen Oktave aus allen Gegenden des Großherzogtums und den anstoßenden Ländern Scharen von Pilgern zum Gnadenbild herwallen, und ihre Bitten und Huldigungen mit denen der Einwohner vereint der gebenedeiten Gottesmutter darbringen.«[6]

---

6 G. H. [Georges HELLINGHAUSEN], *Die Jesuitenkirche wird Liebfrauenkirche*, in: *Luxemburger Wort* (9.5.1990), S. 15.

Ein spektakuläres, auch international (vereinzelt positiv, vor allem aber negativ) kommentiertes Ereignis von Laurents erster Oktave 1842 war die von ihm vor dem Votivaltar vorgenommene Teufelsaustreibung der Lothringer Weberstocher Maria Anna Katharina Pfefferkorn, die mit nach Luxemburg gepilgert kam. Der Apostolische Vikar schrieb die Heilung, die auf den Exorzismus hin erfolgte, der Trösterin der Betrübten zu. Sie sorgte für viel Aufsehen.[7] Von anderen herausragenden Wunderheilungen in diesen Jahren ist uns im Rahmen des Consolatrix-Kultes nichts bekannt.

Bischof Laurent rief 1843 die Marianische Sodalität, die seit der Französischen Revolution aufgelöst war, unter dem Titel »Mariä Heimsuchung« wieder ins Leben; 1853 zählte sie bereits um die 300 Mitglieder. Ebenso gründete er, dem Zeittrend entsprechend, mehrere neue Bruderschaften in Luxemburg, so diejenige vom »Unbefleckten Herzen Mariä« zur Bekehrung der Sünder, die es auch im Ausland gab, bzw. belebte er schon bestehende. 1844 führte er die Rosenkranz-Bruderschaft mit entsprechenden Ablässen, die bereits zur Zeit der Dominikaner damit verbunden waren, und die Rosenkranzprozession, die seit einem Vierteljahrhundert nicht mehr stattgefunden hatte, wieder ein; letztere blieb bis weit ins 20. Jahrhundert sehr beliebt.

Somit konnte sich der luxemburgische Marienkult zum Phänomen organisierter Massenreligiosität entwickeln und wurde zur populärsten Ausdrucksform des katholischen Glaubens im Land. Die preußische Garnison in der Festungsstadt stellte eine militärische Abteilung für die feierlichen Prozessionen – zur Oktavschlussprozession jeweils sechs Offiziere, vierzehn Unteroffiziere und 300 Mann, zwei Drittel davon protestantischer Konfession – und erlaubte der Gemeindeverwaltung für dieselbe Gelegenheit Salven zu schießen.[8]

---

7 HELLINGHAUSEN, *Laurent Geburtstag*, S. 327–329.
8 DIÖZESANARCHIV, *150 Jahre*, S. 40–43. Alex CARMES, *Die innere Struktur der Garnison in religiöser, sozialer und militärhierarchischer Hinsicht*, in: *Das Leben in der Bundesfestung Luxemburg (1815–1867)*, hg. vom Musée d'Histoire de la Ville de Luxembourg, Luxemburg 1995, S. 125–148, hier S. 128.

Auf den Apostolischen Vikar J. Th. Laurent geht es zurück, dass 1844 Papst Gregor XVI. die Jesuitenkirche, seit dem Konkordat unter dem Patrozinium des Hl. Petrus, in »Liebfrauen-« oder »Muttergotteskirche« (»église Notre-Dame«) umbenannte, näherhin unter dem Titel »Consolatrix Afflictorum«.[9] Als Wallfahrtskirche mit dem Gnadenbild, das dort seit der Französischen Revolution und der Zerstörung der ursprünglichen Glacis-Kapelle Aufstellung gefunden hatte, sodann als Haupt- und Mutterkirche der Hauptstadt sowie als Pfarrkirche des für Luxemburg zuständigen Generalvikars (seit 1803) bzw. des stadtluxemburgischen Apostolischen Vikars (seit 1833) wuchs das Gotteshaus zum Herzstück und Symbol kirchlichen wie nationalen Gemeinschaftsbewusstseins heran, so wie es den Luxemburgern heute als Kathedrale und Nationalheiligtum familiär ist.

Auch »setzt dank Vertiefung und Neubelebung des Wallfahrtsgeschehens seit dem Wirken des Apostolischen Vikars Jean-Théodore Laurent (1841–1848) eine neue Schenkfreudigkeit ein, die ohne Unterbrechung bis zum Beginn des Zweiten Weltkriegs fortdauert«. Im Lauf der Zeit wird durch diese neueren Bestände die Sammlung der Geschenkgaben an die Trösterin erheblich erweitert.[10]

Im Jahr 1844 gründete Laurent, auf Vorformen aufbauend, den Cäcilien-Verein der Liebfrauenkirche, die heutige Maîtrise Sainte-Cécile der Kathedrale. Seit der Vereinsgründung bildet marianisches Repertoire bei den Oktavfeierlichkeiten den Schwerpunkt ihres Schaffens. Das gilt für Sänger und Sängerinnen wie für Domchorregenten und Domorganisten.[11]

---

9   BLUM, *Sammlung*, S. 44–46. DIÖZESANARCHIV, *150 Jahre*, S. 44f. G. H. [Georges HELLINGHAUSEN], *1844: Die Jesuitenkirche wird zur Liebfrauenkirche*, in: *Luxemburger Wort* (4.5.1994), S. 14.

10 SCHMITT, *Kirchenschatz*, S. 179–182, Zitat S. 182.

11 MAÎTRISE DE LA CATHÉDRALE NOTRE-DAME LUXEMBOURG, *1844–1969. 125ᵉ Anniversaire*, Luxembourg 1969; *150 Joër Maîtrise vun der Kathedral 1844–1994*, Lëtzebuerg 1994; *Maîtrise Sainte-Cécile de la Cathédrale Notre-Dame de Luxembourg 175 ans, 1844–2019*, Luxembourg 2021. G. H. [Georges HELLINGHAUSEN], *150 Jahre Cäcilienverein von Liebfrauen (1844)*, in: *Luxemburger Wort* (5.5.1994), S. 14.

Laurent wollte ursprünglich das Luxemburger Gnadenbild ohne die steife Bekleidung den Gläubigen zur Verehrung präsentieren, scheiterte aber am Widerstand der traditionsverbundenen Bevölkerung. So ließ er 1843 das Bild, bis dahin in ausschweifenderer Barockgewandung aufgestellt, gotisieren und in die heutige, straffere Kegelform kleiden.

Lange nachdem er Luxemburg verlassen hatte, schrieb er um 1860 im Exil ein Gedicht zur Trösterin der Betrübten, mit betont nostalgisch-pathetischen Zügen. Sein Nachfolger Nikolaus Adames hatte mit Datum vom 2. Mai 1848, dem Tag nach Laurents von der Luxemburger Regierung beim Papst erwirkter Abreise, ein Gebet zur Trösterin der Betrübten um die Rückkehr des Apostolischen Vikars verfasst, das er, nicht zuletzt aus kirchenpolitischen Gründen, verbreiten ließ.[12]

Die Verdienste von Bischof Laurent um die Muttergottes-Oktave – geistliche Vertiefung, Durchorganisierung und äußere Prachtentfaltung, pastorale Aus- und Aufwertung, Förderung des Pilgerbetriebes – schafften die Grundlagen für eine Weiterentwicklung sowie für die Ausgestaltung zu einer national-patriotischen Kundgebung, wie sie ab der zweiten Hälfte des 19. Jahrhunderts und eigentlich bis in unsere Zeit typisch geworden ist. Vieles von dem, was er ins Leben gerufen hat, zeigte Bestand und verlängert sich bis heute: die tägliche Oktavpredigt in der Pontifikalandacht, die neue Formel im »Votum Solemne«, der von ihm gegründete Cäcilienchor, die häufige Teilnahme des Bischofs an den Oktavveranstaltungen, das Einladen fremder Bischöfe zur Schlussprozession usw.

Mit Bischof Laurent wurde die Marienwallfahrt, so wie andernorts im Verlauf des 19. Jahrhunderts, zu einem pastoralen Instrument der Hierarchie.[13] Alle seine Nachfolger sind in die Fußstapfen ihres großen Vorgängers getreten.

---

12 BLUM, *Sammlung*, S. 29 f.
13 GUTH, *Marianische Wallfahrtsbewegungen*, S. 423–433.

Entwicklungen im 19. Jahrhundert

»Bei allen Wechseln im gesellschaftlichen Leben (Aufklärung des späten 18. Jahrhunderts, Französische Revolution, Holländische Regierungsperiode bis 1839) bleibt auch weiterhin das Oktavgeschehen eine ›sammelnde Mitte‹.«[14] Auftrieb erhielt die Mariendevotion im Verlauf des 19. Jahrhunderts sowohl im Großherzogtum Luxemburg als auch in der gesamten katholischen Welt durch die Zeitumstände. Ab 1830 wurde ein Anwachsen des Wallfahrtswesens allgemein, insbesondere der marianischen Wallfahrten, registriert, ausgelöst durch die Faszination, die von neuen Marienerscheinungen ausging:[15] Rue du Bac in Paris 1830, La Salette 1846, später Lourdes 1858. Die marianische Begeisterung wurde genährt durch das 1854 definierte Dogma der ohne Erbsünde empfangenen Gottesmutter (Immakulata) und etwas später die Verbreitung des Rosenkranzgebetes durch Papst Leo XIII. Maria wurde in der romantisch-restaurativen Konzeption zur Unbefleckten, zur privilegierten Frau und Protagonistin der Erlösung.[16] In Dichtung und Liedgut des 19. Jahrhunderts wurde ihre Gestalt vielfach thematisiert und idealisiert, das religiöse Gefühl der Romantik und deren neue, auf Zartheit orientierte Ästhetik zeitigten eine emotional gefärbte, ja schwärmerische Liebe zur Madonna mit neuen, entsprechenden Ausdrucksformen und Bilderwelten. Religiöse Gemeinschaften, Bruderschaften und Sodalitäten mit marianischen Patrozinien entstanden allerorts. Diese Ausweitung der Marienverehrung entwickelte sich einerseits an der kirchlichen Basis, sie fand andererseits in der Spitze, im Papsttum (besonders unter Pius IX. und Leo XIII.), Rückhalt und begeisterte Unterstützung. In der Stadt Luxemburg multiplizierten sich, kunstgeschichtlich gesehen, Darstellungen der Gottesmutter in ver-

---

14 SCHMITT, *Oktavgeschehen*, S. 113.
15 Heinrich PETRI, *Marienerscheinungen*, in: *Handbuch der Marienkunde*, II, S. 31–59.
16 DE FIORES, *Geschichte*, S. 204–221. Yves-Marie HILAIRE, *Évolution du culte marial au XIXe siècle en France,* in: *La dévotion mariale de l'an mil*, S. 41–49.

schiedenen Varianten, besonders bei neu entstehenden Kirchen und Klostergebäuden, sowohl an Fassaden als im Inneren.[17]

Im Benelux-Raum kam es zum Aufblühen neuer und alter Marienwallfahrten[18]: U. L. Frau von »de Zegge« im Bistum Breda, »Süße L. Frau von Herzogenbusch« (bereits im Mittelalter auch als »Trösterin der Betrübten« angerufen), »Heil der Kranken« im Bistum Roermond (seit dem 18. Jahrhundert ebenfalls als »Trösterin der Betrübten« bekannt), »Meeresstern« in Maastricht, »U. L. Frau von der Immerwährenden Hilfe« in Wittem (Niederl. Limburg), »U. L. Frau vom Hl. Herzen Jesu« in Sittard (Niederl. Limburg), Scherpenheuvel/Montaigu im Bistum Mecheln, Dadizele im Bistum Brugge, Dunkerque und Valenciennes im Bistum Lille, die früher zur Grafschaft Flandern gehört hatten. Auch nahe Luxemburg entstand um 1820 in Habay-la-Neuve eine neue Wallfahrt zu U. L. Frau von der Gnade.[19] So wie denn allgemein in dieser Region das Pilgerwesen aufblühte, etwa die Heilig-Rock-Wallfahrt nach dem benachbarten Trier (1844, 1891).[20]

Neues Aufleben der Oktave

Als ab 1842 auch die Oktavwallfahrt einen neuen Aufschwung, eingeläutet durch den Apostolischen Vikar J. Th. Laurent, erlebt hatte, sollte sie sich in der zweiten Jahrhunderthälfte kräftig entfalten.[21] Angekurbelt wurde sie zusätzlich durch eine von Provikar Nikolaus Adames,

---

17 PHILIPPART, *Historisme*, S. 943–945.

18 Adrian ROELOFS, *Marienverehrung in den Benelux-Ländern im 19. und 20. Jh. bis zum Vatikanum II*, in: *Mariologisches. Sonderbeilage Nr. 24 zu »Theologisches« Nr. 4 (April 1992)*, Kol. 171–178.

19 Martin BLUM, *Unsere Liebe Frau von der Gnade in Neu-Habich (Habay-la-Neuve)*, in: *Luxemburger Marienkalender* 1888, S. 15–20.

20 Zur Entwicklung in Trier vgl. Bernhard SCHNEIDER, *Katholiken und Seelsorge im Umbruch von der traditionalen zur modernen Lebenswelt*, in: *Geschichte des Bistums Trier*, IV, hg. von Martin PERSCH und Bernhard SCHNEIDER, Trier 2000, S. 275–369, bes. S. 283–286, 296–302, 306–321.

21 Georges HELLINGHAUSEN, *Kleine Diözesangeschichte Luxemburgs*, Luxemburg 2020, S. 37–41. AM-HERD, *Maria*, S. 375–382. KUNTGEN, *Histoire*, S. 315–320.

dem Nachfolger Laurents, bestellte Redemptoristenmission in der Hauptstadt im Jahr 1851. Da die Pilgerzahl erheblich zulegte, musste 1852 der Weg der Schlussprozession verlängert werden: Neutor-, Beaumont- und Kapuzinerstraße kamen dazu. Trotzdem begegneten sich Spitze und Schluss der Prozession vor der Liebfrauenkirche.

In der Oktave wurden morgens, neben den Pfarrpilgermessen, Hochämter gesungen, die von Innungen (Handwerkervereinigungen, Nachfolger der Zünfte) und Bruderschaften, von öffentlichen Autoritäten und unbekannten Personen bestellt waren. Nachmittags zur Andacht mit Predigt und sakramentalem Segen erschienen wiederum die Innungen und Bruderschaften mit ihren Amtsschildern. Nun wurden auch für die große Oktavprozession die Straßen der Stadt zusehends wieder geschmückt: Blumenstöcke entlang der Straßen, »Maie« (hohe Gesteckte aus frischem Laub), Lichter, Pyramiden, Baumgruppen, über die Straßen gespannte Girlanden, Alleen von Tannen und anderen Bäumen, Fahnen mit marianischen Anrufungen und Symbolen usw. Doch gingen nach einem ersten Anlauf diese Ausschmückungen wieder etwas zurück. Eine neue Feierlichkeit erhielt der Umzug durch die Teilnahme der städtischen Musikkorps. Zu den Funktionen des 1881 entstandenen Gendarmen- und Freiwilligen-Korps, Vorform der heutigen Armee Luxemburgs, gehörte die Beteiligung an der alljährlichen Schlussprozession der Muttergottesoktave. Seit 1946 pilgert die Armee im Rahmen der Oktave geschlossen in die Kathedrale.

Als in den sechziger Jahren des 19. Jahrhunderts die Cholera ausbrach und für die Bevölkerung bedrohlich wurde, blieb das Bild der Consolatrix sehr präsent und wurde aufgesucht.

Die Statistiken legten gewaltig zu. Laut Zählungen, die der spätere *Kirchliche Anzeiger* veröffentlichte,[22] kamen im Jahr 1841: 55 Prozessionen mit 20.000 Pilgern; 1847: 68 Prozessionen mit ca. 27.400 Pilgern; 1856: 72 Prozessionen mit ca. 30.700 Pilgern; 1863: 88 Prozessionen mit ca. 33.900 Pilgern; 1869: 90 Prozessionen mit ca. 36.600 Pilgern;

---

22 *Kirchlicher Anzeiger* 8 (1878), S. 63f.

III. Wiederaufschwung (1840–1940)

1871: 100 Prozessionen mit ca. 42.100 Pilgern; 1878: 110 Prozessionen mit ca. 39.700 Pilgern. Die Oktavfeierlichkeiten nahmen ihren gängigen Verlauf vom 4. Sonntag nach Ostern bis zur Schlussprozession durch die Hauptstadt am 5. Sonntag nach Ostern, mit wachsender Beteiligung der Gläubigen. Bischof Adames gab 1883 eine jährliche Pilgerzahl von bis zu 80.000 Gläubigen an – bei einer Gesamtbevölkerung von 210.000 Einwohnern beteiligte sich also fast jeder zweite Luxemburger an der Oktave. Unter Adames wurden vor allem die Redemptoristen als Oktavprediger herangezogen. Er hatte als Apostolischer Provikar 1855 die Tage bestimmt, an denen die einzelnen Pfarrprozessionen nach Luxemburg kommen sollten, sowie die Ordnung der Oktav-Hochämter (für die Pfarreien, die Kongregationen, die katholischen Vereine, das Priesterseminar, die verschiedenen Berufsgruppen, die Schulen, die Bruderschaften, einzelne Personen usw.). Die Reihenfolge wurde 1893 und 1899 unter Bischof Koppes neu festgesetzt.[23] 1891 war auch der bisher befolgte Gang der Schlussprozession erneut verändert worden.[24]

Das Oktavgeschehen, ein bedeutendes Element Luxemburger Kultur und Religiosität, wurde nun auch im kirchlichen Bewusstsein ein fester Markstein der christlichen Memoria, gefördert durch literarisch-geschichtliche Darstellungen von Paul-Aloyse Am-Herd (1855), Julius Müllendorff (1866), Louis Küntgen (1866), im 20. Jahrhundert zusätzlich durch die üppige Oktavliteratur von Michael Faltz, insbesondere das mehrfach aufgelegte Standardwerk »Heimstätte U. L. Frau von Luxemburg« (1920, 1927/28, 1948). So wurde das Narrativ um die Oktave fixiert und den kommenden Generationen überliefert.[25] Die Oktave mit ihrer weitverbreiteten Praxis in der Bevölkerung sowie ihrer allenthalben, bis in die Schulen und Schulbücher tradierten »Meister-

---

23 FALTZ, *Gedanken*, S. 328 f.
24 Vgl. Zirkular von Dompfarrer Friedrich Lech vom 13. April 1891 in: BLUM, *Sammlung*, S. 170–171.
25 KMEC, »*Marienland Luxemburg*«.

erzählung« wird zu einem identitätsstiftenden »lieu de mémoire«, einem stets und regelmäßig reaktualisierten Erinnerungstopos, der sich fest im kollektiven Gedächtnis der Einwohner von Stadt und Land einprägt und im Prozess der nationalen Konstruktion von nicht unerheblicher Bedeutung wird.[26] In der katholischen Presse gingen Oktavberichte und Selbstdarstellung des Luxemburger Katholizismus ineinander über.

»Nationale« Dimension

»In Städten, die Maria ausdrücklich zu ihrer Patronin erwählt hatten, war Marienverehrung eine Quelle bürgerlicher Identität. Marienkult schuf einen Raum der Erfahrung, in dem sich Bürger ihrer Zusammengehörigkeit bewusst wurden und ihrer Zugehörigkeit zu einem städtischen Gemeinwesen Ausdruck gaben.« (Klaus Schreiner)[27] In Luxemburg ging die Bedeutung über die Stadtsolidarität und -identität hinaus. Zur Zeit des Ancien Régime war die Verehrung der Trösterin der Betrübten, als Ausdruck eines gewissen Luxemburger Partikularismus und der Verbundenheit innerhalb der Provinz,[28] eine »nationale« Wallfahrt im Sinn einer Totalität von politischen, religiösen und kulturellen Wertbezügen und Lebensformen im Herzogtum gewesen. Die »Natio« war bestimmt durch die Führungselite, d. h. die Spitzen der Städte und der Provinz, in Kooperation mit dem Volk. Der Begriff »Patrona Patriae Luxemburgensis«, bereits ab 1682 fassbar, wurde nicht zuletzt durch die Kartuschinschriften der Consolatrix-Darstellungen

---

26 KMEC, *Octav.*

27 SCHREINER, *Maria – Jungfrau*, S. 365.

28 »La grande nouveauté que représentent les dates de 1666 et de 1678 consiste en la centralisation de ce culte au profit de la capitale et en son élévation au niveau – on serait tenté de dire ›national‹, si cet adjectif n'était pas susceptible d'induire en erreur – du ›pays‹ de Luxembourg dans son ensemble. Désormais le culte de la Consolatrice devient l'affaire de tous les Luxembourgeois, autorités (temporelles) en tête. Affaire d'État serait-on tenté de dire et donc aussi thème de rassemblement! […] Déjà avant la fin de l'Ancien Régime la vénération de la Consolatrice est considérée comme un phénomène très luxembourgeois, si bien qu'elle a pu devenir une des composantes du particularisme luxembourgeois.« TRAUSCH, *Origines*, S. 79.

vulgarisiert. Diese nationale Komponente, Beiwerk des eigentlich religiösen Geschehens, wurde auch im modernen Staat ab der Mitte des 19. Jahrhunderts greifbar: Nationalgefühl und -bewusstsein der Luxemburger Bevölkerung amalgamierten sich mit der Muttergottesverehrung und machten Maria zu Sammelpunkt, Wahrzeichen und Kristallisationsfigur der unabhängigen Luxemburger Heimat. »Gerade durch die Tatsache, daß Luxemburg durch Abtretung verschiedener seiner Teile nach und nach auf das Kernland mit der Hauptstadt Luxemburg reduziert wurde, konnte dieses sein besonderes Nationalbewusstsein entwickeln, das in Sprache, Gebräuchen und Sitten, in einer im Lande ansässigen und katholisch gewordenen Dynastie, aber auch in der ihm speziellen Verehrung Mariae als Trösterin der Betrübten, seinen adäquaten Ausdruck fand.« (Jean Hengen)[29] Die Oktave war im fortlaufenden 19. Jahrhundert zusehends zu einem nationalen und patriotischen Geschehen geworden, wenn auch die politische Oberschicht des Landes, die sich zumeist aus dem liberalen Revier rekrutierte, ihr fernblieb. Dieser Umstand wurde mit der Zeit Ausdruck einer sich vertiefenden Kluft zwischen den liberalen Staatsbehörden und dem erstarkenden Katholizismus der unteren Klassen, der im Lauf des 19. und bis ins frühe 20. Jahrhundert neochristentümliche Verhältnisse entstehen ließ. »En effet, tout au long du XIXe siècle, l'Octave est un enjeu pour la rivalité entre pouvoir ecclésiastique et pouvoir étatique.«[30] Jede Oktave ließ mit zunehmendem Erfolg diesen Riss in der Luxemburger Gesellschaft zutage treten und war Gradmesser der Katholizität des »pays réel«, das sich vom »pays légal« bis zur Einführung des allgemeinen Wahlrechts 1919 absetzte. »Chaque Octave devenait une démonstration de force contre le pouvoir libéral et censitaire de la ville.«[31] Besonders das

---

29 Jean HENGEN, *Die Oktave, eine nationale Andacht*, in: *Dossier fir Informatioun an Dokumentatioun. Beilage zum Kirchlichen Anzeiger* 5/1995, S. 82–87, hier S. 84.
30 KMEC, *Octav*, S. 224.
31 Victor WEITZEL, *»Culte marial, culte des mères«*. Konferenz vom 3. Februar 1997 im Centre Universitaire de Luxembourg, Manuskript S. 6. Rezension in: *Luxemburger Wort* (8.2.1997), S. 6.

Luxemburger Wort bemühte sich in jenen Jahrzehnten, die Oktave als großes »nationales Fest« herauszustreichen.[32] 1894 nahm zum ersten Mal ein Mitglied der großherzoglichen Familie an der Oktave teil: die Erbgroßherzogin Marie-Anne von Braganza, frisch vermählt mit dem (protestantischen) Erbgroßherzog Wilhelm IV. Da sich die staatlichen Symbole der nationalen Einheit erst mit Beginn des 20. Jahrhunderts kristallisierten, stellt Philippe Henri Blasen die These auf – und das sei typisch für Luxemburg –, »que l'identité nationale religieuse précède l'identité nationale politique«.[33] Mit einer nahezu ausnahmslosen kirchlichen Praxis und seinem werdenden katholischen »Milieu« wurde Luxemburg im 19. Jahrhundert zur »terra mariana«, zum »Marienland«. 1877 bis 2018 erschien der *Luxemburger Marienkalender*, ein Almanach mit Akzentsetzung auf Aktualität, Historisches, Marianisches und Oktavthemen. Auf etlichen Consolatrix-Darstellungen (u. a. Gemälde wie das von Joseph und Emile Probst im bischöflichen Ordinariat oder dasjenige aus dem Nachlass von Bischof Koppes im Kloster Peppingen, Bildchen von Charlotte Buchholtz-Knaff, Postkarte von Kuschmann, frühere Luxemburg-Lourdes-Fahne) wird die Luxemburger Muttergottes mit den Wappen der Kantone gezeigt. Selbst auf einer ihrer Roben von um 1950, wahrscheinlich gestiftet von der großherzoglichen Familie, sind sie gestickt.

Verkirchlichung

War die Förderung und Pflege der Oktavwallfahrt zur Zeit des Ancien Régime eine Angelegenheit des Jesuitenordens, dann des Stadtklerus und näherhin der Nikolauspfarrei gewesen, so kam im 19. Jahrhundert die Verantwortung dafür mehr und mehr in die Hände der nun eigenständig werdenden Luxemburger Kirche. Diese Entwicklung hatte mit

---

32 TRAUSCH, *Origines*, bes. S. 81–91.

33 Philippe Henri BLASEN, *Culte marial et identité nationale*, in: *Die Warte* (6.10.2011), S. 11–13 und (13.10.2011), S. 4–6, hier S. 6.

dem Apostolischen Vikar Van der Noot eingesetzt und wurde von seinen Nachfolgern energisch vorangetrieben. Die Bindung des Volkes an die Patronin von Stadt und Land wurde unter Laurent und Adames auf diözesaner Ebene systematisch und entschieden gefördert, so dass sich die Erwählungsakte von 1666 und 1678 tief in das gläubige Bewusstsein verankerten. Die Oktave wurde zum Integrationsfaktor der entstehenden autonomen Ortskirche. Nachdem bereits 1840 der erste Apostolische Vikar J. Th. Van der Noot alle Luxemburger Pfarreien unter das Patrozinium der Trösterin der Betrübten gestellt hatte, vermehrten sich die Consolatrix-Statuen in den Kirchen und Kapellen – bis heute ein Charakteristikum Luxemburger Gotteshäuser. Dass sich die einheimischen Ordinarien von Anfang an den populären Marienkult aneigneten, war seelsorglich klug. So konnten Kirchenleitung und Kirchenvolk des Jurisdiktionsgebietes zusammenwachsen. Die Oktave wurde zum großen Erfolgserlebnis der 1870 gegründeten Diözese. Kurz zuvor, gelegentlich der Zweihundertjahrfeier der Wahl Marias zur Stadtpatronin 1866, hatte Papst Pius IX. durch den römischen Kurienkardinal Reisach das Gnadenbild in einer beeindruckenden Feier krönen lassen. Hierauf wird im Detail zurückzukommen sein.

Dass danach die Pilgerzahl nochmals zunahm, erklärt sich einerseits durch die nun für die Wallfahrt in Anspruch genommene, seit 1859 im Großherzogtum eingeführte Eisenbahn (1861: erster Sonderzug für die Schlussprozession) sowie ein ausgebautes Postkutschensystem, andererseits durch den Zustrom aus den drei Nachbarländern. Für die Oktave 1885 kam zum ersten Mal ein organisierter Pilgerzug per Eisenbahn aus dem Dekanat Ospern, mit 50 % Ermäßigung auf den Fahrkarten für Pilger. 1891 wurden Kontakte zu Kevelaer am Niederrhein geknüpft. Daraufhin entwickelten sich gegenseitige Besuche und Teilnahme am jeweiligen Wallfahrtsgeschehen, im ausgehenden 20. Jahrhundert sogar systematisch und in regelmäßigen Abständen. Bischof Koppes hatte auch durch seine Beziehungen zu den Diözesen Namür und Metz erreicht, dass ab 1893 wieder geschlossene Prozessionen der Belgier und Lothringer zur Luxemburger Madonna zogen. Aus

Belgien kamen 1897, zusammen mit dem Namürer Bischof, 30 Priester und 1.400 Gläubige. Der Kanton Virton kam nun gut organisiert zur Oktave nach Luxemburg, gefolgt vom Kanton Arlon (1.200 Pilger, zusammen mit dem Provinzgouverneur), danach Étalle, Bertrix, Marche, Bastogne, Neufchâteau. Die Belgier pilgerten bald an drei verschiedenen Oktavtagen. Auch in vielen belgischen Orten selbst erwachte der Consolatrix-Kult wieder zu neuem Leben, bis weit ins 20. Jahrhundert (um dann aber wieder abzuklingen): Verehrung der Statue in Pfarrkirchen und Kapellen, Weihe der Kommunionkinder an die Luxemburger Trösterin, Marienwochen mit Prozessionen und eigenen Feiern im Mai usw.[34] Einzelpilger und kleine Pilgergruppen kamen auch aus der Eifel, bis sie in der zweiten Hälfte des 20. Jahrhunderts wieder zu einer eigenen Wallfahrt zusammengefasst wurden.[35] Für Metz hatte die Wallfahrt übrigens schon früher, wenn auch sporadisch eingesetzt. Bereits 1860 und 1866 hatte das Metzer Jesuitenkolleg St. Clément mitsamt Professoren und Schülern eine Marienwallfahrt nach Luxemburg-Stadt unternommen. Im Jubiläumsjahr 1866 war unter den Studenten auch Ferdinand Foch, nachmaliger Feldmarschall Frankreichs, der etwas später Mitglied der Marianischen Studentenkongregation wurde und 1918 als siegreicher Oberbefehlshaber der Westmächte in Luxemburg weilte, wo er wiederholt der Messe im Mariendom beiwohnte.[36] Nachdem 1891 Bischof Koppes im Heiligen Land Pfarrer Nicolas Folschwiller aus der lothringischen Pfarrei Basse-Rentgen getroffen hatte, pilgerten 1894 aus dieser Pfarrei 350 Gläubige nach Luxemburg. Bereits 1895 waren es 1.100 und 1896 weit über 3.000 Moselaner, die in die Oktave kamen. 1897 wurde ein Marienbanner angeschafft mit den Wappen der 18 Lothringer Städte, einer Abbildung der Consolatrix und der

---

34 MAERTZ, Pèlerinage belge. FALTZ, Heimstäte, S. 244 f.

35 HEINZ, Verehrung der Trösterin. Ders., Die Verehrung der »Luxemburger Muttergottes« in der einst zum Herzogtum Luxemburg gehörenden Südeifel, in: Hémecht 65/4 (2013), S. 449–464. FALTZ, Heimstäte, S. 247.

36 Michel FALTZ, Unvergessliche Wallfahrtstage. Das Metzer Jesuitenkolleg St. Clément pilgert zur Trösterin der Betrübten, 1860 und 1866, in: Luxemburger Marienkalender 1953, S. 19–26.

Widmung »La Lorraine catholique à Notre-Dame de Luxembourg«. Es wurde jeweils in der Oktav-Schlussprozession mitgetragen.[37] Die Lothringer kamen mit eigenen Pilgerzügen angereist. Es gab sogar eigene Lothringer Pilgerlieder zur Luxemburger Consolatrix, ebenso ein Widmungsgebet und Ablässe für die Pilger aus der Grenzregion.[38]

Strahlungsbereich

Auch verbreitete sich der Luxemburger Muttergotteskult in Übersee, wohin Luxemburger Missionare oder Migranten – zwischen 1840 und 1890 verließen um die 75.000 Einwohner das Land – eine Statue ihrer Madonna mitnahmen, so in die Vereinigten Staaten von Amerika: nach Dacada/Wisconsin 1849, nach Carey/Ohio 1875, wo, nachdem einige Wunderheilungen verzeichnet worden waren, ein Verein der Trösterin der Betrübten sowie ebenfalls eine Wallfahrt entstanden, die bis heute gepflegt werden.[39] In Belgium/Wisconsin wurde 1877 eine Fahne zu Ehren der luxemburgischen Trösterin angeschafft, in David City/Nebraska 1878 eine Kirche ihr zu Ehren errichtet.[40] Auch in Deering/Kentucky, Remsen/Iowa, Dubuque/Iowa, St. Cloud/Minnesota wurde die Consolatrix Afflictorum beheimatet. 1888 ergab eine Kollekte der Luxemburger in Amerika die Summe von 500 Franken, die Bischof Koppes übermittelt wurde zwecks Stiftung einer feierlichen Jahrmesse auf dem Votivaltar zur Oktavzeit. Seit Ende des 19. Jahrhun-

---

37 FALTZ, *Heimstäte*, S. 239–247. m. h. [Monique HERMES], »*Du standst in alten Jahren ein Hort der Heimat da …« Pilgertraditionen über die Grenzen des heutigen Großherzogtums hinaus*, in: *Luxemburger Wort* (15.5.1992), S. 13. Nicolas DICOP, *À l'occasion du centenaire de sa fondation (1897–1997). Le Pèlerinage diocésain de Metz à Notre-Dame de Luxembourg*, in: *Église de Metz* 1997, S. 30–36.

38 *Lothringer Wallfahrtslieder zu U. L. F. Maria, Mutter Jesu, Trösterin der Betrübten, von Luxemburg*, Luxemburg 1900.

39 David J. ENDRES, *Notre-Dame de Luxembourg in the United States. The Beginning of a Euro-American Devotion*, in: MUSÉE EN PICONRUE (éd.), *Notre-Dame de Luxembourg*, S. 63–70. FALTZ, *Heimstätte*, S. 234–239.

40 AM-HERD, *Maria*, S. 445–463. E. BURGGRAFF, *Wundertätige Trösterin in den USA*, in: *Luxemburger Marienkalender* 1966, S. 111–113.

derts wurde auch eine Fahne der Luxemburger Amerikaner – die Trösterin mit dem amerikanischen Sternenbanner – in der Schlussprozession mitgetragen (1892 angeschafft); sie wurde im Jubiläumsjahr 1966 durch eine neue Fahne ersetzt.[41]

Die alte ... ... *und die neue Fahne der Luxemburger in Amerika. Fotos: Nicole Knoch.*

Ableger der Luxemburger Gnadenstatue mit der entsprechenden Anrufung »Trösterin der Betrübten« gibt es seither, die Großregion nicht einbezogen, circa hundert auf den fünf Erdteilen.[42] Der Brauch, solche Abbilder vom nahen und fernen Ausland aus anzufragen bzw. dorthin zu schenken, geht heute weiter.

---

41 Renée SCHLOESSER, »*Dein Name folgt mit Licht und Winde dem Wandrer übers Meer*« ... *Seit 100 Jahren sind Amerikas Luxemburger in der Schlussprozession der Oktave dabei*, in: *Letzeburger Sonndesblad* (30.4.1989), S. 24.

42 Michael FALTZ, *Unsere Liebe Frau von Luxemburg im Ausland*, Luxemburg 1958. Aloyse BIEL, *Unsere Liebe Frau von Luxemburg in den 5 Kontinenten*, Luxemburg 1978.

III. Wiederaufschwung (1840–1940)

Nach der Mitte des 19. Jahrhunderts sollten auch die Pläne einer Neuerrichtung der Glacis-Kapelle verwirklicht werden. 1870 gelobte Bischof Adames beim Ausbruch des Deutsch-Französischen Krieges die Wiedererrichtung der Muttergotteskapelle für den Fall, dass Luxemburg aus dem Kriegsgeschehen herausgehalten würde. Als Friedenskapelle geplant, konnte die neue Glacis-Kapelle am 8. September, Fest Mariä Geburt, des Jahres 1885 von ihm und seinem Nachfolger am Rande des nun angelegten Stadtparks konsekriert werden. Sie ist in neugotischem Stil von Architekt Charles Arendt entworfen. Sie ist nicht mehr, wie ihre Vorgängerin, Pilgerkirche, da das Gnadenbild inzwischen endgültig in der Liebfrauenkirche aufgestellt worden war. Doch lebt in ihr die Erinnerung an das urspüngliche Heiligtum vor den Toren der Stadt fort.[43]

Künstlerisch-kulturelle Bereicherung

Im oktavfreudigen 19. Jahrhundert sind noch folgende Bewandtnisse zu vermerken. 1857, in der Ära des Pfarrverwalters von Liebfrauen Hubert Weber (1846–1883), entstand der um die Wallfahrtskirche sich bemühende Marienverein.[44] Unter Dompfarrer Friedrich Lech (1883–1913) wurde Fahnenschmuck für die Straßen während der Schlussprozession angeschafft, der u. a. Szenen aus der Geschichte der Oktave wie die alte Glacis-Kapelle, das Neutor mit der Muttergottesstatue, die Überreichung der Stadtschlüssel sowie den Empfang des Kaisers Napo-

---

43 AM-HERD, *Maria*, S. 437–445. Michel SCHMITT, *Zum 100jährigen Jubiläum der Glacis-Kapelle*, in: *Ons Stad* Nr. 19 (1985), S. 18. *100 Jahre Glaciskapelle*, in: *Luxemburger Wort* (6.8.1985), S. 5. François LASCOMBES, *Die Glaciskapelle*, in: *Letzeburger Sonndesblad* (15.9.1985), S. 18 und (22.9.1985), S. 5. Emmanuel REICHLING, *Einer Hundertjährigen zum Geleit*, in: *Luxemburger Marienkalender* 1985, S. 108–113. Jean HENGEN, *Wie kam es zum Bau der heutigen Glaciskapelle?*, in: *Dossier fir Informatioun an Dokumentatioun. Beilage zum Kirchlichen Anzeiger* 5/1995, S. 87 f. *115 Jahre Glaciskapelle*, in: *Luxemburger Wort* (18.8.2000), S. 9. PHILIPPART, *Historisme*, S. 476 f., 480 f., 513 f., 936. Simone BECK, *Von der Muttergottes-Kapelle zur Glacis-Kapelle*, in: https://iki.lu/assets/vendor/fileuploader/gallery/uploads/IKi-Oktave-Glacis-Kapelle.pdf.

44 *1857–1907. Zum Goldenen Jubiläum des Marienvereins von Liebfrauen*, Luxemburg 1907.

leon bildlich darstellte. Auch bürgerte sich nun die Tradition der Missionsausstellung während der Oktave ein, die bis heute unter veränderter Form weiterbesteht – lange Zeit im »Vereinshaus« gegenüber der Kathedrale, nunmehr in einem Zelt im Innenhof zwischen Kathedrale und altem Athenäum, dem früheren Jesuitenkolleg.

Als Wallfahrts- und spätere Domkirche wurde auch die Liebfrauenkirche ab der Mitte des 19. Jahrhunderts aufwändig renoviert, und zwar im Stil der Zeit neogotisch: Entfernen der Barockgemälde, Anschaffen neuer Altäre und Beichtstühle ab 1854, Wandbemalung in der Herz-Jesu-Kapelle und im Hauptchor durch den Münsteraner Kunstmaler Friedrich Stummel 1895–97, der auch die neue Kevelaerer Basilika ausmalte.[45] Vor dem Hauptportal ersetzte ein neuer Vorhof im Renaissance-Stil mit steinerner Umfassungsmauer und Gitterwerk aus Gusseisen die unschönen, schuppenartigen Remisen, die im Lauf der Zeit die Kirchenfassade verunstaltet hatten.[46]

Vom 19. bis weit ins 20. Jahrhundert entwickelte sich eine bedeutende, zunächst von der Romantik, dann von anderen Strömungen inspirierte Bildproduktion mit dem Luxemburger Gnadenbild: Heiligenbildchen, später auch Postkarten und viele mehr oder weniger kunstvolle Reproduktionen auf Papier, Leinen, Porzellan, aus Zink, Medaillen, Kerzen bis hin zu Gebrauchsobjekten (Gläser, Schachteln, Kästchen usw.) waren Andenken, welche die unvergessliche Teilnahme an der Oktave zu Hause weiterleben ließen.[47] Zahlreiche Kirchenfenster zu Ehren der Landespatronin wurden angeschafft.[48] Nach dem Zweiten Weltkrieg kamen bis ins 21. Jahrhundert mehrere Briefmarken mit Mariendarstellungen heraus, zuletzt beim Jubiläum von 2016 als Koproduktion der

---

45 Michel SCHMITT, *L'introduction de l'art néogothique à l'église Notre-Dame de Luxembourg*, in: MUSÉE EN PICONRUE (éd.), *Le choc des libertés. L'Église en Luxembourg de Pie VII à Léon XIII (1800–1880)*, Bastogne 2001, S. 278–281.
46 FALTZ, *Heimstätte*, S. 80 f., 96–104. AM-HERD, *Maria*, S. 378–382.
47 In seinem Roman *Mass mat dräi Hären*, 1993, S. 130–133, beschreibt Guy Rewenig pittoresk, wie seine Mutter im ganzen Haus Muttergottesstatuen aufstellte.
48 MULLER, *Vitraux ecclésiastiques*.

Luxemburger Post mit der Vatikanpost.[49] Die meisten der weit mehr als sechzig Kleider, die den wechselnden Behang der Consolatrix-Statue in der Kathedrale heute ausmachen, stammen – von raren Ausnahmen abgesehen, welche die Französische Revolution überstanden hatten (grünes Kleid der Kaiserin Maria-Theresia, rotes Kleid der französischen Königin Maria Leszczynska) – allesamt aus den letzten beiden Jahrhunderten.[50] Ebenso kamen neue Kunstgegenstände dazu, von edlen Spendern, auch von Gemeinschaften (Pfarreien wie Diekirch und Echternach), gestiftet: goldene Herzen, Kronen, Zepter, Stadtschlüssel.[51]

Der luxemburgische Maler und Erzähler Michel Engels, Zeichenlehrer am Athenäum, veröffentlichte 1893 ein Album mit 31 Zeichnungen von Straßenzügen und öffentlichen Plätzen, die Schauplatz der feierlichen Oktav-Schlussprozession waren, und bildete dabei die verschiedenen Gruppen (Beter, Musikgruppen, Gesangvereine und Feuerwehrkorps, Soldaten, Kleriker, Träger von Gnadenbild und Baldachin mit Sakrament, katholische Vereine und Bruderschaften, Klostergemeinschaften, Schüler und Schülerinnen, Schulkinder und »Engelcher« usw.) ab, die den imposanten Zug zusammensetzten – ein wahres Denkmal für, laut seiner Überzeugung, einen der am tiefsten im Luxemburger Volk verankerten nationalen Festtage.[52] Von M. Engels stammt auch ein romantisches Aquarellbild der alten Glaciskapelle, das er 1894 auf Papier malte; es befindet sich heute im Musée National d'Histoire et d'Art.

Die Bruderschaft der Trösterin der Betrübten wurde 1889 von Bischof Koppes neu gegründet und mit zahlreichen Ablässen versehen.

---

49 MULLER, *Motif philatélique*.
50 Annick DELFOSSE, *Vêtir la Vierge: une grammaire identitaire*, in: MUSEE EN PICONRUE (éd.), *Quand l'habit faisait le moine. Une histoire du vêtement civil et religieux en Luxembourg et au-delà*, Bastogne 2004, S. 199–208. Isabelle BERNARD-LESCEUX, *Rencontre avec les habilleuses de la statue de Notre-Dame*, in: MUSÉE EN PICONRUE (éd.), *Notre-Dame de Luxembourg*, S. 279–287.
51 HELLINGHAUSEN, *350 Jahre*.
52 Lotty BRAUN-BRECK, *Michel Engels: Maler und Erzähler*, in: *Die Warte* (25.5.2000). Ein Nachdruck der Zeichnungen wurde 1975 herausgegeben.

Eine Eskorte der Freiwilligenkompanie begleitet das Gnadenbild der Trösterin der Betrübten bei der Schlussprozession durch die Stadt. Zeichnung von Michel Engels aus seiner Sammlung von 1893. Foto: Erzbistum Luxemburg.

Exkurs 8: Muttergottesbekleidung und -zierrat

Das in der Luxemburger Kathedrale verehrte Gnadenbild der Mutter Jesu präsentiert sich seit jeher als Gewandfigur, sie wird stets mit Prunkgewändern und Zierrat gezeigt. Die Tradition der Kleiderfigur, bereits in der Antike bekannt, geht im großen Stil bis ins 14. Jahrhundert zurück und lebt heute an vielen Orten, in Luxemburg und in den Nachbarländern, in eklatanter Manier besonders in Südeuropa und Lateinamerika, fort. Ihren Höhepunkt verzeichnete die Sitte im 17. und 18. Jahrhundert, als die katholische Kirche im Gegensatz zur Reformation den Heiligenkult, vor allem die Marienfrömmigkeit mit ihren Wallfahrtsorten und Gnadenbildern, förderte. Marienfiguren in kostbaren Gewändern (der sogenannte »Behang«) wirkten wie himmlische Erscheinungen, die für die Gläubigen unmittelbar zugänglich waren.

Sie schmücken war zudem eine ansprechende Devotionsform. Vielfach geschah dies in der Mode der Zeit oder in der Art der spanischen Hoftracht, wobei Gläubige kostbare Stoffe, Kleidungs- und Schmuckstücke stifteten und die Ateliers der Nonnenklöster zwecks Herstellung der Gewänder beanspruchten.⁵³

Kleider der Consolatrix

Der Behang der Luxemburger Wallfahrtsstatue ist seit 1640 nachweisbar – bereits das Kevelaerer Wallfahrtsbild vom selben Jahr präsentiert Maria in breit ausladender Gewandung. In den Spanischen Niederlanden, zu denen das Herzogtum Luxemburg im 17. Jahrhundert gehörte, war die Sitte der Bekleidung sehr beliebt und verbreitet gewesen.

Zahlreiche Gewänder wurden der Luxemburger Madonna im Lauf der Zeit geschenkt, in der Regel als besondere Verehrungs- oder Dankesgabe sowohl von hochgestellten Donatoren wie Fürstinnen und adligen Damen (Brautkleider, edle Stoffe usw.) als auch von einfachen Leuten. Viele sind im Lauf der Zeit, besonders während der Französischen Revolution, abhandengekommen, andere haben diese überlebt und sind heute Bestandteil des Domschatzes von Liebfrauen. Doch wurde die Tradition des Kleiderschenkens nie unterbrochen, sie zieht sich durch bis heute.⁵⁴

---

53 H. SCHAUERTE, *Bekleidung der Marienbilder*, in: *Marienlexikon*, I, S. 414–415. P. Thaddäus ZINGG, *Das Kleid der Madonna*, Einsiedeln 1974.

54 Diana HOFFMANN, *Die vielen Kleider Unserer Lieben Frau*, in: *Luxemburger Wort* (26.4.2018), S. 26 f. Isabelle BERNARD-LESCEUX, *Rencontre avec les habilleuses de la statue de Notre-Dame de Luxembourg*, in: MUSÉE EN PICONRUE (éd.), *Notre-Dame de Luxembourg*, S. 279–287. Muriel PRIEUR, *Consolatrix Afflictorum: Étude stylistique et iconographique. L'importance de la garde-robe*, ebd., S. 19–33. Anne-Aymone SCHMITZ, *Kleider wurden meist anonym gestiftet*, in: *Luxemburger Wort* (4.5.2010), S. 25. SCHMITT, *Oktavgeschehen*, S. 111–112. Ders., *Kirchenschatz*, S. 178–179. m. h. [Monique HERMES], *Königlich geschmückt zur großen Audienz. Kleider und Schmuckstücke der Muttergottes von Luxemburg*, in: *Luxemburger Wort* (20.5.1992), S. 11. *Von den Prunkgewändern der Trösterin und den Muttergottes-Jungfern*, in: *Luxemburger Marienkalender* 1952, S. 31–34.

Für die Garderobe der Consolatrix wurde mehrmals in der Geschichte ein Inventar aufgestellt: 1700, 1796, 1820, vor 1866, 1915, 1927, 1939, vor 1979, 1994 und 2003.[55] Kleider wurden sehr oft anonym gestiftet, bei etlichen jedoch sind die Geschenkgeber bekannt: das Kleid aus tiefrotem Samt der Prinzessin von Polen Maria Leszczynska, erstmals 1719 erwähnt und wahrscheinlich verfertigt von deren Großmutter Anna Leszczynska; das grüne, reich mit Gold belegte Kleid der Kaiserin Maria Theresia;[56] das Krönungsgewand von 1866, in dem die von den Damen der Stadt geschenkten Perlen und Juwelen mitverarbeitet sind; das Kleid der Frau Kühlen, Gemahlin des Verlegers aus Mönchengladbach von 1893, von den Sainte-Sophie-Schwestern in Luxemburg hergestellt; ein von der Familie Collart gestiftetes weißgoldenes Brokatkleid; das von den Dienstmädchen der Stadt Luxemburg gestiftete Kleid von 1912 mit unzählbaren von ihnen gestifteten Modeschmuck-Einzelstücken; das von den Karmelschwestern ausgeführte Jubiläumskleid von 1921; das Kleid der Zwangsarbeiterinnen aus dem Lager Allendorf, gestiftet nach ihrer Freilassung. Zu erwähnen sind mindestens drei Kleider, die von Mitgliedern der großherzoglichen Familie geschenkt wurden: eine Robe, angefertigt nach dem Zweiten Weltkrieg, aus dem Mantel des Kronprinzen Rupprecht von Bayern, Geschenk seiner Ehefrau, Prinzessin Antonia von Luxemburg, einer Schwester von Großherzogin Charlotte; ein weißes Kleid aus dem Hochzeitskleid der Prinzessin Marie-Gabrielle (Heirat 1951), Schwester von Großherzog Jean; ein weißes Kleid, das Großherzogin Maria Teresa bei Gelegenheit der Hochzeit ihres Sohnes, Erbprinz Guillaume, 2012 aus ihrem eigenen Hochzeitskleid hatte nähen lassen. Ein anderes weißes Kleid mit den zwölf Wappen der Luxemburger Kantone ist, mündlicher Überlieferung nach, ein weiteres Geschenk der großherzoglichen Familie und weist auf die nationale Dimension der Consola-

---

55 PRIEUR, *Étude stylistique*, S. 25–28.
56 Guy THEWES, *Das »goldene Zeitalter«*, in: *Österreich und Luxemburg im Dialog*, hg. von Melitta SCHUBERT und Samuel HAMEN, Luxemburg 2023, S. 14–31, hier S. 26.

trix-Verehrung hin. Rezentere Roben der letzten Jahrzehnte sind insgesamt weniger aufwändig bestickt und verarbeitet. Für die Statue gibt es zudem acht Perücken und viele kostbare Spitzenschleier.

Waren die Kleider der Consolatrix ursprünglich weit ausladend mit einem gespreizten Mantel, so wurde bereits im 17. Jahrhundert eine Verengung der Gewandung vorgenommen, und der äußere Mantel verschwand. Den heutigen Dreieck-Umriss erhielt das bekleidete Gnadenbild durch den Apostolischen Vikar Johannes Theodor Laurent (1842–48); seither hat sich die Form nicht mehr geändert.

Das Jubiläumskleid von 1866. Foto: Muriel Prieur © Fabrique d'Église Notre-Dame.

»Muttergottesschatz«

Dazu kommen Schmuckstücke, oft Geschenke und Dankesgaben an die Muttergottes, die sie ebenfalls abwechselnd trägt. Sie sind allesamt ein wesentlicher Bestandteil des »Muttergottesschatzes« der Kathedrale, etliches davon stammt noch aus den Beständen der alten Glacis-Kapelle.[57]

---

57 SCHMITT, *Kirchenschatz*.

Zu diesen Geschenkgaben gehören: Kronenpaare[58] (so das sternenbesetzte Paar aus dem 17. Jahrhundert, dasjenige des Festungskommandanten Thüngen von 1735, die Kronen Pius' IX. von 1866, die Sühnekronen von 1901 nach einem Diebstahl in der Kathedrale, die Kronen der »Fraen a Mammen« von 1954, die von Frau Wilhelmy von 1961), Schlüssel (der historische Stadtschlüssel von 1667, der neue von 1963, derjenige der Pfarrei Echternach von 1866),[59] Perlenschnüre und Ketten (wie das Collier des Ordens vom Goldenen Vlies des Grafen Johann-Friedrich von Elter, Gouverneur des Herzogtums[60]), Medaillen, Votivherzen (um die 350, darunter dasjenige der Dienstmädchen der Stadt von 1866), Vorstecknadeln und Broschen (wie diejenige von Napoleon oder von Großherzogin Marie Adelheid), Anhänger (wie derjenige aus Kevelaer von 1966 oder derjenige der Schausteller der Schobermesse aus dem Jahr 1978), Kreuze (wie die Brustkreuze der Bischöfe Adames, Koppes, Hengen und Franck, oder das der Prinzessinnen Marie Adelheid, Charlotte und Hilda von 1908), Ohrringe und Ringe (von zahlreichen Privatpersonen; Bischofsringe von Koppes, Lommel, Hengen u. a.), Rosenkränze (wie derjenige von Großherzogin Charlotte von 1945, nachdem sie aus dem Exil zurückkam) und unzählige Einzelschmuckstücke und Kostbarkeiten.[61] Es gibt zudem neun Zepter: aus der früheren Wallfahrtskapelle, aus den Jubiläumsjahren 1866 und 1921 …

---

58 Im Ganzen zehn Kronenpaare und sieben Einzelkronen.

59 Insgesamt gibt es neun Zierschlüssel – denjenigen von 1667 gibt es ebenfalls als Kopie. Darunter befindet sich ein bekrönter Schlüssel eines Nassauischen adligen Kammerherrn (»Kammerherrnschlüssel«), einer aus dem Vermächtnis des Missionars Louis Letsch († 2001) sowie ein weiterer, den die Stadt Luxemburg wahrscheinlich im 18. Jahrhundert geschenkt hat. Auch in der Provinz gibt es einzelne kostbare historische Consolatrix-Schlüssel, so in Mersch, Junglinster usw.

60 Roger HILBERT, *Der Orden vom Goldenen Vlies*, in: *Letzeburger Sonndesblad* (11.9.1994), S. 14 f. und (18.9.1994), S. 18. Vgl. auch MUSÉE DRÄI EECHELEN, *Sub umbra alarum*, S. 138 f.

61 Nathalie ROVATTI, *Ein Schmetterling an Marias Kleid*, in: *Luxemburger Wort* (5.5.2010), S. 25.

III. Wiederaufschwung (1840–1940)

Collier des Ordens vom Goldenen Vlies, das Graf Johann-Friedrich von Elter (Jean-Frédéric d'Autel), Gouverneur des Herzogtums Luxemburg (1697–1713), im Jahr 1705 vom spanischen König Philipp V. für seine Verdienste überreicht bekommen hatte und der Consolatrix hinterließ. Foto: Georges Hellinghausen.

Bereits in den Anfangszeiten hatte die erste Glacis-Kapelle ein Geschenkregister geführt. Während der Französischen Revolution wurden 24 Muttergotteskleider sowie zahlreiche Schmuckstücke beschlagnahmt und öffentlich versteigert. Einiges wurde von frommen Bürgern gekauft und nachher zurückerstattet.

Wieso trägt eine holzgeschnitzte Marienstatue eine feierliche Gewandung? Die Pilger und Beter suchen im Gnadenbild nicht ein Kunsterlebnis oder die Begegnung mit einem Kulturobjekt, sondern eine Beziehung zur Person der Dargestellten. Es geht um den Kontakt mit der im Bild Verehrten. Durch die Bekleidung wird eine gewisse Intimität, menschliche Nähe und seelische Verbundenheit vermittelt. Doch ist die Bekleidung nicht körpernah wie bei einer Puppe, sondern kegelförmig abfallend und vereinfacht – wodurch eine Atmosphäre religiöser Distanz erhalten bleibt. Maria ist die himmlisch Begnadete, ihr Bild soll Erhabenheit und Glorie der bereits Voll-Erlösten vermitteln. »Maria ist uns wohl menschlich nahe als unsere Schwester dem Fleische nach, sie ist aber auch unendlich fern als Himmelskönigin; sie wirkt aus einer anderen Welt, sie erwartet uns in einer besseren Welt.« (P. Thaddäus Zingg)[62] Nähe und Distanz kommen also im Behang zum Ausdruck. Dazu Michel Schmitt: »In der Sitte der Bekleidung äußerte sich der Wunsch, der Hohen Frau in menschlicher Nähe und Vertrautheit zu begegnen. Jedoch soll diese Vertrautheit nicht ins ordinär Menschliche hinabsteigen. Deshalb wird das prunkvolle Kleid stilisiert und damit gleichzeitig eine Sphäre hoheitsvoller Distanz geschaffen. Der Pilger schaut nicht dem Alltäglichen und dem Allzumenschlichen ins Gesicht. Das Bild wird vielmehr zum Sinnbild, zum Symbol dessen, was man sich nicht groß und herrlich genug vorzustellen vermag.«[63]

---

[62] ZINGG, *Kleid*, S. 12.
[63] Michel SCHMITT, *Maria im Bild*, in: *1978 Kalenner vum Jubiläumsjoer vun der Consolatrix Afflictorum 1678–1978*, hg. von KATHOULESCH MÄNNERAKTIOUN (A.C.M.L.), Lëtzebuerg 1978 (Juni-Versoseite).

Biblische Grundlage der Bekleidung sind die Verse 14–15 aus Psalm 45: »Die Königstochter ist herrlich geschmückt, ihr Gewand ist durchwirkt mit Gold und Perlen [...]. Man geleitet sie in buntgestickten Kleidern zum König.«

1866: Erwählungsjubiläum und Cholera-Krise

1866 war, nach 1781, das zweite Oktav-Jubiläum, das groß gefeiert und pompös inszeniert wurde. Anlass war das Zweihundertjahrgedächtnis der Erwählung der Stadtpatronin.[64] 1865–66 waren Cholera-Jahre, die Pandemie kostete 3.500 Luxemburger das Leben, mit einem Höhepunkt im Frühjahr 1866.[65] Auch international war die Lage angespannt, da Österreich und Preußen miteinander im Krieg waren.

Der Apostolische Vikar Nikolaus Adames, der 1863 zum Bischof geweiht worden war, ordnete an, die Oktave in den Pfarreien zum gewohnten Termin zu feiern (4.–5. Sonntag nach Ostern), in der Hauptstadt aber erst vom 24. Juni bis zum 2. Juli.[66] Ob wegen der Cholera oder weil der Delegierte des Papstes erst zu diesem Termin anreisen konnte, darüber gibt es in der Literatur unterschiedliche Aussagen.

In der Hauptstadt wurde das Jubiläum durch eine von deutschen Redemptoristen gepredigte Mission vorbereitet. Für das Jubiläum wurde der Votivaltar von Stadthandwerkern restauriert und die Muttergottesstatue auf der Neupforte vom katholischen Gesellenverein frisch polychromiert. Die Frauen der Stadt stifteten Schmuckstücke für ein von den Sainte-Sophie-Schwestern genähtes kostbares Jubiläumskleid für das Gnadenbild. Ein neues Glockengeläut für die Liebfrauenkirche konnte jedoch erst für das Jahr nach dem Jubiläum angeschafft werden.

---

64 AM-HERD, *Maria*, S. 382–434. FALTZ, *Heimstätte*, S. 82–94. Vgl. auch *Dreihundert Jahre »Votum solemne«. Aus vergilbten Blättern*, in: *Letzeburger Sonndesblad* Nr. 27 (16.7.1978), S. 15.

65 TRAUSCH, *De la peste*, S. 262 f.

66 Vgl. Hirtenbrief des Apostolischen Vikars Adames vom 28. Januar 1866, in: BLUM, *Sammlung*, S. 173–184.

Auch Pilger verehrten bedeutende Geschenke. Die Dienstmägde der Oberstadt schenkten ein Herz aus geschlagenem Gold, das der Muttergottes an die Hand gehängt wurde und fortan, wenngleich weniger systematisch als der Stadtschlüssel, als Votivgeschenk Bestandteil des offiziellen Schmucks der Consolatrix-Statue, auch bei vielen Reproduktionen, wurde. Die Wallfahrer der von der Cholera stark heimgesuchten Stadt Diekirch, angeführt von ihrem Bürgermeister Ernest François, überreichten ein edelsteinbesetztes Zepter mit der Aufschrift: »Consolatrix afflictorum, succurre parochiae Diekirch 1866« (Trösterin der Betrübten, stehe der Pfarrei Diekirch bei 1866). Die Echternacher Pilger brachten einen geschmiedeten Goldschlüssel mit, die Pfarrei Mondorf ein Silberkreuz, Schieren eine zehnpfündige Kerze und ein silbernes Herz, das Priesterseminar ein diamantenes kleines Kreuz für die Weltkugel des Jesuskindes, das Athenäum zwei große Silberampeln usw. Zahllose Abbildungen des Gnadenbildes, dazu eine Medaille, wurden für die Pilger angefertigt.

Als Apotheose sollte die Statue der Trösterin der Betrübten im Namen von Papst Pius IX. gekrönt werden. Angekündigt hatte Bischof Adames den Festakt in seinem Fastenhirtenbrief als »eine große und seltene Auszeichnung«, was für Luxemburg stimmte, für den Vatikan und die Weltkirche weit weniger.[67] Und er erläuterte im selben Schreiben, worum es ging: durch diesen Akt die Wahl der Trösterin der Betrübten als Patronin von Stadt und Land zu bestätigen, ihr im Namen aller Ehrerbietung zu zollen, mit Dankbarkeit ihren Schutz und Beistand, den sie der Heimat seit zwei Jahrhunderten hatte angedeihen lassen, anzuerkennen und ihr das Land sowie Rom und die Weltkirche in den bestehenden schwierigen Zeiten anzuempfehlen, indem man erneut ihren mütterlichen Schutz für die Zukunft erflehe. Im Hintergrund schwangen hier die politische Auseinandersetzung und der be-

---

67 Z. B. wurde das Gnadenbild von Montaigu 1872 ebenfalls im Namen von Papst Pius IX. von Mgr. Dechamps, Erzbischof von Mechelen, gekrönt. Die Zeremonie glich derjenigen von Luxemburg. Vgl. BLUM, *Unsere Liebe Frau von Montaigü*, S. 19.

vorstehende Kampf um den Kirchenstaat, der 1870 im neuen italienischen Königreich untergehen sollte, mit.

Die Krönungsfeier war von einem Organisationskomitee minutiös und aufwändig unter Anführung des Stadtbürgermeisters Karl Simonis vorbereitet worden.[68] Sie fand am 2. Juli 1866, dem Fest Mariä Heimsuchung, in der Liebfrauenkirche statt, in Präsenz von Bürgermeister und Stadtmagistrat, Staatsrat, Obergerichtshof und anderen Verwaltungen sowie von vier ausländischen Bischöfen (aus Trier, Straßburg und Namür). Ursprünglich sollte die Zeremonie auf dem Wilhelmsplatz (»Knuedler«) abgehalten werden, den man eigens mit einem Krönungsaltar hergerichtet hatte. Doch brach morgens ein Sturm mit anhaltendem Regen los, so dass die Feier in die nahe gelegene Wallfahrtskirche verlegt werden musste. Der römische Kurienkardinal Karl August von Reisach, früherer Erzbischof von München und Freising, setzte als päpstlicher Legat der Madonna und dem Kind eine vom Papst geschenkte Krone auf – übrigens der erste Kardinal, der an einer Oktavfeierlichkeit teilnahm. Am Nachmittag, als sich das Wetter beruhigt hatte, konnte die geplante feierliche Schlussprozession ihren gewohnten Weg durch die Stadt nehmen. Ihr wohnten die Bischöfe von Straßburg, Metz, Trier, Namür, Lüttich sowie der Weihbischof von Trier bei.[69]

Die nachfolgende Ikonografie befasste sich mit diesem für Luxemburg einmaligen kirchlichen Ereignis: Ein Gedenkblatt in Farbdruck von Staatsarchitekt Charles Arendt sowie eine Chromolithografie von Carl Barth, Stuttgart, hielten die Szene fest. Beide zeigen das Gnadenbild auf dem neogotischen Hauptaltar von Liebfrauen, der 1854 angeschafft worden war und bei der Erweiterung der Kathedrale 1935 abgetragen wurde. Die feierliche Geste wird bei diesen ikonografischen Souvenirs von Pio Nono selbst vorgenommen. Auch ein zu Beginn des

---

68 Vgl. Aufstellung in: BLUM, *Sammlung*, S. 78–81.
69 Adames erstattete Pius IX. Bericht über den Verlauf der Jubiläumsfeier und erhielt eine belobigende Antwort des Papstes am 6. August, vgl. ebd., S. 184–187.

Gedenkblatt an die Krönung des Gnadenbildes 1866. Die Statue steht vor dem neogotischen Hauptaltar von Liebfrauen, auf dem sie 1854–1935 aufgestellt war. Die feierliche Geste wird hier, was nicht historisch ist, von Papst Pius IX. persönlich vorgenommen. Farbdruck von Charles Arendt. Privatsammlung. Foto: Erzbistum Luxemburg.

20. Jahrhunderts angeschaffter Chormantel der Kathedrale sowie ein modernes Fenster von Emile Probst aus den sechziger Jahren in der neuen Glacis-Kapelle stellen die Krönung durch den Papst selbst dar. Ein ähnliches Glasfenster war nach dem Jubiläum von 1866 über der Empore der Liebfrauenkirche angebracht worden, es wurde nach dem Zweiten Weltkrieg durch eine Darstellung der Consolatrix als Schutzmantelmadonna, eine Stiftung der Luxemburger Regierung, ersetzt.

Für die Jubeloktave mitsamt Krönungsfeierlichkeit Ende Juni–Anfang Juli 1866 hatte die Stadtverwaltung grünes Licht gegeben, da die Cholera seit Juni in der Hauptstadt praktisch erloschen war, nachdem sie dort im Mai noch 56 Tote verursacht hatte. Die Festivitäten um die Krönung wurden also nicht beeinträchtigt. Zur Oktave im Juni–Juli kamen mehr als 50.000 Personen aus allen Ecken des Landes, ein Rekord. Mehrere Pfarreien, besonders von der Mosel, kamen nicht, da in ihren Ortschaften die Cholera noch wütete. Beichte und Kommunionen *en masse* in der Liebfrauenkirche und der Redemptoristenkirche (10.000 Kommunionen in jeder der beiden). 500 Messen wurden in Liebfrauen zelebriert. Am Krönungstag, dem 2. Juli, war der Andrang enorm, 300 Priester waren anwesend. Nach den Festlichkeiten nahm die Cholera wieder zu, in der Stadt und andernorts im Land (Wiltz, Kanton Esch, Moselgegend), manchmal sogar drastisch, was den Arzt Pierre Schmit aus Ettelbrück zur Äußerung bewog: » ... à la suite des fêtes religieuses de Luxembourg, où les populations des localités infectées aussi bien que celles des autres se rendaient en pèlerinage durant 8 jours, le choléra se répandit de nouveau non-seulement dans les localités qu'il avait déjà quittées, mais pour ainsi dire sur tout le pays.«[70]

---

70 Jos. A. MASSARD, *Die Cholera und die Muttergottes-Oktave 1832 und 1866*, in: https://massard.info/die-cholera-und-die-muttergottes-oktave-1832-und-1866 (letzter Zugriff 1.2.2023).

Exkurs 9: Krönung von Marienbildern, Bedeutung?

Die Luxemburger Madonna präsentiert sich als gekrönte Muttergottesstatue. Sie trägt, so wie das Jesus-Kind, eine Krone. Etliche Kronenpaare wurden dem Bild im Lauf der Jahrhunderte geschenkt: vom Festungskommandanten Thüngen 1735, von Pius IX. für die Krönungsfeier von 1866. Vom Goldschmied Witte aus Aachen stammt das Kronenpaar von 1901, Sühnegeschenk nach einem Raub im Domschatz; vom Goldschmied Speller aus Luxemburg dasjenige von 1954, Geschenk der Katholischen Frauenaktion für das Marianische Jahr.[71] Auch die Abbildungen und Kopien des Gnadenbildes tragen Kronen von mehr oder weniger großem Wert.

Eine gekrönte Jungfrau erinnert zunächst an die Johannes-Apokalypse, Kap. 12, Vers 1: »Ein großes Zeichen erschien am Himmel, eine Frau mit der Sonne bekleidet, den Mond zu ihren Füßen, auf ihrem Haupt eine Krone von zwölf Sternen.« Die Luxemburger Madonna, die ebenfalls den Fuß auf die Mondsichel stellt, stellt den Typus der Unbefleckten Empfängnis im Licht jener Johannes-Tradition dar.

Bereits in der byzantinischen Epoche wurde seit dem 7. Jahrhundert die Hl. Jungfrau als Königin oder Kaiserin dargestellt, mit einer Krone auf dem Haupt. Gregor III. (731–741) stiftete wohl als erster Papst ein goldenes Diadem für eine Mariendarstellung in Sankt Peter im Vatikan. Laut einer apokryphen (kirchlich nicht anerkannten) Tradition habe Jesus seine Mutter im Moment ihrer Aufnahme in den Himmel gekrönt. Das Motiv tritt vermehrt in der christlichen Ikonografie seit dem 12. Jahrhundert auf. So tragen bestimmte Madonnen echte Kronen. Die Statue der Trösterin der Betrübten reiht sich in diese ihr präexistente Tradition ein.

---

71 SCHMITT, *Kirchenschatz*, S. 176f. FALTZ, *Heimstätte*, S. 212. MUSÉE DRÄI EECHELEN, *Sub umbra alarum*, S. 281.

Madonnenbilder wurden auch regelrecht gekrönt. Krönungszeremonien, zunächst von lokalen Instanzen vorgenommen, werden ab dem 16. Jahrhundert als öffentlicher und feierlicher kirchlicher Akt aufgezogen. Papst Klemens VIII. (1592–1605) krönte die Marienikone »Salus Populi Romani« in der römischen Basilika Santa Maria Maggiore, eine Zeremonie, die von Gregor XVI. 1837 wiederholt wurde; er setzte für solche Krönungen ein Ritual fest. Zwischen 1631 und 1850 wurden 634 Marienbilder kanonisch gekrönt, zwischen 1850 und 1931 die doppelte Zahl, d.h. 1280. Eine Madonna krönen konnte mehreres bedeuten: ihren Kult beleben, ihm größere Feierlichkeit verleihen, seine traditionellen Formen legitimieren, seine Sakralität bestätigen und seine Wichtigkeit unterstreichen. So wurde am 26. Juli 1953 die Kayler »Léiffrächen« im Süden Luxemburgs von Bischof Philippe im Namen des Hohen Domkapitels von Sankt Peter gekrönt. Papst Johannes Paul II. regelte 1982 den Ritus der Krönung von Marienbildern neu.[72]

Gekrönt wurde das Luxemburger Gnadenbild 1866, gelegentlich der Zweihundertjahrfeier der Erwählung zur Stadtpatronin, im Namen Pius' IX. durch einen päpstlichen Legaten, den Kurienkardinal Reisach. Er setzte Muttergottes und Kind eine vom Papst geschenkte Krone auf. Die Zeremonie, die in der Liebfrauenkirche stattfand, hatte großen Nachklang und wurde in verschiedenen ikonografischen Abbildungen festgehalten (Gedenkblätter, Chormantel in der Kathedrale, Kirchenfenster in der Glacis-Kapelle). So wie bei Barock-Altären im Ausland manchmal üblich, präsentiert auch der Luxemburger Votivaltar über dem Standort des Gnadenbildes eine überdimensionale Krone.

Verwiesen sei ebenfalls auf ikonografische Darstellungen, wo der Protagonist, etwa König Stephan von Ungarn oder Ludwig XIII. von Frankreich, der Muttergottes die Königskrone als äußeres Zeichen der Weihe seines Landes darbietet – was in Luxemburg in etwa dem Darreichen des Stadtschlüssels gleichkommt.

---

72 ALBERT-LLORCA, *Vierges miraculeuses*, S. 123–125. U. LIEBL, *Krönung Mariens*, in: *Marienlexikon*, III, S. 680–683. N. GUSSONE, *Krönung von Marienbildern*, ebd., S. 683 f.

Bistumsgründung 1870: die Trösterin als »Diözesanpatronin«?

Der Kult der Consolatrix Afflictorum hat in Luxemburg kirchenbildend gewirkt, und das bereits zur Zeit des Ancien Régime. Er war ein gewichtiger Faktor, der dazu beitrug, dass selbst ohne Bischof und trotz Zerstückelung und Verteilung auf mehrere Bistümer die kirchlich-konfessionelle Einheit Luxemburgs nie zerfiel. »Als die Luxemburger Autoritäten die Muttergottes unter dem Titel ›Trösterin der Betrübten‹ zur Stadt- und Landespatronin wählten, entstand durch dieses Wallfahrtszentrum eine Festigung dieser religiösen Einheit.«[73] Die Oktav-Wallfahrt war, da sie wie ein Magnet Leute aus dem alten Herzogtum und von jenseits in die Stadt Luxemburg anzog, wie ein mächtiger Zentralisierungsmechanismus. Er ließ die Luxemburger vergessen, dass sie zu verschiedenen Diözesen, also Ortskirchen mit jeweiligen Oberhirten und Verwaltungen, gehörten. Die Verehrung der Trösterin der Betrübten einte sie und gab ihnen eine pulsierende Mitte, wo sie jährlich angezogen wurden und zusammenströmten. So wurde die Zusammengehörigkeit der Einwohner von Stadt und Land unter religiösen Vorzeichen gefestigt. Dies umso mehr, als der einheimische Marienkult das delimitierte Territorium des Herzogtums Luxemburg mit seiner Hauptstadt abdeckte, auch wenn dessen Schutzpatronin von Pilgern außerhalb der Provinzgrenzen aufgesucht wurde. Die Oktave wurde zur Matrize für eine eigene und eigenständige Luxemburger Kirche.

Bistum vor dem Bistum

Man kann sagen: Luxemburg war im Ancien Régime, spirituell gesehen, ein Bistum *ante litteram*, eine Kirche auf einem bestimmten Gebiet, das durch und durch marianisch geprägt war, gewissermaßen ein »virtuel-

---

73 Edouard MOLITOR, *Die Luxemburger Kirche im europäischen Geschehen*, in: *Luxemburger Wort* (2.2.1991), S. 35.

les« Bistum. Herz und Zentrum war nicht ein Bischof mit Kathedralkirche und bischöflicher Verwaltung, sondern die Stadt Luxemburg mit der Gnadenkapelle auf dem Glacis-Feld, dem Bild der Trösterin der Betrübten und der Jesuitenkirche, die jedes Jahr, zur Oktavzeit, als Wallfahrtskirche umfunktioniert wurde. Von hier aus gingen geistliche Impulse aus und haben, sogar wenn die Anziehung und die Gnadenströme bis weit über die Landesgrenzen hinausgingen, die Konfiguration vom Herzogtum abgesteckt und eine religiöse Gemeinschaft innerhalb dessen Grenzen unter marianischen Vorzeichen visuell und greifbar, ja erlebbar machen lassen. So dass die frühe, bereits 1682 angeführte Anrufung »Patrona Civitatis et Patriae Luxemburgensis« nicht nur eine politische, sondern auch eine religiöse Entität latent visierte, sprich eine kirchliche Einheit vorgab. Wenn Bischof Adames später, 1870 bei der Bistumsgründung, die Consolatrix Afflictorum als Patronin der neuen Diözese Luxemburg betitelte – hierauf wird zurückzukommen sein –, so tat er dabei nichts anderes als eine faktische Realität zu umschreiben, die seit zwei Jahrhunderten bereits gewirkt hatte. Die Schutzpatronin war Einigungspunkt und Mittelpunkt der Luxemburger Kirche.

Auf das Oktavmoment bei der Entstehung der Luxemburger Ortskirche 1840 und näherhin die Ausweitung der Oktave auf die Pfarreien braucht hier nicht mehr eigens eingegangen zu werden. Der Marienkult wurde, aus spontaner und natürlicher Entwicklung, auf das 1839 neu entstandene, halbierte Luxemburg zugeschnitten. Das hatte Konsequenzen. Michael Faltz schreibt: »Wie leicht begreiflich, wurden – infolge dieser politischen und kirchlichen Neuordnung – in der belgischen Provinz Luxemburg die Bande, welche früher deren Bewohner mit Luxemburg als ihrem Mutterland und mit dem Gnadenbild als gemeinsamer Landespatronin verknüpft hatten, nach und nach gelockert [...]. Dagegen wuchs im übriggelassenen Teile, der nun als unabhängiges Großherzogtum unter das Zepter Wilhelms I. von Holland zurückkehrte, zusehends die Marienliebe.«[74] Eine gegenläufige Entwicklung

---

74 FALTZ, *Heimstätte*, S. 77.

hüben und drüben der neuen Grenze während Jahrzehnten, bis Ende des 19. Jahrhunderts auf Betreiben von Bischof Koppes wieder reguläre Pilgergruppen aus Belgien und Frankreich nach Luxemburg in die Oktave eingeladen wurden und an die frühere Tradition anknüpften.

Die Sitte bürgerte sich ein, dass in der Regel nicht nur die Luxemburger Priester, sondern auch die Luxemburger Bischöfe vor dem Gnadenbild der Trösterin der Betrübten geweiht wurden, was ihre emotionale Anhänglichkeit an die Landespatronin und ihre Schutzbefohlenen förderte. Das unterschied sie von ihren Mitbrüdern aus dem fernen und nahen Ausland. Adames hatte seine Ernennung zum Bischof und Apostolischen Vikar am Tag der Oktaveröffnung 1863 erhalten und beschloss sein Augural-Hirtenschreiben mit einem langen Gebet an die Trösterin: »Dir weihe ich meine ganze Diözese, alle meine Priester, alle meine Gläubigen, meine ganze Heerde.«[75]

Marienkult im Dienst des Bistums

An dieser Stelle ist auf ein anderes Oktavmoment im Zusammenhang mit der Bistumsgründung hinzuweisen. Kontext war die Bizentenariumfeier der Erwählung der Stadtpatronin 1866. Sowohl die kirchlichen als auch die weltlichen Autoritäten taten dabei einen taktischen Schachzug in Richtung Bistumsgründung, die seit langem von kirchlicher wie staatlicher Seite angestrebt wurde und fällig war. Als der römische Kurienkardinal Reisach am 2. Juli 1866 das Gnadenbild der Trösterin in der Liebfrauenkirche im Namen Papst Pius' IX. gekrönt hatte, erhielt er vom Luxemburger Klerus eine Petition mit nach Rom – es war nicht die erste und nicht die letzte – mit einer längeren Abhandlung über die kirchliche Vergangenheit des Landes sowie mit dem Gesuch, ein Luxemburger Bistum zu errichten.[76] Ähnlich beauftragte der

---

75 Martin BLUM, *Summarischer Inhalt aller … Aktenstücke, Mitteilungen und Pastoralschreiben*, Luxemburg 1910, S. 569–584, hier S. 582.
76 DONCKEL, *So ward das Bistum Luxemburg*, in: *Hémecht* 22/1 (1970), S. 7–72, hier S. 41–43.

Advokat und Stadtbürgermeister Simonis im Namen des Festkomitees in seiner offiziellen Ansprache den Kardinal-Legaten, den Papst zu bitten, der Luxemburger Kirche eine »normale Position« im Gesamtgefüge der katholischen Kirche zu geben, d. h. das Apostolische Vikariat zu einer Diözese zu erheben. Der Kardinal versprach, das Anliegen mündlich und schriftlich weiterzureichen, und versicherte, der Papst hege sowieso denselben Wunsch, und dieser werde wohl in absehbarer Zeit in Erfüllung gehen. All dies wurde nachher im *Luxemburger Wort* der Öffentlichkeit zugänglich gemacht.[77] Reisach war umso mehr der richtige Ansprechpartner in der Bistumsfrage, als er Mitglied der römischen Missionskongregation »de Propaganda Fide« war, die für die Luxemburger Belange zuständig war.

Nicht verwunderlich ist, dass bei der Gründung des Bistums 1870 ein weiteres marianisches Moment dazukam. Ehe Mgr. Adames Ende Juli, nach der Konzilsabstimmung im Vatikan über die päpstliche Unfehlbarkeit, aus Rom zurückkam, besuchte er als eben von Pius IX. ernannter Bischof von Luxemburg den Marienwallfahrtsort Loreto in Mittelitalien: »An dieser Stelle habe ich das mir anvertraute neue Bistum, meine Priester und Gläubigen, mich und mein Vaterland der Trösterin der Betrübten, der hl. Familie ganz besonders empfohlen und neuerdings unter ihren mütterlichen Schutz gestellt.«[78]

Seine erste Ansprache als Bischof in der zur Kathedrale erhobenen Liebfrauenkirche in der Stadt Luxemburg hielt N. Adames am 26. Juli 1870, kaum in Luxemburg eingetroffen, und nannte dabei Bistum und Consolatrix in einem Atemzug: »Möge Gott durch Maria die ›Trösterin‹ es zu unser aller Glück und Wohle walten! Beten wir fort und fort für die hl. Kirche, das Concil und den hl. Vater, und betet auch für mich. Beten wir auch für den Frieden zu jener Mutter, die uns so sichtbar beschützte und immer beschützen wird [...].«[79]

---

77 Beide Ansprachen in: *Luxemburger Wort* (5.7.1866), S. 2.
78 DONCKEL, *Bistum*, S. 47.
79 *Luxemburger Sonntags-Blättchen* 1869–1870 (31.7.1870), S. 535.

In seinem ersten Hirtenbrief als Bischof von Luxemburg schrieb Adames Anfang August 1870: »Wie Luxemburg nun seinen eigenen Platz und Namen in der Kirche hat; wie die Reihenfolge seiner Bischöfe sich durch die künftigen Zeiten fortziehen wird, so hat es auch seine eigenen Beschützer unter den Engeln des Himmels und seine Fürbitter unter den Heiligen Gottes. Unsere erhabene Stadt- und Landespatronin, die seligste Jungfrau und Gottesmutter Maria, ist nun auch unsere Diözesanpatronin, ihre Kirche in der Stadt ist nun unsere Kathedralkirche geworden, und wir haben einen Rechtstitel mehr auf ihren mütterlichen Trost und ihren königlichen Schutz.«[80] Maria als neue »Diözesanpatronin«! Letztlich war es keine neue, formelle Erwählung, die Bischof Adames hier vorgenommen hat. Er sah, dass in der entstandenen Lokalkirche die Gestalt der Gottesmutter eine große und bedeutende Rolle zu spielen habe, im Dienst des Zusammenhalts dieser neuen Struktur und nun offiziell konstituierten Gemeinschaft, und nicht nur für das Land Luxemburg. Auch nach Adames haben alle Luxemburger Bischöfe zusammen mit Klerus und Kirchenvolk, was den Marienkult anbelangt, am selben Strang gezogen. Die Oktave wurde auch zu einer diözesanen Angelegenheit. Heute ist sie es mehr denn je, auch wenn der Titel »Diözesanpatronin« sich nicht durchgesetzt hat – die Trösterin bleibt im kollektiven Bewusstsein Patronin von Stadt und Land. Der Titel »Diözesanpatronin« war, so stellte sich heraus, eher die Beschreibung eines kirchlichen Ist-Zustandes sowie einer zeitlichen Perspektive denn eine neue Anrufung mit nachhaltiger Wirkung in Liturgie oder Volksfrömmigkeit. So weit ging die Verkirchlichung des Consolatrix-Kultes dann doch nicht, die (politisch-gesellschaftliche) Bindung an Stadt und Land wirkte mächtig nach – bis heute. Hier hat wohl die nationale und patriotische Note der Marienverehrung das Ihrige bewirkt.

Viel später, in der zweiten Hälfte des 20. Jahrhunderts, wurde für das Siegel der Luxemburger Kirche, »sigillum Ecclesiae Luxemburgen-

---

80 Nicolas MAJERUS, *L'érection de l'évêché de Luxembourg*, Luxembourg 1951, S. 585 f.

sis«, als Referenzzeichen – wie hätte es anders sein können – der skizzierte Umriss des Gnadenbildes aus der Kathedrale gewählt. In derselben Linie ist festzustellen: Die Erhebung des Bistums Luxemburg zur Erzdiözese am 23. April 1988 wurde im Rahmen der Muttergottes-Oktave verkündigt und gefeiert. Und die neue Pfarreinteilung von 2017, die das jahrhundertealte Pfarrsystem ablöste, wurde ihrerseits rechtskräftig am ersten Oktavsonntag d. J.

Man kann abschließend sagen, dass die Oktave die Diözese vorbereitet hat. Wichtige strukturelle Momente der Luxemburger Kirche sind im Zusammenhang des einheimischen Marienkultes eingeführt worden. Das erschien umso natürlicher, als, laut katholischer Theologie, zwischen der Gottesmutter und der Kirche eine eigenartige Osmose und Interaktion besteht – wofür man in Luxemburg stets ein waches Gespür hatte und bis dato hat.

Aus diesem Zusammenhang erscheint es wie selbstverständlich, dass alle Luxemburger Bischöfe das Marianische programmatisch und leitmotivartig in ihr Pontifikat aufgenommen haben, die einen expliziter als die anderen: von Bischof Laurents Leitspruch »Iter para tutum« aus dem Hymnus »Ave Maris stella« und dem Meerstern in seinem Wappen angefangen, über Bischof Adames mit seinem, der früheren Antiphon zur Marienvesper vom 5. August (»Maria Schnee«) entnommenen Devise »Succurre miseris« und der Consolatrix mitsamt einem Stern im Wappen, bis zu Koppes, der ebenfalls den Marienstern im Wappen geführt hat, und Nommesch, der ausdrücklich »Tuus sum ego (Ich bin dein)« in sein Wappen schrieb und dort die Consolatrix über der alten Glacis-Kapelle aufnahm (sein Spruch erinnert an das marianische »Totus tuus« von Papst Johannes Paul II.), bis hin zu Bischof Philippe, der das Mariensymbol MA darin integrierte, ebenso wie Bischof Lommel. Der Marienstern im Wappen kommt auch vor bei den Bischöfen Hengen, Franck und Wagener. Und das Lommel'sche »Nos autem populus tuus«, das später im Sinn der Konzilstheologie des Volkes Gottes ausgelegt werden konnte, war ursprünglich marianisch konzipiert: »Wir (Maria) sind dein Volk.« Etliche bischöfliche Insignien wie Brustkreuze,

Ringe und Hirtenstäbe befinden sich im Kirchenschatz der Kathedrale. In der Oktave 2006 schenkte Erzbischof Franck der Muttergottes sein Weihekreuz, das er 1991 zur Bischofsweihe erhalten hatte.[81]

Für die 1870 gegründete Diözese Luxemburg wurde die Oktave als Intensivzeit der Verehrung der Trösterin der Betrübten zum dominierenden religiösen Event im Lauf jedes Jahres, auch in der Außendarstellung und -wahrnehmung. Das gilt bis heute. Typisch für das Verharrungsvermögen von Volksfrömmigkeit wurde der Umstand, dass mit und nach der Bistumsgründung der Hang zu Feierlichkeit und Sinnenhaftigkeit, wie sie im Barockzeitalter gepflegt worden waren, in Gestalt und Ablauf der Oktave neu auflebten.

Exkurs 10: Die »Luxemburger Ekklesiologie« von André Lesch

An dieser Stelle mag ein theologischer Exkurs angebracht sein.

In einer diözesanen Fortbildung, die 1997–98 im Luxemburger Priesterseminar zum Thema »Kirche, wie geht das?« organisiert worden war, hat Prof. André Lesch (1929–2019), zuständig für das Fach Dogmatik, eine »Luxemburger Ekklesiologie«, d. h. Lehre über die Kirche im Großherzogtum, skizziert und dabei ihr stark marianisches Profil herausgearbeitet.[82]

Es ging ihm um Folgendes: Die Kirche in Luxemburg zeichnet sich dadurch aus, dass sie durch die Wahl Mariens eigentlich erst als Luxemburger Kirche entstanden ist (»Ekklesiogenesis: die Wahl Marias«). Eine der ersten Handlungen, wenn nicht die erste, wo Kirche und Volk Luxemburgs Subjekt eines Aktes waren, ist die Wahl Mariens zu ihrer Schutzpatronin. Historisch war das ein geschichtsmächtiger Akt, in

---

81 Vgl. *Luxemburger Wort* (7.5.2006), S. 25.
82 André LESCH, *Eine Luxemburger Ekklesiologie*, Luxemburg 1997 (ungedruckte Broschüre 29.7.1977).

dem das Volk selbst sich verwirklicht und darstellt. Wohl ging die Erwählung auf die Initiative der Jesuiten zurück und wickelte sich als Akt der Stellvertretung durch die politische Autorität ab. Das Volk hat jedoch den Akt nicht erlitten, sondern ratifiziert, mitvollzogen und mitgetragen. Diese Erwählung durch die Stadt 1666 und das Land 1678 zeigt, dass das Volk Subjekt, d. h. emanzipiert-verantwortungsvoller Akteur, seines geschichtlichen Handelns geworden ist und darin seine Identität findet. Ganz marianisch will es sein, und dadurch eigentlich ganz Christus zugehörig – denn das eine verweist auf das andere.

So hat sich schon 1666 und 1678 in einem ersten Schritt die Luxemburger Kirche unter marianischen Vorzeichen konstituiert – über die Zerklüftung durch die Zugehörigkeit zu sechs bis sieben verschiedenen Diözesen hinaus –, obwohl sie strukturell erst 1840 als Apostolisches Vikariat bzw. 1870 als eigenständige Diözese im Vollsinn des Wortes geboren wurde. So wie denn allgemein die Muttergottes-Oktave eine kirchenbildende Dynamik entwickelt und ekklesial aufbauend gewirkt hat. Die Luxemburger Bischöfe haben allesamt die Weihe an Maria ratifiziert und das nachvollzogen, was das Volk getan hatte; und bis heute wird diese Weihe auf dieselbe Art und Weise alle Jahre wiederholt.

Die Luxemburger Bischofskirche ist zugleich Marienkirche und Wallfahrtskirche. Die Ortskirche versteht sich als Volk Gottes mit Maria als Urbild und Leitstern: »Die Kirche in Luxemburg versteht sich als pilgerndes Volk, als unter den Mantel ihrer Identifikationsgestalt fliehende, schutzsuchende Gemeinschaft eines Volkes mit seinem Bischof und seinen Priestern.« (A. Lesch)

Die Wahl Mariens, in der Optik der Jesuiten, ist die Wahl des christlichen Glaubens als Lebensweg und im Hinblick auf eine entsprechende Gestaltung der Gesellschaft. Die Wahl Mariens bleibt auch nach den Jesuiten und ist von der nun vollgültigen Luxemburger Kirche mit ihrem Bischof übernommen worden.

Mit der Wahl Mariens haben die Luxemburger optiert für eine Wahl des christlichen Glaubens, eine Option, die regelmäßig zu erneuern ist und also nicht ein für alle Mal gegeben ist. Damit, so André

Lesch, verpflichtet sich die Luxemburger Kirche bei der Wahl Mariens auch, bestimmte Werte in das Leben des ganzen Volkes einzubringen: Liebe, Respekt vor dem Geringeren, die kontemplative Dimension, die Würde der menschlichen Person, den Kampf gegen eine Fremdbestimmung des Menschen durch Technokratie. In einer fast gänzlich säkularisierten Gesellschaft wie derjenigen im Großherzogtum findet daher die Kirche genügend Terrain – gleich wie fruchtbar oder unfruchtbar das Terrain auch sein mag –, wo sie den Samen des Evangeliums, der christlichen Ethik, der Soziallehre einsäen kann und muss, und das in einem missionarischen Geist.[83]

Zu Beginn des 20. Jahrhunderts

Im 20. Jahrhundert bleibt die Muttergottes-Oktave ein wichtiger Leitfaden im Leben der Ortskirche und der Gesellschaft.[84] Über das rein Religiöse hinaus, stellte sie seit einem Jahrhundert ein zentrales Einigungsband der Luxemburger Bevölkerung dar. 1898 war sie um eine halbe Woche, die vor die bis dahin übliche Wallfahrtsoktave gesetzt wurde, verlängert worden.

Konsolidierung nach der Jahrhundertwende

1903 wohnten die drei ältesten Töchter der großherzoglichen Familie, die allesamt katholisch getauft waren, einer Oktavmesse bei. Ab 1907 wurde der nationale Charakter unterstrichen durch die Teilnahme der Prinzessinnen Marie Adelheid und Charlotte an den Abschlussfeierlichkeiten sowohl morgens als auch am Nachmittag. Bald wurde ihre Präsenz auch bei der feierlichen Oktaveröffnung bemerkt. Ab 1913

---

[83] HELLINGHAUSEN, *Sech Hir schenken*, S. 93–96.
[84] HELLINGHAUSEN, *Diözesangeschichte*, S. 137–141. Luc SCHREINER, *Die Luxemburger Muttergottesoktave im 20. Jahrhundert*, Diplomarbeit Trier 2004. FALTZ, *Heimstätte*, S. 94–177.

nahm Großherzogin Marie Adelheid, kaum dass sie auf dem Thron war, die Sitte früherer Jahrhunderte auf, als Gouverneure oder sonstige Vertreter der Landesherrn sich an der Schlussprozession der Oktave beteiligten: Sie ging persönlich mit der großherzoglichen Familie hinter dem Sakramentshimmel betend einher. »Diese Geste hatte eine hohe symbolische Bedeutung, gerade in den Zeiten der Auseinandersetzung zwischen Kirche und Staatsmacht. Den äußerst positiven Kommentaren des ›Luxemburger Wortes‹ standen andere Meinungen genau so entgegen.«[85] Die besondere Beziehung zwischen der jungen Monarchin und der Oktavwallfahrt kam auch darin zum Ausdruck, dass mit kirchlicher Druckerlaubnis ein Heiligenbildchen mit der Trösterin und einem kleinen Porträt der Großherzogin auf der Rückseite zirkulierte, mit einem eigenen »Gebet für die Landesfürstin«, wo es u. a. hieß: »O Maria, Trösterin der Betrübten, segne die Fürstin unseres Landes und nimm sie in deinen besonderen Schutz.« Die Tradition, dass das Staatsoberhaupt mit Familie an der Schlussprozession teilnimmt, verlängert sich bis in unsere Zeit. Desgleichen entstand die Gewohnheit, dass nach der Schlussandacht eine Ovation vor dem großherzoglichen Palais stattfand, wo die Landesfürstin bzw. der Landesfürst auf dem Balkon erschien und vom Volk bejubelt wurde. Durch die Präsenz des Staatschefs wurde der nationale Charakter der Oktave wieder offensichtlicher, auch wenn die politischen, z. T. kulturkampfähnlichen Auseinandersetzungen zwischen Liberalen und Katholiken, etwa wegen des umstrittenen Schulgesetzes von 1912, sich ebenfalls auf die Wallfahrt und ihre gegensätzliche Interpretation in den Zeitungen unterschiedlicher Obödienz auswirkten. Eine Konstante im *Luxemburger Wort* blieb während langen Jahrzehnten der fromme und erbauliche Ton sowie die ausführliche tägliche Berichterstattung über das Oktavevent (Angabe von Pilgerzahlen, Impressionen des Wallfahrtsgeschehens, Zusammenfassung der Oktavpredigten, Details über Kleidung und Schmuck des Gnadenbildes,

---

85 SCHREINER, *Muttergottesoktave*, S. 26.

Klagen über die beengten Verhältnisse in der Kathedrale). Auch die Werbung für die Ausstellung des Missionsvereins im Gebäude gegenüber der Kathedrale gehörte dazu, genauso wie die Angabe der Sonderzüge nach und ab Luxemburg sowie die Billig-Angebote »für die Oktav-Zeit« seitens verschiedener Geschäfts- und Gasthäuser – dem Umstand Rechnung tragend, dass die Oktave für die überwältigende Mehrheit der Landbewohner die einzige Gelegenheit war, wo sie jedes Jahr in die Stadt kamen. In einem weit verbreiteten und mehrfach aufgelegten Pilgerbuch der Diözese waren Pilgerregeln, Pilgergebete und -lieder veröffentlicht worden.[86]

Mit der nationalen Note nahm auch die Besucherzahl weiterhin zu. Zusätzlich zur vermehrten Inanspruchnahme der gängigen Eisenbahnfahrten konnte mit dem Ausbau eines auf die Oktave spezifisch ausgerichteten Transportnetzes der alljährliche Volksandrang aus dem

Großherzogin Marie Adelheid bei der Schlussprozession 1914. Links neben ihr, im weißen Kleid, ihre Schwester und Nachfolgerin auf dem Thron Charlotte. Foto: DAL, GV.FT003020.

---

86 *Der Pilger zur Trösterin der Betrübten in Luxemburg*, Luxemburg ²1912, ⁴1916...

III. Wiederaufschwung (1840–1940)

ganzen Land zur Wallfahrtszeit kanalisiert werden. Die ersten Sonderzüge im 19. Jahrhundert fuhren zunächst nur für den Schlusssonntag: 1861 Extrazug zur Rückfahrt nach Metz, ab 1870 Hin- und Rückfahrt von Sonderzügen, mit Verbilligung, aus den vier Himmelsrichtungen des Landes. Pilgerzüge für die Dekanate an ihrem Wallfahrtstag, hin und zurück, wurden progressiv ab 1895 eingeführt, mit Fahrtverbilligungen, wobei die Besonderheiten der Dekanate berücksichtigt wurden. Auch die Kleinbahnen führten Spezialfahrten durch. Um die Jahrhundertwende hatte sich ein Netz von abgestimmten Sonderzügen zur Oktavzeit eingebürgert, es erfuhr keine nennenswerten Veränderungen bis zum Zweiten Weltkrieg, als das System unterbrochen wurde, um danach wieder aufzuleben. Zu den luxemburgischen Spezialzügen kamen diejenigen aus den Nachbarländern hinzu: eine Zeitlang drei aus Belgien, sechs aus Lothringen, einer aus der Pfarrei St. Matthias aus Trier. In den Zügen wurde gebetet und gesungen. In der zweiten Jahrhunderthälfte wurden neben den bestehenden

Oktav-Pilgerzug aus Clerf, aus den zwanziger oder dreißiger Jahren des 20. Jh. Foto: DAL, GV.FT002274.

Zügen auch Autobusse eingesetzt, die nach und nach die Pilgerzüge ersetzten. Mit Beginn des 21. Jahrhunderts hatte das System ausgedient, private Autos hatten den gemeinsamen Transport allmählich überflüssig gemacht.[87]

Einen Höhepunkt in der Metzer Wallfahrt nach Luxemburg stellte 1909 die Wallfahrt der Männer aus der Region Forbach-Morsbach dar, die zu über 900 in die Oktave kamen.[88]

Für die Oktave 1913 werden folgende Zahlen und Daten angeführt: 162 organisierte Wallfahrten und Prozessionen, 95.941 Pilger, 400–500 gelesene Messen, um die 12.000 gespendete Kommunionen, 2.670 bestellte Messen für außerhalb und 800–1.000 innerhalb der Kathedrale.[89] Der Verlauf der Oktavliturgien war an den Werktagen folgender: erste Messe mit Rosenkranz und Segen am Votivaltar um 5 Uhr morgens, ab 5.30 Uhr bestellte Hochämter für Pilgergruppen, öffentliche und kirchliche Einrichtungen, aber auch Privatpersonen, feierliche Andacht um 16 Uhr (in der ersten Halbwoche ohne, in der zweiten Woche mit Predigt des Oktavpredigers), Krankenandacht um 14 Uhr in der zweiten Woche, Rosenkranzgebet und eucharistischer Segen um 20 Uhr. An den Sonntagen kamen Pontifikalämter und zahlreiche Stillmessen dazu. Auch zwei abendliche Lichterprozessionen, vom populären Wallfahrtsort Lourdes inspiriert, gehörten zum Programm.

Bischof Koppes setzte sich für die Vermehrung von Bildern der Landespatronin in den Luxemburger Haushalten ein: durch Prägung neuer Medaillen und besonders durch die Anfertigung eines Farbdrucks des Gnadenbildes durch die Firma Bernhard Kühlen aus Mönchengladbach, das daraufhin massenweise und in vielen Varianten und Größen propagiert und in die katholischen Häuser sowie in Kirchensa-

---

87 *Pilgerzüge und Sonderzüge zur Muttergottes-Oktave*, in: *Luxemburger Marienkalender* 1966, S. 90–95.
88 DICOP, *Centenaire*, S. 34.
89 SCHREINER, *Muttergottesoktave*, S. 21.

kristeien bis weit in die dreißiger Jahre des 20. Jahrhunderts eingeführt wurde, nicht zuletzt als Heiligenbildchen und Andenken an Erstkommunion oder Firmung. Zweimal besuchte Koppes die nach Amerika ausgewanderten Luxemburger und sammelte Spenden für eine neue Wallfahrtskirche in Luxemburg, wofür er den Plan gefasst hatte.

Dompfarrer Wilhelm Pletschette (1913–1922) gründete, um die Marienverehrung zu vertiefen, eine Jungfrauenkongregation, eine Frauenkongregation und eine Kinderkongregation. Unter seinem Nachfolger Heinrich Schmit (1922–1962) wurde, noch vor dem Zweiten Weltkrieg, das alte Hauptportal der Kathedrale stilgerecht restauriert und mit neuen Statuen versehen.

Erster Weltkrieg und unmittelbar danach

Im Ersten Weltkrieg (1914–18),[90] mit Flugbomben und vielen Verwundeten, konnte die Oktave in den ersten drei Jahren normal gefeiert werden. Im Verlauf der Pilgerzeit hatte es seit 1899, als Koppes die Ordnung der Prozessionen verbessert hatte, keine Änderungen mehr gegeben. Auf Geheiß des Bischofs wurden im Liebfrauendom und in den Pfarreien Kriegsandachten gehalten, und das nicht nur zur Wallfahrtszeit. Laut Prozessionsregister blieben die Pilgerzahlen in etwa konstant (vor der deutschen Besatzung 1914: 71.969 Pilger, nach der deutschen Besatzung 1915: 69.094 Pilger, 1916: 70.085 Pilger, 1917: 68.238 Pilger).

1914 machten 750 lothringische Landwehrmänner, die in deutschen Uniformen nach Belgien abkommandiert wurden, Station in Luxemburg. Viele suchten das Gnadenbild der Consolatrix auf, massenweise wurden Andachstgegenstände angefragt.[91] 1915 blieben die Pilger aus Belgien und Lothringen wegen der Kriegswirren fern, die Luxemburger Pilger hatten sogar zugelegt. Bischof Koppes, seit 1915

---

90 Ebd., S. 27–29.
91 FALTZ, *Heimstätte*, S. 241 f.

erkrankt, konnte die Pontifikalämter nicht mehr selbst leiten, ersetzt wurde er entweder durch Bischof Korum oder Weihbischof Mönch aus Trier.

Doch erfuhr die Oktave im letzten Kriegsjahr 1918 ob der anhaltenden Gefahr von Fliegerangriffen Einschränkungen. Auf die äußere Feier der Oktave in der Stadt Luxemburg musste verzichtet werden, d. h. Prozessionen durften nicht abgehalten werden. Das Prozessionsregister für 1918 meldet lediglich eine Gruppe mit 95 Teilnehmern, sie kamen aus Bettingen an der Mess. Doch wurde an den beiden Oktavsonntagen der Gottesdienst in den Kirchen des Landes auf das Festlichste gefeiert, mit Aussetzung des Allerheiligsten und Festpredigt über die Trösterin der Betrübten. Dazu kamen tägliche Abendandachten zu Ehren der Patronin in den Pfarreien, die Widmung am 5. Sonntag nach Ostern durch den Pfarrer sowie eine feierliche Nachmittagsprozession in den Ortschaften, in denen ein Fliegerangriff nicht zu befürchten war. Die Schlussprozession mit dem Gnadenbild in der Stadt musste ausfallen.[92]

Nach dem Ersten Weltkrieg konnte die Oktave wieder wie in der Vorkriegszeit, entsprechend dem zwanzig Jahre zuvor von Bischof Koppes festgesetzten Muster, abgehalten werden. Ein Novum stellte ab 1919, nach der Einführung des allgemeinen Wahlrechts (sie brachte katholische Staatslenker an die Führungspitze), der Umstand dar, dass sich nun auch ranghohe Politiker an den Oktavschlussfeierlichkeiten beteiligten, zunächst aus den katholischen Reihen, besonders der 1914 gegründeten Rechtspartei, der späteren CSV. Dass ab jetzt Mitglieder der Regierung und der Abgeordnetenkammer bei der Schlussprozession mitgingen, erhöhte nochmals den nationalen Charakter der Oktave. Im Gegensatz zu den vorherigen Jahrzehnten wurde diese nun »zu einem wertvollen Bindeglied in den Beziehun-

---

[92] SCHREINER, *Muttergottesoktave*, S. 27–31. G. H. [Georges HELLINGHAUSEN], *1918: »Dieses Jahr auf die äußere Feier der Oktave ... verzichten«*, in: *Luxemburger Wort* (12.5.1990), S. 14. HENGEN, *Doppel-Oktave*, S. 61 f. FALTZ, *Heimstätte*, S. 113.

III. Wiederaufschwung (1840–1940)

gen zwischen Kirche und Staat« (J. Hengen),[93] und das *grosso modo* für ein Jahrhundert.

In die Zeit von Bischof Dr. Petrus Nommesch (1920–1935) fällt die Jubiläumsfeier von 1921, als die für 1916 fällige Jubelfeier für 250 Jahre Erwählung der Stadtpatronin nachgeholt wurde. Sie wurde eingeleitet durch eine große Mission, die vier Franziskanerpatres während zwei Wochen in der Domkirche predigten. Für die Feier wurde auch der Votivaltar erneut einer Restauration unterzogen, einschließlich des bereits Jahre zuvor angebrachten Feuerkranzes von Gaszungen, die bis in die sechziger Jahre den Oktavfeierlichkeiten zusätzlichen Glanz verliehen und vor allem die Kinderherzen höherschlagen ließen. Der Jubiläumsfeier von 1921 stand Kardinal Mercier von Mecheln vor, assistiert von den Bischöfen von Metz, Verdun, Nanzig und Luxemburg. Bei dieser Gelegenheit erweiterte Bischof Nommesch die Oktave um eine halbe Woche, die als Vorspann dazukam, so dass aus der seit 1898 zehn Tage dauernden Wallfahrtszeit nun *de facto* eine Doppeloktave wurde. Nach 1921 wurde diese Regelung beibehalten. 87.360 Pilger kamen in 163 Prozessionen während der Doppeloktave von 1921 in die Stadt, dabei 1.000 französischredende und 2.120 deutschredende Lothringer, nebst 915 Pilgern aus Belgien (Dekanate Neufchâteau, Bastogne und Virton). Eingeleitet wurde der Schlusssonntag durch einen imposanten Fackelzug, an dem sich achtzig Gesellschaften beteiligten. An der Schlussprozession nahmen Großherzogin Charlotte und Prinzgemahl Felix, mit dem sie sich 1919 in der Kathedrale vermählt hatte, teil. Zahlreiche Weihegeschenke wurden dem Gnadenbild verehrt: goldene und silberne Herzen, Fahnen, ein Goldzepter, das vom Athenäum geschenkt wurde. Auch bei den Luxemburgern im Ausland, so den Luxemburger Studenten in Lille oder den Dienstmädchen in Brüssel und Paris, wurde das Jubiläum von 1921 durch feierliche Hochämter ausgezeichnet. Im Juni 1924 fand in Luxemburg ein großer eucharistischer Welt-

---

93 HENGEN, *Nationale Andacht*, S. 86.

kongress statt mit vielen in- und ausländischen Gästen, einer Messe unter freiem Himmel auf dem Wilhelmsplatz und einer Huldigungsprozession mit der Statue der Trösterin durch die Stadt bis zum Glacis, wo ein Prunkaltar aufgerichtet worden war, ein Weihegebet des Bischofs gesprochen und der Segen erteilt wurde. Politiker aus Stadt und Land einschließlich der großherzoglichen Familie nahmen Anteil an diesen Feierlichkeiten.

Zu einer blühenden Luxemburg-Wallfahrt aus dem nahen Grenzgebiet gestaltete sich zwischen 1927 und 1975 (mit Unterbrechung im Zweiten Weltkrieg) die Pilgerfahrt des von den Maristen betriebenen Institut Sainte-Marie aus Arlon, die zunächst nur mit den Brüdern, dann mit ihrer ganzen Schule, zum Teil sogar zu Fuß, in die Oktave nach Luxemburg gepilgert kamen (1969: 1.200 Schüler).[94]

Vor und nach der Jahrhundertwende hatten sich spezifische Oktavlieder und -gesänge mit stark patriotischem Einschlag durchgesetzt, die inhaltlich den Pakt Marias mit dem Land und ihren Schutz über das Land und seine Bewohner zum Inhalt haben: »Klagt in Leid« (1890, von J. Langer / A. P. Barthel), »O Mamm, léif Mamm do uewen« (1894, von Ch. Müllendorff / A. P. Barthel), »Wie unsre Väter flehten« (1903, von N. Welter / J.-P. Beicht), »Léif Mamm, ech weess et net ze son« (1938, von W. Weis / J. Biwer) usw.

Ausweitung der Oktavzeit, neue Kathedrale

Da der Andrang der Pilger anhielt, ja zunahm – 1909 hatte die Pilgerzahl die 100.000-Grenze erreicht[95] –, stellte sich bereits seit Ende des 19. Jahrhunderts die Frage einer neuen Wallfahrtskirche. Pläne diesbe-

---

94 Christian MOÏS, *Les pèlerins de l'Institut Sainte-Marie d'Arlon à Notre-Dame de Luxembourg*, in: MUSÉE EN PICONRUE (éd.), *Notre-Dame de Luxembourg*, S. 229–234.

95 Die von M. Faltz angegebenen Pilgerzahlen der Zeit um 1900 fallen bescheidener aus: *grosso modo* zwischen 63.500 (1899, mit 141 Prozessionen) und 75.200 Pilgern (1911, mit 164 Prozessionen). Vgl. FALTZ, *Gedanken*, S. 329.

züglich kamen nie zur Ausführung.⁹⁶ Das Problem war ja bereits zum Teil dahingehend gelöst worden, dass die Oktavzeit selbst ausgedehnt worden war: 1898 war eine halbe Woche dazugekommen, 1921 eine weitere, so dass sie sich nun vom 3. bis 5. Sonntag nach Ostern erstreckte, also 14 Tage lang, eine Doppeloktave – obwohl der Name »Oktave«, was eine Feier von acht Tagen bedeutet, im Volksmund geblieben ist. Eine neue Wallfahrtskirche war geplant, doch hatte die Geldentwertung nach dem Ersten Weltkrieg den gesammelten Fonds zusammenschmelzen lassen. Auch scheiterte der Plan immer wieder an der Standortfrage – insgesamt sieben Plätze waren ins Auge gefasst worden: Wilhelmsplatz, Konviktsgarten, Limpertsberg, Avenue de la Porte Neuve, Glacis, das Bahnhofsviertel, die Vorstadt Clausen. Hingegen konnte die bestehende Pilgerkirche, die Kathedrale, erweitert

Schlussprozession 1938: Bischof Joseph Philippe vorne im Bild, hinter dem Sakramentshimmel Internuntius Clemente Micara aus Brüssel, gefolgt von Großherzogin Charlotte und Prinzgemahl Felix. Foto: DAL, GV.FT001503.

---

96 Michael FALTZ, *Wie stand es um den Kathedral-Neubau vor fünfzig Jahren*, in: *Luxemburger Marienkalender* 1957, S. 19–23. Jean MALGET, *Der Neubau der Kathedrale*, in: *Luxemburger Marienkalender* 2000, S. 94–97. PHILIPPART, *Historisme*, S. 678–686, 695, 934.

werden. Pläne von 1932, von Staatsarchitekt Hubert Schumacher, kamen 1935–38 zur Ausführung. Die alte Chorapsis wurde abgetragen und durch einen rechteckigen Anbau in Form eines Querschiffes mit neuem, großem Chorabschluss ersetzt, so dass die Kathedrale nun doppelt so groß war. Das brachte eine gewisse Beruhigung in den Verlauf der Oktavfeierlichkeiten.

Über die Stimmung während der Oktave schreibt Marcel Noppeney 1929: »Je ne crois pas qu'à un autre moment de l'année, qu'à l'occasion d'aucune fête populaire, le peuple luxembourgeois affirme et exprime plus heureusement son originalité nationale: l'atmosphère printanière de l'Octave est unique. Elle est singulièrement revigorante, singulièrement euphorique. C'est une semaine de bonté qui a l'avantage d'en durer deux. Cela respire l'encens, la fraicheur d'avril, la tiédeur de mai, le lilas, le muguet et la jeunesse. Une gaieté douce est dans l'air, une animation heureuse dans les rues! Mélange de Cantique des Cantiques et de chanson populaire.«[97]

In den dreißiger Jahren gewann die Idee der marianischen Kongregationen wieder an Popularität, um die Eliten zu formieren. Marianische Kongregationen von Schülern gab es in praktisch allen Schulen, sie behielten ihre Vitalität bis hinein in den Weltkrieg.[98]

1936 verbot Bischof Philippe bei Nachbildungen der Consolatrix-Statue, nur die gezeigten Körperteile (Gesicht und Hände) zu schnitzen, wie bis dahin vielfach üblich. Neue Statuen durften nur als vollständig durchgearbeitete Holzskulpturen angeschafft werden und mussten eine treue Nachbildung des Gnadenbildes sein.[99]

Die Oktave evoluierte. Blieb sie ihrer Ursprungsgestalt als nationale Wallfahrt, an der sich alle Pfarreien und katholischen Gruppierungen beteiligen, treu, so wurden doch nach und nach Anpassungen an die

---

97 Vgl. Nicolas HEINEN, *Zeugnisse aus großer Zeit*, Luxemburg 1978, S. 41.
98 Vgl. 1. Bericht von Bischof Philippe nach Rom (1940–41), in: *Die Luxemburger Kirche im 2. Weltkrieg*, hg. von René FISCH, Luxemburg 1991, S. 25–49, hier S. 41.
99 *Kirchlicher Anzeiger* 66 (1936), Nr. 55.

neuen Gegebenheiten und den Stil der Zeit vorgenommen. 1936 war die Wallfahrt der Kranken und Betagten durch Pater Renatus Vleugels SJ wesentlich ausgebaut, 1937 die nächtliche Männerwallfahrt von ihm ins Leben gerufen worden, die während achtzig Jahren populär blieb und dann mangels Beteiligung verschwand. Im Marianischen Jahr 1954 wurde die Eröffnungsfeier auf den dem 4. Ostersonntag vorgelagerten Samstag vorverlegt und die Tradition eingeführt, die Marienstatue (nicht mehr das Allerheiligste) in einer Prozession durch die Kathedrale zum Votivaltar zu tragen. Nach und nach kamen dazu oder wurden ausgebaut: die Wallfahrt der Behinderten, der Jugendlichen (»Pélé des Jeunes«), der Kinder der »Kanneraktioun«, der Ausländer am Vormittag des 1. Oktavsonntags in der »Messe des Gottesvolkes« (Nachfolgegottesdienst der Messe für die 4. Luxemburger Diözesansynode seit den achtziger Jahren und bis 2021; danach wurde sie durch eine Messe für die Familien ersetzt).

1938 wurde die Krypta des Kathedralneubaus konsekriert und das Gnadenbild für die Oktave aus der Krypta, wo es die letzte Zeit während der Umbauarbeiten aufgestellt worden war, feierlich in die neue Kathedrale übertragen, um auf dem neuen, von den Gebrüdern Martell aus Paris konzipierten, »Art Déco«-Altar aufgestellt zu werden.

Hervorzuheben ist die Unabhängigkeitsfeier von 1939 (Hundertjahrfeier des Vertrags von London 1839, wodurch das jetzige Großherzogtum entstanden war), die vor allem eine Demonstration von Freiheit und nationaler Unabhängigkeit gegenüber Nazi-Deutschland und dem heraufziehenden Krieg werden sollte.[100] Die vaterländischen Kundgebungen begannen mit der Großjährigkeitserklärung des Erbprinzen Jean und einem feierlichen Te Deum in der Kathedrale. Es folgte am 23. April die Festfeier des Zentenariums vor dem Gnadenbild der Stadt- und Landespatronin, wofür der Mariendom in festlichem Schmuck hergerichtet worden war. Eine Woche später wurde die Oktave eröffnet, mit zum ersten Mal dem Votivaltar im neuen Hauptchor

---

100 PAULY, *Geschichte*, S. 325 f.

der Kathedrale. Treue zur Heimat ging mit Treue zur Landespatronin, von der Tonalität her, einher. 86.892 Pilger waren in 182 Pilgergruppen und Prozessionen zur Kathedrale gewallfahrtet. Oktavprediger war der deutsche, aus Bochum stammende Redemptorist Anton Hüger. Die Großherzogin hatte, mit weiteren Familienangehörigen, sowohl an der Oktaveröffnung wie auch der Schlussmesse mit Widmung sowie der Schlussprozession teilgenommen. Am Schlusssonntag waren zudem, wie mittlerweile gewohnt, hohe Vertreter aus Politik und Gesellschaft anwesend: Staatsminister Pierre Dupong (Rechtspartei), weitere Regierungsmitglieder und Abgeordnete, Vertreter des Diplomatischen Korps sowie der Stadtrat von Luxemburg. Die Präsenz luxemburgischer Missions- sowie ausländischer Prälaten – diesmal der aus Düdelingen stammende und in Indien tätige Missionsbischof Jean-Pierre Leonard, Weihbischof Fuchs aus Trier, Generalvikar Schmit aus Metz sowie die Äbte von Orval und St. Matthias in Trier – war längst zur etablierten Tradition geworden. Die täglichen Gottesdienste während der Oktavzeit wurden im Dreivierteltakt zelebriert, ab 4.30 Uhr morgens, dazu die Pontifikalandacht mit Predigt um 16 Uhr, Kinderandachten und Rosenkranz mit Segen. Die Berichterstattung im *Luxemburger Wort* war extensiv. »Begeistert wurde in sehr wohlwollendem, erhabenem und frommem Ton von den großen Feiern der Wallfahrtszeit berichtet«, mit Fotos, Predigtresümees, Ordnung der Hochämter, Pilgerzahlen, Einladung zu Veranstaltungen aus dem Rahmenprogramm wie Missionsausstellung, Paramentenausstellung der »Œuvre des Tabernacles« zu Gunsten armer Kirchen, dem Verkaufsstand zu Gunsten des Kinderhortes auf dem Oktavmarkt und der Bücherausstellung des »Luxemburger Diözesanwerks der Herz-Jesu-Verehrung«; kaum etwas über den »Mäertchen«, d. h. den die Oktave begleitenden Devotionalien- und Imbissmarkt auf dem Wilhelmsplatz. Auch die Oktavfeier der Luxemburger Mission in Paris kam zweimal zur Sprache.[101]

---

101 SCHREINER, *Muttergottesoktave*, S. 31–39, Zitat S. 39.

III. Wiederaufschwung (1840–1940)

Exkurs 11: »Die Kathedrale als Synthese des Landes« (Leo Lommel, 1936)

Ihr Gepräge erhält die heutige Kathedrale U. L. F. von Luxemburg[102] als »Synthese des Landes« (so Leo Lommel 1936)[103] durch viererlei Bedeutungen: Sie ist Bischofskirche,[104] Pfarrkirche,[105] Wallfahrtskirche[106] und Nationalheiligtum.[107] In ihrer Architektur und in ihren Kunstwerken spiegelt sich diese vierfache Berufung wider. Sie hat im Lauf der Jahrhunderte ihre Bestimmung mehrfach geändert. Heute ist sie nicht

---

102 *La cathédrale Notre-Dame de Luxembourg*, Luxembourg 1964. KATHO'LESCH MÄNNERAKTIO'N ACML, *D'Kathedral vu Letzeburg. Muttergotteskirch an Hémechtskirch*, Letzeburg 1965. Mario HIRSCH, *Die Kathedrale, ein lebendiges Bauwerk im Wandel der Geschichte*, in: *Ons Stad* Nr. 25 (1987), S. 3–13. Albert STEFFEN, *Baugeschichte der Luxemburger Jesuitenkirche*, Luxemburg 1935. Moderne Kunstführer gibt es (auf Deutsch und Französisch, z. T. auch in anderen Sprachen) mehrere: von Michael Faltz (1945), Michel Schmitt (1995), Alex Langini (2012). Für die Kinderkatechese: *Besuche die Kathedrale in Luxemburg mit der Eule Octavio. Eine spannende Entdeckungsreise für Kinder und jung gebliebene Erwachsene*, hg. von Patrick DE ROND / Service de la Pastorale, Luxemburg 2018. Vgl. auch Nicolas HEINEN, *Il y a des lieux où souffle l'esprit. Gestalt und Schicksal der Kathedrale*, in: *Die Warte* (8.10.1977). Jean-Louis SCHEFFEN, *Von der Jesuitenkirche zum Nationalsymbol*, in: *Télécran* Nr. 17 (2013), S. 16–21. Diana HOFFMANN, *Der leere Sarg in der Krypta. Ein nicht alltäglicher Rundgang durch die Kathedrale*, in: *Luxemburger Wort* (15.5.2017), S. 8 f.

103 Dieses Zitat von Auguste Rodin setzte Prof. Lommel in seiner französischen Originalfassung an den Beginn einer 1936 in der Volkshochschule gehaltenen Konferenz, vgl. Leo LOMMEL, *Die Kathedrale von Luxemburg*, in: *La cathédrale Notre-Dame*, S. 11–23. Auch Nicolas Heinen gebrauchte dasselbe Zitat in seinen erhebenden Gedanken über »Gestalt und Schicksal der Kathedrale«, zusätzlich zu demjenigen von Maurice Barrès »Il y a des lieux où souffle l'esprit«, vgl. HEINEN, *Zeugnisse*, S. 163–178, hier S. 163 und 177.

104 Michel SCHMITT, *Die Kathedrale als Stätte der Bischofsweihe*, in: *Luxemburger Wort* (2.2.1991), S. 34.

105 Friedrich RASQUÉ, *Die Kathedrale als Pfarrkirche*, in: *Luxemburger Wort*/Festbeilage zur Konsekration der Kathedrale (7.12.1963), S. 9; ebenso in: *La cathédrale Notre-Dame*, S. 67–75.

106 Michael FALTZ, *Unsere Kathedrale als Wallfahrtskirche*, in: *Luxemburger Wort*/Festbeilage zur Konsekration der Kathedrale (7.12.1963), S. 8; ebenso in: *La cathédrale Notre-Dame*, S. 41–44.

107 Joseph PETIT, *La Cathédrale de Luxembourg. Monument et Sanctuaire National*, in: *Luxemburger Wort*/Festbeilage zur Konsekration der Kathedrale (7.12.1963), S. 14; ebenso in: *La cathédrale Notre-Dame*, S. 93–99, hier S. 98. pol, *Mariendom als Nationalheiligtum*, in: *Luxemburger Wort* (24.4.1989), S. 5.

mehr Ordens- und Kollegskirche, als was sie vor gut 400 Jahren errichtet wurde. Auch hat sie mehrere Male ihr Patrozinium, d. h. die sakrale Schutzherrschaft, der sie unterstellt ist, gewechselt.[108]

Bau der Jesuitenkirche

Bis dato spielt diese Kirche jedoch in der Muttergottes-Oktave eine zentrale Rolle. Errichtet wurde sie von den Luxemburger Jesuiten als Konvents- und Kollegskirche, die jedoch auch für die Stadtbevölkerung bestimmt war. Sie sollte zur drittgrößten der 37 in den belgischen Niederlanden von den Jesuiten errichteten Kirchen werden. Finanziert wurde der Bau zu Beginn des 17. Jahrhunderts zum Teil aus kirchlich genehmigten Kollekten, aber vor allem aus Spenden der Erzherzöge Albert und Isabella, des Provinzialrats, der Luxemburger Stände und Abteien, adliger Familien sowie von Geschäftsleuten und Beamten der Stadt Luxemburg und der Bevölkerung. Der Grundstein (eigentlich waren es 23 Grundsteine, zu Ehren des Gouverneurs, des Provinzialrats, der Provinzstände, des Magistrats sowie sämtlicher Behörden) wurde am 7. Mai 1613 unter Rektor P. Franziskus Aldenardus gelegt.[109] Architekt war Bruder Jean du Blocq aus Tournai, der auch andere Jesuitenkirchen in der gallo-belgischen Ordensprovinz, zu der Luxemburg gehörte, konzipiert hatte, so Tournai, Arras, Maubeuge und St. Omer.[110] Ausgeführt wurde der Plan von Meister Ulrich Job aus Luzern.[111] Fertiggestellt wurde das im nachgotischen Stil errichtete Gotteshaus 1621 und am 17. Oktober d. J. vom Trierer Weihbischof Georg

---

108 Jean-Paul BLAU, »Ons Por«, in: *150 Joër Maîtrise*, S. 149–155. PHILIPPART, *Historisme*, S. 676 f.

109 Bodo BOST, *Grundstein vor 400 Jahren gelegt*, in: *Die Warte* (2.5.2013), S. 13.

110 Michel SCHMITT, *Jesuitenarchitektur in Luxemburg*, in: *Hémecht* 46/1 (1994), S. 37–47. M. F. [Michael FALTZ], *Bauleute im Dienste der Stadt- und Landespatronin*, in: *Luxemburger Marienkalender* 1950, S. 19–25.

111 Vgl. die Erzählung von Paul NOESEN, *Job der Baumeister. Entstehungsgeschichte der Kathedrale von Luxemburg*, hg. von Joseph GROBEN, Luxemburg 2021.

von Helffenstein unter dem Patrozinium der Unbefleckten Empfängnis geweiht.[112] In den folgenden Jahren wurde auch die Innenausstattung (frühbarocke Beichtstühle, Kanzel, Orgel, Wandteppiche usw.) vervollständigt. 1642 kam der Hochaltar, ein Werk der Jesuitenbrüder Brouart und Nicolai dazu, 1643 zwei Nebenaltäre, 1656 die Emporenbrüstung mit wiederverwendeten Balustraden aus dem in der Unterstadt Clausen gelegenen Renaissance-Schloss des früheren Gouverneurs des Herzogtums Graf Mansfeld. In den Seitenkapellen mit den darüber liegenden Oratorien wurde oben rechts eine Josephsstatue, links die Statue der Hl. Katharina von Alexandrien, beide aus Alabaster, angebracht. Flämischem Brauch entsprechend wurden die leeren Kirchenwände mit großen Ölgemälden und Wirkteppichen verziert, einige davon sind bis heute erhalten (Gemälde der Unbefleckten Empfängnis, Gobelins mit dem Hl. Ignatius und dem Hl. Franz Xaver sowie der Flucht nach Ägypten).[113] Sowohl die Empore mit ihren reich skulptierten Säulchen und musizierenden Engeln aus Alabaster[114] als auch die Hauptfassade mit ihren zwei Zwiebeltürmen[115] sind das Werk des in Luxemburg eingewanderten sächsischen Bildhauers Daniel Müller aus Freiberg.[116] In derselben frühbarocken Formensprache wurden etwas später auch die Hauptportale der Jesuitenkirchen in Koblenz, Bonn und Köln gestaltet. Das Luxemburger Portal wird belebt durch zahlreiche Engeldarstellungen und dominiert durch die frühbarocke Madonnenstatue in einer Ädikula (Nischenhäuschen), von den Figuren der Apostel Petrus

---

112 Joseph GROBEN, *Konsekration vor 400 Jahren*, in: *Die Warte* (21.10.2021), S. 12–14.

113 Michel SCHMITT, *Die ehemalige Bildwelt der Jesuitenkirche im Kontext der luxemburgischen Kunstgeschichte des Barockzeitalters*, in: *Hémecht* 46/1 (1994), S. 103–116. Georges SCHMITT, *Bildschmuck der alten Kathedrale*, in: *Luxemburger Wort*/Festbeilage zur Konsekration der Kathedrale (7.12.1963), S. 12; ebenso in: *La cathédrale Notre-Dame*, S. 76–81.

114 Nicole DROESSART, *Die Ornamentik der Empore in der Kathedrale von Luxemburg*, in: *Hémecht* 30/2 (1978), S. 211–232.

115 Michael FALTZ, *Die »schöne Pforte« der Luxemburger Kathedrale*, in: *Luxemburger Marienkalender* 1969, S. 31–34.

116 Milly THILL, *Bildhauer Daniel Müller. Seine Herkunft und sein Werk in Luxemburg*, in: *Luxemburger Marienkalender* 1996, S. 82–90.

und Paulus umgeben. Überragt wird die Muttergottesnische durch eine Statue des Hl. Nikolaus, der die ursprüngliche des Hl. Aloysius, des Patrons der Jugend, ersetzt. Das Wappen der Gesellschaft Jesu im hölzernen Tympanon sowie im oberen Giebelfeld, desgleichen die steinernen Statuen der Jesuitenheiligen Ignatius und Franz Xaver in seitlichen Nischen verweisen auf die Ursprünge der Kirche. Sämtliche Standbilder, mit Ausnahme der Marienstatue, wurden im 20. Jahrhundert (20er und 30er Jahre) nachskulptiert.[117] Die später zerstörte Ignatiusstatue wurde durch eine Skulptur von Aurelio Sabbatini ersetzt.

Der Kirchenraum präsentiert sich als dreischiffige spätgotische Hallenkirche. Gegliedert wird das Langhaus durch zehn mächtige Säulen, die die Gewölbe der Schiffe tragen und die mit ihren typischen Band- und Beschlagmustern auf das Dekorationssystem des flandrischen Bildhauers Cornelis Floris de Vriendt, Schöpfer des Rathauses von Antwerpen, verweisen.[118]

»Vor dem Hintergrund ihrer Ordensspiritualität sowie der sich daraus ergebenden pastoralen Einstellungen ließen die Jesuiten in der neuen Kollegiumskirche eine Bildwelt entstehen, die sowohl in künstlerischer als auch in ikonographischer Hinsicht neue Akzente und Impulse in die damalige kirchliche Kunstlandschaft Luxemburgs brachte und somit die künftige Entwicklung in der Ausstattung der einheimischen Ordens- und Pfarrkirchen des Barockzeitalters entscheidend mitbestimmte. Gegenüber dem Protestantismus mit seinem ausgesprochenen Hang zu einer verinnerlichten und eher vergeistigten Glaubenspraxis war diese Bildwelt für die Gesellschaft Jesu sichtbarer Bekenntnisausdruck und Verkündigungsfaktor.«[119]

1639 nahm die Kirche zum ersten Mal, im Rahmen einer feierlichen Pilgeroktave, das Gnadenbild der Trösterin der Betrübten, das

---

117 Nico MULLER, »*Sit Nomen Domini Benedictum*«. Wissenswertes über das Steinportal der Kathedrale, in: *Luxemburger Wort* (6.5.2010), S. 25.

118 Michel SCHMITT, *Die Jesuitenkirche von Luxemburg und die Bauornamentik der Spätrenaissance in den südlichen Niederlanden*, in: *Hémecht* 18/3 (1966), S. 311–319.

119 SCHMITT, *Bildwelt*, S. 115.

sich seit 1628 in der Muttergotteskapelle auf dem Glacis befand, auf. So entstand die Tradition, für solche Oktaven das Bild der Consolatrix vom Glacis in die Jesuitenkirche und anschließend wieder zurück in das Kapellenheiligtum zu tragen. Damit wurde die Jesuitenkirche vorübergehend zur Wallfahrtskirche, sooft wie Oktaven gefeiert wurden. Vor der unter ihren Gewölben aufgestellten Statue haben sich auch die beiden Erwählungsfeierlichkeiten von 1666 und 1678/79 abgespielt, nachdem Maria als Patronin von Stadt und Land Luxemburg proklamiert worden war.

Als 1773 die Gesellschaft Jesu von Papst Klemens XIV. aufgehoben wurde, schenkte Kaiserin Maria Theresia, zu deren Erblanden Luxemburg als Teil der österreichischen Niederlande gehörte, die Kirche der Stadt Luxemburg. Sie wurde 1778 unter dem Patrozinium »St. Nikolaus und St. Theresia« (Letzteres der Kaiserin zu Ehren) zur Stadtpfarrkirche und trat die Nachfolge der mittelalterlichen, am Krautmarkt gelegenen Nikolauskirche, die abgerissen wurde, an.

Zusätzlich zur alljährlichen Oktave wurde auch bei Belagerungen das Gnadenbild in die Stadtkirche getragen, so beim Anrücken der französischen Revolutionstruppen 1794. Da nach der Annexion Luxemburgs durch das republikanische Frankreich die Gnadenkapelle auf dem Glacis abgerissen wurde, blieb die Statue der Trösterin der Betrübten in der Nikolauskirche.

Transformationen

Mit dem Konkordat von Bonaparte wurde die Stadtkirche 1802, um die Erinnerung an die österreichische Herrschaftsperiode auszulöschen, umbenannt in »Peterskirche« (église Saint-Pierre) und avancierte zur Haupt- und Mutterkirche des Wälderdepartements, größter Teil des annektierten früheren Herzogtums. Bischof Jean-Théodore Laurent, zweiter Apostolischer Vikar von Luxemburg, änderte den Weihetitel 1844 um in »Liebfrauenkirche« (église Notre-Dame), näherhin unter der Anrufung »Consolatrix Afflictorum«. Seit der Gründung des Bistums Luxemburg 1870 ist sie Kathedrale U. L. F., gerne auch – in Angleichung an französische Kathedralen – als »Notre-Dame de Luxembourg« bezeichnet.

Unter dem Apostolischen (Pro-)Vikar Nikolaus Adames, der später der erste Bischof von Luxemburg wurde, wurde der Kirchenraum ab 1854, dem Zeitempfinden entsprechend, neugotisch umgeändert.[120] Das frühbarocke Mobiliar sowie die monumentalen Wandgemälde wurden entfernt – bedeutende Teile finden sich wieder in den Kirchen von Echternach, Ellingen, Welscheid, Vianden sowie im bischöflichen Konvikt in der Stadt –, neugotische Altäre, Kanzel, Wandtäfelung und Beichtstühle wurden angeschafft. 1851 war auch der Vorhof der Kirche durch steinerne Pfosten mit gusseisernen Gittern zur Straßenseite hin neugefasst worden. 1848–1860 wurde im Langhaus ein marianischer Glasfensterzyklus der Metzer Werkstatt Maréchal angebracht. Wandpartien und Gewölbe des Chores wurden 1897 vom Kevelaerer Maler Friedrich Stummel ausgemalt. Erhalten sind bis heute, neben symbolischen Darstellungen aus Heilsgeschichte und Marienlitanei, die biblischen Szenen des 12-jährigen Jesus im Tempel sowie die Hochzeit zu Kana.

Wegen des Andrangs während der Oktave war seit 1900 der Gedanke eines Neubaus einer Kathedrale und Wallfahrtskirche aufgekommen, er wurde aber aufgegeben zugunsten einer Vergrößerung der bestehenden Kirche.[121] Der Chorscheitel wurde 1935–38 abgetragen, und nach den Plänen von Architekt Hubert Schumacher wurde ein Querhaus mit Kassettendecke sowie ein eingewölbter neuer, sehr ge-

---

120 Michel SCHMITT, *L'introduction de l'art néogothique*. PHILIPPART, *Historisme*, S. 930–937 und S. 941–943.

121 Leo LOMMEL, *Patrona Civitatis. Zur Grundsteinlegung des Erweiterungsbaues der Kathedrale am 12. Mai 1935*, in: Luxemburger Wort (11.5.1935), S. 4–6; ebenso in: *La cathédrale Notre-Dame*, S. 45–57. FALTZ, *Heimstätte*, S. 144–176. Richard Maria STAUD, *Unsere Kathedrale in ihrer Vollendung*, in: Luxemburger Marienkalender 1964, S. 30–34. Armand THILL, *Vor fünfzig Jahren. Richtfest am Erweiterungsbau der Kathedrale*, in: Luxemburger Marienkalender 1986, S. 80–84. Jean MALGET, *Der Neubau der Kathedrale*, in: Luxemburger Marienkalender 2000, S. 94–97.

räumiger Chorraum angebaut, im Sinn einer architektonischen Einheit von Neu und Alt. Damit entstand ein Gesamtgrundriss in Form eines lateinischen Kreuzes. In der linksseitigen Empore wurde eine Fürstenloge angebracht, ihr entspricht auf der rechten Seite die Sängerempore mit der monumentalen Orgel der Manufaktur Haupt aus Lintgen, die 2020–2022 grundlegend restauriert und erweitert wurde. Das rote Gobelin von Jean Barillet an der Fürstentribüne zeigt Anklänge an die beiden Marienweihen, mit der Consolatrix über der (ersten) Glacis-Kapelle und über der Stadt, mit einem Adligen und einem Prälaten als Vertretern der Stände. In der Vierung sind über den Arkaden die Wappen der Städte und Abteien des ehemaligen Herzogtums Luxemburg aus der Zeit der Landesweihe an die Trösterin angebracht. Die neuen Seitenkapellen zieren Mosaikbilder von Louis Barillet aus Paris, rechts der Hl. Joseph, links in der Herz-Jesu-Kapelle der österliche Christus. Außen kamen über bzw. neben der Vierung zwei Türme dazu, die mit dem alten Turm nun als Trias die Silhouette der Altstadt bestimmen. Das neue Westportal, im Wesentlichen von Auguste Trémont gestaltet, präsentiert in Anlehnung an mittelalterliche Kathedralportale Tierkreiszeichen, biblische Szenen und Luxemburger Heilige (Kardinal Peter von Luxemburg, Willibrord, Kunigunde, Kaiser Heinrich II., Hubertus und der Selige Schetzel) und wird dominiert durch die ebenfalls von ihm in weißem Stein gemeißelte Marienfigur von 1953.[122] Von ihm stammen auch die beiden bronzenen Flügeltüren mit heilsgeschichtlichen und marianischen Motiven.[123]

Die Hochfenster des Chorraumes der Kathedrale wurden im Sinn der mittelalterlichen Glastechnik von Louis Barillet aus Paris sowie den Franzosen Jacques Le Chevallier und Théodore Hanssen geschaffen.[124] Das Programm – Maria in den Rosenkranzgeheimnissen sowie als

---

122 Tem, *Muttergottesstatue im Nebenportal der Kathedrale fertiggestellt*, in: Revue (30.7.1955), S. 16f.

123 Georges SCHMITT, *Auguste Trémont*, Luxembourg 1980, S. 39–42, 127 und 130f.

124 *Ateliers Louis Barillet maître verrier*, sous la dir. de Jean-François ARCHIERI et Cécile NEBOUT, éd. 15, Square de Vergennes 2005, bes. S. 144–149.

Exkurs 11: »Die Kathedrale als Synthese des Landes« (Leo Lommel, 1936)

Die erweiterte Kathedrale U. L. F. von Luxemburg. Foto: Erzbistum Luxemburg.

Königin der Patriarchen, Propheten, Apostel, Märtyrer, Bekenner und Jungfrauen – war von Prof. Leo Lommel, dem nachmaligen Bischof von Luxemburg, konzipiert worden.[125] Die Fenster auf der Fürstentribüne, mit fürstlichen und bischöflichen Gestalten aus der Luxemburger Geschichte, stammen vom Münchner Künstler Josef Oberberger.[126] Sie sollten in den betont national geprägten 30er Jahren dem souveränen Luxemburg eine Legitimität von seiner mittelalterlichen Vergangenheit her verleihen, denn »die ganze Kathedrale ist ein monumentales Bekenntnis unseres unzerstörbaren Unabhängigkeitswillens« (Leo Lommel)[127]. Unter der Fürstentribüne hat Le Chevallier bedeu-

---

125 Zu den Kathedralfenstern vgl. *Heimat + Mission* Nrn. 4/5, 7/8, 9 (1988), Nrn. 9 und 10/11 (1990), Nr. 10/11/12 (2007). L. D., *Das ikonographische Programm der Chorfenster der Kathedrale von Luxemburg*, in: *Luxemburger Wort* (3.2.1988), S. 6.

126 Michel SCHMITT, *Die Fenster der Fürstentribüne in der Kathedrale Unserer Lieben Frau zu Luxemburg*, in: *Josef Oberberger. Der Glasmaler*, hg. von der OBERBERGER-STIFTUNG-MÜNCHEN, München 2005, S. 39–51.

127 Leo LOMMEL, *Die Kathedrale von Luxemburg*, in: *La cathédrale Notre-Dame de Luxembourg*, Luxembourg 1964, S. 11–23, hier S. 22.

tende Heilige der Gesellschaft Jesu sowie den Wallfahrtsgründer Pater J. Brocquart in den Fensternischen verewigt. Auf der Rückfront der alten Orgelempore stiftete die Luxemburger Regierung 1947 ein neues Glasgemälde mit der Trösterin der Betrübten als Schutzfrau der Stadt Luxemburg, hergestellt von Louis Barillet; es ersetzt eine Darstellung des Krönungsgeschehens von 1866.

Die ebenfalls in den Jahren 1935–38 angelegte Krypta[128] dient als Beichtkirche, ist aber auch Begräbnisstätte der Luxemburger Bischöfe sowie der Mitglieder der großherzoglichen Familie, wodurch ihr eine nationale Bedeutung zukommt.[129] Der Zugang zur Fürstengruft wird flankiert durch zwei wappentragende Bronzelöwen von Trémont, der Mosaikschmuck an Wänden und Gewölbe stammt aus der vatikanischen Mosaikwerkstatt. Seitlich des Eingangs hat der Luxemburger Künstler Claus Cito für die Seitenaltäre die Statuen der Heiligen Heinrich und Kunigunde (links) sowie Hubertus und Willibrord (rechts) in Stein gemeißelt. Die Apostelfenster mit dem gekreuzigten Christkönig in der Mitte stammen vom Aachener Künstler Anton Wendling.[130] Die vierzehn Kreuzwegstationen an den Wänden sind ein Werk von Felix Baumhauer aus München. An der rechten Seitenwand ist das Grabmal Johanns des Blinden († 1346), Graf von Luxemburg und König von Böhmen, angebracht.[131] In der Vorhalle der Krypta befindet sich eine Statue der Seligen Yolanda von Vianden aus der Werkstatt von Claus Cito.[132]

Während des Konzils, im Jahr 1963, wurde der Chor der Kathedrale dem neuen Liturgieverständnis entsprechend umgestaltet: Der

---

128 Leo LOMMEL, *Die Petruskrypta*, ebd., S. 100–107.
129 Edouard MOLITOR, *Die Fürstengruft in unserer Kathedrale*, in: *Luxemburger Marienkalender* 1986, S. 60–64. pol, *Die Kathedrale – Bischofsgrab und Fürstengruft*, in: *Luxemburger Wort* (29.4.1989), S. 17.
130 Michel SCHMITT, *Die Glasmalereien von Anton Wendling in der Kathedrale Unserer Lieben Frau Luxemburg*, Schnell Kunstführer Nr. 2369, Regensburg 1999.
131 Blanche WEICHERDING-GOERGEN, *Le cénotaphe de Jean l'Aveugle à la crypte de la Cathédrale*, in: *Ons Stad* Nr. 6 (1981), S. 14 f. Michel SCHMITT, *Das restaurierte Grabmal Johanns des Blinden in der Kathedralkrypta*, in: *Luxemburger Wort* (13.5.1988), S. 4.
132 Lotty BRAUN-BRECK, *Claus Cito 1882–1965 und seine Zeit*, Luxemburg 1995, S. 94–97.

Exkurs 11: »Die Kathedrale als Synthese des Landes« (Leo Lommel, 1936)

von den Brüdern Martell aus Paris entworfene Hauptaltar aus Marmor mit der im Stil des »Art Déco« ausgeführten Nische der Trösterin der Betrübten wurde ersetzt durch einen Blockaltar mit Travertinverkleidung. Das Gnadenbild wurde in eine kleine Ädikula aus weißem Stein oberhalb des neu konzipierten Bischofsstuhls (Kathedra) aufgestellt und beherrscht seither das Raumbild. Halbkreisförmig wird diese Sinnmitte umgeben vom Chorgestühl und dem darüber errichten Steingitterwerk, das von den Mauermustern des alten Kathedralvorhofs inspiriert ist. Am Chortriumphbogen erinnern seither zwei Hochreliefs von Albert Hames an die Weihe der Stadt Luxemburg an die Trösterin 1666 (links) bzw. des Herzogtums 1678 (rechts). Am 8. Dezember 1963, Jahr der Millenniumsfeiern der Stadt Luxemburg, wurde die neue Kathedrale feierlich konsekriert.[133]

Sieben verschiedene Hauptaltäre folgten in der über vierhundertjährigen Geschichte der Kirche aufeinander.[134] Nach einem ersten provisorischen Hochaltar kurz nach der Bauzeit, wurde dieser 1642 ersetzt durch einen barocken Altar, angefertigt durch die Jesuitenbrüder Jean Brouart und Jacques Nicolai, mit dem Altarbild der Aufnahme Mariens in den Himmel (Assumptio), das nach der Französischen Revolution in die Michaelskirche auf dem Fischmarkt kam, wo es bis heute den Hauptaltar schmückt. Nach der Aufhebung der Gesellschaft Jesu 1773 wurden die schönsten Teile des Hochaltars der nunmehr zur Stadtkirche umfunktionierten alten Jesuitenkirche, u. a. der versilberte Tabernakel, versteigert. Anstelle des verstümmelten Altars kaufte Stadtpfarrer Johann Baptist Kaeuffer während der Französischen Revolution den von den französischen Okkupanten beschlagnahmten und veräußerten Hochaltar der säkularisierten Münsterabtei aus dem Stadt-

---

133 Vgl. *La cathédrale Notre-Dame*, S. 113–124 und S. 137–146. Ausgiebige Dokumentation in der Festbeilage zur Weihe in: *Luxemburger Wort* (7.12.1963). Bericht ebd. (9.12.1963), S. 3f. Vgl. auch Marc JECK, *Konsekration im Zeichen des Aufbruchs*, in: *Die Warte* (5.12.2013), S. 6f.

134 Michael FALTZ, *Die Hochaltäre der Domkirche einst und jetzt*, in: *Luxemburger Marienkalender* 1959, S. 19–25.

grund. Dieser verdeckte jedoch wegen seiner Höhe und Größe mehrere Chorfenster der Stadtkirche und war höchst unpraktisch. 1827 ließ Pfarrer Henri-Dominique de Neunheuser den Münsteraltar wieder wegräumen, mit Ausnahme des Ölgemäldes, ebenfalls eine Assumptio (sie kam 1872 in die neu errichtete Kirche von Pfaffenthal); die anderen Teile sollen später nach England verkauft worden sein.[135] Anstelle des Münsteraltars wurde nun der mittlere Teil des eisernen Votivaltars aufgerichtet, dahinter blieb die »Himmelfahrt Mariens« aus der Münsterkirche einstweilen erhalten. Die aus dem 18. Jahrhundert überkommenen lebensgroßen Standbilder des hl. Ignatius und des hl. Franz Xaver (seit 1855 in der Kirche in Walferdingen, zunächst an der Fassade, heute im Inneren) wurden links und rechts postiert. Im Zuge der Neugotisierung wurde 1854, entsprechend dem Geschmack des 19. Jahrhunderts, ein komplett neuer, gotischer, aus Holz geschnitzter Hochaltar mit drei hohen Türmchen angeschafft, der vom Kölner Baumeister Statz entworfen worden war; Überbleibsel davon sind heute in der Kirche von Beggen. Als 1895 Friedrich Stummel an der mittleren Front des Hauptchores der mittlerweile zur Kathedrale avancierten Liebfrauenkirche ein Wandbild mit der Huldigung Luxemburgs an die Schutzpatronin malte, wurde die mittlere Spitze entfernt, um den Blick auf das Gemälde freizugeben. Als Hochaltar in den 1938 fertiggestellten Chor des Kathedralneubaus kam ein von den Brüdern Martell aus Paris angefertigter neuer Marmoraltar im »Art Déco«-Stil.[136] Bei der Kathedralrestaurierung von 1963 wurde er entfernt und durch den heutigen, travertinverzierten Zelebrationsaltar, der sehr nüchtern gehalten ist, ersetzt.

---

135 Nelly LECOMTE, *Après une vie mouvementée, enfin restauré. Inauguration officielle de »l'Assumptio de Notre-Dame« en l'église St-Matthieu de Pfaffenthal*, in: *Luxemburger Wort* (19.1.1994), S. 5.

136 Marc JECK, *Un air Art déco dans les tabernacles grand-ducaux*, in: *Art Déco au Luxembourg*, sous la dir. de Ulrike DEGEN – Régis MOES – Michel POLFER, Luxembourg 2021, S. 317–333, hier S. 328–333. Ders., *Un air d'art déco en la Cathédrale*, in: *Die Warte* (14.5.2017), S. 12f.

Das Gemälde von Artus Wolfort »Die Anbetung der Hl. Drei Könige«, das im Langhaus angebracht ist, stammt vom Hochaltar der früheren Stadtluxemburger Franziskanerkirche auf dem »Knuedler«.

Orgeln, Glocken, Zeremonien

Orgeln gab es im Lauf der Jahrhunderte mehrere in der Kirche. Diejenige der Jesuiten aus dem 17. Jahrhundert, auf der hinteren Empore, wurde 1841 durch ein Instrument der Gebrüder Breidenfeld aus Trier ersetzt, eine typisch deutsch-romantische Orgel mit 27 Registern. In den folgenden 100 Jahren wurde sie mehrmals um- und ausgebaut und führte zur heutigen Orgel. 1880 wurde sie von der Manufaktur Dalstein & Haerpfer aus Boulay (Lothringen) zu einem dreimanualigen Instrument mit 38 Registern und französischem Einschlag erweitert. 1929 wurde sie durch Stahlhut aus Lintgen, Filiale der Orgelbauanstalt Stahlhut aus Aachen, auf 50 Register aufgestockt. Aus Stahlhut/Lintgen wurde Haupt/Lintgen und diese Werkstatt sollte beim Ausbau der Kathedrale, die sich ab 1938 in zwei, auch akustisch verschiedene Räume aufteilte (Altbau und Neubau), die Orgel umfunktionieren zu einer monumentalen Orgelanlage mit 104 Registern: 24 davon blieben auf der hinteren Empore, 80 wurden zu einer neuen großen Orgel in der Chorempore im Neubau der Kathedrale. Diese Haupt-Doppelorgel, die mit einer Elektro-Akustik-Anlage in allen Teilen des Gotteshauses ertönte und im Dialog spielen konnte, galt lange Zeit als Prestige-Objekt und Aushängeschild, verlor aber ab den sechziger Jahren ihren Reiz als romantisch-symphonische Orgel und zeigte immer mehr Alterungserscheinungen sowie Reparaturbedürfnisse. Schließlich wurde im Rahmen des Kulturjahres 1995 für die hintere Empore eine neue klassische Orgel mit 63 Registern und französischem, niederländischem und spanischem Klangcharakter angeschafft, errichtet von der inzwischen auf Westenfelder umbenannten Lintgener Manufaktur. Die symphonische Orgel auf der rechten Tribüne neben dem Chor wurde 2020–2022 von der österreichischen Firma Rieger grundlegend restau-

III. Wiederaufschwung (1840–1940)

riert und erstrahlt nun als Haupt-Rieger-Orgel in neuem Glanz,[137] um den musikalischen und kulturellen Ansprüchen einer Kathedral- und Wallfahrtskirche, die zudem Nationalheiligtum ist, sowie dem Kathedralchor »Maîtrise Sainte Cécile de la Cathédrale Notre-Dame de Luxembourg« mit seinen Prestationen gerecht zu werden.[138]

Hier die Liste der Organisten von Liebfrauen nach 1800: Fischer (?–1813), Ziegler (1813–1817), Fischer (1817–?), Troes Joh. Peter (1839–1866), Oberhoffer Heinrich (1866–1884), Oberhoffer André (1885–1894), Beicht Jean-Pierre (1894–1925), Theato Pierre (1925–1926), Leblanc Albert (1926–1987), Hommel Carlo (1987–2006), Breisch Paul (ab 2006). Als Chorleiter fungierten seit der Gründung des Cäcilienvereins: Adames Nikolaus (1844–1847), Cornely Heinrich Joseph (1847–1850), Godart Anton (1850–1866), Haal Bernhard (1866–1869), Kohn Bernhard Laurent (1869–1876), Oberhoffer Heinrich (1871–1876), Schaack Hyazinth (1876–1877), Barthel Johann Peter (1877–1882), Barthel Petrus Aloysius (1882–1883, 1885–1894), Hemmen Nikolaus (1884–1885), Nommesch Pierre (1894–1901), Reisen Jean-Pierre (1902–1905), Philippe Joseph (1905–1908), Heckmes Dominik (1908–1935), Theato Pierre (1935–1936, 1944–1945), Schmit Jean-Pierre (1936–1951), Sonntag Paul (1950, 1951–1952), Betz Roger (1952), Steinmetz Marcel (1952–1960), Ponchelet René (1960–1992), Majerus Jean-Paul (1991–2005), Grosu Antonio (2005–2013), Dostert Marc (ab 2013).[139]

1621 waren die ersten Glocken im Turm der Jesuitenkirche aufgehängt worden. Während der Französischen Revolution wurden sie, so wie andernorts, abmontiert und verkauft. 1805 erhielt die Kirche ein neues Geläut, das jedoch nicht befriedigte. Aus den Bronzestatuen

---

137 Paul BREISCH, *Die Orgeln der Kathedrale im Dienst der Maîtrise*, in: *Maîtrise Sainte-Cécile*, S. 169–174. *Le nouvel orgue de la cathédrale Notre-Dame de Luxembourg*, Luxembourg 1995. *Inauguration du Grand Orgue Haupt-Rieger de la Cathédrale de Luxembourg 2022*, Luxembourg 2022.

138 Michel SCHMITT, *Die Kathedrale, Stätte religiöser Musikkultur*, in: *Ons Stad* Nr. 67 (2001), S. 18 f.

139 Aufstellung von Robert Faber in: *150 Joër Maîtrise*, S. 40–47.

des Mansfelddenkmals in der säkularisierten und bald danach abgerissenen »Knotlerkirche« wurden schließlich drei neue Glocken gegossen, die bis 1867 im alten Turm blieben. Nun stiftete der schwerreiche Dominique-Antoine Pescatore (1842–1916), Mitbegründer und Finanzberater bei Bankhäusern, katholischer Deputierter und Mäzen, eine große Marienglocke, »Bourdon« genannt.[140] Um das übrige Geläut damit in Einklang zu bringen, wurden die anderen Glocken umgeschmolzen.[141] Die vier Glocken läuteten im alten Kathedralturm bis zur Brandkatastrophe am Karfreitag 1985,[142] als sie durch die Hitzeeinwirkung zerstört wurden. 1986 wurden zehn neue Glocken und ein neues Carillon – es ersetzte das 1937 angeschaffte und 1966 erweiterte Glockenspiel – aus einer Karlsruher Glockengießerei in die Türme aufgehängt.[143]

Bis heute ist die Kathedrale auch Pfarrkirche. 1778, als sie die alte Nikolaus-Pfarrei beerbte, bezog ihr Pfarr-Perimeter sich fast auf die gesamte Oberstadt, die anderen Gotteshäuser waren Klosterkirchen (Benediktiner, Franzislaner, Dominikaner, Kapuziner). Das Pfarrhaus, bis dato Sitz des Pfarrers von »Notre-Dame«, war 1695 bezogen worden.[144] Der bis heute gefeierte Weihetag der Stadtpfarrkirche (»Stater Kiermes«) war 1722 auf den Sonntag nach dem 29. August (Enthaup-

---

140 Antoine WEHENKEL, *Chronique de la Famille Pescatore*, Luxembourg 2002, S. 169–196. Abbildung des »Bourdon« S. 161. Der »Bourdon« steht heute, zusammen mit den anderen Glocken des »alten« Geläuts, im Innenhof des »Hôtel Saint-Maximin«, dem Regierungssitz neben der Kathedrale. Vgl. auch Michel FALTZ, *Hundert Jahre im Dienste der Trösterin der Betrübten*, in: *Luxemburger Wort* (22.4.1967), S. 4.

141 Für die verschiedenen Glocken der Kathedrale im Lauf der Jahrhunderte, vgl. FALTZ, *Heimstätte*, S. 64–74, 93 f., 158–161. *Luxemburger Wort* (11.5.1966), S. 4. René THILL, *Das verstummte Glockenspiel der Kathedrale*, ebd. (4.5.1985), S. 14.

142 Albert LANNERS – Armand THILL, *Großbrand zerstörte ältesten Kathedralturm*, in: *Luxemburger Wort* (6.4.1985), S. 4 f. Jean-Claude MULLER, *Zur Ikonographie des »alten Kathedralturmes«*, ebd. (29.3.1986), S. 13.

143 Armand THILL, *Neue Glocken für die Kathedrale*, in: *Letzeburger Sonndesblad* (9.3.1986), S. 6 f. Ders., *Den Ruf Gottes in die Welt hinaustragen*, in: *Luxemburger Wort* (9.6.1986), S. 5. Ders., *Die neuen Glocken in der Kathedrale von Luxemburg*, in: *Luxemburger Marienkalender* 1987, S. 86–89.

144 Michel SCHMITT, *Das Pfarrhaus von Liebfrauen*, in: *Ons Stad* Nr. 27 (1987), S. 16 f.

tung Johannes' des Täufers) verlegt worden. Zu Beginn des 20. Jahrhunderts erstreckte sich die Pfarrei Liebfrauen (»Notre-Dame«) ebenfalls auf Limpertsberg, Belair und auf Teile des Bahnhofsviertels, bis diese Stadtviertel als eigene Pfarreien abgetrennt wurden. 1963 erfasste die Liebfrauenpfarrei noch 5.524 Seelen. Seit 2017 ist die Kathedrale die Pfarrkirche der einzig verbliebenen, aus allen früheren Stadtpfarreien zusammengelegten Pfarrei »Lëtzebuerg Notre-Dame«, die sich, aus praktischen Gründen, aus vier Sektoren zusammensetzt. Hier die Liste der Pfarrer von Liebfrauen, nach dem Abgang der Jesuiten: Paul Feller (1773–1788), Jean-Baptiste Kaeuffer (1788–1803), Henri-Dominique de Neunheuser (1803–1831), Jean-Théodore Van der Noot (1832–1841, ebenfalls Apostolischer Vikar von Luxemburg-Stadt seit 1833 und vom Großherzogtum Luxemburg ab 1840), Jean-Théodore Laurent (1842–1848, ebenfalls Apostolischer Vikar von Luxemburg), Nicolas Adames (auch Provikar 1848, Apostolischer Vikar 1863), Hubert Weber (1870–1883), Frédéric Lech (1883–1913), Guillaume Pletschette (1913–1922), Henri Schmit (1922–1962), Frédéric Rasqué (1962–1972), Nicolas Wirtz (1973–1992), Fernand Kemmer (Hilfspfarrer 1974–1992), Joseph Morn (1993–2010), Henri Hamus (2010–2017), Tom Kerger (seit 2017).[145]

Als Nationalheiligtum ist die Kathedrale Schauplatz für die verschiedenen Zeremonien, die mit der Luxemburger Dynastie zu tun haben: Prinzenhochzeiten, -jubiläen und -begräbnisse, alljährliches Te Deum zum Nationalfeiertag in Präsenz der großherzoglichen Familie und der Autoritäten von Stadt und Land; aber auch Bühne historischer Momente wie der Feier des Sieges der Alliierten im Mai 1945 usw. Nirgendwo besser als in der Kathedrale U. L. F. von Luxemburg inkarniert sich, laut Joseph Petit, »le mariage, l'association intime de la pensée vouée à l'État, au Pays, à la Patrie avec la pensée religieuse«.[146]

---

145   *150 Joër Maîtrise*, S. 154f.
146   PETIT, *Monument*, S. 98.

Exkurs 11: »Die Kathedrale als Synthese des Landes« (Leo Lommel, 1936)

Pilger in der Kathedrale vor dem Votivaltar, während eines Oktav-Gottesdienstes im Jahr 2017. Foto: Erzbistum Luxemburg.

»C'est surtout pendant l'OCTAVE, la quinzaine du pèlerinage national, que notre Cathédrale se révèle véritable centre de vie religieuse et de piété mariale quand tout un peuple se met en marche vers Celle qu'il a élue sous le titre de Consolatrice des Affligés comme sa Souveraine et sa Patronne. Quelle manifestation unique de foi et d'amour!« (Jean Hengen)[147]

Der »Votivaltar«

Für die Oktave wird jedes Jahr, seit 1766, der damals als Jubiläumsgeschenk von den Jesuiten angeschaffte eiserne Votivaltar aufgerichtet, um während der Wallfahrtszeit das Bild der Trösterin der Betrübten

---

147 Jean HENGEN, *Gratitude et fidélité*, in: KRIER, *L'Octave*, S. 6.

zur Verehrung aufzunehmen. Geschaffen wurde er vom in Izel bei Orval stammenden Kunstschlosser Pierre Petit, der die Schmiedekunst der Orvaler Abtei verinnerlicht und sich in der Stadt Luxemburg, an der »Place d'Armes«, niedergelassen hatte.[148] »Der mit vielfältigen Weihegaben der Pilger behangene Altar veranschaulicht den Dank für erfüllte Hoffnungen und erfahrene Hilfen auf dem verheißungsvollen Pilgerweg zum Gnadenbild.«[149] Die schmiedeeiserne Konstruktion ist als »Wallfahrtsaltar« so konzipiert, dass sie ohne Schwierigkeiten auf- und wieder abmontiert werden kann. Auf dem erhöhten Mittelaltar findet die Marienstatue Aufstellung und präsentiert sich über dem silberbeschlagenen Tabernakel und inmitten der gestuften Kerzenbänke wie auf einem Thron. Der von Voluten getragene monumentale Baldachin in Form einer Krone über dem Gnadenbild – Beispiele dafür gibt es auch im Ausland – trägt das Wappen des Herzogtums Luxemburg sowie ein Hängewappen der Gesellschaft Jesu. An den durch lampenbehangenen eisernen Armen mit dem Mittelteil verbundenen Seitenaltären konnten während der feierlichen Hochämter private Stillmessen gelesen werden, bis diese in den sechziger Jahren des 20. Jahrhunderts zugunsten der Gemeinschaftsmesse am Hauptaltar verschwanden. Diese Flügelaltäre fanden im alten Chor keinen Platz und wurden im ersten Joch des Langhauses errichtet. Das

---

148 Nachkommen der Familie Pierre Petit gibt es bis heute, so in Schüttringen. Vgl. *Kunstschlosser Peter Petit und seine Familie*, in: *Luxemburger Wort* (22.5.1935). Henri RODESCH, *Schüttringen und der Votivaltar in der Kathedrale*, ebd. (29.4.1997), S. 22.

149 Michel SCHMITT, *Der Votivaltar aus dem Jahre 1766*, in: *nos cahiers* 18/2 (1997), S. 103–113, hier S. 103. »C'est dans l'autel votif de 1766, créé en style rocaille pour les solennités annuelles du pèlerinage à l'église du collège des jésuites à Luxembourg, que la vénération de la Consolatrice des Affligés a trouvé son expression artistique majeure. Reliant l'élégance et la légèreté à la richesse décorative, rendant proche la statue miraculeuse tout en la transplantant dans la gloire céleste, l'autel illustre et concrétise d'une manière typique pour le XVIIIe siècle la sensibilité religieuse de la Réforme catholique.« So ders., *Le concile de Trente et les nouveaux modes d'expression de la piété catholique dans l'art*, in: MUSÉE EN PICONRUE (éd.), *Piété baroque*, S. 195–206, hier S. 201–203. Vgl. auch Nadia RAFALSKI, *Als Dankeschön an Maria. Die Geschichte des Votivaltars*, in: *Luxemburger Wort* (26.4.2010), S. 19. Diana HOFFMANN, *Ein Geschenk an die Trösterin*, ebd. (28.4.2016), S. 12f.

ganze Rokoko-Ensemble, das durch dünne Eisenstäbe zusammengehalten wird, wirkt leicht und durchsichtig, zugleich festlich und erhaben. Spiegelglas charakterisiert den Sockel der Consolatrix, aber auch andere Partien des Festgerüsts, das an eine barocke Bühnenarchitektur erinnert. »Dem Schaucharakter kam ein entscheidender Stellenwert für die barocke Erlebnisfreudigkeit zu.«[150] Im Lauf der Zeit waren zum Altar selbst verschiedene Gegenstände dazugekommen: pyramidenförmige Reliquiare und bekrönte Reliquienscheiben mit Knochen der Trierer Märtyrer, mehrere Serien kostbarer Votivherzen, ein Altarkruzifix der verschwundenen »Knotlerkirche«, Antependien aus der alten Glacis-Kapelle, Votivampeln aus dem 19. Jahrhundert (neben den noch älteren aus dem 18. Jahrhundert). Seit dem Erweiterungsbau wird der Votivaltar in seiner Gesamtheit im Chor der Kathedrale während der Oktavzeit aufgestellt.

Exkurs 12: U. L. Frau von Luxemburg im Ausland

Ableger des Luxemburger Gnadenbildes und damit verbunden des Titels Consolatrix Afflictorum gibt es in der ganzen Welt, wohin Soldaten, Auswanderer oder Missionare aus dem Herzogtum bzw. dem Großherzogtum ihre Madonna mitgenommen haben. Am bekanntesten sind Kevelaer am Niederrhein, wo sich seit 1642 eine bedeutende Wallfahrt um ein kleines Andachtsbild der Luxemburger Trösterin gebildet hat,[151] sowie Carey in Amerika (Ohio).[152] Systematisch dargestellt sind diese Orte, mit Abbildungen, in der Zusammenstellung von Michael Faltz' »Unsere Liebe Frau von Luxemburg im Ausland« (1958) sowie in der Broschüre von Aloyse Biel, »Unsere Liebe Frau

---

150 SCHMITT, *Votivaltar*, S. 107.
151 Vgl. *Marienlexikon*, III, S. 547–549.
152 *Sonndesblad* (6.8.2000), S. 1–7. FALTZ, *Ausland*, S. 132–145.

von Luxemburg in den 5 Kontinenten« (1978).[153] Doch haben diese Publikationen nicht alle relevanten Orte erfasst, zumal der »Export« Luxemburger Trösterinnen danach weiterging. Auch gingen Spuren der Consolatrix Afflictorum verloren, etwa im Zuge von Entkolonisierung, politisch-kulturellen Umwälzungen, Rückkehr und Aussterben Luxemburger Missionare und Missionsschwestern und dem Verschwinden Luxemburger Eigenarten im fernen Ausland. »Manchmal verwischen sich die Spuren durch die bekannte Tatsache, dass Gnadenbilder gerne umbenannt werden und so den Titel ändern.«[154] Auch ging der Trend in den letzten 50 Jahren dahin, den lokalen kulturellen Gegebenheiten entsprechend die importierten luxemburgischen und in fremde Sprachen übersetzten Oktavlieder durch einheimische, rhythmische Gesänge zu ersetzen sowie adaptierte Consolatrix-Darstellungen mit eigenem Kolorit und im lokalen Design (afrikanisch, chinesisch usw.) herzustellen, i. a. W. die Devotion zur Luxemburger Madonna zu »inkulturieren«.[155] Das Thema »Luxemburger Consolatrix-Verehrung im Ausland« ist demnach in stetem Wandel.

Im fernen und nahen Ausland

Sie ist in allen fünf Kontinenten punktuell anzutreffen. Ende des 20. Jahrhunderts wurden auf einer Weltkarte in der Vorhalle der Kathedrale in Luxemburg 86 Kirchen, Kapellen und Statuen angeführt, die nach der Luxemburger Consolatrix Afflictorum benannt sind: neben

---

153 Ed. Molitor schlussfolgert, letzteres Werk kommentierend, dass die Liebe zur Trösterin der Betrübten »unauslöschlich in den Herzen der Luxemburger Landeskinder eingegraben war und dass sie auch in der fernen und fernsten Fremde immer wieder zum Vorschein kam. Wir müssen auch bewundernd feststellen, dass das kleine Luxemburg einmal so stark und reich an Menschen war, dass es so viele, so intelligente und unternehmungsfreudige Kinder in die weite Welt senden konnte, die im Namen Gottes und der Trösterin der Betrübten das Reich Christi auf Erden bis zum letzten Atemzug auszubreiten suchten.« E. M., *Unsere Liebe Frau von Luxemburg in den fünf Kontinenten*, in: *Luxemburger Wort* (18.2.1978), S. 5.
154 FALTZ, *Ausland*, S. 12.
155 DE FIORES, *Geschichte*, S. 255–260.

Exkurs 12: U. L. Frau von Luxemburg im Ausland

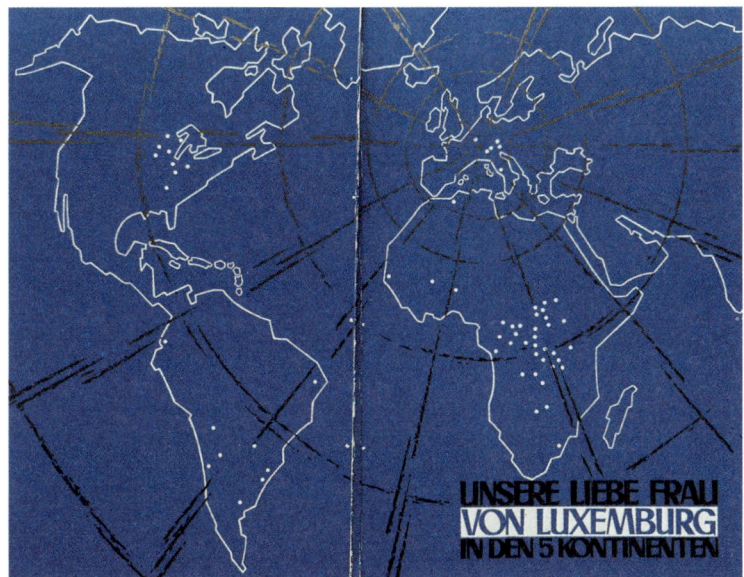

Ausstrahlung des Luxemburger Marienkultes in alle Welt. Weltkarte als Einband des Buches von A. Biel, »Unsere Liebe Frau von Luxemburg in den 5 Kontinenten« (1978). Die weißen Punkte geben »Consolatrix«-Orte an, mit Luxemburg als Zentrum. Foto: Georges Hellinghausen.

dem Großherzogtum und seinem direkten Einzugsgebiet (Großregion) acht in Europa, 36 in Afrika (darunter auch ein südafrikanisches »Kevelaer«[156]), 15 in Asien und Ozeanien, 13 in Nordamerika und 13 in Südamerika.[157] Oft haben diese Bilder ihre eigene Geschichte und Bewandtnis, die hier nachzuzeichnen nicht der Ort sein kann. Der *Luxemburger Marienkalender* besprach im Jahr 1964 in seinem Kalenderteil eine Serie von Luxemburger Consolatrix-Darstellungen aus aller Welt (u. a. Brüssel, Rom, Oslo, Formosa, Lowa/Kongo, Bafwabaka/Kongo, Yanonge/Kongo, Dubuque/Iowa-USA, Shantung/China).

---

156 H. RZEPKOWSKI, *Kevelaer in Afrika*, in: *Marienlexikon*, III, S. 549. Bodo BOST, »*Mduduzeli wabalusizi – Du Trösterin der Betrübten*«, in: *Die Warte* (21.4.2016), S. 2 f.

157 Aloysius WINTER, »*Trösterin der Betrübten*«. *Mariologische Studien* (= Fuldaer Hochschulschriften 30), Frankfurt am Main 2003, S. 13.

III. Wiederaufschwung (1840–1940)

In den früheren zu Luxemburg gehörenden Gebieten haben zahlreiche Trösterin-Abbilder überlebt, viele sind verschwunden, andere wurden wiederentdeckt. Für die belgische Provinz Luxemburg sind insbesondere zu erwähnen: Bastnach, Chiny, Torgny,[158] Longlier, Baranzy, Ebly, Villers-sur-Semois, Bonnerue, Orval, Corbion, Lamorteau, Habay-la-Vieille, Rossignol.[159] Vor allem in den Dekanaten Étalle und Virton sind viele erhalten. Das Netz ist sehr dicht entlang der belgisch-luxemburgischen Ländergrenze, weit weniger im Norden und Westen. Eine systematische Auflistung und Beschreibung der sehr zahlreichen in Belgien (Provinz Luxemburg vor allem, aber auch die anderen wallonischen Provinzen) bis 1978 noch vorhandenen »Notre-Dame de Consolation«-Darstellungen und -Verehrungsorte verdanken wir Prof. Joseph Maertz.[160]

Für das Consolatrix-Patrimonium im französischen Grenzgebiet sind u. a. folgende Orte zu nennen:[161] Landres, Mercy-le-Haut,[162] Boudrezy,[163] Baslieux, Flabeuville, Serrouville, Saint-Jean-lès-Longuyon, Basse-Parthe. Zum Abschluss des Marianischen Jahres 1987/88 wurde im französischen Grenzort Kanfen auf Initiative des Pfarradministrators François Terzer eine bronzene Trösterin-Statue der Luxemburger Künstlerin Bettina Scholl-Sabbatini an der Dorfkirche feierlich aufgestellt und

---

158 Norbert THILL, *Pilgerfahrt über die belgische Weinstraße nach Torgny*, in: *Heimat + Mission* Nr. 12 (1993), S. 10f. BLUM, *Sammlung*, S. 31–33.
159 Faltz zählt 40 Ortschaften auf (Province de Luxembourg und darüber hinaus), vgl. FALTZ, *Ausland*, S. 89–127.
160 *Hémecht* 30/1 (1978).
161 Michael FALTZ, *Auf den Pfaden der Madonna durch Französisch Alt-Luxemburg*, in: *Luxemburger Marienkalender* 1954, S. 19–24. Ders., *Ausland*, S. 35–53. Norbert THILL, *Consolatrix-Verehrung im französischen Grenzgebiet*, in: *Luxemburger Wort* (30.4.1993), S. 17. Die Autoren besprechen zusätzlich folgende Ortschaften mit einer Luxemburger Consolatrix (aus verschiedenen Jahrhunderten) bzw. der Erinnerung an eine solche: Boulange, Bouvillers, Brossac, Cambrai, Douai, Metz, Piennes, Sannois, Valenciennes.
162 Norbert THILL, *Zu Besuch bei der Consolatrix in Mercy-le-Haut*, in: *Letzeburger Sonndesblad* (16.5.1993), S. 8.
163 Norbert THILL, *Zu Besuch bei der »Consolation des Affligés« in Boudrezy*, in: *Letzeburger Sonndesblad* (9.5.1993), S. 5.

eingeweiht.¹⁶⁴ 1989 überreichte eine Düdelinger Delegation der Pfarrgemeinde der kleinen Ortschaft Quenne in Burgund ein auf Holz gemaltes Bild der Trösterin der Betrübten.¹⁶⁵ Und 2008 wurde im lothringischen Scy-Chazelles, in der Kapelle Saint-Quentin, wo der aus Luxemburg stammende Europa-Mitbegründer Robert Schuman begraben liegt, eine kleine Holzkopie der Luxemburger Madonna aufgestellt.¹⁶⁶ In der Metzer Diözese gibt es Bildnisse der Luxemburger Trösterin zudem in den Kirchen von Boust, Rodemack, Roussy-le-Bourg, Soetrich.¹⁶⁷

In Paris ist zunächst die Kirche St. Joseph l'Artisan in der Rue Lafayette hinter der Gare de l'Est zu erwähnen, in der Generationen von Luxemburgern, die nach dem Ersten Weltkrieg in Paris Arbeit gefunden hatten, die Oktave gefeiert haben.¹⁶⁸ Die Wandmalereien mit Luxemburger Stadtsymbolen (Kathedrale, Brücken usw.) von Charlotte Engels in der »Chapelle Notre-Dame de Luxembourg« sind heute übermalt. Eine neue Consolatrix-Statue aus Holz wurde den Pfarrgeistlichen der vormals von der »Mission France-Luxembourg« betreuten Kirche während der Oktave 1997 in der Luxemburger Kathedrale überreicht und fand Aufstellung im Pariser Gotteshaus; die ursprüngliche Statue, eine bekleidete Kopie des Luxemburger Gnadenbildes, das die in Paris lebenden Luxemburger Dienstmädchen gestiftet hatten, befindet sich in der Sakristei von St. Joseph l'Artisan.¹⁶⁹

---

164 *Bénédiction d'une statue de Notre-Dame de Luxembourg à Kanfen (F)*, in: *Luxemburger Wort* (27.6.1988), S. 5.

165 Renée SCHLOESSER, *»Un coup de cœur« für die Consolatrix Afflictorum ... oder wie U. L. Frau von Luxemburg nach Quenne in Burgund kam*, in: *Letzeburger Sonndesblad* (27.8.1989), S. 6f.

166 *En l'honneur de Robert Schuman*, in: *La Voix* (13.9.2008), S. 11. *Robert Schuman zu Ehren. Consolatrix-Kopie in Scy-Chazelles geweiht*, in: *Luxemburger Wort* (4.10.2008), S. 18.

167 DICOP, *Centenaire*, S. 36.

168 *De la Mission Saint-Joseph des Allemands à la Paroisse Saint-Joseph Artisan*, Paris (Manuskript) 1996.

169 RS [Renée SCHLOESSER], *Sie waren Zeugen für ihr Land und ihren Glauben*, in: *Luxemburger Wort* (5.5.1997), S. 9. Renée SCHLOESSER, *Luxemburg in Paris ... oder vom Glück und Schmerz der Erinnerung*, in: *Letzeburger Sonndesblad* (10.5.1997), S. 2. FALTZ, *Heimstätte*, S. 246. Ders., *Ausland*, S. 49f.

Im 1815 abgetrennten altluxemburgischen Gebiet auf deutscher Seite hat sich besonders Prof. Andreas Heinz für eine Bestandsaufnahme sowie für die Erhaltung und Valorisierung dieses Patrimoniums eingesetzt und verweist in seinen Publikationen[170] auf Orte, wo in irgendeiner Form das Consolatrix-Andenken gewahrt wird (Kirche, Kapelle, Pfarrhaus, Statue, Darstellung, Antependium, Sockel, Schrank, Takenplatte usw.). Dazu gehören u. a. Auw an der Kyll, Bettenfeld, Bitburg, Dasburg, Densborn, Fließem, Gentingen, Heidweiler, Heilenbach, Igel,[171] Irrel, Ittel, Laufeld, Schloss Malberg,[172] Neidenbach,[173] Neuerburg, Schankweiler, Speicher, Wolsfeld usw.[174]

Eine bekleidete Consolatrix-Statue soll 1640 von den Luxemburger Augustiner-Chorfrauen mit in ihre Neugründung nach Trier (Welschnonnen) genommen worden sein, wo sie während der Oktavzeit verehrt wurde. 1878, nach Auflösung des Konvents während des Kulturkampfes, ist sie von den Schwestern ins belgische Jupille bei Lüttich mit ins Exil genommen worden, wo sie sich bis heute befindet.[175] Nach

---

170 Andreas HEINZ, *Die Verehrung des Luxemburger Gnadenbildes der »Trösterin der Betrübten« im Bitburger Land*, in: *Hémecht* 25/1 (1973), S. 5–64. Ders., *Die Verehrung der Trösterin der Betrübten in den altluxemburgischen Gebieten der Eifel und an der Obermosel*, in: *Hémecht* 30 (1978), S. 233–258. Ders., *Schicksale einer Wallfahrt. Zum Kult der »Trösterin der Betrübten« in den 1815 abgetrennten altluxemburgischen Gebieten*, in: *Hémecht* 31 (1979), S. 5–52. Ders., *Die Verehrung der »Luxemburger Muttergottes« in der einst zum Herzogtum Luxemburg gehörenden Südeifel*, ebd. 65 (2013), S. 449–463. Ders., *Bis an die Grenzen des Landes. Auf dem Weg zur Erwählung der Trösterin der Betrübten zur Patronin der Stadt und des Herzogtums Luxemburg*, in: *Sech Hir schenken. Trois regards sur la consécration à Marie*, hg. von Georges HELLINGHAUSEN, Luxemburg 2016, S. 33–62.

171 A. L., *Madonnenbilder im alten Igel*, in: *Die Warte* (9.6.1983). Michael FALTZ, *Das Gnadenbild U. L. Frau von Luxemburg in Igel*, in: *Luxemburger Marienkalender* 1958, S. 79 f. Ders., *Ausland*, S. 71–76.

172 Andreas HEINZ, *Ein päpstlicher Ablass für die Schlosskapelle von Malberg*, in: *Malberger Schloßbote*, Heft 13 (2018), S. 31–36.

173 *Eifelpfarrei holt Madonna vom Speicher*, in: *Paulinus* (23.8.2009), S. 13.

174 M. Faltz zählt zudem auf: Mannebach (Saar). Vgl. FALTZ, *Ausland*, S. 67–83.

175 Marc JECK, *Nationaler Marienkult extra muros*, in: *Luxemburger Wort* (7.5.2010), S. 26. Marc JECK - Sr. M. Dorothea KULD CSA, *Eine Marienstatue aus dem Welschnonnenkloster in Tier?*, in: *Vierhundert Jahre Glaubenszeugnis Trierer Bürger. Die marianische Bürgersodalität Trier von 1610 und ihre Kongregationskirche Welschnonnen*, hg. von Roland RIES und Franz RONIG, Trier 2010, S. 352 f.

Aachen-Burtscheid gelangte 1643 ein in Kupfer eingraviertes Bild der Luxemburger Madonna, doch im Unterschied zum Kevelaerer Bild ohne die Titulatur »Consolatrix Afflictorum« und ohne die Ortsangabe »Luxemburg«, aber mit Glacis-Kapelle im Hintergrund. Ein Mönch namens Kerkhof hatte es, als Ersatz für eine nicht mehr zu bewältigende Pilgerreise, zur Verehrung auf einem Baum aufgehängt. Die örtliche Äbtissin ließ an der Stelle 1644 eine Kapelle bauen, die 1901 ersetzt wurde. Dort wird bis heute diese Kupfermadonna aufbewahrt.[176] Eine bekleidete Luxemburger Trösterin hinter Glas aus dem 18. Jahrhundert gibt es im fränkischen Lengsfeld.[177] In einer Marienkapelle im rheinländischen Frauenkirchen befindet sich eine aus Wachs geformte Figur der Luxemburger Trösterin.[178] Zum Nationalfeiertag 1996 brachte der Luxemburger Freundeskreis Rhein-Main eine Luxemburger Consolatrix mit in die Marienkirche in Wiesbaden-Bieberich, wo sie gesegnet und aufgestellt wurde, als Stück Heimat für die in Deutschland lebenden Luxemburger.[179] 2020 schenkte Kardinal Jean-Claude Hollerich die Consolatrix-Statue aus der entweihten Kirche von Scheidgen dem Europa-Freizeitpark Rust nahe der deutsch-französischen Rheingrenze, wo sie eine neue Bleibe fand.[180]

Im polnischen Oppeln befindet sich im Diözesanmuseum eine barocke Holzmalerei der Luxemburger Consolatrix Afflictorum. Unter dem aus Luxemburg stammenden Mgr. Jacques Mangers, Bischof von Oslo, war 1957 eine aus Holz geschnitzte Trösterin-Statue nach Oslo geschenkt worden.

In Rom stellten die dort seit 1937 in einem neuen Stadtteil an der Piazza Vescovio in der Kinderbetreuung tätigen Luxemburger Franziskanerinnen ihre Kapelle unter das Patrozinium der einheimischen Trösterin

---

176 FALTZ, *Ausland*, S. 68–71.

177 Abbildung in: *St. Kilians Blühendes Blumengärtlein*, Karlstadt o. J.

178 m. f., *U. L. F. von Luxemburg in Frauenkirchen (Rheinland)*, in: *Luxemburger Wort* (11.5.1957), S. 5. FALTZ, *Ausland*, S. 64–67.

179 *Eine Statue der »Consolatrix Afflictorum« in Wiesbaden*, in: *Luxemburger Wort* (26.6.1996), S. 22.

180 Marc JECK, *Trösterin der Schausteller*, in: *Luxemburger Wort* (24.7.2020), S. 23.

der Betrübten. 1942 kam eine holzgeschnitzte Kopie des Gnadenbildes auf den Hochaltar, sie wurde nach 1960 ersetzt durch ein Riesenmosaik der Consolatrix in der Chorapsis. Jahrzehntelang wurde bei diesen »Suore lussemburghesi«, die eine Schule unterhielten, für die Luxemburger Kolonie in der Ewigen Stadt Oktave gefeiert. Einige Luxemburger Priester hielten hier auch ihre Primizfeier, unter ihnen der zukünftige Bischof Jean Hengen.[181] Im Krieg hatten die Schwestern, noch vor einem entsprechenden Aufruf Pius' XII. an die Klöster im deutsch besetzten Rom, in einer wagemutigen Aktion 43 Juden in ihrer Niederlassung 1943–44 vor den Nazis versteckt und so vor der Deportation gerettet.[182] 1972 stifteten die aus Belluno stammenden Luxemburg-Immigranten eine vom Künstler Aurelio Sabbatini geschaffene Holzskulptur der Trösterin für den Dom in Belluno. Kardinal Hollerich ließ 2021 in seiner römischen Titelkirche »San Giovanni Crisostomo in Monte Sacro Alto« die Consolatrix-Statue aus der entweihten Kapelle in Olm aufstellen.

2011 wurde auf Initiative der Pilgerstelle der Erzdiözese Luxemburg in der Verkündigungskirche in Nazareth eine einheimische Consolatrix-Darstellung neben zahlreichen anderen Marienbildern aus aller Welt angebracht und eingeweiht.[183]

1993 wurde für die Amerika-Luxemburger eine Kopie der hauptstädtischen Neutor-Madonna nach Rollingstone im US-Bundesstaat Minnesota verschifft.[184] 2002 wurde im amerikanischen St. Donatus eine Ko-

---

181 FALTZ, *Ausland*, S. 130 f.
182 Bodo BOST, *Unter dem Schutz der lieben Trösterin*, in: *nos cahiers* 43/2 (2022), S. 85–107. Ders., *Eine zweite jüdische Tragödie am Laubhüttenfest*, in: *Luxemburger Wort* (20.10.2023), S. 24. Chiara GRAZIANI, *Sicherer Zufluchtsort für die Bedrängten. Aus der Geschichte eines Klosters im Norden Roms*, in: *L'Osservatore Romano/deutsch* (16.6.2023), S. 6. Dort heißt es über die untergebrachten Juden: »Sie alle wurden im zweiten Stock versteckt, in den sieben vor den Augen der Häscher verborgenen Zimmern, wo die Ordensfrauen ihre Muttergottes von Luxemburg aufstellten – nicht ohne ihre jüdischen Gäste zuvor um Erlaubnis gefragt zu haben.«
183 Claude BACHE, *Neue Mariendarstellung. Ein Mosaik der Trösterin der Betrübten im Heiligen Land*, in: *Luxemburger Wort* (5.11.2011), S. 24.
184 Milly THILL, *D'Muttergottes vu Lëtzebuerg zu Rollingstone am Minnesota*, in: *Luxemburger Wort* (7.5.1994), S. 15.

pie der Trösterin in Erinnerung der Beziehungen zu Luxemburg in einem Garten aufgestellt. 2010 wurde von Misch Schiltz eine Skulptur der »Our Lady of Luxembourg« für das »Luxembourg American Cultural Center« unweit der Kirche von Dacada im US-Staat Wisconsin geschaffen; dort wird seit 1849 eine Luxemburger Trösterin verehrt, die eine Witwe (Anna Margaret Deppiesse) unter dramatischen Umständen – während der Überfahrt über den Atlantik musste sie beim Sturm die untere Hälfte der in drei Teile geschnittenen Statue über Bord werfen – mitgebracht hatte.[185] In den USA gibt es u. a. in der Stadt Remsen, Iowa, wo im 19. Jahrhundert Luxemburger Siedler sich niedergelassen hatten, eine Consolatrix-Statue. 2020 kam, auf Anfrage hin, eine Trösterin-Statue – sie stammte aus der entweihten Kirche von Lasauvage – nach Chicago in die Pfarrei St. Margaret Mary, die 1921 von Luxemburger Migranten und deren Nachkommen gegründet worden war.[186] Bereits 1978 war hier, näherhin im Karmelitenkloster in Des Plaines, im religiös-kulturellen Zentrum der Luxemburger in Amerika, eine Statue der Trösterin aufgestellt worden, ein Geschenk von Bischof Jean Hengen und der Pfarrei Notre-Dame aus Luxemburg.[187] Im brasilianischen Ipotinga war in den vierziger Jahren eine Kapelle zu Ehren der Trösterin der Betrübten errichtet worden, deren Statue ebenfalls von Luxemburg gekommen war.[188]

Mehr oder weniger ausführlich besprechen Faltz und Biel die Präsenz der Luxemburger Trösterin in Afrika: Faltz bis 1958 (14 Orte), Biel bis 1978 (34 Orte). Letzterer schreibt, etwas übertreibend: »Wie ein Netz breitet sich die Verehrung der Trösterin der Betrübten über

---

185 *175th Anniversary History of the Founding of Saint Nicholas Catholic Parish (1848–2023)*, Dacada 2023, S. 12, 27, 56–61, 81, 100. ENDRES, *Notre-Dame de Luxembourg*, S. 63 f. Eric HAMUS, *Ein großer Trost fernab der Heimat*, in: *Luxemburger Wort* (7.5.2010), S. 25. Faltz bespricht folgende Orte zusätzlich: für die USA u. a. David City (Nebrakka), St. Cloud (Minnesota) und Dubuque (Iowa), für Brasilien Iputinga (Provinz Pernambuco), für Argentinien Crespo-Entre Rios. Vgl. FALTZ, *Ausland*, S. 145–151. Weitere Beispiele bei BIEL, *Kontinente*, S. 41–51.

186 *Luxemburger Madonna geht nach Chicago*, in: *Luxemburger Wort* (14./15.3.2020), S. 31.

187 Vgl. *Luxemburger Wort* (21.10.1978), S. 11 und (14.11.1978), S. 7.

188 FALTZ, *Heimstätte*, S. 238.

ganz Afrika aus. Mittelpunkt des Netzes, wo die Fäden am engsten gewoben sind, ist ohne Zweifel der ehemalige Belgische Kongo [...]. Die Speichen des Netzes gehen von dort nach Algerien, Senegal, Dahomey, Haute-Volta, Rwanda, Burundi, Tanzania und Südafrika.«[189] In Mungbere (Kongo) wurde Anfang der 1970er Jahre eine neue Kirche zu Ehren der Trösterin der Betrübten errichtet und dort eine Statue der Luxemburger Consolatrix im Chor angebracht. 1978 spendeten die Frauen der ACFL für eine Kapelle zu Ehren der Trösterin der Betrübten in Bujumbura.[190]

In Indien hatte ein belgischer Jesuit die Verehrung der Luxemburger Trösterin im Dorf Geonkhali in der Erzdiözese Kalkutta eingeführt.[191] In den 1990er Jahren wurden im Dorf Haldia sowie im Ort Shrikrishnapur,[192] in der gleichen Diözese, neue Kirchen ihr zu Ehren errichtet und geweiht. Ansonsten führen die Spuren der Consolatrix in Asien und Ozeanien in Häuser von Luxemburger Franziskanerinnen: China (Shantung, Shanghai), Taiwan (vier Heiligtümer), Ozeanien (fünf verschiedene Inseln). In Japan stellte ein Franziskanerpater 1959 eine Consolatrix-Statue in der Aussätzigenstation Biwasaki auf.[193]

Weitere Consolatrix-Traditionen

Geographisch und zeitlich ist, über den Fluss der Jahrhunderte gesehen, festzustellen, dass, auch abgesehen von der Luxemburger Tradition, der Titel »Consolatrix afflictorum« eine beachtliche Verbreitung gekannt hat. Er ist demnach keine Luxemburger Eigenart, obwohl die Wallfahrt zur Luxemburger Trösterin durchaus ihr eigenes Gepräge hat.[194]

---

189 BIEL, *Kontinente*, S. 18.
190 Vgl. *Bene-Mukama*, in: *Marienland* Nr. 1 (1978), S. 15.
191 *Christliche Solidarität weltweit*, in: *Letzeburger Sonndesblad* (17.7.1994), S. 23.
192 *Ein neues Heiligtum zur Trösterin der Betrübten in Indien*, in: *Letzeburger Sonndesblad* (14.6.1998), S. 11.
193 BIEL, *Kontinente*, S. 51–62.
194 HELLINGHAUSEN, *Der Titel »Consolatrix afflictorum«*, S. 78–80.

Einige Beispiele seien erwähnt. In Wien wird im Stadtzentrum, unweit des Stephansdoms, in der Kapuzinerkirche ein Ölbild der Trösterin der Betrübten verwahrt, das ein Kapuzinerpater 1727 aus Rom mitgebracht hatte. Es wurde in einem von Kaiserin Maria-Theresia gestifteten Marmoraltar in der Kaiserkapelle, die sich über den Gräbern der Habsburger befindet, aufgestellt.[195] In Maria Plain bei Salzburg kam seit 1652 – dieselbe Zeit wie die Entstehung der Luxemburger Wallfahrt – ein Bild von »Maria Trost« zu Ehren. Hier suchte u. a. die Familie Mozart Hilfe in schwieriger Situation. Es gibt die (allerdings umstrittene) Hypothese, W. A. Mozart habe seine Krönungsmesse für die Krönungszeremonie dieses Bildes 1751 geschrieben.[196] Einen Ableger des Salzburger Gnadenbildes finden wir im deutschen Nesselwang (Allgäu), in der dortigen Wallfahrtskirche »Maria Trost«. In der Paderborner Busdorfkirche erinnert ein Stein mit der Inschrift »Consolatrix afflictorum« an ein Kloster von 1680.[197] In der Erzdiözese Paderborn gibt es zudem seit dem 12. Jahrhundert die Wallfahrt zur Trösterin der Betrübten in dem Dorf Verne, in Marienborn bei Mainz eine Trösterin-Wallfahrt, die bereits 1317 durch Gewährung eines päpstlichen Ablasses ausgezeichnet worden war. In Widdern bei Bamberg wurde vor der Reformation Maria als »der Betrübten Trostgrund« verehrt. Zu erwähnen desgleichen das Gnadenbild der »Trösterin der Betrübten auf dem Herzenberg« in Hadamar bei Limburg/Hessen.[198] Der drittgrößte Marienwallfahrtsort Deutschlands (nach Altötting und Kevelaer), Werl bei Soest, ist der Trösterin der Betrübten gewidmet.[199] Im Bonner Münster wird eine spätgotische Büste der Schmerzensmutter, wohl Überrest eines Vesperbildes, auf einer Stele von 1732 gezeigt, die

---

195 HELLINGHAUSEN, *Erwählung der Stadtpatronin*.
196 GUTH, *Geschichtlicher Abriss*, S. 807. Vgl. auch *Marienlexikon*, V, St. Ottilien 1993, S. 654 sowie den Führer *Maria Plain Salzburg*, Salzburg 1972.
197 W. BALKENHOL, *Führer durch die Busdorfkirche Paderborn*, Paderborn o. J.
198 PEIFFER, *Zur Geschichte des Marien-Titels*.
199 Andreas DUNKER, *Maria als »Brückenbauerin der besonderen Art«. 350 Jahre Marienwallfahrt Werl*, in: *Kirche + Leben* (15.5.2011), S. 6.

sie als Consolatrix Afflictorum identifiziert.[200] In Bayern trägt »U. L. F. von Föching« u. a. den Titel »Gewaltige Trösterin der Betrübten«.[201] Im Bayrischen Wald gibt es eine der Trösterin der Betrübten geweihte Kapelle mit Bild.[202]

Wir finden eine Statue der Trösterin – Maria mit Kind in spanischer Gewandung – in Namür (Église Saint Jean Baptiste) sowie eine Pietà mit dem Titel in Lüttich (Église Saint-Jacques), neben vielen anderen Orten in Belgien, wo Maria als »Consolatrice« verehrt wird (u. a. Brugge, Calevoet, Stalle, Laeken).[203]

In Paris gibt es zwei weitere Orte, die mit dem Titel »Notre-Dame de Consolation« verbunden sind: die frühere Abteikirche Saint-Germain-des-Prés, in der eine mittelalterliche Marmorstatue unter der genannten Anrufung in sehr volkstümlicher Weise verehrt wird;[204] sodann eine Kapelle unweit der Place de la Concorde und den Champs-Elysées, die als Memoria für eine verheerende Feuerkatastrophe in einem dort Ende des 19. Jahrhunderts abgehaltenen Wohltätigkeitsbazar errichtet worden ist.[205] In Trinité/Fécamp in der Normandie findet sich desgleichen eine Statue der »Consolatrix afflictorum«. In Verdelais (Département Gironde) gibt es eine mittelalterliche Basilika mit Wallfahrt zur »Consolatrice des Affligés«.[206]

Auch in Italien ist die Anrufung verbreitet. In Rom gibt es im Stadtteil Casalbertone an der Via Tiburtina die Pfarrkirche S. Maria Consolatrice, erste Titelkirche von Kardinal Joseph Ratzinger, dem späte-

---

200 Jürgen KAISER, *Das Bonner Münster*, Kleine Kunstführer Schnell & Steiner Nr. 213, Regensburg 2002.

201 WINTER, *»Trösterin der Betrübten«*, S. 13.

202 *Maria – Trösterin der Betrübten – die Adventmuttergottes in der Waldschlucht von Mettenbuch*, in: http://www.adorare.ch/Mettenbuch.html (letzter Zugriff: 23.1.2023).

203 *»Notre Dame de Consolation«*, in: *Die Warte* (4.5.1955).

204 HELLINGHAUSEN, *Die Trösterin der Betrübten in Saint-Germain-des-Prés*.

205 D. PAOLI, *L'incendie du Bazar de la Charité*, Paris 1997. *Chapelle commémorative du Bazar de la Charité. Notre-Dame de Consolation*, (guide) o. O., o. J. Georges HELLINGHAUSEN, *Notre-Dame de Consolation – à Paris et à Luxembourg*, in: *Die Warte* (9.10.1997).

206 https://fr.wikipedia.org/wiki/Verdelais (letzter Zugriff: 23.1.2023).

ren Papst Benedikt XVI.,[207] und in der Basilika S. Camillo de Lellis eine Immakulata-Statue ohne Kind mit dem Titel »Consolatrice degli Afflitti«. Viele Heiligtümer finden sich in Italien zu Ehren der »Consolata«, so in Turin – die Consolata ist Patronin von Stadt und Erzdiözese – die Kirche S. Maria Consolatrice, eine der traditionsreichsten Wallfahrtskirchen im Piemont.[208] In Turin wurde zudem 1893 eine Schwesternkongregation zu Ehren der Consolatrix ins Leben gerufen, die in Italien, Afrika und Südamerika tätig ist. Darüber hinaus wurde hier 1901 ein Missionsinstitut »La Consolata« vom seligen Giuseppe Alamano für die Evangelisierung von Nichtchristen gegründet, das seine Tätigkeit vor allem in Afrika unter Beachtung der einheimischen Kulturen und Werte entwickelte. 2005 waren etwa 1.000 solcher Consolata-Missionare in 22 Ländern auf vier Kontinenten tätig.[209] In ganz Italien gibt es unzählige Bilder mit einer »Addolorata«, d. h. einer Schmerzensmadonna, wie in Varese (Basilika S. Vittore). In Treviglio bei Bergamo gibt es ein farbiges Bild der Consolatrix Afflictorum. Weitere Consolata-Orte sind: Brescia, Bellagio am Comer See, Reggio di Calabria, Himaera (Sizilien), usw. Für Spanien: Madrid.

Auch die orthodoxe Kirche kennt ein Fest der »Trösterin der Betrübten«, seitdem die Schwester des Moskauer Patriarchen Eutemia 1688 vor einem den Titel tragenden Marienbild geheilt worden war. Es wurde 1711 nach St. Petersburg übertragen, wo Königin Elisabeth ihr eine Kirche mit demselben Titel erbauen ließ.[210] Ähnlich gibt es den Titel in der Slowakei und in Polen (Drohiczyn).

---

207 Vgl. *L'Osservatore Romano/deutsch* (15.2.1991), S. 5 und Georges HELLINGHAUSEN, *Zur Erwählung der Landespatronin am 20. Februar 1678*, in: *Die Warte* (20.2.1997).

208 F. TRENNER, *Turin*, in: Marienlexikon, VI, St. Ottilien 1994, S. 485. *La Consolata Patrona della Diocesi di Totino venerata nel suo Santuario*, a cura di Aldo MARENGO, Torino 2013. Pietro BUSCALIONI, *La Consolata nella storia di Torino del Piemonte e della Augusta Dinastia Sabauda*, Torino 1938.

209 Giovanni MARCONCINI, *Ein neuer Generaloberer für die Missionare der Consolata*, in: *L'Osservatore Romano/deutsch* (10.6.2005), S. 11.

210 *Marienfeiertage. Wir feiern ihre Feste*, o. O., o. J., S. 50.

IV. Zweiter Weltkrieg und Wiederaufbau (1940–1962)

Die Oktave im Zweiten Weltkrieg

Als nach der Kriegserklärung Hitlers an Polen Anfang September 1939 auch in Luxemburg die Gewissheit eines nahestehenden Angriffs von Nazi-Deutschland nicht mehr von der Hand zu weisen war, wandten sich viele Einzelne und auch Gruppen an die Trösterin der Betrübten durch einen Pilgergang zu Fuß nach Luxemburg-Stadt. In der Kathedrale wurde nun jeden Samstag eine Votivmesse zu Ehren der Landespatronin gesungen, und in der ganzen Diözese täglich, auf Anweisung von Bischof Joseph Philippe (1935–1956), »Unter deinen Schutz und Schirm« nach der Messe gebetet.

Am 26. November fand unter extremen Wetterbedingungen in der Hauptstadt eine außergewöhnliche Bitt- und Bußprozession mit sehr hoher Beteiligung statt. An der Feier in der Wallfahrtskirche, durch die das Gnadenbild getragen wurde, nahm auch die großherzogliche Familie zusammen mit dem Bischof teil. Am Ostermontag 1940 organisierten die katholischen Arbeiter, 3.800 an der Zahl, eine Friedenswallfahrt zur Kathedrale. Consolatrix-Bildchen mit einem langen Friedensgebet Papst Benedikts XV. aus dem Ersten Weltkrieg zirkulierten im Frühjahr 1940.

Pilgermassen füllten den Dom bei der nun folgenden Oktave (14.–28. April 1940),[1] mit einem glänzenden Schlusssonntag, an dem sich neben einem sehr großen Zustrom aus der Bevölkerung die geistliche wie die zivile Prominenz des Landes beteiligte, sowohl am Pontifikalamt wie an der Schlussprozession. Zwar konnte die Wallfahrt noch wie bisher gefeiert werden, aber in Bange vor dem Krieg. Die ausländischen Pilger kamen wegen der latenten Kriegssituation nicht mehr, trotzdem wurden wie alljährlich die Hochämter für sie gehalten. Oktavprediger war der in Luxemburg tätige junge deutsche Jesuit Franz Josef Diedrich, Studentenseelsorger und Kongregationspräfekt. Mehr denn je wurde die Schlussprozession als Zeichen der Einigkeit von Staat, Monarchie und Kirche wahrgenommen. Kurz darauf, am 10. Mai 1940, wurde Luxemburg von Nazi-Deutschland überfallen und besetzt.

Unmittelbar davor hatte Josy Noesen, eine Persönlichkeit aus der Luxemburger Marianischen Sodalität, ein Muttergottesspiel »Terra Mariana« geschrieben. Der deutsche Einfall verhinderte die für den 19. Mai geplante Aufführung.[2]

In einem historisch bedeutungsvollen Telegramm an die Großherzogin im Moment des deutschen Einfalls hatte Papst Pius XII. das marianische Leitmotiv in dieser schweren Stunde aufgegriffen und geschrieben: »Vatican 10 mai 1940. En ce moment douloureux où le peuple du Luxembourg, malgré son amour de la paix, se trouve enveloppé dans la tourmente de la guerre, Nous Nous sentons plus proche de lui par le cœur, en implorant de sa céleste patronne aide et protection, pour qu'il puisse vivre dans la liberté et l'indépendance, Nous accordons à Votre Altesse Royale et à ses fidèles sujets Notre Bénédiction Apostolique.« Drei Tage danach telegrafierte die Großherzogin aus Paris: »Confiant en la protection de la Patronne séculaire de ma chère pa-

---

1 SCHREINER, *Muttergottesoktave*, S. 41–43.
2 André HEIDERSCHEID, »*Si war eis Stäip am Krich.*« *Consolatrix und Oktave im Leben der Zwangsrekrutierten, der Umgesiedelten, der Inhaftierten zur Zeit der NS-Besetzung*, in: *nos cahiers* 18/2 (1997), S. 49–85, hier S. 56f.

trie et en l'aide généreuse des puissances alliées nous nous joignons aux prières de Votre Sainteté afin que mon pays et mon peuple retrouvent bientôt indépendance et liberté. Charlotte.«[3]

Die Oktave in den Kriegsjahren

Die Oktavgestaltung erfuhr in den Kriegsjahren, so wie die Religionsausübung allgemein, Beeinträchtigungen.[4] Das gesamte katholische Leben wurde gedrosselt und erschwert. Bereits im August 1940 mussten die patriotischen Melodien der Domglocken eingestellt werden. Gleiches galt für die Verwendung von Texten, Liedern und Bekenntnissen mit heimatlichem Einschlag. Prozessionen im Freien wurden ab 1941 untersagt, jedoch hielt man sich vielfach nicht an die Verbote. Der Bischof trat bei der Oktave im Krieg, nicht zuletzt aus Krankheitsgründen, kaum in Erscheinung und hielt sich zurück. Bedeutende Oktav-Feiern wurden vom Dompfarrer geleitet.

Ab 1941 wurde die Oktavperiode verkürzt: Eröffnung erst am Mittwoch, ab 1943 erst am Freitag vor dem Fest der Trösterin der Betrübten, das in der Mitte der Oktave gefeiert wurde. Auch die Gestaltung erlitt durch die einschränkende Religionspolitik der NS-Be-

---

3   Georges HELLINGHAUSEN, »*Vatican, 10 mai 1940*«. *Le télégramme de Pie XII à la Grande-Duchesse Charlotte au moment de l'invasion allemande*, in: *Luxemburger Wort* (10.5.1990), S. 42f. Ders., *Questo tragico mese ... Le Saint-Siège et le Luxembourg pendant la seconde guerre mondiale*, in: *Le Luxembourg en Lotharingie*. Mélanges Paul Margue, Luxembourg 1993, S. 193–219, hier S. 199f.

4   FALTZ, *Heimstätte*, S. 177–194. Ders., *Die Muttergottes-Oktave in den vier Kriegsjahren*, in: *Luxemburger Marienkalender* 1947, S. 19–28. M. [Edouard MOLITOR], *Blätter aus der Geschichte der Oktave: Im zweiten Weltkrieg*, in: *Luxemburger Wort* (15.5.1974), S. 5. HENGEN, *Doppeloktave*, S. 62f. (mit Quellenangaben). Luss HEYART, *Muttergottesoktave in den Kriegsjahren. Erinnerungen an 1942, 1943 und 1944*, in: *Letzeburger Sonndesblad* (11.5.1997), S. 3. Georges HELLINGHAUSEN, *Die Katholische Kirche Luxemburgs im Zweiten Weltkrieg*, in: *... et wor alles net esou einfach. Questions sur le Luxemburg et la Deuxième Guerre mondiale* (= Publications scientifiques du Musée d'Histoire de la Ville de Luxembourg, t. X), Luxembourg 2002, S. 232–240, bes. S. 237f. SCHREINER, *Muttergottesoktave*, S. 39–66. Dani SCHUMACHER, *Freiheit hat eine Adresse. Die Muttergottes-Oktave im Zweiten Weltkrieg: zwischen religiösem Bedürfnis, der Suche nach Trost in der Kathedrale und stiller Auflehnung gegen den deutschen Besatzer*, in: *Luxemburger Wort* (4.5.2018), S. 2f.

IV. Zweiter Weltkrieg und Wiederaufbau (1940–1962)

Ein deutscher Soldat kontrolliert Pilger am Seiteneingang der Kathedrale 1943. Foto: DAL, GV.FT003018.

satzung Einbußen. Wegen Fliegergefahr und Bombenalarm untersagte Bischof Philippe zunächst Prozessionen zur Wallfahrtskirche, erlaubte aber Einzelpilgern, sich zur Teilnahme an den Feierlichkeiten in der Stadt zu begeben. Pilger aus allen Landesteilen kamen nun auch gruppenweise in die Stadt, den Rosenkranz laut betend. Frömmigkeitsübungen wie das Rosenkranzgebet wurden in den heimatlichen Pfarrkirchen angeraten, ebenso die Widmung an die Muttergottes parallel zum Weihegebet des Oberhirten. Die Vier-Uhr-Andachten in der Kathedrale konnten in der üblichen Feierlichkeit abgehalten werden – ob mit oder ohne Oktavpredigten, darüber gibt es in der Literatur gegensätzliche Aussagen.[5] Die Hochämter für die Dekanate und Pfarreien,

---

5   Laut Faltz waren die Andachten 1941 ohne Predigt, vgl. FALTZ, *Heimstätte*, S. 190. Laut Rasqué hielt Bischof Philippe die Predigten zum Thema »Ave Maria«, vgl. RASQUÉ, *Te Matrem praedicamus*, I, Luxemburg 1966, S. 212.

ebenso die Kranken- und Kinderandacht sowie der allabendliche Rosenkranz fanden noch statt. Am Schlusssonntag »waren die Straßen, die nach Luxemburg führen, von Fußpilgern überflutet« (Faltz), einzeln oder in Gruppen, den Rosenkranz gemeinsam aufsagend. Die Schlussprozession fiel, so wie auch in den nächstfolgenden Kriegsjahren, aus (ebenso in Diekirch nach 1941).

So wie die erste Kriegsoktave 1941 mitsamt Schlussprozession im Inneren der Kathedrale gefeiert wurde, so sollte es während vier Jahren bleiben. 1942 wurden, wegen geringer Reisemöglichkeiten in die Stadt – die Polizei hatte zudem nur Einzelpilgergänge aus der näheren Umgebung der Stadt gestattet –, »Ave-Spes-Nostra«-Messen in den Pfarrkirchen am gewohnten Pilgertag und allabendliche Muttergottesandachten mit Rosenkranz vom Bischof angeordnet. In einer Schlussandacht am Nachmittag des letzten Sonntags war die feierliche Widmung an die Trösterin durch den Pfarrer vorzunehmen. Für die Feier der Oktave riet der Bischof an, einen eigenen Oktav-Zelebrationsaltar mit aufgestelltem Bild der Trösterin herzurichten, was in den Pfarreien großen Anklang fand und jeweils mitten in der Kirche oder im Hauptchor aufwändig umgesetzt wurde, auch in den folgenden Kriegsjahren. Die Oktavandachten in der Kathedrale wurden aus Vorsicht gegenüber der Besatzung ohne Predigt abgehalten, auch in den kommenden Kriegsjahren. Privates Wallfahrten nach Luxemburg-Stadt blieb möglich, auch am Schlusssonntag, doch waren seitens der Zivilverwaltung zusätzlich zu den Prozessionen auch lautes Beten und Singen verboten worden. Die Schlussprozession fiel, wie im Vorjahr, aus. Einzelne Pfarrer, die trotz Anordnungen mit Pilgern in die Stadt gekommen waren, wurden verhört oder protokolliert. Über die Oktave 1942 schrieb Bischof Philippe: »Ces fêtes, malgré toutes les chicanes, avaient l'importance d'un vrai plébiscite et jamais la ville et la cathédrale n'ont vu une foule aussi nombreuse et recueillie. Ce qui est à relever a été le grand nombre d'hommes et de jeunes gens pendant ce pèlerinage. Pendant la nuit avant la clôture, de nombreux groupes de pèlerins sont venus à pied, parfois même de très loin, pour assister aux offices religieux, se confesser et communier et porter aux pieds de la Patronne de la Patrie les intentions du cœur pour la foi et la liberté.«[6]

Die Oktave 1943 wurde gefeiert vor dem Hintergrund der vom Gauleiter eingeführten Wehrpflicht und des Generalstreiks von 1942, der als Reaktion darauf erfolgt war und viele Luxemburger das Leben gekostet hatte. Zur Oktavzeit waren die ersten Luxemburger bereits an der Front. Das Jahr 1943 brachte zusätzliche Einschränkungen. Die Oktavfeier musste hauptsächlich auf die Pfarreien beschränkt werden. Die Hochämter für Dekanate und Pfarreien vor dem Votivaltar in der Kathedrale durften nicht mehr verkündigt werden und wurden durch »Messen auf Meinung« ersetzt, auch die Kinder- und Krankenandacht fielen aus. Doch konnte die Vier-Uhr-Andacht (ohne Predigt) abgehalten werden. Die polizeilichen Verordnungen bezüglich Prozessionen usw. wurden verschärft, gruppenweises Zusammengehen wurde nun gänzlich untersagt. Am Schlusssonntag war ein großer Menschenauflauf in der Stadt. So wie in der Kathedrale durch den Bischof wurde überall die Weihe an die Patronin in den Pfarreien durch den Pfarrer vor dem versammelten Volk vorgenommen. »On peut dire que les fêtes mariales gagnent en profondeur«, schlussfolgerte Bischof Philippe.[7]

1944 wurde die Oktave, auch für die Stadt Luxemburg, auf die Feier in den Pfarreien beschränkt, mit ähnlichen Vollzügen wie in den Vorjahren. Der Votivaltar in der Kathedrale wurde, zur großen Enttäuschung der Gläubigen, nicht mehr aufgerichtet. Nur mehr ein Hochamt pro Tag wurde vor dem Gnadenbild gesungen. Auch Fahnen waren im Innenraum verboten. Die Oktave, die wie bereits zuvor nur mehr neun Tage dauerte, war von Luftangriffen der Amerikaner überschattet. Wegen andauernden Fliegeralarms und Ungewissheit für die kommenden Tage war bereits am ersten Oktav-Sonntag, nachdem die

---

6   2. Bericht von Bischof Philippe nach Rom (1941–42), in: *Die Luxemburger Kirche im 2. Weltkrieg*, S. 50–67, hier S. 57.

7   3. Bericht von Bischof Philippe nach Rom (1942–43), ebd., S. 68–86, hier S. 76.

Kathedrale in einem ersten Schritt wegen Großalarms hatte geräumt werden müssen, vom Bischof die Weihe an die Landespatronin gesprochen worden. Für den Schlusssonntag wurde eine Prozession im Inneren der Kirchen mit der Statue der Consolatrix vom Bischof erlaubt. Über die Oktave 1944 berichtete Philippe nach Rom: »Ce que la ville de Luxembourg ne pouvait faire, les paroisses l'ont compensé par des solennités extraordinaires durant la semaine de l'Octave de la Patronne du pays. C'étaient de vraies fêtes mariales.«[8]

Hatten sich in den ersten Kriegsjahren zur gewohnten Zeit der Schlussprozession noch betende Einzelpilger *incognito* auf den Prozessionsweg durch die Straßen der Stadt begeben, so wurden 1944 diese Einzelwallfahrten vom Bischof wegen der Kriegslage und den damit verbundenen Gefahren untersagt.

So war also die Kriegs-Oktave mit zunehmendem Bombenalarm progressiven Einschränkungen unterworfen. Zunächst noch im Inneren der Kathedrale gefeiert, verlagerte sie sich von Jahr zu Jahr mehr in die Pfarreien. Oktav-Sonderzüge wie vor dem Krieg waren eingestellt worden, Autos gab es kaum. Doch nahm die Inbrunst, mit der die Landespatronin angefleht wurde, nicht ab, sondern zu. Bischof Philippe meldete nach Rom: »Jamais dans son histoire, le Luxembourg n'a vu de telles manifestations de piété et de foi.«[9] Angst und Sorge um die an der Front stehenden Söhne der Heimat sowie die vielfachen Kriegsnöte förderten tiefreligiöse Innerlichkeit in den Familien und stimulierten den Kult der Trösterin, nicht zuletzt wegen seiner patriotisch-emotionalen Aufladung, die im Krieg einen Höhepunkt verzeichnete. »Für weite Kreise der luxemburgischen Bevölkerung wird das Bild der Trösterin der Betrübten mit seiner Botschaft von Trost und Hoffnung zu einem unverkennbaren Ausdruck des Nationalbewusstseins und der Zusammengehörigkeit.« (Michel Schmitt)[10]

---

8   4. Bericht von Bischof Philippe nach Rom (1943–44), ebd., S. 87–105, hier S. 93.
9   1. Bericht nach Rom (1940–41), ebd., S. 25–49, hier S. 31.
10 SCHMITT, *Die Verehrung der Trösterin*.

Eine mehr als überfüllte Kathedrale war selbst im Krieg keine Seltenheit. Hier: Oktave 1943. Foto: DAL, GV.FT003018.

Glaubensvertiefung und patriotische Aufladung

In der Merscher Dekanatskirche wurde in der Weihnachtsnacht 1942, vor dem Bild der Consolatrix, die Resistenzlergruppe LVL (Lëtzeburger Vollékslegioun) gegründet. Vor dem Gnadenbild in der Kathedrale hatten bereits vorher, in einem ähnlichen Sinn, 18 Pfadfinderchefs aus dem Süden ein Versprechen abgelegt. »Denn gerade in diesen Jahren wurde der Dom Unserer Lieben Frau, der Trösterin der Betrübten, zur geistigen und geistlichen Kraftzentrale unseres gesamten Volkes.« (Jos. Schmit)[11]

Die Luxemburger Muttergottes war die Hoffnung vieler Umgesiedelter und Soldaten. Der Rosenkranz, ein Bild oder eine Medaille mit der Trösterin in der Tasche, die sie von ihren Seelsorgern oder der Mutter ausgehändigt bekommen hatten, weckten heimatliche Gefühle und spornten an zum Durchhalten in der Bedrängnis oder gaben Kraft im Sterben.[12]

---

11 HEIDERSCHEID, *Stäip am Krich*, S. 54. Vgl. auch FALTZ, *Ausland*, S. 83–88.
12 Beispiele in: FALTZ, *Heimstätte*, S. 184–189. Vgl. Auch G. H. [Georges HELLINGHAUSEN], *Befreiung der Stadt Luxemburg vor 50 Jahren (1944)*, in: *Luxemburger Wort* (8.5.1994), S. 14.

Zum Abschied hatten viele Priester denjenigen, die in den Arbeitsdienst oder in die Wehrmacht gezwungen wurden, einen religiösen Ausweis, einen sogenannten »grünen Pass«, mit dem Bild der Schutzpatronin ausgehändigt, verschiedenen Daten und dem ausformulierten Wunsch, im Fall einer Krankheit oder eines Unfalls den Beistand eines katholischen Geistlichen zu verlangen. Doch wurde von den Nazis die Einziehung dieser Kennkarten angeordnet.[13]

Vielfach bewahrheitete sich, wie Pfarrer Jos. Schmit, später langjähriger religiöser Leitartikler des *Luxemburger Wort*, schrieb, »dass es im Leben oder gar im Angesicht des Todes eine Rettungsplanke gab und gibt: Der Glaube an Gott und die Zuversicht gegenüber der Trösterin der Betrübten«.[14] In den Umsiedlungslagern, wo Luxemburger konzentriert waren (Schreckenstein/Sudetenland, Wartha/Oberlausitz, Ravensburg/Oberschwaben, Boberstein/Niederschlesien), stellte man Nachbildungen der Consolatrix auf und feierte sonntägliche Andachten sowie die Oktave. Im Lager Leubus (heute Lubiaz, PL) entstand 1942 ein eigener Umsiedler-Chor, der die Oktavandacht in betontem Maß pflegte; ein ähnlicher Chor in Schreckenstein ließ die Oktavlieder erklingen. Muttergotteslieder, von Jos. Buchholtz und Lucien Koenig, sowie -gedichte von Josy Noesen, Jemp Bidinger, Lambert Schaus, Jos. Keup entstanden als Ausdruck religiös-nostalgischer Gesinnung. So kurbelte selbst der Weltkrieg in seiner Brutalität noch eine eigene geistig-kulturelle Produktion an. Auch zahlreiche andere Zeugnisse und Berichte, welche die marianische Frömmigkeit der Betroffenen offenbaren, sind überliefert.[15]

---

13 FALTZ, *Heimstätte*, S. 186–188. Ders., *Ausland*, S. 183 f.
14 HEIDERSCHEID, *Stäip am Krich*, S. 56.
15 Ebd, S. 62–85. Jules JOST, »D'Oktav rifft ons«, in: *Letzeburger Sonndesblad* (1.5.1998), S. 6. »Du hues gehollef, le'f Mamm, beschirm ons weider!« Die »Muttergottes vu Letzeburg«, Trösterin im Zweiten Weltkrieg, in: *Luxemburger Wort* (14.5.1992), S. 13. Jeff SCHMITZ, *Das Trauma der Umsiedlung und sein Niederschlag in der Luxemburger Erinnerungsliteratur am Beispiel des Lagers Schreckenstein*, in: Luxemburg und der Zweite Weltkrieg. Literarisch-intellektuelles Leben zwischen Machtergreifung und Epuration, hg. von Claude D. CONTER – Daniela LIEB – Marc LIMPACH u.a., Mersch 2020, S. 424–471, bes. S. 448. Sandra SCHMIT, »Ons Jongen« – frühe Luxemburger Frontberichte, ebd., S. 530–579, bes. S. 549–551.

In Zuchthäusern und KZ-Lagern wurde, meist heimlich, die »Ave-Spesnostra«-Messe gelesen und privat oder gruppenweise der Rosenkranz gebetet. Überlieferte und nicht überlieferte Stoßgebete an die Trösterin in Extremsituationen seien hier nur am Rande erwähnt. »In ihren Briefen an die Angehörigen erwähnten viele die Consolatrix, baten um Gebete vor dem Gnadenbild oder berichteten von besonderen Hilfen, die sie Maria verdankten.«[16] So etliche »letzte Briefe« hingerichteter Luxemburger Patrioten enthielten ein aus dem *Magnificat* (Gebet- und Liederbuch der Diözese) herausgerissenes Muttergottesbild. Bei der Erschießung, so wird berichtet, hatte so mancher den Namen Mariens auf den Lippen. Bei anderen »sind Muttergottesreferenzen oft weniger Zeichen von Religiosität als ein Verweis auf die Heimat und das Zusammengehörigkeitsgefühl der Luxemburger Rekruten«.[17] Zur Oktave 1941 kletterte der nach Lyon deportierte Pfarrer Nic. Biwer nachts in den Glockenturm der Primatialbasilika von Fourvières und spielte auf dem Carillon das Oktavlied seines Bruders Jos. Biwer »Léif Mamm, ech weess et net ze son«. In Hinzert ritzte der Resistenzler und Patriot Hubert Glesener vor seiner Hinrichtung im Februar 1944 mit einem Löffel eine Consolatrix-Darstellung in die Bretterwand seiner Bunkerzelle ein und schrieb darunter das einzige Wort »Mamm«. »Les chansons mariales, telles *O Mamm, léif Mamm* de Charles Muellendorf et *Léif Mamm, ech wees et net ze soen* de Guillaume Weis, sont considérées comme de véritables ›prières nationales‹, notamment à cause de leur rôle subversif lors de l'occupation nazie.«[18]

Doch war auch in dieser Hinsicht Luxemburg kein Einzelfall. In anderen katholisch geprägten Ländern, etwa in Frankreich, bewahrheitete sich ähnlich: »La seconde guerre mondiale confirme l'importance de la dévotion envers la Vierge consolatrice dans les temps d'épreuves. La défaite, l'occupation et ses conséquences, les prisonniers, les bombarde-

---

16 SCHREINER, *Muttergottesoktave*, S. 50.
17 SCHMIT, *»Ons Jongen«*, S. 551.
18 KMEC, *Octav*, S. 225.

ments sont autant de motifs de prière. De fait, les pèlerinages connaissent un véritable essor en dépit des difficultés matérielles.« (Xavier Boniface)[19]

1949 wurde eine vom Luxemburger Bildhauer und ehemaligen Hinzerthäftling Lucien Wercollier skulptierte Statue der Consolatrix Afflictorum von den Kazettlern in der Sühnekapelle in Hinzert aufgestellt.[20] Im polnischen Slonsk/Sonnenburg, wo im Januar 1945 91 Luxemburger von einem deutschen Exekutivkommando erschossen worden waren, wurde nach dem Krieg auf dem Friedhof, wo sie begraben wurden, eine Ehrenpforte mit einem Bild der Trösterin der Betrübten von den Zwangsrekrutierten errichtet.[21] Und 50 Jahre nach Kriegsende brachten Zwangsrekrutierte, »Conseil national de la Résistance« und »Anciens combattants« am Ausgang der Kathedrale eine Gedenkplatte an mit der Inschrift »Si war eis Stäip am Krich«.[22] Die Consolatrix-Statue aus Wartha kam 1945 in einem Kinderwagen zurück nach Luxemburg, sie wurde Ausgangspunkt für eine neue Serie von Consolatrix-Darstellungen und im Deportationsmuseum des Hollericher Bahnhofs aufgestellt, gegenüber dem Porträt von Großherzogin Charlotte. Die Statue von Leubus – Bistumssekretär Louis Hartmann hatte sie in das Umgesiedeltenlager geschickt – war im Krieg mit den Lagerdeportierten nach Schildau (heute Wojanow, PL) und Hirschberg (heute Jelina Gora, PL) mitgenommen worden, bis sie schließlich 1993 nach Luxemburg zurückgebracht wurde und in der Krypta der Kathedrale ihren endgültigen Platz fand.[23]

In Trier, wohin es die Studenten und Professoren des Priesterseminars im Krieg verschlagen hatte, verehrten diese im »Vincentinum« ein Bild der Luxemburger Muttergottes, vor dem eine Lampe brannte.

---

19 Xavier BONIFACE, *La dévotion mariale au XXe siècle*, in: *Dévotion mariale*, S. 51–65, hier S. 54.
20 FALTZ, *Ausland*, S. 85–88.
21 m. h. [Monique HERMES], »En Undenken un eng Plaz, déi äis bessonesch un d'Häerz gewuess as!«, in: *Luxemburger Wort* (29.11.1995), S. 13.
22 HEIDERSCHEID, *Stäip am Krich*, S. 58 f. und 61 f.
23 Marie-Madeleine SCHILTGES, *D'Consolatrix aus der Ëmsiidlung, no 50 Joer erëm an der Hemecht*, in: *Luxemburger Wort* (22.5.1992), S. 13. Dies., »Mir gréissen dech am Hemechtsdoum«, *Consolatrix aus der Deportatioun!*, ebd. (16.9.1993), S. 15.

IV. Zweiter Weltkrieg und Wiederaufbau (1940–1962)

In Luxemburg selbst wurden auch die kleineren marianischen Pilgerorte wie das Viandener Bildchen, die Girsterklaus, die Schwarze Notmuttergottes in Stadtgrund, die Léiffrächen in Kayl vermehrt aufgesucht. Rosenkranzgebet bei den über das Land verteilten Lourdesgrotten, »Ave spes nostra«-Votivmessen in den Stadt- und Landkirchen, Gebetsstunden für die, die in äußerer oder innerer Bedrängnis waren, wurden zu gängigen religiösen Praktiken in der Kriegszeit. Der Verstorbenen gedachte man auf schwarzumrandeten Totenbildchen mit einer Abbildung der Trösterin – ein Brauch, der sich auch nach dem Krieg noch jahrzehntelang hielt.

Die nationale Marienandacht wurde 1940–45 zum Kristallisationspunkt Luxemburger Aspirationen nach Freiheit und Unabhängigkeit. Neben der Großherzogin im Exil wurde die Muttergottes in der Kathedrale Inbegriff der Hoffnung auf die Wiedererstehung einer freien Heimat sowie eine schützende Mutterfigur, bei der man Trost im Leid und Mut in schwerer Bedrängnis suchte. Von beiden trug man heimlich Bilder bei sich. Beide Muttergestalten flossen im Kollektivbewusstsein gewissermaßen ineinander.[24] Ein Jahr nach dem deutschen Einmarsch hielt die Großherzogin aus dem Exil über den britischen Radiosender BBC eine Ansprache, in der sie ihre Landsleute ermutigte und sich ausdrücklich auf die Landespatronin bezog. In bestimmten Consolatrix-Bildern waren zudem, in der Art von Reliquien, kleine Stoffreste von nicht mehr benutzten Muttergottes-Kleidern aus der Kathedrale eingearbeitet und vermittelten die Nähe zur Schutzpatronin.[25] Der amerikanische Konsul in Luxemburg George Platt Waller betonte, »que la Madone de Luxembourg et l'Évêque étaient les seuls symboles de l'indépendance luxembourgeoise.«[26] Und Bischof Philippe meldete im Herbst 1942 nach Rom von der fruchtbaren Mission der katholischen

---

24 Lucien BLAU, *Les Résistances au Grand-Duché de Luxembourg 1940–1945*, in: *Journal Spezial-Editioun* (10.5.1990). Ders., *Histoire de l'extrême-droite au Grand-Duché de Luxembourg au XXe siècle*, Esch-Alzette 1998, S. 497–503.
25 Fotografiertes Exemplar in: *Letzeburger Sonndesblad* (9.6.1991), S. 17.
26 1. Bericht von Bischof Philippe nach Rom (1940–41), S. 47. FALTZ, *Heimstätte*, S. 184.

Kirche »dans un pays si petit soit-il qui aime la liberté et l'indépendance sous l'égide de la Patronne de la cité et de la patrie, car deux idées fondamentales régissent l'âme de tout Luxembourgeois: d'une part la Sainte Vierge, d'autre part la Souveraine bien-aimée dont l'exemple et les hautes vertus sont appréciés de tous«.[27] Andachtsbildchen mit den Umrissen des Landes und in der Mitte Maria als Trösterin oder die Großherzogin – beide austauschbar (manchmal sogar beide auf demselben Bild) – zirkulierten alsbald nach dem Krieg.

»Während der ganzen Kriegsjahre wird die Wallfahrt von einer Mischung aus religiöser Überzeugung und Protest gegen die deutschen Besatzer getragen.« (Dani Schumacher)[28] Als am 10. September 1944 die Amerikaner in Luxemburg unter dem Jubel der Bevölkerung einzogen, mit ihnen Prinz Felix, Gemahl von Großherzogin Charlotte, begab dieser sich zum Gottesdienst in die Kathedrale und gab dem Bischof die Akkolade. Am 11. publizierte Redakteur Marcel Fischbach auf der ersten Seite des wieder freien *Luxemburger Wort* – während des Kriegs war es, so wie die anderen luxemburgischen Zeitungen, von den Nazis »gleichgeschaltet« worden – ein Dankgedicht »Un d'Schutzpatro'nin!«, neben dem Foto der Großherzogin und mitten in der Berichterstattung über die Befreiung durch die Amerikaner. Am selben Tag erließ die Stadt Luxemburg, angeführt vom liberalen Bürgermeister Gaston Diderich, eine Proklamation, welche im letzten Paragraphen den nachmals oft zitierten Satz enthielt: »Nous nous agenouillons devant la Statue de Notre Dame de Luxembourg, Consolatrice des Affligés, qui, une fois de plus a sauvegardé, grâce à sa bienveillante protection, la multiple splendeur, ainsi que la liberté et franchise de notre capitale.«[29] Mit dem Einzug der amerikanischen Truppen in die Hauptstadt tauchten erste Andachtsbildchen mit der Consolatrix-Sta-

---

27 2. Bericht von Bischof Philippe nach Rom (1941–42), S. 65.
28 SCHUMACHER, *Freiheit*.
29 Archives de la Ville de Luxembourg, LU Imp IV/4_4. Vgl. auch FALTZ, *Heimstätte*, S. 196.

IV. Zweiter Weltkrieg und Wiederaufbau (1940–1962)

tue auf, und der Schrift: »Du hues ons gehollef, le'f Mamm, beschirm ons weider.« Bischof Philippe veröffentlichte einen Hirtenbrief in luxemburgischer Sprache, was bis dahin völlig ungewohnt war, und rief auf zum Dank an die Patronin der Heimat für die erfolgte Befreiung. Eine von ihm für den Oktober angesagte Dank- und Bittoktave konnte jedoch nicht stattfinden.

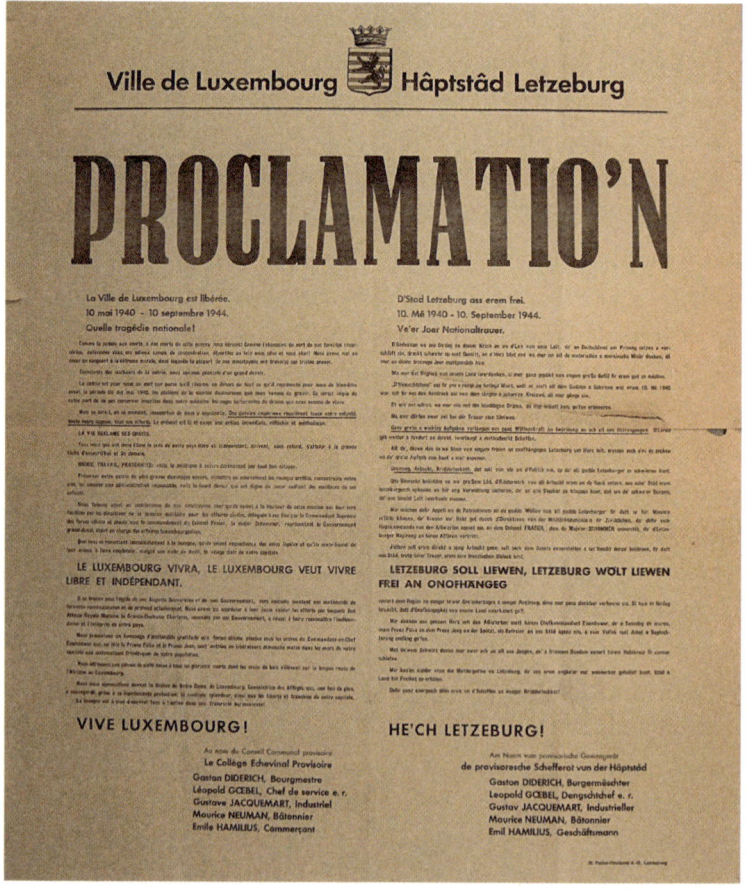

Einen Tag nach der Befreiung durch die Amerikaner am 10. September 1944 erließ die Stadt Luxemburg diese Proklamation, in welcher im letzten Paragraphen für den Schutz durch die Consolatrix während des Krieges gedankt wird. © Archives de la Ville de Luxembourg.

Es folgte im Winter 1944–45, als deutscher Gegenschlag gegen die amerikanischen Befreiungstruppen, die Ardennenoffensive (Rundstedt-Offensive) und verwüstete das Land, besonders den Norden und den Osten, bis zum endgültigen Sieg der Alliierten über Nazi-Deutschland. Über den Glauben der Bevölkerung während und nach der Offensive berichtet Joseph Maertz: »In den ersten Jahren nach Kriegsende pilgerten manche Männer und Frauen jeden Alters von den Öslinger Koppen während der Oktave zur Kathedrale. Sie kamen in Erfüllung eines Gelübdes, das sie gemacht hatten, wenn alles verloren schien, wenn Granaten den Hof in Trümmer legten, wenn die Scheunen brannten, wenn der Hunger drohte, wenn die Gestapo nach dem Sohne fahndete, wenn der nahe Befreier nicht einrücken und wenn dumpfe Verzweiflung sich der Herzen bemächtigen wollte. [...] da stand den Luxemburger Leuten nur eine Waffe zur Verfügung, der Rosenkranz.«[30]

Neues Erwachen nach dem Krieg

Als am 14. April 1945 die Großherzogin aus dem Exil zurückkam, hielt sie zwei Tage danach eine Ansprache vor der Deputiertenkammer und drückte ihr Vertrauen in Gott und die Landespatronin aus: »Nous avons gardé la foi pendant la guerre, nous la garderons à travers les difficultés de la paix. Nous comptons sur l'aide de Dieu et la protection de la Consolatrice des Affligés et les vertus créatrices du peuple luxembourgeois. Que Dieu protège le Luxembourg!«[31] Die Oktavwallfahrt 1945, als »Oktave der Befreiung« ausgerufen, erfolgte noch unter bestimmten Einschränkungen, ohne Prozessionen zur Stadt und nur gruppenweise über den Bürgersteig. Sie umfasste, wie in den Vorjahren, lediglich zehn Tage. Oktavprediger war der Bischof, so wie zuletzt 1941. Doch wurde im Mariendom die marianische Festzeit in

---

30 Joseph MAERTZ, *Luxemburg in der Ardennenoffensive 1944/45*, Luxemburg 1969, S. 480 f. Vgl. auch Michael FALTZ, *Bilder, die reden*, in: *Luxemburger Marienkalender* 1955, S. 19–23.

31 RASQUÉ, *Votum Solemne*, S. 18.

vollem Umfang gefeiert, desgleichen in den Pfarreien. Die Schlussprozession konnte am 6. Mai 1945 abgehalten werden. Die Großherzogin nahm, wie vor dem Krieg, daran teil.[32] Am 10. Mai, fünf Jahre nach dem deutschen Einfall, fand in der Kathedrale ein Danksagungsgottesdienst statt, an dem die gesamte großherzogliche Familie, Regierung, Kammerpräsident E. Reuter und die in Luxemburg ansässigen Diplomaten teilnahmen; ein vom kurz zuvor aus dem KZ zurückgekehr-

Bildchen mit den Umrissen Luxemburgs und den beiden Frauen, die im Zweiten Weltkrieg die Unabhängigkeit des Landes verkörpert haben: die Großherzogin im Exil und die Muttergottes in der Kathedrale. Privatsammlung. Foto: Erzbistum Luxemburg.

Die Consolatrix, Schutzpatronin des Landes. Einlegebildchen aus der unmittelbaren Nachkriegszeit. Privatsammlung. Foto: Erzbistum Luxemburg.

---

32 Ein nicht unterzeichneter Artikel aus dem Marienkalender von 1948 (*Die Oktavprozession in den Stürmen der Zeit*, S. 19–24, hier S. 24) behauptet im Gegenteil, die Prozession habe 1945 wegen starker Truppenbewegungen nicht stattgefunden. Das kann nicht stimmen: Im *Luxemburger Wort* war sie am 2. Mai angekündigt worden (S. 2), und die Ausgabe des 9. Mai veröffentlichte ein Foto mit dem Sakramentshimmel und der Großherzogin, unter der Überschrift »D'Grande-Duchesse bei der Oktav-Prozessio'n« (S. 1).

ten Dirigenten des Cäcilienchores Jean-Pierre Schmit komponiertes Te Deum wurde dabei uraufgeführt.[33]

Ein geschichtsinterpretierender Farbdruck von Jeanne Mootz stammt aus der Zeit vom Kriegsende (Mai 1945): Ein amerikanischer Soldat in Uniform bringt der Stadtpatronin, die ihren weißen Schleier über die Felsenstadt breitet, den historischen Schlüssel von 1667 zurück. Gedeutet wird das Bild zweisprachig am unteren Rand: »Le libérateur rend la liberté à la Ste Vierge, symbole du Luxembourg. The Liberator returns freedom to the Holy Virgin, symbol of Luxembourg.«

Mit Sonja Kmec ist schlussfolgernd festzuhalten: »La suppression des processions et pèlerinages de groupe, ainsi que la mise à mort de membres du clergé luxembourgeois, conduit à identifier la Consolatrice avec la Résistance et, plus tard, avec la Victoire.«[34]

In den Jahren unmittelbar nach dem Krieg verzeichneten sowohl die heimatlich gefärbte Consolatrix-Literatur als auch die marianische Kunstproduktion Höhepunkte. Für letztere seien das von Emile und Joseph Probst 1945 gemalte große Votivbild der Trösterin der Betrübten, als Schutzmantelmadonna über den Silhouetten von Stadt und Land schwebend, sowie die Consolatrix über den Kriegstrümmern von François Gillen erwähnt. Das *Luxemburger Wort* brachte nun regelmäßige Oktavrubriken während der Wallfahrtszeit.

Das 1941 vor dem Gnadenbild in der Kathedrale von Resistenzler-Scouts abgelegte Versprechen wurde 1951–52 durch den Bau der Scoutskapelle »Notre-Dame des Bois« auf Neuhäusgen eingelöst; jedes Jahr wird hier der umgekommenen Boy-Scouts aus der Resistenz gedacht. In Dippach wurde 1948, als Dank für die heimgekehrten Zwangsrekrutierten aus der Ortschaft, eine Weg-Kapelle zu Ehren der Trösterin der Betrübten errichtet. Ähnlich in Emeringen, Filiale der bis 2017 bestehenden Pfarrei Elvingen, wo im selben Jahr eine Consola-

---

33 Vgl. *Luxemburger Wort* (11.5.1945), S. 2.
34 Sonja KMEC, *Conclusion. Coutumes ancestrales ou traditions inventées?*, in: CNA (éd.), *Kalbasslamettanationalpilgeralbun*, S. 52–65, hier S. 54.

trix-Kapelle als Denkmal für die Gefallenen der Pfarrei und als Dank für den besonderen Schutz während des Krieges konsekriert wurde. Daran schloss sich eine jährliche Wallfahrtsprozession zu Ehren der Trösterin an, Einlösung eines Versprechens der Dorfbewohner während des Krieges.[35] Ähnliche Gelübde wurden in anderen Ortschaften gemacht und nach dem Krieg durch Errichten von kleinen Marienheiligtümern und -wallfahrten honoriert, wenngleich nicht unbedingt unter der Anrufung »Trösterin der Betrübten«: U. L. F. von Fatima auf Baessent/Niederwiltz,[36] Muttergotteskapelle in Böwen (Bavigne) am Stausee,[37] Rollingen bei Mersch mit Bildchensprozession,[38] Friedenskapelle zwischen Heffingen und Reuland[39] usw. Die Muttergottes von der Girsterklaus, die während des Krieges heimlich von einem Mädchen vor den Nazis gerettet, ins Pfarrhaus von Herborn und später ins bischöfliche Palais nach Luxemburg gebracht worden war, konnte nach dem Krieg wieder feierlich in ihrer Kapelle aufgestellt werden.[40]

Wiederaufbau

Die Erlebnisse der Kriegszeit prägen die Oktave auch in den unmittelbar folgenden Jahren.[41] In den Auseinandersetzungen, die bald zwischen Patrioten und früheren Protagonisten der Okkupation ausge-

---

35 *Beten zur Trösterin der Betrübten*, in: *Luxemburger Wort* (3.10.2009), S. 43.
36 ŒUVRES PAROISSIALES NIEDERWILTZ (éd.), *Notre-Dame de Fatima et son sanctuaire à Wiltz*, Wiltz 2017. John LAMBERTY, *Die Brückenbauerin von »Baessent«*, in: *Luxemburger Wort* (24.5.2017), S. 19 f. Eine kurze Geschichte der Fatima-Stätte von Wiltz, in: *forum* Nr. 226 (2003), S. 25.
37 *Muttergottesstatue und »Häeregaard« wurden eingeweiht*, in: *Luxemburger Wort* (1.8.2000), S. 12.
38 *Prozession zum »Rollinger Bildchen«*, in: *Luxemburger Wort* (8.9.2000), S. 7.
39 P. W., *Die Kapelle Notre-Dame de la Paix*, in: *Letzeburger Sonndesblad* (15.5.1998), S. 6 f.
40 *Eine hohe Evakuierte. Die Muttergottes »vun der Girster Klaus«*, in: *Luxemburger Wort* (21.4.1945).
41 Jean HENGEN, *Die Luxemburger Marien-Oktave in den Jahren nach dem Krieg 1946–1949*, in: *nos cahiers* 18/2 (1997), S. 41–47; FALTZ, *Heimstätte*, S. 199–208. SCHREINER, *Muttergottesoktave*, S. 57–76.

fochten wurden, »wirkten die Oktavfeierlichkeiten wie lindernder Balsam. […] Diese versöhnende Funktion Mariens wurde gerade in der Oktavzeit mehr und mehr zu einer Brücke hin zu einem sich stetig festigenden sozialen Frieden.« (Bischof J. Hengen)[42] Besonders die Oktavpredigten trugen zu einer neuen Kohäsion der Luxemburger bei. »In seinen Hirtenbriefen, die Bischof Philippe im Vorfeld jeder Oktave der unmittelbaren Nachkriegszeit schrieb, rief er immer wieder auf, die Oktavefeiern nicht nur als nationale, gar patriotische Äußerlichkeiten zu begehen, sondern sie zu einer Zeit der echten Begegnung mit Gott im Gebet und in den Sakramenten zu gestalten.«[43] Bald verlief die Oktave wieder wie in den Vorkriegsjahren. Der Brauch, während der Oktave in den Pfarreien einen Votivaltar herzurichten und am Schlusssonntag die Pfarrei der Muttergottes zu weihen, wurde auf Anregung des Bischofs noch einige Jahre beibehalten.

Aufbruchstimmung

Die Wallfahrt 1946 wurde als »Oktave des Sieges« wieder vierzehntägig gefeiert; wortgewandter Prediger war Prof. Fritz Rasqué. Zum ersten Mal brachten bei der Eröffnung Jungbauern und Jungwinzer Weizen, Wein und Wachs für die Oktavfeierlichkeiten dar, was sich bis ins 21. Jahrhundert erhalten hat. Auch kam der Brauch auf, dass junge Mädchen den »Herrgottsaffer« von Karfreitag, d. h. den Wert von Süßigkeiten, Naschereien, Rauchwaren usw., auf die sie verzichtet hatten, auf den Altar legten. Erstmals fand die Wallfahrt der bischöflichen Konvikte von Luxemburg, Diekirch und Echternach statt, ebenso die Pilgerfahrt der ehemaligen Deportierten und politischen Häftlinge. Da noch nicht alle Zwangsrekrutierten heimgekehrt waren, feierte Bischof Philippe 1946–1949 eine Oktavmesse »für die Rückkehr unserer Jugend«, sie wurde ab 1950 umbenannt »für alle gefallenen und vermiss-

---

42 HENGEN, *Marien-Oktave*, S. 41 f.
43 SCHREINER, *Muttergottesoktave*, S. 65.

IV. Zweiter Weltkrieg und Wiederaufbau (1940–1962)

ten Söhne der Heimat«, ein Anliegen, das sich bis ins 21. Jahrhundert gehalten hat. Das Hochamt für die Luxemburger in Amerika wurde ausgeweitet auf »alle Luxemburger Landeskinder und die Wohltäter Luxemburgs in Amerika«. 1946 kamen über 93.000 Pilger in die Oktave, um die 33.000 Kommunionen wurden ausgeteilt, über 500 Messen gehalten.

Die Schlussprozession der »Siegesoktave« 1946. Foto: DAL, GV.FT003016.

1947 folgte die »Oktave des Aufbaus«. Zum fünfzigsten Mal kamen in dem Jahr die Metzer Pilger in die Oktave, mit sechs Pilgerzügen und rund 7.000 Katholiken, begleitet von ihrem Bischof Heintz; 1946 waren es bereits 2.200 gewesen, 1948 wurden es über 14.000[44] – böse Zungen behaupteten, es sei nicht nur aus Frömmigkeit, sondern auch zum Einkaufen, da das Warenangebot in Luxemburg günstiger war als in Frankreich: daher der Name »Pèlerinage à Notre-Dame du Bon Café« (sic). Im Jahr 1947 wurde unter großer Beteiligung eine Statue der Muttergottes von Fatima durch das Großherzogtum getragen, was einem marianischen Triumphzug gleichkam.[45]

Die Oktave 1948, »Oktave des Friedens«, verlief in gewohnter Manier. Sie erlebte bei der Männerwallfahrt, wie 3.500 Männer nach dem Pilgergang vom Glacis in die Kathedrale an der Mitternachtsmesse teilnahmen. Zum ersten Mal kamen auch wieder Pilgergruppen aus Belgien.

Seit 1946 pilgert die Armee im Rahmen der Oktave geschlossen in die Kathedrale, neben der bis ins 19. Jahrhundert zurückreichenden Teilnahme an der Schlussprozession (Eskorte vor dem Gnadenbild bzw. neben dem Sakramentshimmel). Unter Aumônier Gustave Weis (1972–97) zogen jährlich zwischen 250 und 400 Militärs festlich in die Kathedrale, um der Oktav-Messe beizuwohnen, die von der Militärmusik sowie einem Chor von Freiwilligen gestaltet wurde. Auch Gendarmerie und Polizei kamen dazu. Zusätzlich wurde zu Beginn der Oktave aus der Kaserne vom Herrenberg, dem Militärausbildungszentrum oberhalb der Stadt Diekirch, eine sonntägliche Radiomesse übertragen, die durch ihren eigenen Charakter hervorstach und sich großer Beliebtheit bei Mitfeiernden und Zuhörern erfreute – das gilt bis heute, wo es zudem nun eine Fernsehmesse ist.

---

44 m. h. [Monique HERMES], »*Du standst in alten Jahren*«. DICOP, *Centenaire*, S. 35. FALTZ, *Heimstätte*, S. 243 f. und 246.

45 *Triumphzug U. L. Frau von Fatima durch das marianische Luxemburg*, hg. von der ACML, Luxemburg o. J. *Unsere Liebe Frau von Fatima*, in: *Luxemburger Marienkalender* 1948, S. 57–64. Joss SCHEER, *Le voyage de Notre-Dame de Fatima*, in: *Luxemburger Wort* (7.9.2007), S. 26 f.

Für das 1950 gefeierte Heilige Jahr wurde ein Kurzfilm mit verschiedenen szenischen Etappen der Muttergottesverehrung in Luxemburg, darunter auch Oktav-Szenen, gedreht.[46] Die Oktave war in den fünfziger Jahren[47] durch eine sehr große Teilnahme der Bevölkerung gekennzeichnet, Auswirkung der für Luxemburg typischen Symbiose zwischen Nation und Kirche, die sich auch nach dem Krieg um die beiden Frauengestalten Charlotte und Maria verdichtet hatte. Besondere Höhepunkte waren, wenn »Landesmutter« und »Himmelsmutter« vereint in der Kathedrale unter »ihrem« Volk weilten, das sich durch Patriotismus und Einigkeit genauso wie durch tiefe Religiosität und Marienliebe charakterisierte. Die Oktavprozessionen, die aus Stadt und Land zur Kathedrale wallfahrteten, oft zu Fuß und von weit her, waren groß und beeindruckend: mehrere Hundert Pilger aus den Landgemeinden, über Tausend und weit mehr aus den Städten. Allerdings wurde die Pilgerzahl aus der Zeit nach der Jahrhundertwende (1905: fast 100.000) nicht mehr erreicht, war aber dennoch stattlich (1958: 82.500). Hervor stachen auch die vielen Pilger aus dem Ausland, aus Belgien und Lothringen. 1954 und 1958 verband sich die Oktave mit der Organisation einer internationalen Lichtstafette, die von Lourdes ihren Ausgang nahm.[48]

Bischof Philippe veröffentlichte für die Muttergottes-Oktave seit 1945 jährlich ein längeres Hirtenschreiben und stellte die marianischen Glaubenswochen unter ein Thema. Seither und bis heute ist jede Oktave thematisch ausgerichtet. Bei Philippe dominierte die spi-

---

[46] *»Ewige Madonna«. Ein Luxemburger Film aus dem Jahr 1950*, in: *forum* Nr. 226 (2003), S. 26 f. Vgl. auch FALTZ, *Ausland*, S. 197 f. Zum allgemeinen Kontext vgl. Reinhold ZWICK, *Maria im Film*, in: *Handbuch der Marienkunde*, II, S. 270–317, bes. S. 283–303.

[47] Georges HELLINGHAUSEN, *Die Luxemburger Kirche in den 50er Jahren*, in: *Luxemburg in den 50er Jahren: eine kleine Gesellschaft im Spannungsfeld von Tradition und Modernität*, hg. von Claude WEY (= Publications scientifiques du Musée d'Histoire de la Ville de Luxembourg, t. III), Luxembourg 1999, S. 81–98, bes. S. 90–93. SCHREINER, *Muttergottesoktave*, S. 66–76.

[48] Am Abend der Schlussprozession 1958 brachten Scouts von Echternach her das in Lourdes angezündete Licht in die Kathedrale. Von dort wurde es in das ganze Land getragen.

rituelle Ausrichtung, weniger das Nationale. Ihm ging es vornehmlich um eine geistige Vertiefung und Erneuerung des Luxemburger Volkes, daher sein wiederholter Aufruf zu Verinnerlichung, Gebet und Buße. Er selbst konnte aus Gesundheitsgründen nur sehr beschränkt an den Oktavfeierlichkeiten teilnehmen, er assistierte aber vom Bischofsthron aus bei den großen Gelegenheiten (Eröffnung, Schlusssonntag …), derweil sein Koadjutor Leo Lommel pontifizierte. Rührend die Szene, die öfter im *Wort* wiedergegeben wurde, wenn die Großherzogin vor dem Verlassen der Kathedrale dem siechen Bischof, der an seinen Thronsitz gefesselt war, kniend den Ring küsste.

Die Oktav-Themen griffen zunächst vor allem die weltkirchlichgeistliche Aktualität auf und orientierten sich stark – das war allenthalben in den fünfziger Jahren Usus – am Papsttum. Später, unter Bischof Lommel, kam das Anliegen einer gesellschaftlichen Erneuerung und Glaubensvertiefung, das immer dringlicher wurde, zum Tragen. Die jährlichen Themen, die von den Oktavpredigern in der täglichen Pontifikalandacht entfaltet wurden, lauteten: Oktav des Heiligen Jahres 1950 (Prediger: Mgr. Léon Lommel), Oktav der Verherrlichung 1951 (Anklang an die Dogmatisierung der Aufnahme Mariens in den Himmel; Prediger: Alphonse Turpel, Direktor am »Institut Saint-Jean«), Oktav des Gebetes 1952 (Dechant Matthias Weber), Oktav der Eucharistie 1953 (Pfarrer Richard Meyers), Oktav der Immakulata 1954 (zur Jahrhundertfeier des Dogmas der Unbefleckten Empfängnis; Prediger: Konvikts-Direktor Arnold Dentzer), Oktav im Zeichen der Liturgie 1955 (Friedrich Rasqué, Professor und Seelsorger am städtischen Lycée de Garçons), Oktav des Papstes 1956 (Pater Joseph Schaack SJ), Oktav der christlichen Familie 1957 (Redemptoristenpater Alfons Bausch), Oktav des Glaubens 1958 (Bischof Lommel), Oktav im Zeichen des Priestertums 1959 (Benediktinerpater Beda Döbrentei, Wallfahrtsleiter Mariazell), Maria und die Kirche 1960 (Pater Thomas Kaschten, Provinzial der Herz-Jesu-Kongregation).

Oktav-Verlauf

Höhepunkte der Oktave waren jeweils die Eröffnungsfeier, die Sonntagspontifikalämter, die Krankenandacht, die nächtliche Männerwallfahrt (Teilnahme: 3.000–4.000), die Erneuerung des »Votum solemne« am dritten Oktav-Sonntag und die große Schlussprozession. Eine prallvoll gefüllte Kathedrale mit vielen Stehplätzen bis vor das Hauptportal war keine Seltenheit.

Täglich berichtete das *Luxemburger Wort* über die Oktave in speziellen Rubriken: Oktavchronik, Oktavgestalten, Oktavbilder, Oktavprediger, Oktavpredigten (in Zusammenfassung oder *in extenso*). Der Ton der Reportage war fromm-erbaulich und werbend-salbungsvoll, er entsprach der Tonalität der Feiern und der Ansprachen – erst ab den 60er Jahren wurde er nüchterner und sachlicher, der Inhalt der Predigten heilsgeschichtlich und existenziell ausgerichtet. Einige Male figurierten die Oktavrubriken in unmittelbarer Nähe zu Einladungen für CSV-Veranstaltungen. Reich bebildert und ausführlich war der Bericht über den Schlusssonntag mit dem vom Nuntius zelebrierten Pontifikalamt, der Erneuerung der Muttergottesweihe durch den Bischof und schließlich, als Apotheose, der Schlussprozession mit der großherzoglichen Familie. Bilder der Vertreter des Hofes an den Ruhealtären sowie von einherschreitenden Prälaten und Vertretern der hohen Politik gehörten genauso zum wiederkehrenden Illustrationskanon wie die langen Scharen von »Engelcher« oder der »Himmel« mit dem Allerheiligsten. Nach 1955 wurde auch die Eröffnungsfeier, seit dem Marianischen Jahr 1954 auf den Samstag vorverlegt (vorher Sonntag), ausführlicher in Wort und Bild referiert. Abbildungen des Gnadenbildes, aus unterschiedlichen Winkeln aufgenommen, häuften sich.

Das *Wort* verwies auf religiös-marianische Publikationen (dritte Auflage von Michael Faltz' »Heimstätte U. L. Frau von Luxemburg« 1948; neues Schrifttum: Oktavpredigten im Druck, ein Marienbüchlein der Action Catholique Masculine, verfasst von Victor Elz, »Die

Trösterin am Weg der Zeit« 1951 usw.), auf Filme und Ausstellungen im Rahmen der Oktave, regelmäßig und z. T. ausgiebig über »drei Besuche, die kein Pilger unterlassen sollte«, nämlich die Missionsausstellung im Vereinshaus, den »Bazar de Charité« auf dem Knuedler und die Paramentenausstellung der »Œuvres du Tabernacle« im Zitha-Kloster. Diese Ausstellungen, die öfter durch »hohen Besuch« (Großherzogin und Prinzessinnen) geehrt wurden, sind auch insofern sprechend, als sie wesentliche Aspekte des Luxemburger Katholizismus aus der Nachkriegszeit offenbaren: missionarische Ausrichtung, tätige Nächstenliebe und liturgisch-kultische Dimension.

Im Marienjahr 1954 kam eine Madonnen-Ausstellung (»La Vierge dans l'art ancien au Luxembourg«) im staatlichen Museum hinzu. Eine Neuerung, die sich ebenfalls ab jenem Jahr durchsetzte: Die Sakramentsprozession bei der Eröffnungsfeier wurde ersetzt durch eine Prozession mit dem Gnadenbild, das von Konviktsschülern – in Anklang an das Tragen der Statue durch Studenten 1624 – vom Hochaltar durch die Seitenschiffe der Kathedrale in einem kleinen Rundgang zum Votivaltar getragen wurde, wo es für die Oktave aufgestellt wurde. Seit einigen Jahren ist das Ritual dahingehend abgeändert worden, dass die Statue nunmehr vom hinteren Portal der Kirche durch den Hauptgang zum Altar getragen wird.

Nahezu perfekt war die Symbiose dieser religiös-nationalen Manifestation mit dem Pulsschlag der Zeit, bis hin zur Eintracht mit der Geschäftswelt, die für die Oktavzeit Sonderangebote mit extra »Oktav-Preisen« machte und die gute Gelegenheit, welche die Anwesenheit großer Teile der Bevölkerung und zahlreicher ausländischer Pilger in der Hauptstadt darstellte, nicht verpasste. Der Wallfahrts-Kommerz blühte. Ab 1958 wurden die vier Ruhealtäre, von denen während der Schlussprozession der Segen erteilt wurde, im modernen Sinn neugestaltet.

Seit 1956 erscheint die Zeitschrift der ACFL *Marienland. Zäitschréft fir d'kathoulesch Fraenaktioun*. Die Berichterstattung im *Wort*, gekoppelt mit ausführlichen »Warte«-Artikeln zu Geschichte, Literatur und Paränese im Zusammenhang mit der Wallfahrt, nahm ab der Jahrzehnthälfte zu und weitete sich 1957–58 zu ganzen Oktav-Seiten aus. Oft füllte die Oktave die dritte, sprich wichtigste Zeitungsseite aus, ein weiteres Indiz für die Bedeutung, die die überall verbreitete katholische Tageszeitung den Feierlichkeiten beimaß. Auch nahmen die Fotos zu, besonders ab 1958 die Darstellung von Prozessionen, meist lange Menschenschlangen, die sich auf die Kathedrale zubewegten. Serien von Oktavbildern, verborgene Facetten und Anekdoten im Umfeld der Wallfahrt und ihrer Bräuche von Abbé Nicolas Theis ergänzten die Reihe der Wallfahrtsgeschichte von Dechant Michael Faltz. Alles Indizien, dass nicht mehr nur das strikt Kultische an sich, sondern auch der religiös tätige Mensch immer mehr in den Vordergrund rückte, eine Entwicklung, die sich in späteren Jahren und Jahrzehnten durchsetzte und das unmittelbar Sakrale in der Bebilderung etwas zurückdrängte. Ein spezielles Logo aus religiösen Emblemen der Wallfahrt, oft in Verbindung mit päpstlichen Symbolen (z. B. Kathedrale und Petersdom), lenkte täglich die Aufmerksamkeit auch des oberflächlichen Lesers auf die Oktavchronik. Die Titel, besonders im Rahmen der Schlussprozession, klangen besonders zu Beginn des Jahrzehnts durch ihre Superlativformulierungen triumphalistisch. Gegen Ende des Jahrzehnts, nachdem sich in Luxemburg europäische Verwaltungen niedergelassen hatten und sich die Bevölkerungsstruktur änderte, spürte man, zumindest diffus, eine neue Zeit aufkommen, wie etwa eine Bildzeile zur Reportage der Schlussprozession verrät: »Auf den Pilgerwegen der Väter in die neue Zeit«,[49] oder der Spendenaufruf »Für eine Neugeburt der Marienverehrung«.

---

49 *Luxemburger Wort* (10. Mai 1958), S. 1.

Exkurs 13: Marianische Literatur (Poesie und Prosa)

»Jede Zeit prägt unsere Marienwallfahrt mit eigenen Zügen, und doch klingt darin ein Besonderes an, das wie ein mächtiger Psalm die Jahrhunderte durchweht.« (Henri Blaise)[50] Das gilt auch für die Oktav-Literatur.[51]

Jesuitentheater und andere Klassik

In der Jesuitenzeit (1594–1773) geschieht das marianische Dichten in lateinischen, klassisch-humanistischen Formen. Beachtung fand das 1674 veröffentlichte Lobgedicht auf die Patronin »Anathema Rhetorum«, in dem Luxemburg als Nymphe dargestellt wird, um deren Gunst Spanien und Frankreich rivalisieren. Abgehende Kollegsrektoren weihten sich der Patronin in einem 1719 erschienenen, 196 Verse zählenden Weihegesang. Die Väter der Gesellschaft Jesu hielten ihre Schüler an, Lobgedichte auf die Madonna zu verfassen, dies geschah besonders in der letzten Zeit der Jesuitenära. Eine Blüte klassischer Dichtung sind danach die für das Jubiläum von 1781 von Stadtpfarrer Paul Feller verfassten lateinischen Marienwidmungen in Versform für die in der Nikolauskirche aufgestellten Wappen der 15 Städte des Herzogtums Luxemburg.

In der Anfangszeit des Luxemburger Consolatrix-Kultes stechen zwei Dramen des von den Jesuiten gepflegten Theaters[52] hervor: der Dreiakter »Marie, Consolatrice des Affligez, asyle des Pais-Bas« (1652) und das Mysterienspiel »Maria, Trösterin der Betrübten, Schutzpatronin der Stadt Luxemburg« (1674). 1666 gab es im Rahmen der großen Schauprozes-

---

50 Albert ELSEN, *Te Matrem praedicamus. Dichtung um das Gnadenbild der Trösterin der Betrübten*, in: *Luxemburger Marienkalender* 1966, S. 65–76, hier S. 76.

51 Zu dem ganzen Themenkreis Consolatrix- und Oktavliteratur vgl.: Michael FALTZ, *Dichter und Sänger im Dienste der Trösterin der Betrübten*, Luxemburg 1952. ELSEN, *Te Matrem*. Nicolas HEINEN, *Zeugnisse aus großer Zeit. Aus dem heimatlichen, marianischen Schrifttum*, Luxemburg 1978.

52 Zu Maria im Jesuitentheater allgemein vgl. R. WIMMER, *Jesuitentheater*, in: *Marienlexikon*, III, S. 375–377.

sion ein herausragendes Schauspiel, das Maria in Verbindung brachte mit den alttestamentlichen Gestalten von Judith und Königin Esther. Sehr reichhaltig entwickelte sich das marianische Theater im Vergleich zu anderen literarischen Gattungen in Luxemburg jedoch nicht.[53] Hingegen ist, für die Moderne, zu erwähnen das »Letzeburger Muttergottesspill« »Terra Mariana« von Josy Noesen, geschrieben 1940, das aber wegen Kriegsbeginns nicht aufgeführt werden konnte. Nikolaus (Nicolas) Heinen lässt in seinem chorischen Spiel »Consolatrix afflictorum« von 1961 die Geschehnisse um die Entstehung des Trösterin-Kultes in dichterischer Form Revue passieren und greift dabei zurück auf das fünfaktige Drama »Maria, der Betrübten Trösterin« des 1912 verstorbenen Geistlichen Michel Hostert, das Laurent Menager 1895 vertont hatte. Es folgte Alain Attens szenisches Muttergottesspiel »Iwwert eis Kraaft« im Jubiläumsjahr 1966 und das für die »Schulkinder der Stadt« zu Beginn des Jubiläums 1977/78 aufgeführte Festspiel »Looss all Déng Kanner ëm Dech sin«.

Die Zeit der Aufklärung und der Revolutionen (französische und belgische), *grosso modo* von 1792 bis nach 1840, brachte mit sich, dass die innige Verbundenheit des Volkes mit der Schutzpatronin zurückging, zumal der öffentliche Consolatrix-Kult großenteils verschwunden war: kaum mehr Dichtungen, und wenn, dann allgemein an Maria gerichtet bei Unterlassung des Titels und Gedankens der Trösterin. Der langjährige geistliche Athenäumsdirektor Michael Nikolaus Müller, Direktor von 1821 bis 1866, beschreibt diese traurige Zeit in seinem Gedicht »Carmen saeculare«. Im genannten Sinn zu erwähnen ist für besagte Periode das Sonett des französischen Journalisten Franz Pergameni von 1824, »Die Prozession der Marien-Oktave«. Hervor taten sich auch mit Mariengedichten zwei Professoren am Luxemburger Athenäum: der deutsche Konvertit Ernst Koch (1808–1858) und der früh verstorbene Peter Klein (1825–1855).

---

53 Alphonse SPRUNCK, *La Sainte Vierge sur la Scène du Collège des Jésuites de Luxembourg*, in: *Luxemburger Wort*/Festbeilage zur Konsekration der Kathedrale (7.12.1963), S 10 f.; ebenso in: *La cathédrale Notre-Dame*, S. 41–44.

Exkurs 13: Marianische Literatur (Poesie und Prosa)

Mariendichtung vor und nach 1900

Seit der Mitte des 19. Jahrhunderts entstehen, bis nach dem Zweiten Weltkrieg, Mariendichtungen in ehrfürchtig-frommer Gesinnung, zunächst auf Deutsch und mehr und mehr in Luxemburger Sprache. Nicolas Heinen sieht in den Jahrzehnten von 1890 bis 1970 die »große Zeit« der marianischen Literatur Luxemburgs.[54] Die Wende war eingetreten mit dem Apostolischen Vikar J. Th. Laurent. In dem unter ihm herausgegebenen Liederbuch für das Apostolische Vikariat »Himmelsharfe« kam die Trösterin wieder zu Ehren. Lange nach seinem forcierten Abgang 1848 schrieb er aus weiter Ferne ein lyrisches, romantisches Gedicht an die Trösterin, »Abschied vom Luxemburger Gnadenbild«.[55] Marienlieder und -gedichte wurden nun geschrieben von W. Hülsemann, Th. Klein, N. Leonardy, W. Zorn.

Im Zeitalter der Romantik entstehen auch die Luxemburger Marienlegenden, erstmals in den vierziger Jahren unter dem preussischen Hauptmann der in Luxemburg stationierten Garnison Theodor von Cederstolpe, 1855 von P. Am-Herd in seiner Geschichte der Verehrung der Trösterin publiziert und später von der Schulschwester Marie Paule Steffen dichterisch umschrieben: Studenten finden das Gnadenbild in einem hohlen Baum, nehmen es mit, doch tags darauf ist es wieder in seinem Baum; das mehrere Male, um anzuzeigen, dass es an dieser Stelle eine Kapelle errichtet haben möchte … Cederstolpe behandelt in weiteren Gedichten die Entweihung des Neutors und die Unterlassung der Oktavprozession unter den Sansculotten.

Besonders tat sich M. Nikolaus Müller als Dichter und Troubadour U. L. Frau von Luxemburg hervor, der, in lateinischer, französischer und deutscher Sprache, zahlreiche Ansprachen, Zeitungsartikel, Schriften, Oden und Epen, Mysterienspiele, Huldigungen, Lieder und Gesänge ihr zu Ehren verfasste, besonders aber die lateinischen (später

---

54 HEINEN, *Zeugnisse*, S. 9.
55 HELLINGHAUSEN, *Bischof Laurent*, S. 32–35.

von Prof. Leopold Tibesar im ursprünglichen Versmaß verdeutlichten) Hymnen zu den Metten, den Laudes und der Vesper des 1864 neu herausgegebenen Offiziums der Trösterin der Betrübten dichtete. Er kommentierte in zehn Gemälden den neuen Fensterzyklus des Atelier Maréchal im Längsschiff der Liebfrauenkirche nach deren Gotisierung. Müller gilt auch als Vater des 1853 von Provikar Nikolaus Adames teilweise umgearbeiteten Stundengebets von P. Scouville (1680) und als Schöpfer der wohl von Heinrich Oberhoffer 1859 vertonten und dann sehr populär gewordenen Oktavmesse »Ave spes nostra«.[56]

Der aus Dippach stammende Redemptorist und Argentinien-Missionar Jean-Pierre Didier komponierte 1879 auf einer Schiffsreise entlang der Südamerikaküste ein pathetisches, von Marienliebe und Heimatsehnsucht glimmendes Epos mit 121 Strophen zu je vier Versen, das 1890 als Büchlein erschien: »Der Luxemburger in der Fremde und die Trösterin der Betrübten«.[57]

Moderne Consolatrix-Autoren

Nikolaus Welter schildert die alljährliche Wallfahrt seiner Heimatpfarrei Mersch als trautes Kindheitserlebnis. Jean-Pierre Erpelding lässt bei der Beschreibung der Prozession der Bauern aus dem Syrtal Heimatgefühle aufkommen und gestaltet in seinen Oktavchroniken das Oktavgeschehen in dichterischer Manier. Für Paul Noesen stehen die Moselpilger im Mittelpunkt, er lässt in seiner Erzählung »Job der Baumeister« 1961 den Luzerner Erbauer der Jesuitenkirche aufleben. Albert Elsen erzählt vom Besuch des Herzogs Karl Alexander von Lothringen, Generalgouverneur der Niederlande, in der Gnadenkapelle auf dem Glacis 1750. Auch hat er sich als Schöpfer von Mariengedichten

---

56 Michael FALTZ, *M.-Nikolaus Müller, Troubadour U. L. Frau von Luxemburg*, in: *Luxemburger Marienkalender* 1952, S. 19–25.
57 Michael FALTZ, *Ein Troubadour der Trösterin*, in: *Luxemburger Marienkalender* 1965, S. 94–98.

(»Oktavgebied«, »Ons Le'ffra vu Letzeburg«, »Mutter der Liebe«) mit stark patriotischem Einschlag, die auch vertont wurden, hervorgetan.[58]

Willy Goergen wandte sich 1915 mit dem Gedicht »Ave Maria« an die »léif Himmelsmamm«. 1936 veröffentlichte der Priesterdichter Wilhelm Weis unter dem Namen Hermann Berg »Unserer Lieben Frau Oktavbilder«, ein Erlebnisbericht des Pilgergangs in die Oktave mitsamt Ausführungen über die Pilgerkirche.[59] Wëllem Weis hat als Poet, Lyriker und Priester das Oktavgeschehen in jener Tiefe nachdrücklich dargestellt und gibt in seinen sich als Stimmungsbilder präsentierenden Erzählungen und Gedichten die Gefühle, Eindrücke und Empfindungen wieder, die ganze Generationen während der Oktavwallfahrt »wie heiliges Erbgut« beseelten.[60]

Als weitere Consolatrix-Dichter und -Autoren sind aufzuzählen: Roger Frisch, Nicolas Heinen, Alex Jacoby, Jos. Keup, Christoph Klausener, Bernhard Simminger, Gregor Stein, Marie-Octave Linden, Jempi Braun, Theodor Wies, Jang Thill, Eugène Bauler neben vielen anderen, sowie die Nichtluxemburger Richard Dehmel, der Jesuitenpater Wilhelm Kreiten und der Redemptorist P. Jesper. Auch Amerika-Luxemburger wie N. Gonner und J. P. Merkels haben luxemburgische Mariengedichte hinterlassen. Allgemein zeichnen die Texte sich aus durch religiöse Inbrunst und Pathos. »Auffallend ist die Wärme dieser Poesie, und man erlebt mit dem Dichter die Schwingungen seiner Seele und seines Gemütes.« (Bischof Joseph Philippe)[61] Viele dieser Gedichte und Prosatexte zu Consolatrix und Oktavwallfahrt wurden von Nic. Heinen gesammelt und besprochen in seinen »Zeugnisse aus großer Zeit« von 1978.

---

58 Rob ZEIMET, *Te patriam praedicamus*, in: *Die Warte* (4.4.2019), S. 2 f.
59 Zu beiden Autoren vgl. Nicolas HEINEN, *Ich sehe Dich in tausend Bildern*, in: *Luxemburger Marienkalender* 1966, S. 82–84.
60 Renée SCHLOESSER, *»Wie ein heiliges Erbgut«*, in: *Letzeburger Sonndesblad* (24.4.1994), S. 2.
61 FALTZ, *Dichter*, S. 5.

Prosatexte zur Oktave entstanden ab dem Übergang vom 19. zum 20. Jahrhundert, wobei das Oktaverlebnis breiten Raum einnimmt, als Einzelerlebnis und als Massenandacht des ganzen Volkes. Die Oktave ist »zunächst das Erlebnis der nächtlichen Wallfahrt: der Aufbruch in den frühen Morgenstunden, der Gang durch die nachtschlafenden Dörfer und die schweigenden Fluren und Wälder. Es reiht sich hieran das beglückende und bedrückende Erlebnis der Stadt. Für viele Kleinen die erste Begegnung mit deren Getriebe, für manche Erwachsene der einzige Besuch im Jahr in Luxemburg. Dazu kommt als drittes das religiöse Erlebnis, diese eigenartige Mischung von einmalig aufbrechender mystischer Inbrunst mit einer Massenfrömmigkeit, die hier aus Urtiefen erblüht.«[62] Einzureihen in die Prosaliteratur zur Oktave sind, sei es mit monografischen Darstellungen oder Skizzen, sei es mit Partien in ihrer Romanliteratur, bisweilen tiefreligiös, bisweilen oberflächlich, selten auch etwas spöttisch: Batty Weber, Jean-Pierre Erpelding, Arthur Hary, Nikolaus Welter, Paul Noesen, Wilhelm Weis (Hermann Berg), Jean Duren, Marcel Noppeney, Pierre Nothomb, Nicolas Heinen.[63] Die Lehrerin Milly Thill (1930–2021) hat eine Serie von Beschreibungen und pittoresken Erlebnisberichten um die Oktave veröffentlicht in »Vu déi Säit der Syr«, Greiweldeng 2012, und »FreedaFeier«, Luxemburg 2008.

Daniela Lieb bespricht die »Fülle der literarischen, vornehmlich lyrischen Produktion, die in den 1930er Jahren den marianischen Schutz als Garant für den Bestand und das Wohlergehen des Landes thematisiert«.[64] In derselben Linie erhielt die luxemburgische Mariendichtung einen kräftigen Impuls während und nach dem Zweiten Weltkrieg, als sowohl das Schicksal Einzelner wie das Überleben der Nation mit der Schutzherrschaft der Consolatrix in melancholisch-emotionalen Zügen in Verbindung gebracht wurde. Zu erwähnen sind diesbezüglich Pierre Grégoire, Nicolas Heinen, Jos. Keup, Willy Goergen,

---

62 *Die Oktave in der luxemburgischen Prosaliteratur*, in: *Die Warte* (17.5.1949).
63 Nicolas HEINEN, *Auf Pilgerfahrt*, in: KRIER, *L'Octave*, S. 33–37.
64 Daniela LIEB, *Luxemburgs 1930er Jahre*, S. 62.

Lucien Koenig, genannt »Siggy«, Josy Noesen, Isidor Comes, Lambert Schaus usw.⁶⁵ Nicht zu vergessen die Gedichte des langjährigen Rektors der Glacis-Kapelle Emmanuel Reichling.⁶⁶ Oder das von Jang Thill verfasste und 1966 von Domkantor Pierre Théato vertonte Gedicht »Vrum Bild vun der Tréischterin«.⁶⁷

Oktav-Texte (einzelne Oktavlieder und -gedichte, Geschichtliches von P. Am-Herd, Prosa von Jul. Reiffer, Nik. Steffen, Hélène Fournelle, Paul Noesen, Nik. Welter, Michael Faltz) waren im ausgehenden 19. und im 20. Jahrhundert in vielen Schulbüchern übernommen worden und vermittelten die Tatsache, dass das Oktavgeschehen, besonders der nächtliche Pilgergang zu Fuß, ein erlebnisreiches Ereignis und gängiger Bestand der Luxemburger gesellschaftlich-kulturellen Realität war.

In einer ethnologischen Studie über die luxemburgische Identität hält der Soziologe Paul Estgen fest, die Symbolik der Mutterfigur, die das Volk schütze – sie stehe ebenfalls an der Basis des Marienkultes –, sei in Verbindung zu setzen mit der Wahrnehmung der Luxemburger, die sie von ihrem »kleinen« Staat haben, dessen Überleben in einer feindlichen Welt von jenem mütterlichen Schutz abhänge.⁶⁸

Theologisches

Eine aktualisierte Oktav-Spiritualität und -Theologie ist im Vergleich zum umfangreichen historisch-kulturell-liturgischen Erbe eher spärlich.⁶⁹ Die 1977 in der Kathedrale gehaltenen Adventspredigten des franzö-

---

65 Dazu auch HEIDERSCHEID, *Si war eis Stäip*. HEINEN, *Zeugnisse*, S. 55–161.
66 In: *nos cahiers* 18/2 (1997), S. 40, 48, 102 und 160. HEINEN, *Zeugnisse*, S. 52f. Vgl. auch ein von E. Reichling verfasstes und von Nicolas Schuh vertontes Oktavlied in: *150 Joër Maîtrise*, S. 105.
67 MAÎTRISE DE LA CATHÉDRALE NOTRE-DAME LUXEMBOURG, *1844–1969*, S. 40.
68 Präsentation der nichtpublizierten Untersuchung bei Paul ZAHLEN, *L'identité luxembourgeoise. Une approche ethnologique*, in: *forum* Nr. 163 (November 1995), S. 32–35.
69 Beispiele aus dem deutschen Ausland: WINTER, *»Trösterin der Betrübten«*. Alfons BENNING, *Maria und der Trost*, Löningen 1990. Heinrich FRIES, *Hoffnung, die den Menschen heilt*, Freiburg-Basel-Wien 1979.

sischen Dominikanerpaters Marc Joulin über das Vatikanum II und die Gottesmutter Maria wurden von der ALUC (Association luxembourgeoise des Universitaires catholiques) veröffentlicht.[70] 1978 unternahm André Lesch bezüglich der Marienwahlen von 1666/1678 den »Versuch einer Übersetzung in die Gegenwart« (»Aspekte« Nr. 13–14). Die 1982 von Jesuitenpater Jos. Klopp edierten Aufsätze »Marienverehrung heute« präsentieren sich als systematische Überlegungen zur einheimischen Mariologie. Anregende Initiativen im Sinn von Nachdenklich-Meditativem hat Georges Vuillermoz unternommen. 1998 veröffentlichte er im Sammelband »time-out. Ein Suchender blickt auf Maria« die gut lesbaren Leitartikel, die er während fast 20 Jahren im *Lëtzeburger Sonndesblad* zur Oktavzeit geschrieben hatte. Auch erwarb er sich Verdienste durch die Veröffentlichung dreier Bände von »Te Matrem praedicamus« über die Oktavprediger und ihre Verkündigung.

2004 gaben Volker Zotz und Friederike Migneco ein »Marianisches Lesebuch zur Luxemburger Muttergottes-Oktave« mit dem Titel »Totus Tuus« heraus, in dem in- und ausländische Autoren Ursprünge und Zukunftsperspektiven der Oktave sowie des Marienkultes allgemein zur Sprache brachten. Mit zentralen Fragen um den einheimischen Marienkult und besonders die Oktave befasste sich 2005 ein diözesaner Fortbildungszyklus, der neue Ansätze thematisierte, ausgehend von Ausführungen der deutschen Religionsphilosophin Hanna-Barbara Gerl-Falkowitz. Die Beiträge wurden 2006 veröffentlicht in den »Clairefontainer Studien«, Band 6, unter dem Titel »D'Oktav als Erausfuerderung: ënnerwee …, mee wouhin? Mariendevotion zwischen Tradition und Moderne.« Eine feministische Mariologie war hingegen so gut wie gänzlich an Luxemburg vorbeigegangen.[71] Zum Jubiläum 2016 erschien eine Broschüre mit Evangelienmeditationen mehrerer Autoren unter dem Titel »›Consolatrice des Affligés‹. Marie de Nazareth au fil des évangiles«.

---

70 *Sermons de l'avent 1977 par le Père Joulin en la Cathédrale de Luxembourg. Le concile Vatican II et la Vierge Marie*, Luxembourg 1977.

71 Ausnahme ist Anastasia BERNET, »*Maria zu lieben … ?« Versuch einer feministischen Annäherung*, in: *forum* Nr. 226 (2003), S. 31–34.

Monografische Artikel, mehrere Kunstbücher und -führer gibt es zur Kathedrale, jedoch keine volkstümliche Darstellung der Oktavwallfahrt oder des Wallfahrtsgedankens. Ebenso fehlt ein aktuelles Pilgerbuch, wie man sie im Ausland findet. Von Interesse ist das Oktav-Kinderbuch der ErwuesseBildung von 2011, von Christiane Kremer-Hoffmann und Doris Schmoetten, »Maria, Mass a Mäertchen. Mit Pit in die Oktav«. Erbauliches gibt es von Michael Faltz, »Mit Königskrone und Lilienzepter« für das Marianische Jahr 1954.

Exkurs 14: Oktav-Geschichtsschreibung

Mit der Geschichtsschreibung über die Oktave haben sich befasst: Martin Blum,[72] Michael Faltz[73] und jüngst Sonja Kmec.[74] Martin Blum zählt 225 unterschiedlich große Druckwerke (Bücher, Broschüren, Bilder und fliegende Blätter) über die Consolatrix Afflictorum für die ersten drei Jahrhunderte ihres Kultes auf. Die ersten, anonym erschienenen Werke, in lateinischer, deutscher und französischer Sprache, kreisen um die 1626–48 an der Glacis-Kapelle vermerkten »Wunderwerck und gnadenreiche Hailungen«; sie stammen womöglich vom Wallfahrtsgründer Pater J. Brocquart. Von diesem ebenso eine auf 1648 zurückgehende erste vollständige Geschichte der Wallfahrtskapelle (Erbauung, Vergrößerung, Bedeutung). »Histoire de Notre-Dame de Luxembourg« war eine erweiterte Geschichte der Luxemburger Trösterin überschrieben, die 1724 in vier Teilen herauskam, eine Neuausgabe erschien 1769. Bereits 1736 war eine deutsche, mit

---

72 Martin BLUM, *Literatur des Gnadenbildes Mariä, der Trösterin der Betrübten, in der Kathedrale zu Luxemburg*, in: *Ons Hémecht. Festschrift zur Feier des 30jährigen Bestehens des Vereins, 1894–1924*, Luxemburg o. D., S. 203–257.

73 Gute Synthese der Oktav-Geschichtsschreibung bei FALTZ, *Ausland*, S. 175–178.

74 Sonja KMEC, *»Marienland Luxemburg«. L'historiographie du culte de Notre-Dame de Luxembourg entre aspirations universalistes et ancrage national*, in: Hémecht 66/3–4 (2014), S. 493–512.

IV. Zweiter Weltkrieg und Wiederaufbau (1940–1962)

Wunderheilungen durchsetzte Neubearbeitung derselben durch P. Peter Wiltz SJ unter dem Titel »Maria, Mutter Jesu, Trösterin der Betrübten« verfasst worden. Für das große Jubiläum von 1781 erschien eine Festschrift in deutscher und französischer Sprache. Danach war, während einem halben Jahrhundert, Funkstille. Nach dem Relaunch durch Bischof Laurent erhielt auch die Oktav-Geschichtsschreibung neuen Auftrieb. Der Redemptorist Paul-Aloyse Am-Herd (Amherd) publizierte 1855, ausgehend von Quellen, sein Werk »Maria, Trösterin der Betrübten oder Geschichte der Verehrung Mariä als Schutzpatronin der Stadt und des Landes Luxemburg«. Es folgte 1866 eine zweite, von Jean-Baptiste Fallize erweiterte Auflage, die das Jubiläum von 1866 integrierte, sowie mit einem Bericht über die Luxemburger Madonna in Amerika. Vom Jesuiten Julius Müllendorff gibt es gleich zwei Werke, die mehrmals aufgelegt wurden: »Kurze Geschichte des Gnadenbildes der Trösterin der Betrübten zu Luxemburg« (1866) und »Luxemburger Wallfahrtsbuch. Geschichte des Gnadenbildes der Trösterin der Betrübten zu Luxemburg, nebst Belehrungen und Gebeten« (1866). Dem entspricht, in französischer Sprache, die vom Jesuiten Louis Kuntgen (Küntgen) verfasste »Histoire de Notre-Dame de Luxembourg« von 1866, 1903 neu aufgelegt und chronologisch ergänzt durch Virginie Letellier-Neyen. Kuntgen hat sich an Am-Herd inspiriert, beide an Jean Engling und seinem nichtgedruckten Werk »Die Trösterin der Betrübten oder Geschichte der Verehrung Maria's unter gedachtem Titel als Schutzpatronin der Stadt und des Großherzogtums Luxemburg, quellenmäßig dargestellt« von 1855.

Im 20. Jahrhundert wurde bahnbrechend, wenngleich in der überkommenen pathetisch-hagiographischen Manier, das umfassende Werk vom Vikar von Liebfrauen, dem späteren Dechanten und Ehrendomherrn Michael Faltz. Unter seinen zahlreichen Oktav-Publikationen (»Die Kathedrale« 1945, »Dichter und Sänger« 1952, »Mit Königskrone und Lilienzepter« 1954, »Unsere Liebe Frau von Luxemburg im Ausland« 1958, unzählige Beiträge im *Luxemburger Marienkalender* usw.) ragt sein in drei aufeinanderfolgenden Auflagen (1920, 1927/28 und 1948) erschienenes Opus »Heimstätte U. L. Frau von Luxemburg« hervor. Von bleibendem Wert ist auch die Quellenzusammenstellung von Martin Blum, »Sammlung von Aktenstücken zur Geschichte des Gnadenbildes der Trösterin der Betrübten zu Luxemburg« von 1917.

Angekurbelt wurde die aktuelle Geschichtsschreibung durch die beiden großen Jubiläen 1966 und 1978. In den respektiven *Hémecht*-Jahrgängen sind wichtige Fragestellungen um die Luxemburger Muttergottesverehrung, ihre Entstehung und Verbreitung im In- und Ausland quellenmäßig und wissenschaftlich bearbeitet worden, besonders aus der Feder von Joseph Maertz und Michel Schmitt.[75] 1997 erschien eine *nos cahiers*-Spezialnummer (Jg. 18, Nr. 2) mit Beiträgen über die Oktave im 19. Jahrhundert sowie in und nach dem Zweiten Weltkrieg, über Votivaltar und Wallfahrt in künstlerischen Darstellungen, über die Geschichte der Oktavmesse, über Marienverehrung und Volksfrömmigkeit bzw. Folklore. Die Bedeutung der Oktave für die Bevölkerung z. Z. des Kriegsgeschehens ist in rezenten Publikationen zudem mehrfach gewürdigt worden, so von Paul Dostert, André Heiderscheid und mir selbst. Bereits 1984 hatte *nos cahiers* Nr. 2, Jg. 5, bezüglich des Nationalgefühls den marianischen Einschlag ventiliert (Beiträge von Ed. Molitor und G. Trausch). Die im Luxemburger Kolleg von den Jesuiten gegründete Bruderschaft der Trösterin der Betrübten ist im Kontext der Sodalitäten und Bruderschaften der Jesuiten im Herzogtum Luxemburg ebenfalls untersucht worden (u. a. *Hémecht* Nr. 1/1994, Nrn. 3–4/1997 und Nr. 1/2017).

Handlich für den pastoralen Gebrauch sind drei Beiträge von Erzbischof Jean Hengen in der kurzlebigen Beilage zum Kirchlichen Anzeiger *Dossier fir Informatioun an Dokumentatioun*. Sie greifen die zentralen Oktav-Themen übersichtlich auf: »Die Consolatrix Afflictorum in Luxemburg« (2/1993), »Unsere Oktave, eine Doppeloktave« (2/1994), »Die Oktave, eine nationale Andacht« (5/1995). Von den an der Theologischen Fakultät Trier abgegebenen Diplomarbeiten von Émile André

---

[75] *Hémecht* 18/1 und 18/3 (1966), 30/1–2 (1978).

(»Die Geschichte des Festes, des Offiziums und der Messe der ›Consolatrix Afflictorum‹«, 1982) und Luc Schreiner (»Die Luxemburger Muttergottesoktave im 20. Jahrhundert«, 2004) war bereits die Rede. Systematisch bearbeitet hat der Trierer Professor Andreas Heinz in zahlreichen Beiträgen die Geschichte und verbliebene Vitalität des Consolatrix-Kultes in den altluxemburgischen Eifel-Gebieten, die heute zum Bistum Trier gehören.[76]

In ihrer Recherche über die Oktavgeschichtsschreibung, die auch quantitative Ergebnisse liefert, betont die Historikerin Sonja Kmec: Die Hälfte der Geschichtsschreiber über den Luxemburger Muttergotteskult sind geweihte Autoren, im 17. und 18. Jahrhundert besonders Jesuiten, so dass sich die Frage der religiösen Ausrichtung ihrer Publikationen stelle. Die Oktavliteratur ist in allen Gattungen vertreten: Monografien, Ausstellungskataloge, Kollektivwerke (öfters mehrfach ediert), Einzelartikel in Gesamtwerken, Zeitschriften und Zeitungen. Dazuzuzählen wäre zudem die rezente Filmliteratur über Kathedrale und Oktave, besonders der 2016 gedrehte Film von Alexia Veriter und Ivan Pelletier »Marche avec nous. Octave Mariale à Luxembourg«. Höhepunkte verzeichnete die Geschichtsproduktion in den 1860er Jahren um das Jubiläum von 1866, das erste Jahrzehnt des 20. Jahrhunderts und die Jahre um das Jubiläum von 1966. Oft werden die früheren Luxemburger Territorien separat vom verbliebenen Kernland, dem heutigen Großherzogtum, behandelt. Autoren des ausgehenden 19. und beginnenden 20. Jahrhunderts wie Josef Karl Bernhard Smeddinck, Nicolas Kneip, Louis Held und Julius Müllendorff vermischen historische Ausführungen und Gebetstexte. Im 20. und 21. Jahrhundert dominieren bei den Autoren Weltpriester, aber auch progressiv Laien und zunehmend Frauen, mit progressiver Entflechtung von sachlicher Geschichtsschreibung und erbaulichem Devotionsanliegen. Für das von Generation zu Generation überlieferte

---

76 Vgl. Kap. III, Anm. 170, nebst Beiträgen in Eifeler Lokal-, Regional- und Trierer Bistumspublikationen.

Narrativ der Oktave stehen bis heute Am-Herd und Kuntgen Pate, es deckt sich zum Teil, jedoch nicht ganz, mit dem Narrativ der nationalen Geschichtsschreibung. Bei der neueren Oktavliteratur ist die Perspektive oft transnational, doch bleibt Luxemburg, Stadt und Land, Fokus und Zentrum des Erzählten.[77]

Letztes herausragendes Werk ist das Begleitbuch zur Bastnacher Jubiläumsausstellung von 2016 »Notre-Dame de Luxembourg. Dévotion et Patrimoine«, mit demselben Titel, wofür sich Isabelle Bernard-Lesceux, Herausgeberin und Organisatorin der Ausstellung, große Verdienste erworben hat.

Exkurs 15: Fest und Liturgie (Messe, Offizium) zu Ehren der Consolatrix Afflictorum

Das Fest der Trösterin der Betrübten

Das Fest und die Oktave zu Ehren der Trösterin der Betrübten haben folgende Entwicklung mitgemacht.[78] Der Trierer Erzbischof Karl Kaspar von der Leyen verfügte 1669, dass das Fest der Consolatrix Afflictorum als Patronin der Stadt Luxemburg von allen Welt- und Ordensgeistlichen der Stadt jedes Jahr am 2. Sonntag im Oktobermonat zu feiern sei und von der Weltgeistlichkeit darüber hinaus mit einer Oktave. Bis 1678 wurde somit das Fest im Oktober gefeiert, in Erinnerung an die Stadtweihe vom 10. Oktober 1666. 1679, ein Jahr nach der Erwählung der Landespatronin von 1678, wurde es am 2. Juli,

---

77 KMEC, »*Marienland Luxemburg*«, S. 504–506 und S. 511 f.

78 Grundlegend ist die bestens recherchierte Arbeit von Emile ANDRÉ, *Die Geschichte des Festes, des Offiziums und der Messe der »Consolatrix Afflictorum«*, Diplomarbeit Trier 1982, S. 27–32 und S. 104. Michel FALTZ, *Ave spes nostra. Luxemburger Dichter und Sänger huldigen der Trösterin und Landespatronin*, in: *Luxemburger Marienkalender* 1951, S. 19–28. HEINZ, *Wallfahrt*, S. 134–136. – Zum allgemeinen Kontext von Maria in der Liturgie (Marienfeiern, -feste, -messen usw.) vgl. Bruno KLEINHEYER – August JILEK, *Maria in der Liturgie*, in: *Handbuch der Marienkunde*, I, S. 469–525.

Fest Mariä Heimsuchung, begangen, mit anschließender Oktave. Von 1680 an wurde, mit Approbation der römischen Ritenkongregation, des Erzbischofs von Trier und des Bischofs von Lüttich, das Fest auf den 4. Sonntag nach Ostern verlegt, wohl weil diese Zeit für Pilgerfahrten günstiger war. Auch wurde es, als mit dem höchsten Rang versehenes Fest erster Klasse mit Oktave, auf das ganze Herzogtum Luxemburg und die Grafschaft Chiny ausgedehnt, so dass es fortan auch in den Pfarreien des Landes mitgefeiert wurde. Damit war auch der Grund gelegt für einen liturgischen Eigenkalender für das Land Luxemburg, das noch immer auf mehrere Diözesen, besonders Trier und Lüttich, verteilt war, bis es 1840 (erst) zur eigenen Ortskirche in Form eines Apostolischen Vikariates avancierte. Nach dem Motu Proprio von Papst Pius X. vom 2. Juli 1911, das die Heiligenfeste vom Sonntag auf andere Wochentage verlegte, wurde das Fest der Consolatrix Afflictorum auf den Samstag der 4. Osterwoche vorverlegt, doch blieb die äußere Festfeier auf dem Sonntag.

Der Trösterin der Betrübten sind im heutigen Luxemburg folgende Kirchen und Kapellen geweiht, wo sie nicht nur als Kirchentitularheilige, sondern auch als Orts- bzw. Stadtpatronin anzusehen ist: Luxemburg (Kathedrale), Emeringen, Obereisenbach, Büderscheid, Ansemburg. In Oberwiltz ist sie Kirchentitularheilige, jedoch ohne Ortspatronin von Wiltz zu sein. Auffallend ist, dass die Zahl der Heiligtümer, die der Trösterin der Betrübten zugeeignet sind, gering ist im Vergleich zu den der Gottesmutter unter dem Titel der Himmelfahrt, der Geburt, der Unbefleckten Empfängnis geweihten Gotteshäuser. In den altluxemburgischen Gebieten der Eifel gibt es in Igel eine der Trösterin geweihte Kapelle, in der belgischen »Province de Luxembourg« folgende ihr gewidmete Wallfahrts- und Votivkapellen: Méhaigue, Fayat à Thy-le-Château, La Croix Monet à Aische-en-Refail, Floreffe, Taviers, Hauzinne, Bierwart, Saint-Germain, Pry, Aisemont, Andienne, Cognelée, Durnal, Falisolle, Hingeon, Soye.

In Luxemburg wird das Fest der Trösterin der Betrübten nach wie vor am Samstag vor dem 5. Ostersonntag (4. Sonntag nach Ostern) als

Hochfest begangen, in den Diözesen Trier und Namür am selben Tag mit Rücksicht auf die geschichtliche und aktuelle Verehrung der Consolatrix als nicht verpflichtender Gedenktag.

Die Oktavmesse

Welche Messformulare vor 1679 für die Hochämter in der Glacis-Kapelle bzw. in der Jesuitenkirche bei den großen Consolatrix-Feiern gebraucht wurden, ist nicht bekannt. Am 2. Juli 1679, bei der offiziellen Huldigung nach der Erwählung der Landespatronin, feierte man die Messe vom Fest, nämlich Mariä Heimsuchung. Ab 1680, als das Fest der Trösterin mitsamt Oktave in die Osterzeit verlegt wurde, wurde angeordnet, die Votivmesse der allerseligsten Jungfrau Maria in der österlichen Zeit »De Beata« zu feiern. Sie bestimmte die Oktavzeit während des gesamten Ancien Régime und bis ins 19. Jahrhundert. 1840 wurde die »Ave Spes Nostra«-Messe, benannt nach dem homonymen Introitus (lateinisches Eingangslied zur Messe), zunächst vom Namürer Bischof mit römischer Approbation in dem luxemburgischen Teil seiner Diözese (Province de Luxembourg) eingeführt und 1853 von Provikar Nikolaus Adames im Apostolischen Vikariat Luxemburg, welches das aktuelle Großherzogtum abdeckte.

Die Entstehung des »Ave Spes nostra«-Eingangsliedes der Messe zu Ehren der Trösterin der Betrübten wird traditionsgemäß, so wie die anderen Teile des Mess-Propriums (Eigentexte des Festes), auf den Athenäumsdirektor Michael Nikolaus Müller (1793–1876) zurückgeführt; vertont wurde Letzteres wahrscheinlich vom Luxemburger Domorganisten Heinrich Oberhoffer (1824–1885) und um 1910 neugefasst durch den Abt von Saint-Wandrille Dom Pothier, der zugleich Präsident der Päpstlichen Kommission für Sakralmusik und -gesang war. René Ponchelet, Domchorregens von 1959 bis 1991, komponierte einen eigenen vierstimmigen Zwischensatz, der die Feierlichkeit des Introitus unterstreicht.

Konkret greifbar wird der systematische Gebrauch des gesamten Messformulars in Luxemburg während der Oktave ab der Mitte des 19.

Jahrhunderts. Der Text des Hymnus »Ave Spes nostra« – Carlo Hommel führt in einem Artikel bereits einen mittelalterlichen, allerdings zum Teil verschiedenen Introitus »Ave Spes nostra« aus Südfrankreich von vor 1079 an[79] – setzt sich zusammen aus biblischen Elementen und marianischen Ehrenbezeichnungen älterer Provenienz, die, zusammengefügt, den vertrauten Oktav-Introitus ergeben. Diese Bestandteile sind auch ikonographisch erfasst und entsprechen einer bedeutenden und sehr alten kirchlichen Tradition, die weit über den luxemburgischen Kontext sowie zeitlich hinter die Neuzeit zurückweist, auch wenn die einzelnen Anrufungen sich gut eignen mochten und entsprechend empfunden oder rezipiert wurden, um der nationalen Eigenart der Luxemburger Muttergottesverehrung Vorschub zu leisten.[80] Bis heute erklingt der Oktav-Introitus unzählige Male während der Oktavzeit in der Kathedrale sowie in den Land- und Stadtkirchen Luxemburgs. Er gehört auch zum Messformular der Consolatrix-Messe in Kevelaer, allerdings wird er dort mit einer anderen Melodie gesungen.

Änderungen erhielten die Messtexte (Antiphonen, Psalmverse, Orationen usw.) 1864, 1964 und 1975/76. Auch die Lesungen wurden mehrere Male ausgewechselt oder ergänzt. Eine eigene Präfation (feierliche Eröffnung des Hochgebetes vor dem »Sanctus«-Gesang) hat die »Ave Spes nostra«-Messe nie besessen. 1976 wurde die Votivmesse »Ave Spes nostra« in das Trierer Proprium aufgenommen, dasselbe Formular 1977 ebenfalls, mit einigen Änderungen, für die Gottesdienste in Kevelaer zugelassen. Seit 1990 ist es auch in der deutschen Marienmessen-Sammlung im Anhang enthalten und damit dem ganzen deutschen Sprachraum zugänglich.[81]

---

79 Carlo HOMMEL, *Ave spes nostra: ein musikalisches Dossier*, in: *nos cahiers* 18/2 (1997), S. 115–132, hier S. 126. Der erste Satz entspricht unserem heutigen Hymnus: »Ave spes nostra, Dei genitrix Virgo Maria, quae meruisti portare Regem caelorum et Dominum.«

80 Georges HELLINGHAUSEN, *Honorificentia populi nostri. Madonnen-Drucke als historisch-bildhafte Paraphrase unseres Oktav-Introitus*, in: *Die Warte* (10.5.2001).

81 SCHREINER, *Muttergottesoktave*, S. 77, 88 f. und 93. Vgl. auch *Schott-Messbuch Marienmessen*, Freiburg-Basel-Wien 1994, S. 429–432.

Exkurs 15: Fest und Liturgie (Messe, Offizium) zu Ehren der Consolatrix Afflictorum

Im 20. Jahrhundert wurde die »Ave Spes nostra«-Messe Inbegriff des Luxemburger Patriotismus in seiner marianisch-religiösen Einfärbung und, besonders vor und nach dem Zweiten Weltkrieg, bei nationalen Erinnerungstagen und Feiern (Jubiläumsfeiern, Nationalfeiertag, nationaler Kommemorationstag usw.) gesungen. Diese Tradition hat sich zum Teil bis heute erhalten. 1951 konnte Bischof Philippe schreiben: »Die Messe ›Ave spes‹ ist Volksgut geworden.«[82] Das Evangelium von Maria unter dem Kreuz, dem Johannes-Evangelium entnommen (Joh 19, 25–27), wird bisweilen zum »Luxemburger Evangelium« hochstilisiert.[83]

Das Oktavoffizium

Teil der Liturgie der Kirche ist auch das »Offizium«, das Brevier- oder Stundengebet, zu dem vor allem die Geistlichen und Ordensleute täglich verpflichtet sind. Wann ist ein Offizium zu Ehren der Consolatrix Afflictorum entstanden?

Mit dem Fest wurde auch das Offizium zu Ehren der Trösterin der Betrübten vom Trierer Erzbischof von der Leyen 1669 approbiert. Vor dem 2. Juli 1679, offizielle Huldigung an die neue Landespatronin, gaben die Jesuiten in Luxemburg Anleitungen an den Weltklerus, wie das Stundengebet vom 2. Juli, Fest Mariä Heimsuchung, zu handhaben sei. Das vom Jesuiten Philippe de Scouville zusammengestellte Offizium des Festes »B. M. V. Consolatricis Afflictorum« wurde von Trier und Lüttich 1680/81 approbiert[84] und mehrfach neu aufgelegt (1680, 1739 und 1748). Dieses »Officium S. Mariae Matris Jesu Consolatricis Afflictorum, Protectricis et Patronae Principatus Luxemburgensis et Comitatus Chiniacensis« hatte im wesentlichen das Formular des

---

82 FALTZ, *Dichter*, S. 5.
83 Emile ANDRÉ – Claude BACHE, *Die Geschichte der Oktavmesse*, in: *nos cahiers* 18/2 (1997), S. 133–147.
84 BLUM, *Sammlung*, S. 14–16 und S. 190–191.

Festes »Maria Schnee« (5. August) übernommen, jedoch mit z. T. eigenen Lesungen.

Schließlich kam am 20. Dezember 1853 für das Apostolische Vikariat Luxemburg das eigene »Officium Proprium B. M. V. Consolatricis Afflictorum Patronae Patriae Luxemburgensis« heraus. Prof. M. N. Müller verfasste 1864 hierfür die Hymnen zur Vesper/Abendlob (»Propriam nobis«), Matutin/frühmorgendliches Gebet mit Lesungen (»Protoplastorum«) und Laudes/Morgenlob (»Prima Lux«). Der Vesperhymnus wurde von Domorganist H. Oberhoffer vertont.

1964 und 1981 kamen, rezenten liturgischen Entwicklungen Rechnung tragend, neue eigene Offizien des Bistums Luxemburg heraus, in denen das Offizium der Consolatrix Afflictorum entsprechende Verbesserungen und Änderungen erfuhr.[85]

Die Volksfrömmigkeit wurde vor allem durch Gebetbücher genährt. Solche zur Consolatrix Afflictorum gibt es seit der Zeit kurz nach 1660. Das erste (fünf Wunderheilungen referierend), 1661 auf Lateinisch erschienen, stammt von Pater Alexander Wiltheim SJ und trägt den Titel »Libellus precum«. Der Redemptorist P. Am-Herd verfasste, neben seinem mehrfach aufgelegten Gebet- und Erbauungsbuch »Die Pilgerfahrt zu Maria, der Trösterin der Betrübten«, Luxemburg 1856/1857/1863, ein weiteres Gebetbuch: »Der fromme Pilger zur Mutter Jesu, der Trösterin der Betrübten«, 1856 und 1872 herausgekommen und Vorlage für Pater Johann Kox, ebenfalls Redemptorist, der 1917 sein »Wallfahrtsbüchlein zu U. L. Frau von Luxemburg, der Trösterin der Betrübten«, mit Gebeten und Gesängen, veröffentlichte, das nachher viele Neuauflagen kannte.[86] Auch seitens der Diözese war 1911–1916 in vier Auflagen das Büchlein »Der Pilger zur Trösterin der Betrübten in Luxemburg« mit Pilgerregeln, -gebeten und -liedern herausgekommen. Die Mess- und Offiziumtexte wurden im 20. Jahrhundert mehrfach auf Lateinisch mit paralleler deutscher oder

---

85 ANDRÉ, *Geschichte*, S. 52–71 und S. 104. FALTZ, *Ave spes nostra*, S. 19 f.
86 FALTZ, *Ausland*, S. 175–177.

französischer Übersetzung in handlicher Form, z. B. als kleine Einlegebroschüren,[87] und nicht zuletzt durch die verschiedenen *Magnificat*-Ausgaben vulgarisiert.

Exkurs 16: Oktavlieder und -musik

Nicht zu vergessen sind die religiöse Musik und die Oktavgesänge, die sich besonders ab dem späten 19. Jahrhundert entwickelt haben und einen bisweilen betont patriotisch-emotionalen Einschlag aufweisen.[88]

Luxemburgische Marienlieder

In der Zeit des Ancien Régime, bis vor 1800, waren eigene und typische Marienlieder zu Ehren der Trösterin der Betrübten eher die Ausnahme. Ältestes bekanntes Marienlied ist in diesem Zeitraum, wenngleich die Anrufung nicht aufscheint, das »Stella coeli gegen die Pest« von 1626. In dem 1675 erschienenen, der Stadtluxemburger Jugend gewidmeten Liederbuch »Christliche Nachtigall« gab es, explizit an die Trösterin der Betrübten von Luxemburg gerichtet, ein deutsches Lied »Trösterin der Betrübten« und ein lateinisches »Salve Mater gratiosa«.[89]

Im 1804 neuaufgelegten »Katholischen Gesangbüchlein« für das Luxemburger Land befanden sich einige Muttergotteslieder, darunter »Maria, Trösterin der Betrübten«. Der Trend war seit der Aufklärung

---

87 Vgl. u. a *Festoktave der Trösterin der Betrübten, Patronin von Stadt und Land Luxemburg,* Luxemburg 1911. *Office de Notre-Dame de Luxembourg, Consolatrice des Affligés,* Luxembourg o. J.

88 Claude BACHE, *Die Marienverehrung in Luxemburg im Licht der Kirchenmusik,* Luxemburg 2009. Marc JECK, *Opus Marianum: La Consolatrice des Affligés dans la »république musicale« du Grand-Duché de Luxembourg,* in: MUSÉE EN PICONRUE (éd.), *Notre-Dame de Luxembourg,* S. 153–166. Zum allgemeinen Kontext vgl. Franz FLECKENSTEIN, *Marienverehrung in der Musik,* in: Handbuch der Marienkunde, II, S. 173–214.

89 Andreas HEINZ, *Zwei vergessene Gesänge zur »Trösterin der Betrübten« in einem Jesuitengesangbuch des 17. Jahrhunderts,* in: Hémecht 38/1 (1986), S. 63–80. Das Lied »Salve Mater gratiosa« wurde 1987 weltweit bekannt, als es zur Hymne des 17. Marianischen Weltkongresses in Kevelaer erklärt wurde.

Ende des 18. Jahrhunderts, die Verbundenheit mit Patronin und Trösterin zu ersetzen durch einen eher sterilen marianischen Allgemeinbezug. Im 1823 gedruckten »Katholischen Gesangbuch für Kirche, Schule und Haus im Großherzogtum Luxemburg«, von Heinrich Stammers aus Boppard, erschien das Lied »In der Oktav zu U. L. F., Maria, Mutter Jesu« sowie »Ein zweiter Gesang oder Litanei« ihr zu Ehren, denen jedoch der einheimische »Stallgeruch« völlig abging.

In den Gesang- und Gebetbüchern, die unter Bischof Jean-Théodore Laurent herauskamen, so dem Kirchenliederbuch »Himmelsharfe« (1846), gab es einige Marienlieder, wenn auch nicht unbedingt an die Consolatrix Afflictorum gerichtet. Die Marienlieder über den Gruß des Engels von Athenäumslehrer Peter Klein (1855) wurden später von Jean-Antoine Zinnen unter dem Titel »Marienblüten« für vierstimmigen Chor vertont.

Für das Marienjubiläum 1866 wurde die lateinische Festkantate »Plaude, civitas munita« geschrieben (Text vom Redemptoristenrektor P. Ratte, Vertonung vom Domorganisten Heinrich Oberhoffer), für die Grundsteinlegung des Erweiterungsbaus der Kathedrale 1935 die Festkantate »Jucundis pangat mentibus« (Text von Camille Olinger, Musik von Dominik Heckmes). Von Luxemburgs Cäcilienvereinen wurde in der Oktavzeit gerne das erhebende, von Aloys Peter Barthel vertonte »Exsultemus« gesungen. In der Kriegszeit 1914–1918 waren u. a. entstanden: »O Patriae Patrona« (Text von Mathias Kass, Musik von Jean-Pierre Beicht) und »Afflictorum Consolatrix« (Text von Nikolaus Koster, Musik von J.-P. Beicht). Bis heute sehr beliebt ist das um eine Consolatrix-Strophe erweiterte »Sancta, sancta« des Freiburger Domkapellmeisters Johannes Schweitzer (1831–1882).

Nur langsam kam es zu einem Aufblühen des deutschen religiösen Volksgesangs zu Ehren der Trösterin der Betrübten. Das 1867 gedruckte »Gesang- und Gebetbuch für das Apostolische Vikariat Luxemburg« hatte ihr lediglich ein Lied gewidmet: »Wir ziehen zur Mutter der Gnade«. Erst die 1912 erschienene Neuauflage des »Luxemburger Diözesan-Gesangbuchs« von 1894, das bereits einige Oktav-Wallfahrtslieder enthalten hatte, brachte die bis dahin von Pfarrer Johann Langer und Pater Wilhelm Kreiten verfassten Oktavlieder, vertont von A. P. Barthel. Als »Festgabe zum Jubeljahr 1900« waren in einem Heftchen drei Wallfahrtslieder von A. P. Barthel veröffentlicht worden, zwei der Texte stammten von Pater W. Kreiten: eines »auf der Hinfahrt« (»Du, der Betrübten Trösterin«), eines »beim Gnadenbild« (»Maria, Tröst'rin«) und eines »zur Heimfahrt« (»Nun gib uns Deinen Segen«).[90]

Erstes volkstümliches und viel gesungenes Lied wurde bis zum Ersten Weltkrieg das erstmal 1890 erschienene »Klagt in Leid« von Johann Langer (Text) und Aloys Peter Barthel (Musik). Von Pfarrer Langer stammen auch folgende Lieder, allesamt von A. P. Barthel vertont: »Als Jesus, dein Sohn«, »Maria Trösterin«, »Selig das Volk«, »Wir wallen zu dir«.

Mit dem erstarkenden Nationalbewusstsein zu Beginn des 20. Jahrhunderts tauchten Lieder mit patriotischem Einschlag auf, fanden aber kaum Anklang. Den Durchbruch schaffte ab 1903, besonders dann im Ersten Weltkrieg, »Wie unsre Väter flehten« von Prof. Nikolaus Welter in der von Domorganist J.-P. Beicht komponierten populären Vertonung, wobei Heimatliebe und Religionstreue Hand in Hand gehen.

Nun begann auch die Zeit des mundartlichen religiösen Volksliedes. Von Karl Müllendorff stammt das sich erst nach dem Zweiten Weltkrieg durchsetzende und bis heute populär gebliebene »O Mamm, lé'f Mamm do uewen«, komponiert von A. P. Barthel. Konzentriert sich Müllendorff auf das innige Kindesverhältnis des Einzelnen zu seiner himmlischen Mutter, so sieht Welter eher das Volk gegenüber seiner Schirmherrin. Mit Wilhelm Goergen kamen dann weitere Oktavlieder in Luxemburger Sprache: »Mir gré'ssen dech am Hémechtsdo'm« (von Albert Thorn vertont), »Ech wéss eng Mamm«, »O Maria, hellft ons«, »Ech gré'ssen dech, lé'f Jesusmamm« usw. Viele seiner Lieder wurden vom international bekannten Luxemburger Musikprofessor

---

90 *Wallfahrtslieder zu Maria, Mutter Jesu, Trösterin der Betrübten! Festgabe zum Jubeljahr 1900*, Luxemburg 1900.

und Domorganist in Vannes (Bretagne) Théodore Decker vertont. Das bekannteste Lied von Pfarrer Wilhelm Weis und seit 1938 im Umlauf ist »Lé'f Mamm, ech wéss et net ze sôn«, auf eine Volksweise von Pfarrer Jos. Biwer komponiert, das wiederum die innige Beziehung des einfachen Zeitgenossen zur Trösterin zum Inhalt hat; es wurde im Zweiten Weltkrieg von den Nazis verboten.[91]

Eine Blütezeit für neue Luxemburger Oktavlieder wurde die Kriegs- und Nachkriegszeit, die fast unzählige Bitt- und Danklieder zu Ehren der Consolatrix Afflictorum hervorbrachte, zunächst in der Gefangenschaft, in den Kazett- und Umsiedlungslagern, wohin es Luxemburger verschlagen hatte, und dann eine ganze Panoplie in den Nachkriegsjahren. So schrieb der 1944 gefallene Luxemburger Student Josy Noesen ein Gedicht »Terra Mariana«, für das Victor Goldschmit, neben anderen Oktav-Liedern, die Melodie komponierte. Stellvertretend für viele andere seien hier erwähnt Emile Quaring mit seinem »O glécklech d'Land« (1943)[92] und Lucien Koenig, genannt »Siggy vu Letzeburg«, der mehrere Muttergottesgesänge schrieb, besonders das von M. Hülsemann vertonte »Letzeburger Oktavlidd«. Doch wurden sie nicht zum allgemeinen Volksliedergut.[93] Nicht zu vergessen das bis heute gesungene, von Albert Elsen verfasste und von Mathieu Lamberty in Musik umgesetzte »Oktavgebiet« »Léif Himmelsmamm op dem Altor«. Gleiches gilt für »Lé'f Consolatrix«, Text von Guillaume Thoss und Musik

---

91 R. F. [René FISCH], *Ein Lied wird verboten*, in: *Die Luxemburger Kirche im 2. Weltkrieg*, S. 266–268. R. F. MERSCH, *Ein Lied wird fünfzig*, in: *Luxemburger Wort* (25.4.1988), S. 7.
92 Fred CASAGRANDA, *1943: »O glécklech d'Land«*, in: *Die Warte* (13.5.1993).
93 Bissiger Kommentar zu diesen Liedern im *Luxemburger Wort* vom 25. April 1951, in der Rubrik »Oktavbilder: Maria im Volk – Maria im Lied«, unterzeichnet mit »W« : »Ueber die Oktavlieder, die nach Kriegsschluss sozusagen am Fließband entstanden, ließe sich ein Weiteres sagen. Man kann ruhig behaupten, daß die überwiegende Zahl dieser sogenannten Oktavlieder zum religiösen Kitsch gehören, nicht wert sind, daß Lippen sich für dergleichen Machwerke in Andacht bewegen und ein Fuß des Organisten dafür ins Pedal fährt. Kindische Reimereien, und triefen sie noch so sehr von salbungsvoller Andacht, gehören nicht ins Heiligtum, da sie nur dazu angetan sind, die weihevolle Kunst zu verwässern und die wahre Andacht zu trüben und zu fälschen. Man soll rücksichtslos dergleichen Lieder schon in ihrem Entstehen abwürgen und ihnen das Heimrecht in unseren Kirchen verweigern.«

Exkurs 16: Oktavlieder und -musik

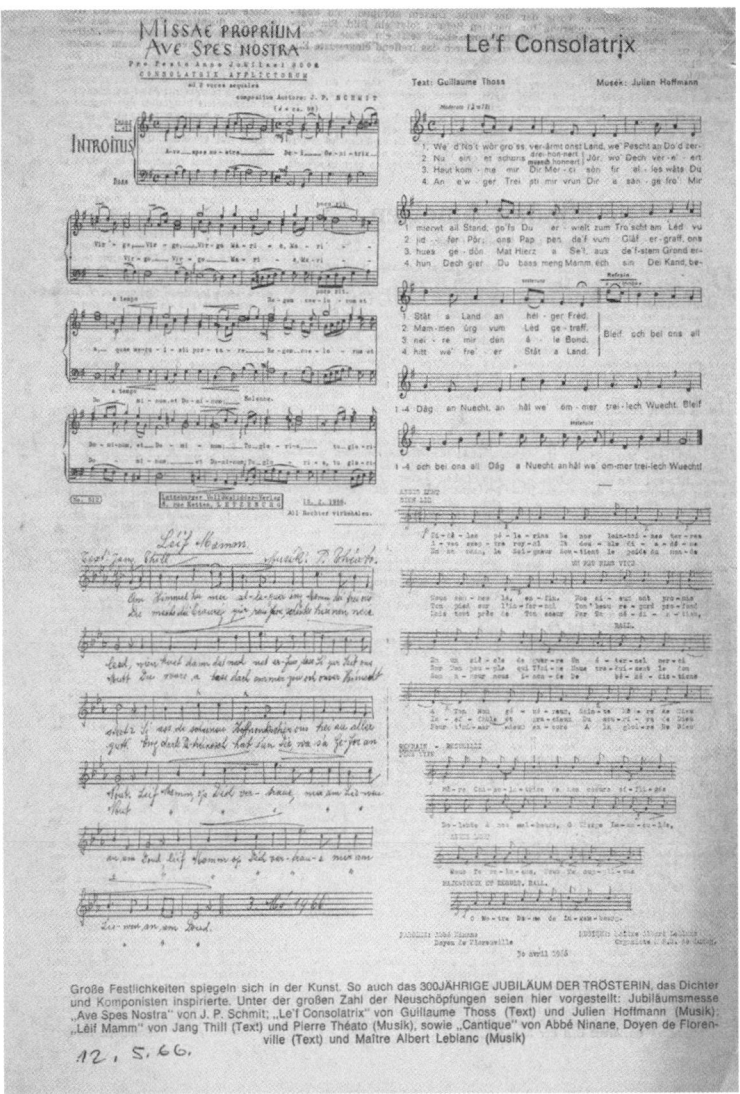

Bei Oktavjubiläen war die Produktion von Oktavmusik und -liedern besonders bedeutend. Hier Beispiele von 1966, veröffentlicht in Die Warte vom 12. Mai d. J. Vorgestellt sind hier: Jubiläumsmesse »Ave Spes Nostra« von J. P. Schmit; »Le'f Consolatrix« von Guillaume Thoss (Text) und Julien Hoffmann (Musik); »Léif Mamm« von Jang Thill (Text) und Pierre Théato (Musik), sowie »Cantique« von Abbé Ninane, Dechant von Florenville (Text) und Albert Leblanc (Musik).

von Julien Hoffmann.[94] Auch vom berühmten Luxemburger Dirigenten Henri Pensis (1900–1958) ist ein »Muttergotteslidd« überliefert (Text von W. Goergen). Pfarrer Laurent Drees komponierte u. a. das Lied »Helleg Maria«. Nach dem Zweiten Weltkrieg waren auch, unter dem Einfluss der Lourdes-Wallfahrt, einige französische Lieder aufgekommen.

Bei all diesen Marienliedern stechen die mehr oder weniger anheimelnde national-patriotische Durchdringung in Ton, Sprache und Inhalt sowie der volksreligiös-sentimentale und affektgeladene Charakter mit unverkennbaren Nachklängen an den Romantizismus ins Auge.[95] »Les cantiques de l'Octave sont l'expression sonore de ce que les drapeaux rouge-blanc-bleu de la nef principale expriment sur le plan visuel: le patriotisme marial.« (Sonja Kmec)[96] Eine eigentliche marianische Theologie (Mariologie) im Sinne von biblisch-heilsgeschichtlichen Ausführungen ist völlig unterentwickelt. Die Lieder reden das Gnadenbild an als Trösterin, Mutter, Immakulata und Königin, was sich aus der Art der Statue, ihrem Titel und ihrer geschichtlichen Verehrung ergibt. Sie regen eine innige Verbundenheit des Beters und Pilgers, besonders in seinen existenziellen wie gemeinschaftlichen Nöten, zu seiner mächtigen Schutzpatronin an.[97]

---

94 Es stammt, so wie etliche andere, aus dem Jubiläumsjahr 1966, vgl. *Die Warte* (12.5.1966).

95 »Nach einer Periode der Manier des monodischen Belcanto wiesen die Marienlieder nach und nach die Merkmale einer gewissen Sentimentalität auf, obschon die einsichtigsten Schöpfer Luxemburgs dieser Art einige bessere Wallfahrtslieder entgegenstellten. Aber aus dem Romantismus sind die meisten bis heute noch nicht heraus. Die beiden Weltkriege lenkten die Texte sehr auf nationale Geleise, nicht nur – was gut, jedoch schwieriger ist – der Sprache nach, sondern auch dem Gebetsinhalt nach. Dabei erlebte man eine so große Produktion solcher Lieder, daß sie nicht nur nicht alle bekannt werden, sondern auch unmöglich alle die Voraussetzungen von Text und Melodie erfüllen können, die eine würdige Kirchenmelodie in Bezug auf Einprägsamkeit, Intervalle, cyclischen Aufbau, Zeiteinheit und Prägnanz verlangt.« So der Komponist und Musikkritiker Jean-Pierre SCHMIT, *Die Kirchenmusik in den 300 Jahren der Oktave*, in: *Luxemburger Marienkalender* 1966, S. 77–81, hier S. 81.

96 KMEC, *Conclusion*, S. 55.

97 Für die Oktavlieder vgl. u. a. *1666–2016. Maria – Patréinesch vun der Stad Lëtzebuerg. Gebieder, Texter a Lidder*, Lëtzebuerg 2016.

Exkurs 16: Oktavlieder und -musik

Komponisten und Kompositionen

»Die marianische Verehrung und die alljährliche Oktav, Wallfahrt zur Trösterin der Betrübten (oder Notre-Dame de Luxembourg), bilden in natürlicher Weise den Schwerpunkt des Schaffens der Domchorregenten und der Domorganisten.«[98] Eigene Oktavlitaneien stammen von H. Oberhoffer, A. P. Barthel, D. Heckmes, J.-P. Schmit und R. Ponchelet. Eigens für die Oktave komponierte »Regina Coeli«-Sätze gibt es von H. Oberhoffer, J.-P. Beicht und den beiden Barthel (Jean-Pierre/Johann Peter und Aloyse-Pierre/Aloys Peter – sie waren Brüder und nacheinander Domchordirigenten) sowie Albert Leblanc. Die zahlreichen marianischen Kantaten, Motetten, Antiphonen, Festhymnen, Sätze, »Magnificat«- und »Ave Maria«-Gesänge sowie Kirchenlieder der Maîtrise-Dirigenten und Domorganisten können hier lediglich kollektiv erwähnt werden. Es handelt sich in der Regel um »Gebrauchsmusik« (Chorwerke, Volksgesang), die besonders in der Oktave zu Ehren kam, nicht um instrumental-konzertante Kirchenmusik. Doch haben viele dieser Kompositionen die kurze Aufführungszeit nach ihrer Entstehung lediglich auf der Partitur überlebt. Orgelkompositionen für die Oktave gibt es u. a. von Jean-Pierre Beicht, Jean-Pierre Schmit, Domorganist Albert Leblanc (besonders die »Toccata auf Klagt in Leid« und das »Ave maris stella«), dem Clerfer Benediktinerorganist Dom Paul Benoît, Jos Kinzé usw. Der Militärkapellmeister Fernand Mertens verarbeitete etliche Wallfahrtslieder zu Oktavmärschen, die jahrzehntelang von den Musikkapellen bei den Oktavprozessionen gespielt wurden, wobei der erhebende Marsch »Notre-Dame de Luxembourg« herausragt.[99] Sie kommen heute noch u. a. bei der Schlussprozession

---

98 Pierre NIMAX Jr., *Kurzer Einblick in das kirchenmusikalische Schaffen der Domchorregenten und der Domorganisten an der Kathedrale Unserer Lieben Frau von Luxemburg (1844–1992)*, in: *150 Joër Maîtrise*, S. 209–221, hier S. 210.

99 Zum Themenkomplex Oktavlieder und -musik vgl. Marc LOEWEN, *Die Tradition des Mariengesangs in Luxemburg*, Masterarbeit Saarbrücken 2022. ANDRÉ, *Geschichte*, S. 90–103. HEINEN, *Zeugnisse*. ELSEN, *Te Matrem*. FALTZ, *Dichter*. Ders., *Ave spes nostra*.

zu Ehren. Auch die besonders bei Jubiläen herausgegebenen Schallplatten, Musikkassetten und CDs der Maîtrise, oft mit den Highlights marianischer Kompositionen, können hier nicht unerwähnt bleiben.[100]

Der Luxemburger Komponist Laurent Menager (1835–1902) hatte eine »Ave Spes nostra«-Messe geschrieben.[101] Messen zu Ehren der Consolatrix Afflictorum stammen des Weiteren von Pol Albrecht, Heinrich Oberhoffer, Dominik Heckmes, Albert Leblanc, Jean-Pierre Schmit. Neben eigenen Oktavkompositionen entstand ein Repertorium lateinischer Werke, Transkriptionen von Opera hervorragender Kirchenmusiker, die mit dem Offizium der Trösterin der Betrübten entlehnten Texten versehen und vielfach von den Cäcilienvereinen, sowohl desjenigen der Kathedrale wie den lokalen, während der Oktave vorgetragen wurden. Für das Jubiläum 2016 komponierte Domorganist Paul Breisch eine imposante »Missa Patrona Civitatis«. Der für dieselbe Gelegenheit vom Piusverband organisierte Kompositionswettbewerb um eine neues Oktavlied wurde gewonnen von »Mat Dir an eng nei Zäit«, Text von Renée Schmit, Musik von Thierry Hirsch.

---

100 Sylvie ZUCCOLI-GROTZ, *Disques et cassettes de la Maîtrise*, in: *150 Joër Maîtrise*, S. 223–226. *Maîtrise Sainte-Cécile*, S. 205.

101 Fernand THEATO, *Eng onbekannt »Ave Spes Nostra«-Mass vum Laurent Menager gëtt während der Oktav opgefouert*, in: *Luxemburger Wort* (19.4.2002), S. 13.

V. Moderne und Postmoderne (1962–2024)

Zweites Vatikanum und Oktavjubiläen

Die neue Zeit brach Anfang und Mitte der sechziger Jahre voll durch, sie erfasste auch die Oktave. Zunächst liturgisch: Bei der Approbation der neuen Eigentexte für die Diözese Luxemburg wurde 1964, zusätzlich zu kleinen Änderungen in Tagesgebet und Schlussoration, auch der Psalmvers des Introitus der Oktavmesse ausgewechselt (vorher Ps 142,2 »Confortavit Dominus seras portarum tuarum; benedixit filiis tuis in te«; jetzt der erste Vers desselben Psalms: »Lauda Jerusalem Dominum, lauda Deum tuum Sion«). Es gab neue Übersetzungen der Oktav-Messtexte ins Deutsche und Französische. Luxemburgische Texte wurden 1966 von Rom approbiert. Eine Serie neuer Oktav-Lesungen wurde von Bischof Lommel 1968 vorgeschlagen.

Konzil und neue Perspektiven

Mit dem II. Vatikanischen Konzil (1962–65) kommt dem Pilgern eine neue Aktualität zu, wird doch hier, in der dogmatischen Konstitution über die Kirche »Lumen Gentium«, die Kirche als »pilgerndes Gottesvolk« bezeichnet. Eine Konsequenz in Luxemburg war zudem, dass Maria nun in der Oktav-Verkündigung weniger in ihren theologischen Privilegien oder ihrer historischen Bedeutung für Stadt und Land, sondern in ihrer heilsgeschichtlichen Tragweite als Urbild der

Kirche und Zeichen sicherer Hoffnung und wahren Trostes auf dem Pilgerweg des Volkes Gottes gesehen wurde, so wie in Kap. VIII derselben Konstitution beschrieben.[1] Besonders feierlich begangen wurden in diesem Sinn die Jubiläumsfeiern und -oktaven von 1966, 1978 und 2016.

Nach dem Konzil gewann auch in der Praxis das Pilgern erneut an Popularität, wohingegen im Rahmen von Entchristlichung und Säkularisierung der modernen Gesellschaft der reguläre Sonntagsgottesdienstbesuch der Katholiken zusehends abnahm. Bis zur Corona-Pandemie von 2020–21 boomte das Wallfahrtswesen, national und international. Es entsprach dem auf Mobilität, Flexibilität und Änderungsfreudigkeit ausgerichteten Zeitgeist.[2] Eine Öslinger Herbst-Wallfahrt nach dem belgischen Marienort Banneux in der Nähe von Lüttich, zunächst eine Angelegenheit etlicher nördlicher Pfarreien des Landes, mauserte sich in den 90er Jahren ob ihres Zulaufs und ihrer progressiven Ausweitung nach Süden immer mehr zu einer diözesanen Pilgerfahrt. Busweise fuhren Pfarreien aus dem ganzen Lande Anfang September hoch, während der Fahrt wurde gebetet.

Seit 1967 beteiligen sich, auf luxemburgische Einladung hin und nachdem die kriegsbedingte Entfremdung der Bevölkerung diesseits und jenseits der östlichen Landesgrenze nachgelassen hatte, auch die altluxemburgischen Pfarreien aus der Eifel wieder an der Muttergottesoktave in der Kathedrale: zunächst die Gebiete um Bitburg (D) und St. Vith (B), ab 1977 auch das Dekanat Neuerburg (D). Der Luxemburger Bischof Jean Hengen schenkte der Bitburger Liebfrauenkirche 1974 eine neue, holzgeschnitzte Nachbildung des Luxemburger Gna-

---

[1] Vgl. *Herders Theologischer Kommentar zum Zweiten Vatikanischen Konzil*, I, Freiburg-Basel-Wien 2009, S. 169–185, bes. S. 184 f. (Text); ebd., II, S. 317–319 (Entstehung) und S. 512–539 (Kommentierung). DE FIORES, *Geschichte*, S. 240–254. BONIFACE, *Dévotion mariale*, S. 59–65. Marianne HUBERT, »Mensch zwischen Himmel und Erde«. Spurenlese in der zeitgenössischen mariologischen Literatur, in: *D'Oktav als Erausfuerderung*, S. 119–160, hier S. 124–128.

[2] Vgl. HERVIEU-LÉGER, *Le pèlerin*.

denbildes anstelle der alten, im 19. Jahrhundert entfernten Consolatrix-Statue.[3]

»Oktavberichte in der katholischen Tagespresse lassen den Eindruck einer Selbstdarstellung des luxemburgischen Katholizismus entstehen.«[4] Mit der ständigen Zunahme ausländischer Immigranten, besonders aus dem südeuropäischen Raum, lebten 1965 etwa 50.000 Nichtluxemburger im Land. Kaum fanden sie einen Zugang zur einheimisch-patriotisch geprägten Oktave. Doch nach und nach galt die Aufmerksamkeit der Oktav-Organisatoren der Integration dieser Katholiken in das Oktavgeschehen durch explizite Einbeziehung ihrer Traditionen, sei es in der »Messe des Volkes Gottes« am 1. Oktavsonntag (ab Beginn der achtziger Jahre) sowie bei der Schlussprozession, später zusätzlich durch mehrsprachige »rosaires intercommunautaires« und nach der Jahrtausendwende durch spezifische Sprachgottesdienste.

Vor dem Jubiläum von 1966 veranstalteten die katholischen Jugendverbände und -organisationen in ihren eigenen Reihen eine Umfrage zum Thema Marienverehrung. Die Jugendlichen kritisierten Fassadendenken und Äußerlichkeiten bei der Oktave, verlangten eine Verinnerlichung und forderten eine Vorbereitung auf die Oktave durch Konferenzen, Diskussionsbeiträge und religiöse Abende sowie eine Broschüre für Kinder und Jugendliche über Entstehung und Verlauf der Wallfahrt. »Hier zeigt sich deutlich, dass [sich] die Auffassungen der jungen Leute schon damals von manchen innerkirchlichen Vorstellungen und Klischees von Luxemburg als Marienland abhoben. Für die Gestaltung der Gottesdienste wünschten sich die Jugendlichen ›Gottesdingschter, wou se all matmaachen, matbieden, matsangen‹.« Dem entgegengesetzt hielten sich, auch noch viele Jahrzehnte danach, die traditionell von Stadt- und Landchören gesungenen Oktavmessen als quasi-konzertante Messen ohne aktive Gemeindebeteiligung. Auch die bis dahin

---

3   Andreas HEINZ, *Bitburg-Liebfrauen und Luxemburg*, in: *Lebendige Steine. Mehr als 1000 Jahre Bitburg-Liebfrauen*, hg. von der Katholischen Kirchengemeinde Bitburg-Liebfrauen, Trier 1981, S. 36–44. Vgl. auch das Vorwort von Bischof J. Hengen ebd., S. 6f.

4   SCHMITT, *Oktavgeschehen*, S. 115.

bestehende Sitte, dass parallel zu den im Dreiviertelstundentakt aufeinanderfolgenden Hochämtern am Votivaltar Stillmessen an den Seitenaltären gelesen wurden, wurde von ihnen hinterfragt. Für die Schlussprozession forderten sie mehr Innerlichkeit und Gebet, die Freistellung von der Teilnahme für diejenigen, die nicht überzeugt sind, und anstelle der vier Segensaltäre einen Stationsgottesdienst. Die Oktavpredigten der Nachmittagsandacht wurden kritisiert, man wünschte sich hingegen eine Ansprache in allen Gottesdiensten. Auch schlugen sie eine Jugendwallfahrt vor, die von allen Organisationen vorzubereiten wäre, etwa wie die Studentenwallfahrt von Paris nach Chartres.[5] Manches von dem hier Eingeforderten wurde nachher eingeführt, anderes blieb toter Buchstabe.

Ab 1968 wurde die tägliche Oktavandacht mit Predigt vom Rundfunk live übertragen, zunächst auf UKW-Radio Lëtzebuerg, danach durch das der Sankt-Paulusgruppe zugehörige Radio DNR, ab 2014 auf dem privaten Fernsehkanal .dok, seit 2024 dem Privatfernsehen apart TV. Auch die drei Oktavsonntage waren übertragungstechnisch entsprechend abgedeckt. Dazu kam seit 1972 eine Bücherausstellung mit Kaufmöglichkeit, zunächst im »Pilgersaal« des alten Athenäums, dann in einem Bücherzelt im Innenhof zwischen Kathedrale und Athenäum; sie wurde zu einem weiteren religiös-kulturellen Anziehungspunkt.

Als besonderer Marienverehrer, dem überkommenen nostalgisch-emotionalen Schema folgend, tat sich u. a. der Geistliche Jean Pastoret hervor, der sich als Dechant von Echternach für die Herstellung einer Verbindung zwischen der Landespatronin Maria und dem Landesapostel Willibrord bemühte, eine Linie, die sich im Übrigen bis ins 19. Jahrhundert unter patriotischen Vorzeichen – Maria und Willibrord als »Luxemburger Heilige« – zurückverfolgen lässt.[6]

---

5 SCHREINER, *Muttergottesoktave*, S. 77–80, Zitat S. 77 f.
6 Kim KRIER, *Ech sinn, sou wäit ech denken, e Muttergotteskand. Das Marienbuch von Jean Pastoret*, in: *Die Warte* (10.2.2022), S. 15.

Erstmals fand im Jahr 1976 die Jugendwallfahrt »Pélé des Jeunes« und 1979 die Kinderwallfahrt mit der LKA (Lëtzebuerger Kanneraktioun)[7] statt; beide wurden anschließend zum festen Bestandteil des Oktavprogramms.

Oktavjubiläen im Zeichen des Konzils

An dieser Stelle sind die drei letzten großen Oktavjubiläen von 1966, 1978 und 2016 zu besprechen, die allesamt im Gefolge der Konzilsneuerungen aufgezogen wurden.

Das Trizentenarium der Erwählung der Stadtpatronin von 1966 wurde eingeleitet durch eine große Stadtmission im Frühjahr, mit Briefen an alle Haushalte, Hausbesuchen der Stadtgeistlichen, Aussendung von 50 Missionaren aus dem Ordensklerus, Einbeziehung der Massenmedien, Kinos usw. Bischof Leo Lommel (1956–1972) regte eine gläubige Vertiefung der luxemburgischen Marienverehrung an, desgleichen eine liturgische Neugestaltung ihrer äußeren Ausdrucksformen im Sinne des Zweiten Vatikanischen Konzils. Die Beimessen an den Seitenaltären des Votivchores wurden nun abgeschafft, Lesmessen an Altären außerhalb des Chores blieben einstweilen noch erlaubt. Im Mittelpunkt sollten morgens nun die Gemeinschaftsmessen der Dekanate und Pfarreien im Sinne der vom Konzil angeregten Konzelebration aller betroffenen Priester stehen, mit kurzer Ansprache und Fürbitten in jeder Hauptmesse (was bis dahin nicht der Fall gewesen war), mit aktiver Beteiligung der Gläubigen beim Gesang, was aber vielfach Wunschdenken blieb, so dass noch 1998 Erzbischof Franck entsprechende Richtlinien für die gesangliche und musikalische Gestaltung der Oktavmesse erließ.

Es folgte die Jubeloktave, mit Kardinal Beran aus Prag am Schlusssonntag. Hierfür war der zweihundert Jahre alte Votivaltar grundlegend

---

7 m. h. [Monique HERMES], *Die Kinder Luxemburgs ins Oktavgeschehen mit einbeziehen. Aus der Geschichte der Kinderwallfahrt mit der LKA*, in: *Luxemburger Wort* (13.5.1992), S. 11.

renoviert und dem kurz zuvor neu eingerichteten Altarraum angepasst worden, die Beleuchtung mit Gasflammen zum Leidwesen vieler Kinder abmontiert worden. Seitens des Staatsarchivs, des Stadtarchivs von Luxemburg, der Nationalbibliothek und des Staatsmuseums wurden zwei marianische Jubiläumsausstellungen organisiert: über das Bild der Trösterin sowie über die Consolatrix-Dokumentation und -Literatur.[8] Die Sparkasse gab Gold- und Silbermedaillen mit dem Abbild der Consolatrix heraus.[9] Nicolas Heinen hatte ein historisches chorisches Spiel »Consolatrix Afflictorum« geschrieben, das ebenso aufgeführt wurde wie das historische Oktavspiel von Alain Atten, »Iwwert eis Kraaft«. Die eigentliche Jubiläumsfeier begann mit einem marianischen Triduum in allen Pfarrkirchen des Landes, das mit einer Überführung des Gnadenbildes in die Glacis-Kapelle am 6. Oktober endete, wo das Bild zwei Tage lang verehrt wurde. Am 9. Oktober fand eine große Abschlussfeier auf dem Parvis der Kathedrale statt,[10] mit Ansprache des Wiener Erzbischofs Kardinal König (»Ein neues Bild der Kirche wird sichtbar«, so seine Botschaft[11]), übertragener Live-Adresse des Papstes aus Rom und Erneuerung des »Votum Solemne« in luxemburgischer Sprache – das dann in den folgenden Jahrzehnten für die alljährliche »Votum«-Feiern im Februar und Oktober jeweils in adaptierter Form Wiederverwendung fand. Ein zentraler Appell aus der Live-Ansprache Pauls VI. lautete: »Demeurez fidèles à ce culte ancestral qui a façonné d'une manière indélébile l'âme de votre peuple.«[12]

---

8   Zur Ausstellung im Staatsmuseum gab es einen »Guide du visiteur«: *Documents pour servir à l'Histoire du culte de Notre-Dame de Consolation, Patronne de la Ville et du Pays de Luxembourg*, Luxembourg 1966. Vgl auch *Luxemburger Wort* (7.5.1966), S. 4, (11.5.1966), S. 6, (17.5.1966), S. 4 und (17.10.1966), S. 4.

9   *Luxemburger Wort* (7.5.1966), S. 5.

10 Georges VUILLERMOZ, *Feierlicher Abschluss des marianischen Jubeljahres mit Erneuerung des Votum solemne*, in: ders., *Te Matrem praedicamus*, II, Luxemburg 2002, S. 135–142.

11 G. H. [Georges HELLINGHAUSEN], *1966: »Ein neues Bild der Kirche wird sichtbar« (Kardinal König)*, in: *Luxemburger Wort* (16.5.1990), S. 11.

12 G. H. [Georges HELLINGHAUSEN], *»Ce culte ancestral qui a façonné d'une manière indélébile l'âme de votre peuple« (Paul VI)*, in: *Luxemburger Wort* (15.5.1990), S. 6. Ders., *L'Octave de Notre-Dame – repères dans l'axe Rome-Luxembourg du XIXe au XXIe siècle*, in: *Maitrise Sainte-Cécile*, S. 177–191, hier S. 187.

Für die Glacis-Kapelle, die renoviert und liturgisch an die Bestimmungen des Konzils angepasst wurde – die Konsekration des neuen Zelebrationsaltars hatte am 8. September stattgefunden –, war im Jubiläumsjahr ein neuer Kirchenfensterzyklus mit historischen Szenen aus der Oktavgeschichte von Emile Probst entworfen und ausgeführt[13] sowie ein Wandteppich von Emile und Denise Probst mit dem stilisierten Bild der Trösterin, vom Atelier Gaspard de Wit aus Mechelen angefertigt, im Chorraum angebracht worden. Zum Jubiläum 1966 kamen 120 Luxemburger aus Amerika angereist und weihten die von ihnen gestiftete neue Pilgerfahne ein. Im selben Jahr weihte die Action Catholique Féminine Luxembourgeoise in Eisenborn ein Vakanzhaus »Home Maria Consolatrix« zu Ehren der Stadtpatronin ein.[14]

1966 war ein liturgisches Experimentierfeld gewesen. »Mit den 300-Jahr-Feiern während der Oktav und im Oktober hatten die ersten liturgischen Reformen nach dem Konzil ihren Einzug in Luxemburg gehalten: Messfeier ›versus populum‹, Konzelebration, Kommunion der Gläubigen während der Eucharistiefeier, ›actuosa participatio‹ aller am Gottesdienst.«[15] Sie wurden nach den positiven Erfahrungen im Jubiläumsjahr von Bischof Lommel generalisiert.

Das Jubiläum von 1978, Dreihundertjahrfeier der Erwählung der Trösterin zur Landespatronin, fiel von den Feiern von 1966 ab, da sich inzwischen die religiöse Mentalität geändert hatte und sich auch die liberal-sozialistische Regierung, die die Landesgeschicke 1974–79 bestimmte, indifferent und distanziert zeigte. 1978 wurde unter dem Motto »Hoffen a Liewen« vor allem eine Erneuerung des Glaubens und des religiösen Lebens angepeilt, und das in einer durch Krisen (Stahlkrise, zunehmender

---

13 Patrick DONDELINGER, *Le glacis de la forteresse de Luxembourg, lieu(e) de mémoire nationale*, in: Hémecht 60/1 (2008), S. 5–78, bes. S. 22–30.

14 *300 Jahre Votum solemne. Eine Erinnerungsschrift an die unvergessliche Dreihundertjahrfeier der Erwählung der Consolatrix zur Patronin der Stadt Luxemburg*, Luxemburg 1966. Friedrich RASQUÉ, *Das Marianische Jubeljahr 1966. Eine Rückschau*, in: Luxemburger Marienkalender 1967, S. 35–57. SCHREINER, *Muttergottesoktave*, S. 76–89.

15 Ebd., S. 87.

V. Moderne und Postmoderne (1962–2024)

Für das Marienjubiläum 1966, Dreihundertjahrfeier der Erwählung der Stadtpatronin, wurde das Gnadenbild am 6. Oktober für zwei Tage in die Glacis-Kapelle überführt. Rechts neben der Muttergottesstatue Bischof Leo Lommel. Foto: Tony Krier. © Photothèque de la Ville de Luxembourg.

Materialismus, Glaubenskrise und Rückgang kirchlicher Praxis) geprägten Luxemburger Gesellschaft. Das Gnadenbild stand im Oktober 1977 drei Tage zur Verehrung in der Glacis-Kapelle und wurde am 9. Oktober in feierlicher Prozession zurück in die Stadt getragen, wo am Wilhelmsplatz eine Messe mit 10.000 Gläubigen gefeiert wurde, bei der das eucharistische Hochgebet zum ersten Mal in luxemburgischer Sprache verrichtet wurde. Vorher hatten die Schulkinder der Stadt Luxemburg vor der Glacis-Kapelle das Singspiel »Looss all Déng Kanner ëm Dech sin«, das in fünf Bildern die Oktavgeschichte erzählte, aufgeführt. Am Sonntag, dem 19. Februar, war die eigentliche Feier des Trizentenariums mit einer vom Fernsehen übertragenen Bischofsmesse in der Kathedrale, an der religiöse wie politische Vertreter jener Städte des alten Herzogtums aus In- und Ausland teilnahmen, die 1678 die Erwählung der Landespatronin mit unterschrieben hatten. Für die Oktave 1978 war eine Ausstellung im Staatsmuseum hergerichtet worden: »Notre-Dame de Luxembourg. Ses représentations gravées et sculptées.« Die kirchen- und gesellschaftskritische Zeitschrift »forum« hatte eine Spezialnummer über »Maria. 300 Jahre Landespatronin« herausgegeben (Nr. 23). Kardinal Marty aus Paris kam für die Schlussoktave angereist.[16]

Eine bedeutsame Frucht des Oktavgedankens und zugleich ein Erfolgserlebnis wurde das Werk »Tricentenaire«, das auf den Stadtdechanten Jean Heinisch (1913–1998) zurückgeht, als 1978 die Dreihundertjahrfeier der Wahl der Landespatronin begangen wurde. Statt ihr zu Ehren materielle Geschenke (Kronen, Votivherzen, Kleider usw.) zu vermehren, ließ sich die Luxemburger Kirche durch Marias Diensthaltung inspirieren, um ein konkretes Solidaritätszeichen für Menschen mit einer Behinderung zu setzen. Das »Tricentenaire«, das seither ständig ausgebaut wurde – 2022–23 wurden mehr als 200 Personen von über 250 Hilfskräften begleitet –, bietet den betroffenen Personen Aufnahme und Unterstützung in der Abwicklung ihres Alltags,

---

16 François KARELS, *Das Marianische Jubeljahr 1977–1978*, in: *Luxemburger Marienkalender* 1979, S. 22–30. SCHREINER, *Muttergottesoktave*, S. 89–92.

V. Moderne und Postmoderne (1962–2024)

Auftakt des Jubiläums von 1978 (300 Jahre Landespatronin): Am 9. Oktober 1977 wurde, nach einer feierlicher Prozession mit dem Gnadenbild vom Glacis zurück in die Stadt, am Wilhelmsplatz eine Messe mit 10.000 Gläubigen gefeiert. Das Gnadenbild steht links auf der Altarinsel. Foto: Jean Weyrich. © Photothèque de la Ville de Luxembourg.

hauptsächlich in den Bereichen Unterkunft, Aktivitäten in spezialisierten Tagesstätten, Koordinierung und Ausführung von Hilfs- und Pflegediensten, psychosozialen und therapeutischen Beistand, Fortbildung und Arbeit, Sport und Freizeitgestaltung sowie soziale Integration. Dies in Zusammenarbeit mit den betroffenen Personen und ihren Familien, den Vereinigungen, die im Behindertenbereich tätig sind, sowie den entsprechenden staatlichen Ministerien. Rahmen ist ein Bildungsprojekt sozialpädagogischer Natur, das auf einem menschlich-globalen Ansatz fußt und sich an der Würde des Menschen als Person, mit deren individuellen Lebensqualität im Mittelpunkt, ausrichtet.[17] Dieses Sozialwerk zeigt, wie die einheimische Marienverehrung neue Ideen entwickelt hat. Maria wird nicht mehr nur als übernatürliche

---

17 *Tricentenaire. 40 Joer*, Bissen 2018.

Trösterin angerufen, sondern auch als diejenige, die zum aktiven, innerweltlichen Trost zugunsten von Menschen in konkreter Not jene stimuliert, die sich auf sie berufen.

Für die 350-Jahrfeier der Erwählung der Stadtpatronin 2016 hatte das Musée en Piconrue im belgischen Bastnach eine Ausstellung »Notre-Dame de Luxembourg. Dévotion et Patrimoine«[18] mit reich bebildertem Begleitbuch[19] organisiert, das Diözesanarchiv Luxemburg eine Ausstellung über »Die Marienverehrung in Luxemburg in ihrem historischen Kontext« während der Oktavzeit in der Kathedrale gezeigt, Domorganist Paul Breisch eine »Missa Patrona Civitatis« komponiert, der Kathedralchor zusammen mit der Militärmusik eine neue CD herausgebracht, der Piusverband, Dachverband der Kirchenchöre, einen Kompositionswettbewerb für ein neues Lied zur Trösterin der Betrübten organisiert, und es wurden die Fundamente der alten Glacis-Kapelle im Rahmen der städtischen Tramarbeiten freigelegt und analysiert.[20] Ein Konferenzzyklus über die Weihe an Maria wurde später in Buchform veröffentlicht.[21] Auch wurde die Statue der Trösterin der Betrübten im Rahmen einer Peregrinatio in verschiedenen Kirchen, Klöstern und Heimen der Hauptstadt und Umgebung stundenweise zur Verehrung aufgestellt.[22] Kardinal Woelki aus Köln hatte als päpstlicher Legat an den Schlussoktavfeierlichkeiten teilgenommen.

---

18 Isabelle BERNARD-LESCEUX, *Une exposition-anniversaire en l'honneur de Notre-Dame de Luxembourg*, in: De Cliärrwer Kanton 1 (2017), S. 77–86.

19 MUSÉE EN PICONRUE (éd.), *Notre-Dame de Luxembourg. Dévotion et Patrimoine*, Bastogne 2016.

20 Cynthia COLLING, *La Chapelle Notre-Dame dévoile ses secrets*, in: MUSÉE EN PICONRUE (éd.), *Notre-Dame de Luxembourg*, S. 268–278. Dies., *Aux origines de l'Octave – une petite chapelle oubliée. La Chapelle Notre-Dame du Glacis dévoile ses secrets*, in: CNLA, *Archaeologia Luxemburgensis* Nr. 4 (2017–2018), S. 180–191; ebenso in: LAMPERTSBIERGER GESCHICHTSFRËNN A.S.B.L., *De Lampertsbierg. Histoire d'un quartier florissant*, Luxembourg 2018, S. 30–39.

21 *Sech Hir schenken. Trois regards sur la consécration à Marie*, hg. von Georges HELLINGHAUSEN, Luxemburg 2016.

22 Marc JECK, *Positive Bilanz einer marianischen Offensive*, in: Luxemburger Wort (15./16.10.2016), S. 27.

V. Moderne und Postmoderne (1962–2024)

Exkurs 17: Oktavprediger

Oktavprediger zu sein gilt bis heute als große Ehre und Verantwortung, denn zur Muttergottes-Oktave gehört wesentlich die Verkündigung, d. h. die Auslegung der Heiligen Schrift und die Ermahnung zu einem christlichen Leben. Die Oberhirten der Luxemburger Kirche haben sich das Recht reserviert, den jeweiligen Oktavprediger auszusuchen und offiziell zu beauftragen.

Die Oktavkanzel ...

Über die Oktavprediger sind wir relativ gut informiert. Nicht nur, dass Prediger, besonders seit dem Ende des 19. Jahrhunderts, ihre vollständigen Oktavpredigten als Druck herausgegeben haben[23] – doch waren auch aus vorigen Jahrhunderten bereits einzelne Oktavpredigten veröffentlicht worden.[24] Auch das *Luxemburger Wort* ging bis zur Corona-Pandemie 2020–21 in seiner Oktavberichterstattung ausführlich auf die Verkündigung ein, vor allem durch Veröffentlichung von Predigtsynthesen und letztens -hinführungen, und das während eines Jahrhunderts (1920–2020), nebst biografischen Angaben über den Prediger. Insbesondere die bisher erschienenen, chronologisch geordneten vier Bände von »Te Matrem praedicamus« (I, 1966, und II, 1973, herausgegeben von Dompfarrer Friedrich Rasqué; II, 2002 neu aufgelegt und ergänzt durch Chanoine Georges Vuillermoz; III, 2002, von G. Vuillermoz; IV, 2011, von demselben) geben Aufschluss über 350 Jahre Oktavkanzel und ihre Inhaber bzw. das, was sie inhaltlich vermitteln wollten. Zusätzliche Bedeutung erhielt die Oktavpredigt im letzten halben Jahrhundert durch die Direktübertragung durch Rundfunk (für die Oktavsonntage seit 1959, für die tägliche Nachmittagsandacht mit Predigt seit 1968 – zunächst durch UKW-Radio Lëtzebuerg, da-

---

23 Vgl. Liste bis 1958 in: FALTZ, *Ausland*, S. 178.
24 Ebd.

nach Radio DNR bis 2014) und Fernsehen (ab 2014 auf dem privaten Fernsehkanal .dok/den oppene Kanal, seit 2024 dem Kanal apart TV). In den letzten Jahren werden sie ebenso im diözesanen Internetportal cathol.lu live übertragen und dann gespeichert, auch schriftlich, in Synthese oder *in extenso*.

Für die noch nicht so durchorganisierten Oktaven vor der Stadtweihe 1666 haben wir weniger Aufschluss über Oktavpredigten und -prediger.[25] Doch gehörte die Predigt von Anfang an zur Wallfahrtsgeschichte dazu, etwa bei den Gründungsmomenten der Glacis-Kapelle. Ab 1640 sind jedes Jahr ein Hochamt mit deutscher Predigt und eine Vesper mit französischer Predigt belegt. Ab 1679 wird das Hochamt an den beiden Oktavsonntagen vom Abt von Münster zelebriert, morgens wird französisch und nachmittags in der Vesper deutsch gepredigt. Bis Mitte des 19. Jahrhunderts besteht dann die Oktavpredigt aus einer einzigen Predigt, in der Regel am 5. Sonntag nach Ostern (Schlusssonntag), manchmal auch an den beiden Oktavsonntagen. Beim nachgefeierten Zentenarium der Erwählung der Landespatronin 1781 wurde während der ganzen Oktave gepredigt, die Prediger kamen aus den Abteien St. Maximin bei Trier, Echternach und Orval (Jesuiten gab es keine mehr, da 1773 die Gesellschaft Jesu aufgelöst worden war).

… und ihre Inhaber

Wer waren ansonsten die Oktavprediger? Anfänglich waren es Jesuitenpatres, deren Namen meist nicht überliefert sind – nicht einmal für die Stichdaten 1666 (Wahl der Stadtpatronin), 1678 (Wahl der Landespatronin) und 1781 (Jubiläum) sind die Oktavprediger bekannt. Die ersten Oktavprediger, die aus dem Anonymat heraustraten, sind Trierer Weihbischöfe: 1690 J. P. Verhorst, 1711 J. M. von Eyss, 1733 L. f. von Nalbach. Gelegentlich legten die Weihbischöfe aus Trier ihre Amtshandlungen im Luxemburgischen – Firmungen, Kirchenkonse-

---

25 ANDRÉ, *Geschichte*, S. 37 f.

krationen und Spendung der Weihen bei den einheimischen Ordensgemeinschaften – in die Oktavzeit und richteten sich dann am 4. oder 5. Sonntag nach Ostern an das Luxemburger Volk. Die erste Oktavpredigt, die gedruckt wurde, war die von 1768, gehalten von Pater Bernhard Reichen SJ. Oft sind es Ausländer, die predigen. Einzelne Luxemburger sind im ausgehenden 18. und im beginnenden 19. Jahrhundert bekannt, u. a. für die Jahre 1778 (Stadtpfarrer Paul Feller), 1791 (Stadtpfarrer Johann Baptist Kaeuffer), 1832 (Professor Michael Nikolaus Müller) und 1837 (Johann Baptist Kintzelé, früherer Subregens des Philosophischen Kollegs in Löwen).

Mit dem Apostolischen Vikar Johannes Theodor Laurent (1842–48) wird das Aufgabenfeld des Oktavpredigers stark erweitert, da nun täglich eine Oktavpredigt vorgesehen ist, also während acht Tagen. Als 1898 die Oktave um eine halbe Woche und 1921 eine zusätzliche halbe Woche erweitert und zur Doppeloktave wird, vergrößert sich auch die Anforderung an den Oktavprediger, d. h. die Oktavpredigten erhöhen sich nun von 6 auf 12 (ab 1980 öfter sogar auf 13–15).

Bischof Laurent hielt selbst die Predigten 1844, ansonsten lud er Stadt- oder Landgeistliche ein. Von 1850 bis 1885 wurden die Oktavprediger ausschließlich aus den von Nikolaus Adames (Provikar, dann Apostolischer Vikar, ab 1870 Bischof von Luxemburg) protegierten Redemptoristen ausgewählt. 1896–1940 wechselten sie, von wenigen Ausnahmen abgesehen, von Jahr zu Jahr mit den Vätern der Gesellschaft Jesu, die inzwischen neugegründet worden war und sich auch in Luxemburg wieder niedergelassen hatte, ab. Nach dem Zweiten Weltkrieg wurden in der Regel Luxemburger Weltpriester beauftragt, zunächst vor allem aus der Prominenz, dann auch aus dem Landklerus. Die Namenslisten finden sich in den Bänden von »Te Matrem praedicamus«.

Im Ancien Régime, als das Herzogtum Luxemburg zweisprachig war, gab es Predigten in der Jesuitenkirche regelmäßig auf Deutsch und Französisch. Der Metzer Bischof Jauffret, zu dessen Sprengel Luxemburg als »Wälderdepartement« Anfang des 19. Jahrhunderts gehörte, richtete sich am Oktavschlusssonntag 1807 auf Französisch an das Luxemburger Volk, Bischof Arnoldi von Trier 1847 auf Deutsch. Im Jubiläumsjahr 1866 fanden Kurienkardinal von Reisach und Bischof Dechamps von Namür, der bereits 1846 als Redemptorist die Oktave gepredigt hatte, gute Worte für das Publikum. Deutsch wurde in der Kathedrale gepredigt bis zum Zweiten Vatikanischen Konzil (1962–65), ab 1963 setzte sich mit Oktavprediger Emile Glesener Luxemburgisch als Predigtsprache durch, und das nicht nur zur Oktavzeit in der Kathedrale, sondern auch das Jahr über in den Stadt- und Landkirchen.

Auffällt, dass während des 20. Jahrhunderts bis nach dem Zweiten Vatikanum in den sich im Dreiviertelstundentakt folgenden Hochämtern morgens am Votivaltar werktags nicht gepredigt wurde – lediglich in der täglichen Pontifikalvesper nachmittags, durch den Oktavprediger. Durch das Konzil wurde das Wort Gottes, seine Verkündigung und Auslegung, aufgewertet, so dass von nun an in allen Oktavmessen gepredigt wurde; das gilt bis heute. Auffallend ist des Weiteren, dass sich unmittelbar vor dem Zweiten Weltkrieg, als ein deutscher Überfall immer näher rückte, trotzdem deutsche Patres von Bischof Philippe als Oktavprediger angefragt wurden, wahrscheinlich weil er in der Verkündigung die politischen Auffassungen außen vor ließ und sich auf das Spirituelle konzentrierte. Nach dem Krieg wurde das Amt fast ausnahmslos nur noch an Luxemburger Welt- oder Ordenspriester übertragen.

Bischof J.-J. Koppes hatte die Oktavpredigten 1893 gehalten, Bischof J. Philippe 1941 (?) und 1945. Mgr. L. Lommel kam 1950 und 1958 an die Reihe. Bischof J. Hengen meldete sich zu Wort 1968, 1972, 1978 und 1985, Erzbischof F. Franck 1992 und 2000, Erzbischof J.-Cl. Hollerich 2012.

Die Oktavpredigten fielen kriegsbedingt aus 1918 und 1941/42–1944. Bischof Philippe, der sich für jede Oktave mit einem Hirtenschreiben an die Katholiken wandte, führte nach dem Zweiten Weltkrieg die bis heute übliche Sitte ein, die jährliche Oktave unter ein Thema zu stellen, aus dem in späteren Jahren programmatische Slogans wurden.

V. Moderne und Postmoderne (1962–2024)

Ein Novum stellte 2021 der Umstand dar, dass, Entwicklungen aus dem Zweiten Vatikanischen Konzil und dem allgemeinen Gesellschaftswerdegang aufnehmend, der Erzbischof erstmals eine Frau in der Person von Pastoralreferentin Milly Hellers mit dem Predigen während der Pontifikalandacht an den Oktavnachmittagen beauftragte; 2023 war wiederum eine Frau, die Ausbildungsdirektorin und bischöfliche Delegierte Renée Schmit, an der Reihe. 2024 teilten sich zwölf Diakone der Erzdiözese die Predigten auf – ebenfalls ein Novum.

Potpourri veröffentlichter Oktavpredigten. Foto: Georges Hellinghausen.

»Jede auf uns gekommene Oktavpredigt bietet einen kleinen Spiegel jener Zeit, in der sie gehalten wurde.« (Friedrich Rasqué)[26] Dem Prediger in den Zeiten nach 1666 und während des Ancien Régime ging es darum, das Volk auf die anstehende Erneuerung der Marienweihe einzustimmen. Im 19. Jahrhundert überwiegen meist religiöse Themen, es gibt kaum Hinweise auf den 1666/1678 geschlossenen Pakt zwischen Luxemburg und der Consolatrix, was dann mit der Jahrhundertwende anders wird. Das Verhältnis Maria-Luxemburg kommt nun zur Sprache, oft wenigstens in einer Oktav-Predigt, vor allem der Schlusspredigt. 1914 sprach der Oktavprediger sogar von der »Vermählung Luxemburgs mit dem Meeresstern Maria«.[27] Insgesamt ging es neben dem Huldigend-Marianischen und dann dem lange dominierenden National-Emotionalen auch um glaubensvertiefende Themen im Rahmen von Kirche, Gesellschaft und Familie sowie um die Auseinandersetzung mit dem Zeitgeist und entsprechenden Strömungen. Dies besonders nach dem Zweiten Vatikanum, als die mariologische Verkündigung sich vom Historisierenden entfernte und mehr auf das Theologisch-Christologische besann. Damit flaute auch die patriotische Note, die sich in Luxemburg im 19. Jahrhundert entwickelt und nach dem Zweiten Weltkrieg nochmals Hochkonjunktur hatte, stark ab, ohne jedoch ganz zu verschwinden.

Die bis 1966 veröffentlichte Liste der offiziell beauftragten Oktavprediger gibt an:[28] 10 Bischöfe (davon 4 Luxemburger), 63 Redemptoristen (darunter 10 Luxemburger), 25 Jesuiten (dabei sind 2 Luxemburger), 4 Militäraumôniers (unter ihnen 1 Luxemburger), 3 Dominikaner (davon 1 Luxemburger), 2 Benediktiner, 1 Herz-Jesu-Priester und 12 Luxemburger Weltpriester. Die Nicht-Luxemburger sind bis in die Mitte des 20. Jahrhunderts in der Mehrheit (Deutsche, Franzosen,

---

26 RASQUÉ, *Te Matrem*, I, S. 12.
27 Jean HENGEN, *Die Oktave, eine nationale Andacht*, in: *Dossier fir Informatioun an Dokumentatioun. Beilage zum Kirchlichen Anzeiger* 5/1995, S. 82–87, hier S. 84.
28 Vgl. Zusammenstellung in: RASQUÉ, *Te Matrem*, I, S. 12.

Österreicher, Belgier, Schweizer), danach sind es fast nur noch Luxemburger – die sich in luxemburgischer Sprache ausdrücken (in der Regel Diözesanpriester, einige Ordenspriester). Der bekannte Redemptoristenpater Ambrosius Zobel (1815–1893) hatte zehnmal die Wallfahrtspredigten gehalten, Bischof Hengen viermal. Einzelne Geistliche waren zweimal für das Amt des Oktavpredigers gefragt worden, einer dreimal.

Exkurs 18: Der »(Oktav-)Mäertchen«

Die Geschichte des »Oktavmäertchen« ist eng mit der Oktavgeschichte verbunden. Dieser Markt hat von Anfang an zur Oktave gehört, mutierte aber im Lauf der Zeit, so wie die Oktave auch. Als Devotionalienmarkt gab es ihn bereits ab 1625 auf dem Glacis und ab 1639 im Umfeld der Jesuitenkirche. Pilger konnten hier Heiligenbilder, Medaillen, Statuen, Rosenkränze usw. erwerben. Zudem mussten die Abertausende, die in die Stadt wallfahrteten, beköstigt werden – Restaurants gab es noch keine.

Als 1830 die Franziskanerkirche auf dem »Knuedler« abgetragen wurde, entstand auf der Stelle ein idealer Platz, um diesen »Oktavmäertchen« als Pilgermarkt abzuhalten. Mitte des 19. Jahrhunderts wurde der Devotionalienhandel regelrecht überschwemmt mit religiösen Andachtsgegenständen, die von ausländischen Fabriken massenweise produziert und geliefert wurden. Danach nahmen mehr und mehr Verkaufsstände und Imbissbuden Überhand, der Markt wurde immer mehr zu einem Sensations- und Vergnügungsmarkt mit Jongleuren, Karussellen, Sensationsbuden und Spielen, und damit eine Konkurrenz zur spätsommerlichen Schobermesse auf dem Glacis. Das rief den Apostolischen Provikar Nikolaus Adames auf den Plan, der 1860, nach vorangegangenen Reklamationen, erneut bei der Gemeindeverwaltung protestierte und sich beklagte, der Markt drohe »de transformer notre fête religieuse en une autre Schobermesse [...]. Cette fête appartient à ceux qui veulent prier et non pas à ceux qui veulent s'amuser«. Und er kündigte an, die Pfarrer vom Land würden in Zukunft verweigern, an der Spitze ihrer Prozessionen in die Stadt zu ziehen, es sei denn man schaffe Abhilfe. Die Stadtverwaltung hatte der Entwicklung bereits entgegengesteuert, doch in den Augen des Provikars nicht resolut genug. Bürgermeister Heldenstein antwortete beschwichtigend, die Stadt wolle Missbräuche ahnden und unterbinden, doch gehöre das Schaustellergeschäft nun eben zu jeder Kirmes.[29]

Seit den dreißiger Jahren des 20. Jahrhunderts sind nur mehr Spielsachen- und Kirmesbuden nebst religiösen Souvenirläden zugelassen, wobei in den letzten 50 Jahren der Verkauf von Devotionalien progressiv zurückging und heute kaum noch wahrnehmbar ist. Hingegen übernahmen der vom Info-Video-Center bzw. der ErwuesseBildung organisierte Bücherverkauf im »Pilgersaal« des Alten Athenäums, danach im Pilgerzelt im Kathedral-Innenhof, sowie der Missionsbazar im Missionshaus gegenüber der Kathedrale, danach im Missionszelt im Innenhof, den Verkauf von religiösen Büchern bzw. Devotionalien, nebst anderen Angeboten.[30] Der »Mäertchen« entwickelte sich zu einem Ort der Begegnung für Menschen aller sozialen Schichten in einer gemütlichen Atmosphäre. Im Volksbewusstsein gehört er konstitutiv zur Oktave. Bei den weniger religiös Eingestellten bleibt er das Einzige, das sie mit der Oktave verbinden. Der Aspekt »Schobermesse« mit Jahrmarktstimmung setzt sich in den letzten Jahren wieder vermehrt durch. Nach der Covid-19 (Corona)-Pandemie wurde der »Mäertchen« einige Male in diesem Sinn bei der »Gëlle Fra« (Place de la Constitution) in relativer Nähe zum Neubau der Kathedrale abgehalten.[31]

---

29 Marc JECK, »…une espèce de foire«, in: *Luxemburger Wort* (7.5.2012), S. 24. Fernand G. EMMEL, *Das Oktavmärktchen, eine zweite Schobermesse …*, in: *Die Warte* (2.5.1991).

30 KMEC, *L'Octave*, S. 17 f.

31 Michèle GANTENBEIN, »*Den Oktavmäertchen um Knuedler*«, in: *Luxemburger Wort* (3.5.2010), S. 29. Jean-Philippe SCHMIT, *Warum der Mäertchen zur Oktave gehört*, ebd. (8.5.2023), S 12 f. Ein Stimmungsbild gibt Raymond SCHAACK, *De Mäertchen*, in: *nos cahiers* 18/2 (1997), S. 161–172. Vgl. auch IKI-Oktave-Maertchen.pdf.

V. Moderne und Postmoderne (1962–2024)

»Oktavmäertchen« *Ende der neunziger Jahre.* Foto: Carlo Hommel. © Photothèque de la Ville de Luxembourg.

Säkularisierung und Entchristlichung

Bis zur Corona-Pandemie 2020–2021 wurde die Oktave unter großer Beteiligung der Katholiken Luxemburgs und der Grenzregionen alljährlich gefeiert – eine Pilgerzahl von ca. 60.000 hatte sich während Jahren eingependelt – und als gesellschaftliches Phänomen auch von der Öffentlichkeit wahrgenommen. Wenn auch die Teilnehmerzahl mit den Jahren zurückgegangen war und die Wallfahrt an Breitenwirkung eingebüßt hatte, so blieben doch die Höhepunkte am Schlusssonntag (Erneuerung der Erwählung Mariens zur Stadt- und Landespatronin im Hochamt morgens, Schlussprozession am Nachmittag) erhebend.

Höhepunkte und Anpassungen

Ein Highlight war Ende des 20. Jahrhunderts der Besuch von Papst Johannes Paul II. in Luxemburg am 15. und 16. Mai 1985 gewesen, kurz nach der Oktave d. J., als er während seiner Begegnung mit den kranken, behinderten und älteren Mitmenschen vor dem Gnadenbild in der Kathedrale kniete.[32] Auch hatte man für die große Papstmesse auf dem Glacis am Christihimmelfahrtstag, an der sich um die 60.000 Katholiken des Landes beteiligten, das Gnadenbild der Trösterin der Betrübten auf der Altarinsel aufgestellt.[33] Kurz zuvor, am Karfreitag d. J., hatte ein Brand zur Zerstörung des alten Kathedralturmes und zum Verstummen der Glocken geführt, die daraufhin allesamt ersetzt werden mussten.[34]

Die Erhebung Luxemburgs zur Erzdiözese im Jahr 1988 geschah, wie oft bei wichtigen Ereignissen der Ortskirche, im Rahmen der Muttergottesoktave.[35] Und in seinem Hirtenschreiben zum nationalen Unabhängigkeitsjubiläum von 1989 lud Erzbischof Jean Hengen, auf die Nationalhymne anspielend, ein, man möge »mat Vertrauen op den Härgott an d'Patréinesch vu Stad a Land, aus eiser Hémecht dat Land man, ›fir dat mer géif heinidden alles won, onst Hémechtsland, dat mir esou déif an onsen Hierzer dron‹«.[36]

Öfter brachte das *Luxemburger Wort* in der zweiten Jahrhunderthälfte während der Oktavzeit Bild- und Textserien, die dem Leser täglich die Consolatrix Afflictorum unter verschiedenen Gesichtspunkten nahebringen wollten. So publizierte Michel Schmitt 1974 eine Folge über das Andachtsbild der Trösterin im Lauf der Jahrhunderte, und 1975 über die plastischen Nachbildungen der Statue. Im Jubiläumsjahr 1978 unternahm Joseph Maertz eine »Kreuzfahrt« durch die belgische Provinz

---

32 G. H. [Georges HELLINGHAUSEN], *1985: »Ave Schutzherrin dieser Stadt und dieses Landes« (Johannes Paul II. in Luxemburg)*, in: *Luxemburger Wort* (17.5.1990), S. 13.

33 *De Poopst Jean Paul II. zu Lëtzebuerg de 15. a 16. Mee 1985*, Luxemburg 1985, S. 46–63, 114–147, 191–193 und 206–211. Georges HELLINGHAUSEN, *Luxemburg und der Heilige Stuhl unter dem Pontifikat Johannes Pauls II. (1978–2005)*, in: *Hémecht* 57/1 (2005), S. 5–33, hier S. 15–18.

34 *150 Joër Maîtrise*, S. 187–208.

35 G. H. [Georges HELLINGHAUSEN], *1988 Lëtzebuerg Erzbistum: »Zesumme Kiirch sin«* in: *Luxemburger Wort* (18.5.1990), S. 13. Ders., *150 Jahre Luxemburger Lokalkirche*, in: *Hémecht* 42/2 (1990), S. 185–215, hier S. 203–213.

36 G. H. [Georges HELLINGHAUSEN], *1989: »Onst Hémechtsland, dat mir sou déif ...«* (J. Hengen), in: *Luxemburger Wort* (19.5.1990), S. 15.

Begegnung Papst Johannes Pauls II. mit Kranken und älteren Menschen in der Kathedrale am 15. Mai 1985, anlässlich seines Pastoralbesuchs in Luxemburg. Foto: Marcel Tockert. DAL, GV.Papstbesuch 32a.

Luxemburg, auf den Spuren der Verehrung der Consolatrix.[37] Prof. Norbert Thill brachte mehrere Bilderserien im *Wort* zur Oktavzeit, so 1991 und 1992 über inländische Consolatrix-Darstellungen, 1994 über Kathedralmotive, 1995 über die Consolatrix-Statue und über Schmuckstücke aus der Kathedrale, 1996 über die Kathedralfenster, 1997 über die Botschaft des Votivaltars, 1998 über Stickereien auf dem Muttergottesbehang sowie über die Botschaft der Domglocken, 1999 über die Consolatrix-Verehrung in der belgischen Provinz Luxemburg und 2000 in der Altluxemburger Eifel. 1990, zum Jubiläum der Entstehung des Apostolischen Vikariates von 1840, präsentierte Georges Hellinghausen in der täglichen *Wort*-Ausgabe während der Oktave Knotenpunkte aus der Wallfahrtsgeschichte unter der Rubrik »Consolatrix Afflictorum und 150 Jahre Luxemburger Ortskirche«; ähnlich 1991 eine Serie über »Maria und das soziale Engagement der Kirche« und 1994 eine fünfteilige Rubrik »Jubiläen im Umfeld der Oktave«.

Die Oktave war lange Zeit ein Selbstläufer und organisierte sich selbst, mit den feststehenden Gruppen, Pfarreien und den entsprechenden Oktav-Pilgertagen – bis sich dann die Notwendigkeit von zeitbedingten Anpassungen immer klarer zeigte.

Seit Erzbischof Francks Zeiten (1991–2011) wurden regelmäßig Kardinäle zu den Oktavschlussfeierlichkeiten eingeladen, was der Wallfahrt eine weltkirchliche Note gibt. Seit 2019 nimmt Kardinal Hollerich diese Dimension selber wahr. Der nationale Charakter wird unterstrichen durch die Anwesenheit von Staatschef und Mitgliedern der großherzoglichen Familie sowie durch ranghohe Politiker aus Stadt und Land (Parlamentarier, Repräsentanten der Stadtverwaltung). Bis 2013, als die Trennung von Staat und Kirche seitens der Politik eingeleitet wurde, nahmen der Premierminister und weitere Regierungsvertreter teil, danach nicht mehr – eine Tradition, die mit der Oktave 2024 und einer neugewählten christlich-liberalen Regierung wieder aufgenommen wurde.

---

37 Joseph MAERTZ, *Die Trösterin der Betrübten in der belgischen Provinz Luxemburg*, in: *Luxemburger Wort* (15.4.1978), S. 5.

V. Moderne und Postmoderne (1962–2024)

Ab 1995 gab es im Oktavverlauf folgende Änderungen: Die weiblichen Ordensgemeinschaften, die bisher jeweils ihre eigenen Pilgermessen hatten, schlossen sich zu einer gemeinsamen Eucharistiegemeinschaft zusammen. Aufgrund zurückgehender Zahlen wurden für die belgischen Pilger nur noch zwei Pilgertage vorgesehen, nach 2020 wurde lediglich einer beibehalten. Die Wallfahrt der Benediktinergemeinschaft aus Clerf kam dazu. Die beiden letzten sonntäglichen Pontifikalämter wurden durch ein viertelstündiges Marienlob des Domchores, mit bekannten und weniger bekannten Oktavliedern, eingeleitet. Eine ökumenisch gestaltete Feier kam nun ins Programm. Ansonsten gibt Luc Schreiner den Oktavverlauf von 1995 so an: »Unter der Woche begannen die Wallfahrtsgottesdienste um 5.15 Uhr mit der Laudes und einem ersten Hochamt. Anschließend folgten ab 6 Uhr die Hochämter für die einzelnen Pilgergruppen, kirchlichen Vereine, kirchlichen und öffentlichen Einrichtungen, die katholischen Schulen des Landes und die öffentlichen Schulen der Stadt. Die Vormittage der beiden Samstage der Oktave waren für die Gottesdienste der Stadtluxemburger Lyzeen vorbehalten. Nachmittags war um 16 Uhr die feierliche Pontifikalandacht mit Predigt, die live im Radio übertragen wurde. Neu dazu kam die Feier des Abendgebets in der Form einer Marienvesper um 18 Uhr, bevor um 18.45 Uhr die Abendmesse zelebriert wurde. Wie seit jeher schlossen die Tage der Woche mit dem Rosenkranzgebet und dem eucharistischen Segen. In beiden Wochen waren dienstags und donnerstags nachmittags eigene Kindergottesdienste angesetzt.«[38] Die 1995 in der Schlussprozession durchexerzierte Änderung, aus der überkommenen Ständeprozession mit verschiedenen Gruppierungen, wie sie letztlich auf das 17. Jahrhundert zurückging, eine einzige Prozession des Volkes Gottes zu machen und somit dem konziliären Kirchenverständnis näherzukommen, entpuppte sich als Reinfall. Die verschiedenen Organisationen drohten, nicht mehr mitzumachen, falls diese Formel beibehalten würde, so dass besagte Neue-

---

38 SCHREINER, *Muttergottesoktave*, S. 93–104, Zitat S. 98 f.

rung im Jahr darauf wieder aufgegeben wurde. Lediglich die eine Statio mit Kurzandacht und Segen – zunächst am Neutor, später in der Rue de la Reine – wurde beibehalten. Die Oktav-Berichterstattung im *Luxemburger Wort* blieb üppig, wurde aber sachlicher und nüchterner. Für kommerzielle Oktavangebote warben nur noch wenige und alteingesessene Geschäfte in der Stadt.

1997 schrieb Erzbischof Franck: »Seit jeher ist die Oktave der Trösterin der Betrübten Herzstück der spezifischen Ausprägung gläubigen Daseins in unserem Land und eine Zeit intensiven Lebens unserer Diözesankirche. […] Es sind, unter dem gütigen Blick und der sicheren Anleitung unserer Patronin, gnadenreiche Tage des Gebetes, der Besinnung und der Begegnung, sozusagen zwei Wochen gemeinsamer ›Diözesanexerzitien‹, die der Kirche von Luxemburg jedes Jahr geschenkt werden.«[39] Unter ihm wurde, als diözesane Verdienstauszeichnung, eine bronzene Consolatrix-Medaille von der Künstlerin Yvette Gastauer-Claire entworfen. Sie trägt auf der Schauseite eine Abbildung der Trösterin der Betrübten und der Kathedrale sowie das Motiv des ältesten erhaltenen Muttergotteskleides, desjenigen der Königin Maria Leszczynska.[40]

Auch der Devotionalienmarkt blieb aktiv, wenn auch weit weniger als in vorherigen Zeiten – vor allem die Jubiläen von 1966 und 1978 hatten die Produktion von serienweise angefertigten Kunstobjekten angekurbelt. 2009/2010 entwarf Roby Kieffer für die Oktavpilger als Mitbringsel eine »Tréischterin« als Bronzerelief und als Handschmeichler.[41] Und im Gefängnis wurde 2017 eine Luxemburger Muttergottes in Tiffany-Ausführung geschaffen und in der Oktave zum Verkauf angeboten.[42]

---

39 Brief an den Klerus vom 5. April 1997, vgl. *Kirchlicher Anzeiger* 127 (1997), S. 56f.
40 *Erzbischof Fernand Franck erhielt erstes Exemplar der »Consolatrix-Medaille«*, in: *Luxemburger Wort* (26.5.2001), S. 15.
41 *»D'Tréischterin« als Bronzerelief und Handschmeichler*, in: *Luxemburger Wort* (24.4.2010), S. 30.
42 *La Sainte Vierge en technique Tiffany*, in: *Luxemburger Wort* (12.5.2017), S. 20.

Ab den 90er Jahren war man in Luxemburg bestrebt, die zahlreichen nicht-autochtonen Gemeinschaften in die Gesellschaft einzugliedern. »L'initiative est plus précoce et plus poussée du côté de l'Octave, ce qui correspond à la mission universelle du christianisme.«[43] Das Bemühen, die verschiedenen Sprachgruppen der Luxemburger Kirche verstärkt in die Oktave einzubeziehen, nahm unter Erzbischof Hollerich noch zu, so dass die integrative Funktion des Luxemburger Muttergotteskultes auf dieser Ebene gewachsen ist. Auch wurden nun zunehmend, der pluralistischen religiösen Nachfrage entsprechend, neue Angebote geschaffen wie Kinder- und Paarsegnungen, Familienrallye, Müttergebet, Solidaritätsgebet, inklusives Abendlob in Laut- und Gebärdensprache, Gebetsnacht, Gang zum Gnadenbild, Lichterprozession, ökumenische Meditation, interreligiöses Konzert usw. Manche dieser Neueinführungen wiederholen sich und setzten sich durch, andere verschwanden bald wieder. Eine spezifische Oktavkommission zeichnet seit 2013 für diese kontinuierlichen Adaptationen, Ausdruck einer schnelllebigen Zeit, verantwortlich. Ein allgemeiner Trend der letzten Jahre ist, dass die Gottesdienste der Pfarreien vom Vormittag in den frühen Abend, nach der Erwerbsarbeit, verlegt werden, was dem Lebensstil moderner und postmoderner Zeitgenossen entgegenkommt. Viele Menschen haben auch ihren Pilgergang auf das Wochenende oder den Sonntag verlegt, so dass die traditionellen Pfarreiwallfahrten stark rückläufig sind. 2016 wurde zudem, im Rahmen der Trennung von Staat und Kirche, der bis dahin an die Pfarreiwallfahrt geknüpfte freie Pilgertag für die Kinder in den Volksschulen durch die blau-rot-grüne Regierung abgeschafft.

2003 gab die Zeitschrift für Politik, Gesellschaft und Kultur »forum« eine Nummer über »Marienkult« heraus (Nr. 226). In einem Erlebnisbericht des Österreichers Gerhard Zecha aus dem Jahr 2015 wird die Oktave als »Schatz für Luxemburg« bezeichnet.[44] 2018 kam die

---

43 KMEC, *Conclusion*, S. 54.
44 Gerhard ZECHA, *Marienwallfahrt in Luxemburg*, in: *nos cahiers* 37/1 (2016), S. 53–59.

Oktave zu Ehren der Trösterin der Betrübten auf die nationale Liste des immateriellen Kulturerbes der UNESCO.[45] Als lebendiges Erbe stellt sie eine Tradition dar, die von vielen Menschen und Gesellschaften gefördert wird, da sie das Gefühl von Identität und Kontinuität in einer stark auf Veränderung geprägten Gesellschaft vermittelt.[46]

Die Schlussprozession 2019. Foto: Erzbistum Luxemburg.

---

45 Simone BECK, *Von der Muttergotteskapelle zur Glacis-Kapelle*, in: https://iki.lu/assets/vendor/fileuploader/gallery/uploads/IKi-Oktave-Glacis-Kapelle.pdf. Ebenso *Die Muttergottes-Oktave*, in: https://unesco.public.lu/content/dam/unesco/IKI-Oktave10.pdf.

46 https://gouvernement.lu/fr/actualites/toutes_actualites/communiques/2020/04-avril/29-octave-digital.html (Zugriff 7.11.2022).

Einbuße, Kritisches

»Wie evident auch immer der allgemeine Rückgang der religiösen Praxis ist, nicht weniger wahr ist dieses alljährlich wiederkehrende Phänomen der zehntausenden Besucher in der Kathedrale innerhalb eines Zeitraumes von nur zwei Wochen.« (Léon Zeches)[47] Diese Feststellung täuscht indes nicht darüber hinweg, dass seit den letzten Jahrzehnten des 20. Jahrhunderts auch nonkonformistische, kritische Stimmen zur Oktave laut wurden, besonders aus den Reihen jüngerer Zeitgenossen, die Reformen politischer, gesellschaftlicher oder religiöser Natur forderten.[48] In der Luxemburger Muttergottesverehrung, wie sie sie vorfanden und erlebten, besonders in ihren äußeren Manifestationen, sahen sie je nachdem: ein Stück antiquierten Hinterweltlertums und Modell eines autoritär-passiven Matriarchalismus (Victor Weitzel[49]), eine Sakralisierung und Maternalisierung des Staatschefs durch das semiotische und ikonografische Ineinanderfließen von Großherzogin und Consolatrix in Resistenzmilieus (Lucien Blau[50]), eine Verbindung zwischen Muttergotteskult und der mythischen Gründerfigur Melusina (Laura Kozlik), eine psychoanalytisch-humoristisch zu beleuchtende Komponente eines bestehenden Luxemburger Mutterkomplexes (Paul Rauchs[51]), einen Marienmythos, der »die Frauen zu Unterwürfigkeit und Selbstverleugnung [erzog], anstatt ihre Selbstständigkeit und Durchsetzungskraft zu fördern« (Renée Wagener[52]), eine faktisch das Patronat fördernde und

---

47 Léon ZECHES, *Ein phänomenales Ereignis*, in: *Luxemburger Wort* (17.5.2003), S. 3.
48 Kurze Ausführungen zu einigen der folgenden Autoren bei KMEC, »*Marienland Luxemburg*«, S. 510f.
49 Vgl. zusätzlich: Victor WEITZEL, *Die Mutter und das freie Wort*, in: *d'Letzeburger Land* (1.2.1991), S. 10f. Ders., *Octave. Culte marial, culte des mères*, ebd. (26.5.2000), S. 21f.
50 BLAU, *Histoire de l'extrême-droite*, S. 497–503.
51 Paul RAUCHS, *Les mamelles de la géographie luxembourgeoise*, in: *Luxembourg, les Luxembourgeois. Consensus et passions bridées*, sous la dir. de Corina MERSCH, Luxembourg 2001, S. 41–46, bes. S. 41–44.
52 KMEC, »*Marienland Luxemburg*«, S. 511.

gegen die Arbeiterschaft gerichtete Ideologie im Sinn des Betriebsmanagertums (Michel Pauly[53]), eine »Mutter-Trösterinmythologie« und ein »Königin-Beschirmerin-Motiv« als Symbol von glaubensübersattem Maximalismus und extrem übersteigerter Marienverehrung im Gegensatz zu einer geforderten »bescheidenen« marianischen Spiritualität (Hubert Hausemer[54]), eine »Mariensucht« und »Marienflucht« innerhalb eines von Klerikalismus und patriarchaler Hegemonie geprägten Kirchensystems, wohingegen neue Implse aus einer dynamischeren Marienverehrung abzuleiten wären (Pfarrer Jupp Wagner[55]), einen Faktor rechtskonservativer Gesellschaftspolitik, die es durch neue Ausdrucksweisen und Strömungen ins Gleichgewicht zu bringen gelte (Jos Weydert, Antoinette Reuter[56]). Und Sonja Kmec schlussfolgert: »La dévotion mariale est devenue synonyme d'une certaine image du Luxembourg (société paysanne, arriérée, bigote), qui, elle, ne manque pas d'être dénoncée.«[57]

Die integrative Funktion der Oktave für die Gesamtbevölkerung des Landes wurde besonders ab den sechziger Jahren abgeschwächt durch den gesellschaftlichen Säkularisierungsprozess. Die in Oktavsachen während langen Jahrzehnten sehr eifrige katholische Presse stumpfte im 21. Jahrhundert progressiv ab. Das hing mit dem Rückgang der (geschriebenen) Presse einerseits zusammen, andererseits mit einer immer weniger an katholischen Themen interessierten Öffentlichkeit und einer Privatisierung des Religiösen. War die Oktav-Wallfahrt im *Luxemburger Wort* seit dem 19. Jahrhundert und bis zur Pandemie 2020–21 ausgiebig medial vermittelt worden, so ging dies danach zurück bis

---

53 Michel PAULY, *Maria und die Wirtschaftskrise*, in: forum Nr. 23 (1978), S. 19 f.

54 Hubert HAUSEMER, *Theologie der Bescheidenheit und Bescheidenheit der Theologie*, in: forum Nr. 23 (1978), S. 11–14. Ders., *Elemente einer heutigen marianischen Spiritualität*, in: forum Nr. 226 (2003), S. 42.

55 Jupp WAGNER, *Werden von den Dreihundertjahrfeiern Impulse zur Erneuerung des christlichen Lebens in Luxemburg ausgehen?*, in: forum Nr. 23 (1978), S. 1–10.

56 Antoinette REUTER, »*Marienland*«, in: MUSÉE EN PICONRUE (éd.), *Notre-Dame de Luxembourg*, S. 197–199.

57 KMEC, »*Marienland Luxemburg*«, S. 512.

zum Quasi-Erlöschen 2023. Auch das von der Sankt-Paulus-Druckerei herausgegebene *Letzeburger Sonndesblad* hatte von seinem Entstehen 1869 bis zu seinem Einstellen 2001 Vieles und Wesentliches über Oktavthemen und -feiern, auch Spirituelles und Erbauliches gebracht. Gleiches gilt für den *Luxemburger Marienkalender* (1877–2017), der von Anfang an bis in die 1970er Jahre regelmäßig und extensiv die Oktave in Text und Bild, besonders durch Geschichtsbeiträge, seinen Lesern nahebrachte. Hier war vor allem durch Dechant Michael Faltz die Oktavthematik nach allen Seiten hin durchdekliniert worden.

Eine noch nie dagewesene Zäsur in der Oktavgeschichte stellte im Frühling 2020 die sich von China ausbreitende Corona-Pandemie dar. Das Covid-19-Virus erfasste und infizierte in wenigen Wochen alle Kontinente und Landstriche, auch das Großherzogtum, mit zahlreichen Erkrankungen und über 1.000 Todesfällen in Luxemburg. Alle gemeinschaftlichen Veranstaltungen wurden von Regierungsseite wegen Ansteckungsgefahr untersagt, somit auch Prozessionen und der Besuch des Gottesdienstes. Die Oktave wurde dennoch, mit reduziertem Programm, vor einer leeren Kathedrale, ohne physische Präsenz der Gläubigen und lediglich »online« gefeiert: Die einzelnen Gottesdienste konnten via Livestream zu Hause am Computer bzw. für die Pontifikalandachten und die Sonntagshochämter am Fernsehen direkt mitverfolgt werden. Die Schlussprozession entfiel. Einzelgänge in die Kathedrale waren zwischen den Gottesdiensten erlaubt. Doch wurde im Oktober 2020, unter restriktiven Bedingungen, eine Wallfahrtswoche in der Kathedrale nachgefeiert. 2021 wurden die Bestimmungen bereits etwas gelockert, da die Pandemie durch massenweises Impfen besser im Griff war: 100 Personen durften, nach Anmeldung, jeweils an den Oktav-Gottesdiensten in der Kathedrale teilnehmen, mit Maskenschutz und desinfizierten Händen. Die medialen Übertragungen blieben wie im Vorjahr. Die Schlussprozession fiel aus, sie wurde durch eine Schlussandacht in der Kathedrale ersetzt. Um alleinstehende, alte und kranke Personen zu erreichen, wurde eine spezielle Oktavkarte mit ausklappbarem Bildmotiv der Statue der Trösterin in 5.000-facher

Ausführung angefertigt und verschickt, unter dem Motto »D'Tréischterin am Leed kënnt bei dech op Besuch«. Für die Kinder war eine spezifische Aktion mit ausgeschnittenen Herzen unter dem Titel »Maria, ech hunn dech gär« organisiert worden.[58] Nach der rein »digitalen (virtuellen)« Wallfahrt von 2020 und der »hybriden« von 2021 ging die Wiederaufnahme der Oktavtraditionen nach der Pandemie, so wie bei anderen religiösen und kulturellen Veranstaltungen, nur schleppend voran. Doch war die Ausgabe 2022 fast wieder normal, mit Prozessionen und Schlussprozession, wobei aus Vorsichtsmaßnahmen noch viele fernblieben. 2023 hatte sich die Situation wieder normalisiert und auf Vor-Covid-Niveau eingependelt. Während der Pandemie waren als Programmpunkt zur Oktave dazugekommen: zwei kleinere Konzerte vor dem Gnadenbild, die übertragen wurden. Da dies als kulturelle Bereicherung auch für Nichtkirchgänger gewertet wurde, wurde diese neubegründete Tradition nachher beibehalten.

---

58 Renée SCHMIT, *»Op eemol war alles anescht …!« Die Muttergottesoktave 2021 findet im zweiten Corona-Jahr als hybride Wallfahrt statt*, in: *Luxemburger Wort* (9.4.2021), S. 20.

Schlussüberlegungen: Brüche und Konstanten

Zu den Anfängen

Mit Arthur Peiffer ist festzuhalten, »dass schon vor der Entstehung der Luxemburger Verehrung der ›Trösterin der Betrübten‹ sich die Consolatio-Idee als ein sehr verbreitetes und populäres Thema erweist, der Titel ›Consolatrix Afflictorum‹ in dieser eigentlichen Fassung wie auch in verschiedenen Varianten schon Gemeingut der marianischen Terminologie war und ebenfalls sowohl Gnadenbilder wie Wallfahrten zur Trösterin lokal bereits seit dem 12. Jahrhundert existierten«, so dass »unsere Wallfahrt weder etwas absolut Neues noch etwas spezifisch Verschiedenes darstellt«.[1] War die Luxemburger Oktave in ihrem Anfangsstadium im internationalen Vergleich demnach nichts Besonderes, so ist sie es aber im Lauf der Jahrhunderte, nicht zuletzt durch ihre konstanten Anpassungen an Zeit und Umstände, und das bis heute, geworden.[2]

1624 bescheiden begonnen, kannte der Kult der Luxemburger Muttergottes eine Ausweitung und wechselte mehrere Male das Paradigma. Am-Herd teilt sinngemäß seine Oktavgeschichte ein in vier Ab-

---

1 PEIFFER, *Zur Geschichte*.

2 Georges HELLINGHAUSEN, *Le culte marial au Luxembourg*, in: *Dossier fir Informatioun an Dokumentatioun. Beilage zum Kirchlichen Anzeiger* 2/1997. Ders., *Die Oktave. Der lange Atem der Geschichte*, in: *forum* Nr. 226 (2003), S. 16–19; ebenso in: *Totus tuus. Marianisches Lesebuch zur Luxemburger Muttergottes-Oktave*, hg. von Volker ZOTZ und Friederike MIGNECO, Luxemburg 2004, S. 45–53.

schnitte: Die Verehrung der Trösterin der Betrübten, eine Privatangelegenheit – eine Stadtangelegenheit – eine Landesangelegenheit – eine Diözesanangelegenheit.

Für den einheimischen Katholizismus ist jedenfalls der Kult der Gottesmutter Maria eine Konstante in der Geschichte geblieben. Damit geht einher, dass die Oktave sich wie ein roter Faden durch die Luxemburger Profangeschichte der vergangenen vierhundert Jahre zieht und trotz aller Umschichtungen selbst radikalster Natur (staatlich, gesellschaftlich, kulturell, kirchlich, religiös …) bis auf den heutigen Tag erhalten und lebendig geblieben ist, mit all ihren Höhen und Tiefen im Lauf der Epochen. Aufstieg und Rückschritt der Andacht zur Trösterin der Betrübten sind dabei als Niederschlag des politisch-sozietalen und kirchlich-kulturellen Zeitgeschehens erkennbar. Das erklärt zum guten Teil Glanz, Verfall und Auferstehung der Oktave.

Bei der Initiierung, Propagierung und Festigung der Verehrung der Trösterin der Betrübten sind die Luxemburger Jesuiten, angefangen bei Pater Jacques Brocquart, mit System vorgegangen: Einführung und Popularisierung eines Gnadenbildes, Bau einer Kapelle, Wunderbücher, Einsatz der Kollegsstudenten (Sodalen), Gründung einer Bruderschaft der Trösterin der Betrübten, Pfarrmissionen, Nutzung der großen Stadtkirche als Pilgerkirche inmitten der Bevölkerung der Festungsstadt … Alles war angelegt, um im Volk die neue Religiosität, die letztlich eine Erneuerung des Glaubens- wie gesellschaftlichen und familiären Lebens anpeilte, grundzulegen und zu festigen.

In diesem Rahmen war die Oktave als Wallfahrt zur Consolatrix Afflictorum nach 1624 progressiv entstanden, konkret nach dem Aufstellen des Marienbildes auf dem den Stadtmauern vorgelagerten Glacisfeld. Seit nunmehr 400 Jahren pilgern Menschen aus Stadt und Land sowie von außerhalb der Landesgrenzen zur Luxemburger Muttergottes in die Stadt, wobei im Zeitfluss Pilgerzeiten und besonders Pilgerzahlen erheblich variierten.

Zu den Erwählungen 1666/1678

1666 und 1678, als die Autoritäten des Herzogtums Luxemburg die Trösterin der Betrübten jeweils in einem feierlichen Akt zur Patronin erwählten, sind Stichdaten und bleibende Referenzen der Oktavgeschichte – auch wenn die Oktave als solche bereits vorher, wenn auch eher sporadisch und spontan, etabliert war. Nach den beiden Erwählungen wird sie kirchlich und gesellschaftlich zur festen, zunehmend strukturierten Institution im Lauf des Jahres.

Die Tatsache, dass Stadt und Land Luxemburg die Gottesmutter zur Patronin erwählt haben, ist überlegenswert. Dies umso mehr, als der Kult, der sich daraufhin konsolidierte, heute aktuell bleibt.

Von Bedeutung ist, dass beide Erwählungen nicht unmittelbar von kirchlicher Seite, sondern von den politischen Instanzen (Provinzialrat bzw. die Drei Stände, unterstützt von Gouverneur und Stadtrat) betrieben wurden, auch wenn die Jesuiten letztlich den ausschlaggebenden Impuls gegeben haben. Zur Zeit des Ancien Régime gab es noch keine klare Kompetenzaufteilung zwischen Kirche und Staat, beide Sphären waren transversal miteinander verbunden und durchdrangen sich. Die Gesellschaft war eine und einzige, die auch religiös einheitlich geprägt war.

Insofern der Erwählungsakt vom 20. Februar 1678 – Wahl der Landespatronin – in Kontinuität zur Wahl vom 10. Oktober 1666, als sich die Stadt Luxemburg der Muttergottes verschrieb, zu begreifen ist und auch dementsprechend, bis hin zur äußeren Feier, inszeniert wurde, ist das Datum von 1678 ein Konvergenzpunkt. Das Erwählungsgeschehen von 1678 ist aber auch ein Ausgangspunkt. Nicht nur, dass im Bewusstsein der Leute die Schutzherrschaft über das Land einprägsamer gewirkt hat als diejenige über die Stadt. Es strukturierte und festigte sich auch nach 1678 immer systematischer die Wallfahrt, die nun jedes Jahr, bis auf den heutigen Tag, in der Zeit der »Oktave« nach Ostern alle Stadt- und Landpfarreien in die alte Jesuitenkirche zum Bild der Consolatrix Afflictorum ruft. 1679 wurde verfügt, diese Muttergottesoktave vom 4. bis 5. Sonntag nach Ostern abzuhalten. Zweimal wurde später die Wallfahrtsperiode ausgeweitet: 1898 wurde eine halbe Woche, 1921 eine weitere halbe Woche vorgelagert. Seither umfasst sie als Doppeloktave vierzehn Tage.

Waren bisher die Daten von 1666 und 1678 wie selbstverständlich im Luxemburger Kollektivbewusstsein eingraviert, so besteht die Herausforderung darin, sie auch in Zukunft innerkirchlich wie gesellschaftlich, durch Geschichtsschreibung und Volksfrömmigkeit, wachzuhalten. Denn wir leben und zehren nicht nur aus den bestehenden geistigen Quellen, wir sind im Endeffekt das, was wir von uns selber wissen und woran wir uns erinnern. Die Oktave als religiöse Wert- und Motivationsquelle für viele Einwohner dieses Landes, ja für die gesamte Luxemburger Gesellschaft zu erhalten und zu pflegen, müsste daher in jedermanns Interesse liegen. Die jüngst erfolgte Aufnahme in das nationale immaterielle Patrimonium der UNESCO ist insofern eine erfreuliche Tatsache und trägt diesem Anliegen Rechnung.

Noch heute werden die beiden Erwählungsdaten – 10. Oktober 1666 und 20. Februar 1678 – jährlich durch einen festlichen Pontifikalgottesdienst in der Kathedrale von Luxemburg kommemoriert, der seit Jahrzehnten von der katholischen Frauenorganisation ACFL (Action catholique des Femmes du Luxembourg) organisiert und gestaltet wird. Es ist jeweils eine Nachmittagsmesse mit »Votum solemne«, d. h. Erneuerung der Erwählung bzw. Weihe an U. L. F. von Luxemburg.

Zum Ancien Régime

Die Oktavwallfahrt war von vornherein als Nationalwallfahrt konzipiert, bezogen auf die Bevölkerung eines abgegrenzten Territoriums – Provinz bzw. Land –, mit der Festungsstadt als Zentrum. Solche Nationalwallfahrten haben sich in Absetzung zu den alten mittelalterlichen Wallfahrten, die entweder lokal oder aber grenzüberschreitend waren, mit dem Entstehen der Nationalstaaten zu Beginn der Neuzeit entwickelt. Luxemburg ist ein Fallbeispiel. Doch wurde hier der Faden konsequenter weitergesponnen als anderwärts, und das mit ansehnlichen Nachwirkungen bis in unsre Epoche. Durch den Muttergotteskult wurde der lokale Partikularismus gestärkt und weiterentwickelt.

Ihre große Zeit kannte die Oktave zunächst unter den Jesuiten, die sie aus der Taufe gehoben hatten, im 17. und 18. Jahrhundert. Nach dem wallfahrtsfreudigen 17. Jahrhundert mit seiner marianischen Hochkonjunktur wurde das späte 18. Jahrhundert diesbezüglich kritischer und abgekühlter. Existenzbedrohend für das Oktavgeschehen wurde die Auflösung der Gesellschaft Jesu, des faktischen Betreibers der Wallfahrt (1773), desgleichen die den Katholizismus zeitweise ausschaltende Französische Revolution mit ihrer expliziten Kirchenfeindlichkeit (1795–1801). Letzterer fiel die Kapelle auf dem Glacis-Feld, die ab 1625 von Pater Brocquart als Heiligtum für das Gnadenbild und als Pilgerstätte errichtet worden war, zum Opfer. Seither steht das Bild in der einstigen Jesuitenkirche, der heutigen Kathedrale im Herzen der Stadt Luxemburg.

Die Rolle der politischen Machthaber bei den Oktavfeierlichkeiten hat sich im Lauf der Jarhunderte geändert. Gouverneure, die spanischen Könige, Ludwig XIV., Kaiserin Maria-Theresia förderten den Oktavkult in einer Zeit, als politische Macht und kirchliches Geschehen miteinander verflochten waren. Joseph II. ging auf Distanz, auch die Trierer aufklärerischen Bischöfe und die französischen Autoritäten während der Revolution grenzten sich formell ab. Napoleons Diener versuchten ihrerseits, die Luxemburger Oktave für das französische Kaiserreich und das Prestige seines Throninhabers zu instrumentalisieren. Hingegen blieben im 19. Jahrhundert die Vertreter der Landespolitik des Großherzogtums, nahezu allesamt aus dem liberalen Lager, der Wallfahrt fern. Seit 1919 sind hohe politische Autoritäten bei der Schlussprozession dabei, von den Kriegsjahren 1941–44 einmal abgesehen. Dass seit gut einem Jahrhundert die Herrscherfamilie partizipiert, verleiht der Manifestation zusätzlichen Glanz.

Zum 19. Jahrhundert

Eine neue Blüte erlebte die Marienverehrung im 19. Jahrhundert. Sie wurde zum Integrationsfaktor der neu entstandenen Luxemburger Ortskirche, zunächst ein von Rom abhängiges Apostolisches Vikariat, das sich aus den luxemburgischen Teilen der vorrevolutionären Bistümer Trier und Lüttich zusammensetzte, soweit sie innerhalb der neuen Landesgrenzen von 1839 lagen. Dass sich die einheimischen Ordinarien von Anfang an, ab 1840, den populär gebliebenen Marienkult zu eigen machten, war seelsorglich klug. Sie führten die Linie des Weltklerus, der sich seit 1773 der Wallfahrt angenommen hatte, weiter. So wuchsen Kirchenleitung und Kirchenvolk des neuen Jurisdiktionsgebietes zusammen, die »Chemie« zwischen Oben und Unten stimmte. Das half wiederum den Faden der Oktave selbst zu konsolidieren und zu stärken. Sie wurde zum großen Erfolgserlebnis der 1870 gegründeten Diözese Luxemburg.

»Das Wiederaufleben des Marienkults im 19. Jahrhundert – oft gegen den Willen der politischen Obrigkeit – und seine Einbindung in die Zelebration des Nationalstaats im 20. Jahrhundert machen deutlich, dass das Oktavfest keine festgefahrene Tradition ist.«[3] Bei diesem Auftrieb wurde die Verbindung mit dem modernen Nationalgedanken im Sinn des Patriotismus, aus religiösem Blickwinkel ein »Nebenprodukt« (Gilbert Trausch),[4] wesentlich. Für die Durchsetzung und den Ausbau der Andacht wurde dieser ab der Mitte des 19. Jahrhunderts zu einer immer mächtigeren Triebfeder, die ihrerseits europaweit im Trend lag. Das mit der Oktave verwachsene einheimische Nationalgefühl erklärt deren herausragende Bedeutung im letzten Weltkrieg. So

---

3   KMEC, *Muttergottesoktave*, S. 285.

4   Er schreibt über die Muttergottesverehrung in Luxemburg: »Mouvement essentiellement religieux, d'ordre spirituel avant tout, son aspect patriotique n'est qu'accessoire, en ce sens qu'il n'a pas été recherché au départ. L'ampleur, la profondeur et la sincérité du culte marial font que le produit accessoire ne peut être tenu pour négligeable.« TRAUSCH, *Origines*, S. 110.

wie denn die Anrufung »Trösterin der Betrübten« dazu prädestiniert war, bei der Bewältigung von individuellen oder kollektiven Leidsituationen lindernd und kanalisierend zu wirken. Religion als Faktor für Leidbewältigung und als Sinnquelle wird hier greifbar. Das ist die existenziell bedeutsame Komponente der Oktave.

Ab der Mitte des 19. Jahrhunderts war in der Tat die Oktave national und patriotisch aufgeladen worden. Dieses patriotische Kolorit wurde sehr wichtig für die Auswanderer, die mit dem Kult der Trösterin der Betrübten ein Stück Luxemburger Heimat mit in die Ferne nahmen, das sie und die nächstfolgenden Generationen, neben der religiösen Verwurzelung, gedanklich und gefühlsmäßig-nostalgisch mit dem Mutterland und ihren eigenen Hinterbliebenen verband.

Gerade in diesem Kolorit liegt ein markanter Unterschied zwischen der Luxemburger und der Kevelaerer Wallfahrt, welcher das nationalpatriotische Element gänzlich abgeht. Die Luxemburger Oktave hat sich in die Volksseele eingraviert und lässt das Herz gläubiger Katholiken und selbst religiös distanzierter Patrioten im Rhythmus der Oktavfrömmigkeit schlagen. Dies ergibt eine emotionale Wärme, die der Kevelaerer Wallfahrt unbekannt ist.

Doch geschah, neben dieser Steigerung ins Nationale, interessanterweise auch kurz vor 1900 eine internationale Öffnung der Oktave, an der sich, nach dem komplizierten 19. Jahrhundert voll politischer Wirren und der religiösen Abkehr der Menschen jenseits der neugezogenen Grenzen Luxemburgs, nun wieder in geordneter Form Franzosen, Belgier und in geringerem Maß auch Deutsche aus der Grenzregion beteiligten. Die Oktave »ist ein gemeinschaftliches Ritual – mit spezifischen identitätsstiftenden und abgrenzenden Funktionen – im Spannungsfeld zwischen Partikularismus und Universalismus«, betont zu Recht Sonja Kmec.[5] Vor 1800 war die Frage, inwieweit Pilger außerhalb der Grenzen des Herzogtums in die auf das Herzogtum zugeschnittene Verehrung einzubeziehen seien. Ende des 19. Jahrhunderts wurde sie

---

5 KMEC, *Muttergottesoktave*, S. 285; ebenso dies., *L'Octave*, S. 16f.

dahingehend beantwortet, dass über die Grenzen des entstandenen, territorial reduzierten Großherzogtums wieder Menschen zur Oktavwallfahrt eingeladen wurden, auch wenn letztere ansonsten betont luxemburgisch-patriotische Züge und also unterscheidenden Charakter zeigte. Im ausgehenden 20. und beginnenden 21. Jahrhundert ging es vor allem um die Integrierung und das Zusammenleben mit Immigranten in Luxemburg selbst, für die die Oktave zu einer Plattform religiöser Begegnung und gemeinsamen Erlebens mit Einheimischen wurde, was zudem als ein Faktor gesellschaftlicher Kohäsion im modernen Luxemburg zu verbuchen ist. In allen Fällen musste sich also der Organisator der Veranstaltung (Jesuiten zunächst, danach Stadtpfarrei und später Bistum) dieser Frage stellen und hat sie im Sinn eines Ausgleichs gelöst.

In der Oktavverkündigung sowie in ihren kulturellen Ausprägungen (Musik, Gesang, Literatur) dominierte im Jahrhundert zwischen 1850 und 1950 das Rührselig-Nationale und nicht das Theologisch-Heilsgeschichtliche. Wieweit der nationale Aspekt Zukunft haben wird, hängt nicht nur von kirchlichen Entwicklungen ab, sondern vom nationalen Gedanken überhaupt in einem sich vernetzenden und vereinheitlichenden Europa. Landesintern nicht zuletzt auch vom Entwicklungsstadium der nach menschlichem Ermessen weiter sich weltanschaulich wie religiös pluralisierenden Luxemburger Gesellschaft, die immer weniger deckungsgleich ist mit der katholischen Kirche – denken wir an die Zunahme anderer Konfessionen und die mittlerweile bedeutend angewachsene Gemeinschaft etlicher Tausend Muslime. Doch kennen auch letztere einen Zugang zu Maria.[6] Es gibt Moslems, die in katholischen Marienkirchen beten, in Luxemburg ist das bislang nicht der Fall.

---

6   Ameer JAJE op, *Marie dans l'islam*, Domuni-Press 2020.

Zum Diözesanen

Die »Patrona Civitatis et Patriae Luxemburgensis« hatte zunächst als Zuständigkeit den Schutz über das politisch-gesellschaftliche Luxemburg, d. h. ein Territorium mit seinen Autoritäten und seinen Einwohnern. Doch wurde die Oktave auch für die im 19. Jahrhundert gegründete Ortskirche ein wichtiger Lebensnerv. Ihr patriotischer Charakter überschritt im Zweiten Weltkrieg den Zenith und ging, wie erwähnt, nach dem Zweiten Vatikanischen Konzil (1962–65) zugunsten einer theologisch-ekklesialen Durchdringung entschieden zurück. Dabei verlor die integrative Funktion der Oktave zunächst an Bedeutung, um ab der Jahrtausendwende wieder zuzunehmen, allerdings anders gelagert: vordem auf die luxemburgische Bevölkerung bezogen, jetzt auf die Einbeziehung der ausländischen Katholiken, die in den letzten Jahrzehnten durch Zuwanderung stark zugelegt haben. Die Sorge, über den autochtonen Kreis hinaus auch andere, weiter entfernte Pilger aus verschiedenen Regionen und Ländern zu integrieren, hatte es, wie aufgezeigt wurde, nicht zuletzt bereits im Ancien Régime gegeben.

Michael Faltz betont, es sei eine providentielle Fügung, dass die Luxemburger Bischöfe zwei Ziele stets im Auge gehabt und zwei Dinge gefördert hätten: die Liebe zur Gottesmutter und die Anhänglichkeit an den Stellvertreter Christi, den römischen Papst.[7]

Die Oktave war, historisch gesehen, *die* Chance für die Luxemburger Kirche. Und sie hat sie genutzt. Sie ist ein Glücksfall der Luxemburger Kirche. Soll das in Zukunft auch so sein, heißt es kirchlich am Ball bleiben und mit Fingerspitzengefühl die inhärenten Bezugspunkte mit den neuen sich zeigenden Aspirationen verbinden.

Im ausgehenden 20. und beginnenden 21. Jahrhundert entwickelte sich die Oktave zurück von einer gesellschaftlichen zu einer rein kirchlichen Angelegenheit, auch wenn sie von der Öffentlichkeit nach wie vor wahrgenommen wurde und wird. Dieser Prozess der Verkirchli-

---

7 FALTZ, *Muttergottes-Oktave in den vier Kriegsjahren*, S. 24.

chung hatte, wie gesehen, im 19. Jahrhundert eingesetzt und sich mit der kirchlichen Eigenständigkeit Luxemburgs gesteigert, in einer Zeit, in der Gesellschaft und Kirche, was die Volksmassen anbelangt, noch quasi identisch waren. Die Oktave bleibt heute das große Glaubensfest der Katholiken im Großherzogtum Luxemburg.

Heute

Die Oktave und ihre Organisation war von ihrer Entstehung 1624 bis zur Aufhebung der Gesellschaft Jesu 1773 eine Angelegenheit der Jesuiten, danach der städtischen Nikolauspfarrei und ihres Klerus. Im 19. Jahrhundert wurde sie zusehends, im Rahmen der sich entwickelnden Luxemburger Lokalkirche, zu einer diözesanen Anlegenheit, in enger Zusammenarbeit zwischen Liebfrauenpfarrei und bischöflicher Verwaltung organisiert. So ist es bis heute geblieben.

Mehrmals änderte die Oktave ihre Gesamtzielrichtung: War sie ab 1624 ein Mittel der Seelsorge, so wurde sie ab 1842 vor allem eine National-Andacht und musste sich ab 1966 in der Zeit gesellschaftlicher und kirchlicher Umbrüche als katholische Devotionsform neu bewähren und anpassen.

Die Muttergottesoktave mit ihren Referenzdaten 1666 und 1678 reicht zurück in die Barockzeit. Barock scheint es auch in manchen ihrer Rituale bis heute durch. Das gilt für die damit verbundene Wallfahrt und die Prozessionen, die in der Wallfahrtskirche zelebrierten Hochämter mit ihrem Gepräge, das Rosenkranzgebet und die Oktav-Andachten mit sakramentalem Segen. Das im Trienter Konzil verwurzelte Ritualensemble bleibt konstitutiv, es entfernen wollen würde die Oktave wohl kaum überleben.

Überkommen muss nicht von vornherein anachronistisch bedeuten. Sonst hätte sich diese Devotionsform in der Form nicht bis heute erhalten. Die Eucharistie war stets und bleibt ein katholisches *Must* auch im Pilgerwesen. Die Wallfahrtspraxis hatte ihre unterschiedlichen Blütezeiten und war sogar noch Ende des 20. und zu Beginn des 21. Jahrhunderts erneut von höchster religionssoziologischer Aktualität.[8] Selbst der goldbehangene Votivaltar in der Kathedrale entspricht einem früheren Schaubedürfnis und Bildhunger (»civilisation de l'image«), wie wir ihn ähnlich ausgeprägt bei unseren Zeitgenossen wiederfinden – die elektronischen Medien lassen grüßen.

Verschwunden sind die bei der Initialzündung wichtigen Wunderheilungen. Die Barockzeit war regelrecht wundersüchtig, die alten Mirakelbücher aus der Zeit sind diesbezüglich beredt. Heute geht dem Luxemburger Marienkult diese Wunderdimension, die z. B. in Lourdes nach wie vor eine bedeutende Rolle spielt, ab.

So sind Kontinuität und Diskontinuität die Merkmale dieser aus geschichtlicher Ferne in unsere Zeit sich verlängernden Volksfrömmigkeit.[9] Die Oktave ist eine Mariendevotion zwischen Tradition und Moderne. Geblieben ist das Marienbild in der Kathedrale als Sammel- und Mittelpunkt, besonders während der Oktavzeit. »Au centre des célébrations se trouve la figure sainte de la Vierge-Mère, dotée de sens multiples, inépuisables même, que suscite la puissance associative de l'imaginaire.«[10] Dass es nach wie vor die spanische Bekleidung trägt, ist ausdrücklicher Volkswille, bis heute.

Eine solche Volksreligiosität wie die Oktave hat Werte vermittelt, insbesondere eine große Solidarität, welche Individuen durch gemeinsame Ideale und Perspektiven aneinander geschweißt hat. Der Marienkult war im Luxemburg der Vergangenheit ein Einheits- und Vereinigungsfaktor auf der Ebene der Pfarreien, der Zivilgemeinden, der verschiedenen sozialen Schichten und nahezu der gesamten Bevölkerung.

Zudem ist erstaunlich, wie viele kleinere, lokale Marienwallfahrten es im Großherzogtum gibt – ein bedeutendes pastorales Potenzial,

---

8   Vgl. HERVIEU-LÉGER, *Le pèlerin*.
9   Robert SIBENALER, *Luxemburger Marienverehrung in der Volksfrömmigkeit*, in: nos cahiers 18/2 (1997), S. 149–159.
10 KMEC, *Octav*, S. 224.

zusammen- und vorgestellt in: »Marianische Geographie von Luxemburg«, von Aloyse Biel und Norbert Thill im Marianischen Jahr 1988 herausgegeben.[11]

Die Oktave war und ist zunächst eine Pilgerfahrt. Als solche wurde sie erlebt und bisweilen romantisch und nostalgisch verklärt, wie die Oktavliteratur der letzten 150 Jahre illustriert. Jeder Pilger hat seine eigenen Oktaverlebnisse.[12] Andererseits besteht seit Jahrzehnten der Trend, die Oktavwallfahrt auf die Teilnahme an einem Gottesdienst in der Kathedrale zu reduzieren, zu der man sich – wenn möglich bequem – hinbegibt. Straßenverkehr und -stress machen ohnehin das Pilgern, wie es früher üblich war, d. h. zu Fuß, so gut wie unmöglich. Von der Sache her ist jedoch der Weg mindestens so wichtig wie das Ziel.

Damit die Oktave nicht zum Museumsstück verkommt, muss sie theologisch, pastoral und spirituell stets neu auf Vordermann gebracht werden. Die um das Jahr 2000 abgehaltene Diözesanversammlung hat sich mit ihr nicht auseinandergesetzt, genauso wenig wie vorher die IV. Luxemburger Diözesansynode (1972–81). Wie diese Unterlassung interpretieren? Bestand kein Bedürfnis, sich mit einer Devotionsform zu befassen, die quasi als »Selbstläufer« (gut) funktionierte? Immerhin hatte es eine »Gebetsaktion Synode« gegeben, der sich die Luxemburger Katholiken schriftlich anschließen konnten, um durch ein an die Trösterin gerichtetes Gebet für die Synode – publiziert auf einem klassischen Consolatrix-Bildchen –, andere Gebete oder Übungen die Versammlung spirituell zu begleiten.

Von einem liturgischen Standpunkt aus ist zu bemängeln, dass sich die vom Zweiten Vatikanum geforderte aktive Teilnahme der Gläubigen (»participatio actuosa«) an Feier und gesanglicher Gestaltung lange

---

11 Vgl. zusätzlich: MONTESILVA, *Das marianische Luxemburg; Route Mariale durch Luxemburg*, in: *Letzeburger Sonndesblad* Nr. 6 (12.2.1978), S. 2f., Nr. 7 (19.2.1978), S. 2f. und Nr. 8 (26.2.1978), S. 6. *Auch im Ösling eine »route mariale«*, in: *Letzeburger Sonndesblad* Nr. 11 (19.3.1978), S. 4.

12 Isabelle BERNARD-LESCEUX, *Enquêtes et témoignages sur l'Octave*, in: MUSÉE EN PICONRUE (éd.), *Notre-Dame de Luxembourg*, S. 237–250.

Zeit und zum Teil bis heute nicht durchgesetzt hat. Viele Oktavmessen waren vom Chor vorgetragene Messen, manchmal Konzertmessen. Ein integriertes Zusammenspiel zwischen Chor und singender Gemeinde war in vielen Fällen nicht geglückt. Dass es in dieser Frage dennoch auch hierzulande klappen könnte, zeigt das regelmäßige Absingen der Lauretanischen Litanei in der Kathedrale: Das Miteinander läuft hier reibungslos, im Sinn der gewünschten Komplementarität. Anstrengungen in die erwünschte Richtung sind seither unternommen worden.

Seit jeher ist das Marianische inmitten der männlich dominierten Klerikerwelt der katholischen Kirche als emotionale, fraulich-mütterliche Komponente ein wohltuender Gegenpol. Diese theologisch wie psychologisch wichtige Dimension spielte bei der Oktave eine nicht unbedeutende Rolle. Dazu ein lustiger Ausspruch von Margaret Atwood: »Falls ich je einer Religion beitreten sollte, würde ich wahrscheinlich den Katholizismus wählen. Da gibt's wenigstens weibliche Heilige und die Jungfrau Maria.«

Bis heute stimmt es, dass der Marienkult einen Einheits- und Einigungsfaktor in der Luxemburger Gesellschaft darstellt, die, zumindest diffus – das bleibt wahr für den katholischen Anteil – die Überzeugung hegt, durch ein gemeinsames Schicksal und eine übergeordnete Bestimmung gegenüber der Transzendenz und dem Absoluten geeint und verbunden zu sein.

Es nimmt auf dieser Grundfolie nicht wunder, dass seit eh und je wichtige Momente des Landes, soweit sie eine religiöse Komponente haben, vor dem Gnadenbild in der Kathedrale, dem Nationalheiligtum des Landes, begangen werden. Dies gilt für nationale Kommemorationsfeiern ebenso wie für Feiern um die Monarchie, so Thronbesteigungen oder -jubiläen, Prinzenhochzeiten und -beisetzungen in der Fürstengruft des Domes.

Mehrfach war die Oktave im Lauf ihrer 400-jährigen Geschichte der Versuchung nationaler Vereinnahmung ausgesetzt. Zur Zeit des Ancien Régime versuchte sowohl der spanische als auch später der französische

König, sie zu absorbieren und der eigenen Causa nutzbar zu machen. Unter der Französischen Revolution konnte sie nur überleben zum Preis der Gleichschaltung mit und Anlehnung an die antikirchliche Linie des republikanischen Frankreich (Treueid auf die Republik, Hasseid auf die Monarchie). Unter Napoleon nahm sie dezidiert französisch-nationale Züge an und wurde dem Napoleon-Kult verpflichtet. Unter der Belgischen Revolution wusste die Luxemburger Muttergottes nicht, »ob sie belsch oder holländisch sei«. Mit dem Erwachen des Luxemburger Nationalgefühls Mitte des 19. Jahrhunderts wurde sie endgültig – durch Volkswillen diesmal, nicht durch Dekretierung der Machthaber –»luxemburgisch«, und das in ausgeprägtem Maß, bis weit über den Zweiten Weltkrieg hinaus. Ein kleiner Schrecken durchfuhr die Herzen mancher Luxemburger Patrioten, als nach der letzten Restauration der Consolatrix-Statue herauskam, dass sie möglicherweise »deutsch« beeinflusst sei und vielleicht sogar aus dem deutschen Raum herstammen könne (sic).

Wird im kirchlichen Einfangprisma heute weniger die nationale und mehr die biblisch-heilsgeschichtliche Dimension der Gestalt Marias betont, so bleibt wahr, dass für die vielen Immigranten aus traditionell katholischen Ländern wie Frankreich, Italien und Portugal die luxemburgische Marienverehrung ein wichtiger Anknüpfpunkt für ihre Integration in die hiesige Bevölkerung gewesen ist und auch heute noch bleibt – auch wenn sie ihre eigene Madonna mitgebracht haben, wie U. L. F. von Fatima. Das Verbindende ist größer als das Trennende. In der Oktave tragen spezifische Feiern diesem Umstand Rechnung: interkultureller Rosenkranz, Messe des Volkes Gottes, Beteiligung fremder Sprach- und Volksgruppen an der Schlussprozession. Ein wichtiger Beitrag der Kirche für das Miteinander aller Bevölkerungsschichten!

Viel Engagement zeigen jeweils die vom Erzbischof beauftragten Oktav-Prediger.

Ein weiteres Stichwort ist das der »Großregion«. Die Oktavwallfahrt hat nach dem Startpunkt von 1678 das gesamte damalige Herzogtum, das in etwa deckungsgleich mit der heutigen Großregion ist, einbezogen. Selbst nachdem durch die historischen Teilungen das Land territorial verkleinert worden war (1659, 1815, 1839), bemühten sich die Luxemburger Bischöfe, den Kontakt mit den abgetrennten Gebieten über die Marienwallfahrt aufrechtzuerhalten, ja zu beleben; immerhin hatten diese ja 1678 – mit Ausnahme der lothringischen Gebiete – mitunterschrieben. Seit 1893 ziehen erneut formierte Pilgergruppen aus Belgien und Lothringen zur Luxemburger Kathedrale. Desgleichen kommen aus der Eifel regelmäßig Wallfahrer in die Oktave. Doch wird der Pilgerstrom aus dem Ausland spärlicher.

Durch diese über hundert Jahre anhaltende Einbeziehung der Nachbarterritorien wurde die altehrwürdige, mehr als ein Jahrtausend anhaltende, historische Verbindung zu den Bistümern Trier und Lüttich ein Stück weit wiederbelebt, faktisch, aber nicht emotional: Im Bewusstsein und Empfindungshorizont heutiger Zeitgenossen im Großherzogtum sind die Pilger von jenseits der Grenze Deutsche, Franzosen (»Moselaner«) oder Belgier, und weit weniger Einwohner des früheren Herzogtums Luxemburg. Es sind »Ausländer«, die zur Luxemburger Madonna gepilgert kommen, jedoch gern gesehen und freundlichst begrüßt und empfangen werden – auch ausdrücklich von den kirchlichen Autoritäten.

Es gibt im Katholizismus das sogenannte »Marianische Prinzip«. Erzbischof Fernand Franck hat in der Festschrift für Pierre Werner (»Innovation – Integration«, Luxemburg 1993, S. 531 f.) geschrieben: »Mehr als andere Ortskirchen ist diejenige des Luxemburger Landes gekennzeichnet durch die marianische Dimension […]. Spricht man daher heute, ausgehend von modernen theologischen Kategorien, vom marianischen Prinzip in der Kirche (Hans Urs von Balthasar) bzw. von Maria als dem Urbild der Kirche (Vatikanum II), so ist dies für bestehende Luxemburger kirchliche Verhältnisse nichts Neues, sondern seit jeher ein typisches Merkmal. Der Auftrag besteht heute darin, die altüberkommene, national ausgerichtete Mariendevotion, besonders im Zusammenhang unserer ›Oktave‹, immer wieder gezielt in den Fluss universalen kirchlichen Empfindens und aktuellen theologischen Denkens hineinzustellen, dies um der Gefahr zu entgehen, sie zu einem musealen, bestenfalls noch touristisch attraktiven Relikt vergangener völkisch-transzendentaler Jenseitsausrichtung oder Diesseitsbewältigung zu degradieren.«

Es gibt viele ikonografische Darstellungen – von hoher Kunst bis zu Volkskunst und Kitsch –, in denen die Consolatrix Afflictorum als Stadtpatronin Luxemburgs identifizierbar ist, auch wenn sowohl im religiösen Bewusstsein als auch in der Illustration eine Osmose zwischen den Konnotationen von Stadt- und Landespatronin besteht. Auffallend ist in der Tat, wie viele Luxemburger Mariendarstellungen, allgemein wie auch im Kontext der Landesweihe und ihrer Jubiläen, auf die Ikonografie der Muttergottes im Stadtbild zurückgreifen. Die Grenzen zwischen beiden Zuständigkeiten und Attributionen werden seit jeher als fließend wahrgenommen.

Bis heute wird die nationale Marienwallfahrt in Praxis und Gemüt der Luxemburger Katholiken als zentral empfunden. Die Oktave ist Ausdruck, Bild und Maßstab (Seismograf) des katholischen Lebens im Land. Sie gilt als schönste und intensivste Zeit der Luxemburger Kirche, zugleich als spiritueller Schatz, durch den der historisch überkommene Katholizismus tief in der Bevölkerung verankert bleibt, und das über alle Pluralisierungs- und Säkularisierungsschübe hinweg, die das Land in den letzten Jahrzehnten gekannt hat. Die bis heute andauernde Langzeitwirkung, mitsamt ihren kulturellen Blüten und Hochleistungen seit 400 Jahren, unterscheidet das Luxemburger Votum von 1666/1678 von ähnlichen Versprechen anderer Städte und Landstriche im Ausland, die keine oder kaum mehr Relevanz haben. Viele davon sind längst verblasst und wie Sterne erloschen, andere sind geblieben (z. B. Spanien, Bayern, Kuba).

Die Oktave erhält als kirchliches Highlight (»temps fort«) im Rahmen einer derzeitigen »Event-Kultur« neue Aktualität. Aktuell bleibt die mit dem Marienbild und dem Ort verbundene Botschaft. Im Mai 1985 hat Papst Johannes Paul II. diese in der Kathedrale auf den Punkt gebracht: »In all diesen Nöten nahmen die gläubigen Luxemburger ihre Zuflucht zu Maria, ihrer Patronin. Sie wurden nicht enttäuscht. Ihr Vertrauen setzten sie auf die, die selbst aus dem Gottvertrauen lebte; ihren Trost fanden sie bei der, die unter dem Kreuz ausharrte und dort vom Gott allen Trostes so gestärkt und getröstet wurde, dass sie jetzt alle trösten kann, die in Not sind.«[13] Die doppelte Erwählung war in einem Kontext von Krieg, Hungersnot, Pest und anderen schwierigen Situationen erfolgt. Maria wurde gesehen als himmlische Frau, die für das Wohl jener eintritt, die sie anrufen und denen sie in ihren Nöten Trost spendet. Im Lauf der Jahrhunderte hat der Marienkult viel Lebensmut und Überlebenskraft vermittelt, und das in oft leidvollen Zeiten, besonders im Zweiten Weltkrieg. Das Potenzial an »Krisenmanagement«, das entstehungsgeschichtlich und mannigfach im Lauf der Jahrhunderte erprobt wurde, verleiht der Oktave bleibende Aktualität und liegt in ihrer DNA. Der »Trost«-Gedanke ist heute vor allem im Rahmen der Sinnsuche anzusiedeln, aber auch klassischerweise in der Bewältigung von Leidsituationen in verschiedensten Formen. Es ist nach menschlichem Ermessen anzunehmen, dass eine solche Religiosität, die in der Psyche eines Volkes tief verankert war und praktisch jedem Katholiken des Landes eingeimpft wurde, vielen Personen eine Seelenkraft gab, die es ihnen erlaubte, mit Appell an übernatürliche Energien schwerste physische und moralische Situationen zu ertragen oder zu meistern. Dies ist eine der moralischen und sozialen Wertentfaltungen des einheimischen Marienkultes, der der nationalen Gemeinschaft mit der Figur der Gottesmutter mütterliche Wärme, himmlischen Schutz und Lichtperspektiven in den schwierigsten Situationen einzuflößen suchte, dies sowohl den Einzelnen wie der Kollektivität. Ganzen Generationen von Luxemburgern gab die Muttergottesverehrung Lebenskraft und Lebenssinn, besonders auch den Mut, mit schwierigen (persönlichen wie nationalen) Schicksalen, die sie der Trösterin der Betrübten anvertrauen konnten, fertig zu werden. Ein Stück Lebensbewältigung, durch religiöse Energien gespeist.

Im Rahmen der aktuellen Entchristlichung und Säkularisierung, gekoppelt mit einem Abnehmen der religiösen Praxis, die auch die Ok-

---

13 *De Poopst Jean Paul II. zu Lëtzebuerg*, S. 192.

tave betrifft, bleibt diese dennoch ein Phänomen, das in der Luxemburger Gesellschaft zur Kenntnis genommen und beachtet wird – mit der Beteiligung von Politikern und Politikerinnen im Respekt ihrer religiösen Überzeugungen. Ein Unterschied zu früher: Nach der Trennung von Staat und Kirche, wie sie ab 2013 in die Wege geleitet wurde, haben keine Minister (der Koalition von Liberalen, Sozialisten und Grünen) mehr an den Oktavfeierlichkeiten teilgenommen. Mit 2024 scheint jedoch wieder eine Kehrtwende eingetreten zu sein. So oder so bleibt die religiöse und festliche Atmosphäre der Hauptstadt während der zwei Oktavwochen beeindruckend, ebenso die Schlussprozession durch die Straßen der Altstadt. Für die Oktavzeit wird nach wie vor ein spezieller kleiner Markt eingerichtet: der »Määrtchen«, in der Regel auf der Place Guillaume (»Knuedler«), in der Nähe der Kathedrale.

Wieweit die Bindung zwischen einer Landesgemeinschaft und einer religiösen Entität zukunftsträchtig sein wird, ist eine reale Frage. Dies umso mehr, als die Oktave in den letzten Jahrzehnten tatsächliche Einbußen erlitten hat durch weniger Beteiligung, Entchristlichung der Gesellschaft und z. T. auch fragliche Teilnahme politischer Mandatsträger in einem Regime von Trennung von Staat und Kirche. Auf der anderen Seite ist festzustellen, dass die verschiedenen Sprachgruppen, die in Luxemburg implantiert sind – Portugiesen, Frankophone, Italiener, Anglophone, Polen usw. – immer mehr an wichtigen Momenten der Oktave teilnehmen. Das trägt dem Umstand Rechnung, dass Luxemburg ein Einwanderungsland ist, wo die religiöse Komponente eine integrative Kraft entwickelt.

Die Oktave war zu allen Zeiten für die Händler und Geschäftsleute der Hauptstadt eine wichtige Einnahmequelle, zumal während acht, danach zehn und später vierzehn Tagen Zehntausende von Menschen aus dem Land und von jenseits der Grenzen in die Stadt strömten – oft war es das einzige Mal im Jahr – und einkauften.[14] Spezielle Oktavsor-

---

14 Diesen kommerziellen Aspekt, auch bereits für die Zeit des Ancien Régime, unterstreicht berechtigterweise Sonja KMEC, *L'Octave*, S. 18 f.

timente wurden im 20. Jahrhundert in den Zeitungen, besonders dem *Luxemburger Wort*, feilgeboten. Mit der modernen, generalisierten und konstanten Mobilität ist dieser Aspekt heute verschwunden. Mit Sonja Kmec ist festzuhalten, »que l'Octave a connu l'évolution inverse de Noël et que l'accent se serait déplacé au spirituel«.[15]

Auch war die Oktave eine Gelegenheit, Religiös-Kulturelles anzubieten. Ausstellungen über kirchliche Paramente gehörten Mitte des 20. Jahrhunderts genauso dazu wie Missionsausstellung und -basar bei den Elisabetherinnen im Vereinshaus gegenüber der Kathedrale. Seit 1972 ist die Bücherausstellung der ErwuesseBildung ein *Must*.

Viele Pilgerinnen und Pilger besitzen persönliche Erinnerungen aus der Kindheit an die Oktave, die sie nicht missen wollen. Jeder könnte seine Oktavgeschichte erzählen.

Die Oktave ist eine Manifestation von Volksreligiosität in einem sehr weiten, nicht exklusiven sondern inklusiven Sinn: Sie integriert alle Volksschichten des katholischen Luxemburg, vom Arbeiter bis

Die »Engelcher« bei der Schlussprozession in den 20er Jahren des 20. Jh. Foto: DAL, GV.FT001230.

---

15 KMEC, *Conclusion*, S. 57.

zum Intellektuellen über die Kinder und Jugendlichen. Jeder gesellschaftliche Stand ist erfasst. Dies ist übrigens eine Konstante, die sich über vierhundert Jahre Oktavgeschichte erhalten hat.

Gegen Ende des 20. Jahrhunderts und darüber hinaus machte sich folgender Trend bemerkbar, wohl im Zuge der Individualisierung, die die ganze Gesellschaft erfasst hat: Die Beteiligung an den traditionellen Prozessionen geht zurück, die Zahl der Einzelpilger, die ihre Wallfahrt nach persönlichen Vorlieben wie etwa ihrer Arbeits- und Freizeit gestalten, nimmt zu, besonders an den Wochenenden.

Seit Beginn hatte der Luxemburger Marienkult eine römische Dimension. Dies erstaunt nicht, da er von der Gesellschaft Jesu, die in ihren Genen die absolute Treue und den vielfältigen Dienst am Papsttum hat, initiiert wurde. Die beiden Erwählungen von 1666 und 1678 wurden durch das Papsttum auf Anfrage sanktioniert. Die Festfeier der Consolatrix Afflictorum wurde bischöflich und päpstlich geregelt. 1866 ließ Pius IX. das Luxemburger Gnadenbild krönen. Diese römische Dimension besteht bis heute. Seit dem 20. Jahrhundert nimmt der in Brüssel residierende Nuntius für Luxemburg regelmäßig an den Oktavfeierlichkeiten, besonders der Schlussoktave, teil und nutzt die Gelegenheit zu Visiten und Gesprächen mit Institutionen und Persönlichkeiten des öffentlichen Lebens, so dass die religiöse Mission seines Besuchs gelegentlich zu einer politischen oder informativen übergleitet – eine Gepflogenheit, die sich bis ins 19. Jahrhundert zurückverfolgen lässt. Möglicherweise hat diese römische Dimension, d. h. die Verankerung in der übernationalen katholischen Weltgemeinschaft, auch verhindert, dass die manchmal sehr markante patriotische Färbung des Luxemburger Marienkultes zu einem nationalistischen Exklusivismus oder Extremismus hätte auswachsen können, wie er sich andernorts zu gegebenen Geschichtsmomenten entwickelt hat.[16]

---

16 HELLINGHAUSEN, *L'Octave de Notre-Dame – repères dans l'axe Rome-Luxembourg*. Michael FALTZ, *Der Heilige Apostolische Stuhl und die Andacht zur Trösterin der Betrübten*, Luxemburg 1966.

Ist die Oktave ein wichtiger Bestandteil des gelebten religiösen Erbes, so besteht die Herausforderung darin, diesen Kult an die Notwendigkeiten der Zeit und den Entwicklungsstand von Gesellschaft und Kirche anzupassen, um zu verhindern, dass sie zu einem Relikt religiöser Soziologie im Stil des Ancien Régime oder der Romantik des 19. Jahrhunderts wird. Um lebendig zu bleiben, sind religiöse und pastorale Anpassungen besonders in Zeiten von kulturellen Umbrüchen und ideellen Umwälzungen erforderlich.

Vorstöße in einer aktualisierenden Richtung hatte Papst Johannes Paul II. in seiner 1987 veröffentlichten Marienenzyklika »Redemptoris Mater« gemacht. Er brachte Kategorien aus der damals gängigen Befreiungstheologie (»Arme Jahwes, Option zugunsten der Armen«) mit Maria in Verbindung und gab ihr neue Titel wie »Bild der Freiheit und Befreiung der Menschheit« oder schlicht und einfach »die Frau«.[17] Auch war weltkirchlich im Marianischen Jahr 1987/88 mehrfach das soziale Anliegen mit Maria verknüpft worden. Hierzulande hatte bereits zehn Jahre zuvor die Gründung der »Fondation du Tricentenaire« (später »Tricentenaire asbl«) zugunsten Behinderter, ein Jubiläumsgeschenk der Luxemburger Kirche für die Dreihundertjahrfeier der Wahl der Landespatronin, konkrete Früchte gezeigt.

Hinzuweisen ist auch auf die zahlreichen Consolatrix-Darstellungen von nah und fern, ob zur Luxemburger Tradition zugehörig (viele in der belgischen Provinz Luxemburg, etliche im Kongo, den USA, eine im Konvent der Luxemburger Franziskanerinnen in Rom, in Taiwan …) oder nicht (Kapuzinerkirche Wien, Maria Plain/Salzburg, N.-D. de Consolation Paris und Namür, Trinité/Fécamp in der Normandie, S. Maria Consolatrice in Rom, Drohiczyn/Polen, Verklärungskirche Moskau …). Bisher fehlt, trotz mehrerer Initiativen, eine komplette Inventarisierung Luxemburger Marienbilder und -statuen in den verschiedenen Ländern und Kontinenten, wo Auswanderung,

---

17 Georges HELLINGHAUSEN, *Die Marienenzyklika »Redemptoris Mater«*, in: *aspekte. Theologische und pastorale Blätter für die Diözese Luxemburg*, Nr. 41 (1988), S. 3–13.

Mission, Fremdarbeit oder andere Bewandtnisse solche und damit ein Stück Luxemburger Pietät und Heimat hingebracht haben. Und das sind weltweit erstaunlich viele. An einigen Orten sind daraus wiederum Wallfahrten entstanden, die bedeutendsten unter ihnen sind Kevelaer am Niederrhein und Carey im US-Staat Ohio.

Die Oktave war ursprünglich auch als katholisches Einigungsmoment für eine katholische Bevölkerung gedacht, die vor fremden protestantischen Einflüssen geschützt werden sollte. Das konfessionelle Motiv, verstanden als Abwehrkampf gegen die Irrlehre, war in der gegenreformatorischen Zeit, in der die Oktave entstand, ein nicht zu unterschätzender Faktor gewesen. Ganz verschwand die Dimension der marianisch begründeten Abgrenzung bzw. des Widerstands gegen kirchlich-gesellschaftliche Fehlentwicklungen oder das, was als solches gemutmaßt wurde, auch nachher nicht, etwa in der Verkündigung und in den Oktavpredigten. Noch 1951 geht das von der Action Catholique Masculine Luxembourgeoise herausgegebene »Marienbüchlein« »Die Trösterin am Weg der Zeit« in einem Kapitel ein auf »Die Trösterin und die Zeitirrtümer« (S. 93–103). Doch ist die konfessionelle Konnotation heute verschwunden. Seit dem Zweiten Vatikanischen Konzil ist die Oktave sogar sporadischer Rahmen für einzelne Manifestationen mit ökumenischem oder interreligiösem Charakter, die auch nichtkatholische Akteure involvieren. Damals wie heute ist das Oktavgeschehen vom Zeitgeist und seinen sich wandelnden Paradigmen geprägt.

Das Repertoire kultureller Ausdrucksformen der Oktave, so Sakralliteratur, -musik und -gesang, die im einheimischen Marienkult ein schier unausschöpfliches religiöses Inspirationspotential gefunden haben und eine tatsächliche Luxemburger Eigenart ausmachen, ist beachtlich und verdient gewürdigt zu werden.

So eignet sich das Phänomen Oktave mit seinen Verästelungen in Gesellschaft und Kirche, Kunst- und Kulturschaffen, Theologie und Pastoral, Spiritualität und Liturgie wie kaum eine zweite Luxemburger Realität als Untersuchungsgegenstand im heute viel beschworenen interdisziplinären Forschungsbereich. Denn sie liegt am Schnittpunkt von Religions-, Kultur- und Mentalitätsgeschichte, mit zusätzlichen Links in Richtung Soziologie, Politik, Gesellschafts- und Bevölkerungsentwicklung.

Heute, wo die Religion nicht mehr vom weltlichen Arm gestützt und »von Staats wegen« gehalten und getragen wird, wo die Zeit der religiösen Geschlossenheit um ist, ist das Paradigma ein anderes geworden.

Luxemburg wurde nie eigentlich zum »Vaterland« – der Terminus ist nicht in die einheimische Sprache eingegangen –, sondern zum »Mutterland«, zu einem »Marienland«, bedingt durch die Verbindung marianischer Spiritualität und Wallfahrtspraxis mit Mentalität und Volksbrauchtum. Bis heute trägt das Land eine »emprunte mariale« (Fr. Rasqué),[18] auch wenn der Begriff »Marienland Luxemburg«, einst Ehrenbezeichnung und mit positiven Konnotationen versehen, nun von manchen Seiten in Presse und Öffentlichkeit eher ins Lächerliche gezogen und fast nur noch ironisch gebraucht wird.

Léon Zeches bezeichnet die Trösterin der Betrübten als »Konvergenzgestalt« und führt aus: »Die Luxemburger Muttergottes-Oktave ist ein Ereignis von einer unvergleichlichen Dichte, der ein Glaubender sich nur schwer entziehen kann. […] Damit hat sich die Oktave über die Jahrhunderte hinweg mit mächtigen Wurzeln in unserer Geschichte verankert und ist zu einem soziologisch-kulturellen Bestandteil erster Ordnung in Gesellschaft, Volk und Nation geworden.«[19]

Insgesamt ist festzuhalten: Die verschiedenen politisch oder kulturell geprägten Zeitepochen waren der Entwicklung und Entfaltung der Oktave förderlich oder nicht förderlich. Entstehen und aufblühen konnte die Wallfahrt in der Barockzeit, im romantisch verbrämten 19. Jahrhundert, im patriotisch geprägten Zeitraum 1900–1950. Restriktiv wirkten sich aus die Zeit der Aufklärung, die politischen Um-

---

18 RASQUÉ, *Votum Solemne*, S. 22.
19 ZECHES, *Phänomenales Ereignis*.

sturzperioden (Französische Revolution, Belgische Revolution, Zweiter Weltkrieg), Moderne und Postmoderne mit ihrer Säkularisierung und Entchristlichungsdynamik.

Zur Schlussprozession

Hervorsticht als Höhepunkt der Oktave die feierliche Schlussprozession, oder einfach nur »Oktavprozession« genannt, als Schlussakkord der Wallfahrtszeit, mit einer großen Menschenmenge im religiösen Umzug selbst oder auch als Zuschauer an den Straßenrändern, mit luxemburgischen und oft vielen ausländischen Prälaten, mit dem Staatschef und mehreren Mitgliedern der großherzoglichen Familie, mit Vertretern der Magistratur und der hohen Politik. Die Prozession stammt aus der Zeit, als während oder nach der Oktave das Gnadenbild der Trösterin der Betrübten prozessionsweise aus der Jesuitenkirche zurück in die Glacis-Kapelle getragen wurde. Denn bis zur Französischen Revolution wurde die Statue nur für die Wahlerneuerung zu Beginn der Oktave, später für die ganze Oktave oder auch mehrere Male bei Kriegsgefahr von der Marienkapelle vor den Festungsmauern in die Festung getragen, wo sie in der Stadtkirche zur Verehrung und zum Schutz der Bevölkerung aufgestellt wurde.[20]

Vorbei ist jedoch seit über 200 Jahren die Zeit der großen theatralisch inszenierten Schauprozessionen, auch wenn die Schlussprozession vom Konzept her die Tradition des nach Ständen, heute Gruppen und Vereinen, zusammengesetzten religiösen Umzugs weiterführt. Der Versuch, sie im Hinblick auf das pilgernde Gottesvolk als einer ekklesiologischen Kategorie jüngster Konzilstheologie umzugestalten, d. h. die Gruppen aufzulösen und alle Beteiligten als Gottesvolk zusammenzufassen, ist vor Jahren (1995) gescheitert – am Volkswillen, theologisch

---

20 Zur Schlussprozession in den verschiedenen Jahrhunderten vgl. FALTZ, *Heimstätte*, S. 226–233.

ausgedrückt: am Widerstand des Volkes Gottes selbst (sic). Was der planenden Hierarchie sinnvoll erschienen war, war »unten«, wiewohl es um die Valorisierung dieses »Unten«, sprich der kirchlichen »Basis«, ging, nicht rezipiert worden. Hier zeigt sich einmal mehr der lange Atem der Geschichte.

Einen Bedeutungswandel sieht Sonja Kmec in der Beteiligung der großherzoglichen Familie, die seit gut einem Jahrhundert zum Standard der Schlussprozession gehört: »Die Teilnahme an der Schlussprozession verlieh der Monarchie die notwendige Legitimation, um die schwierige innen- und außenpolitische Situation zu meistern, während heute umgekehrt die Monarchie der Oktave ein gewisses Prestige verleiht, eine Mischung aus Traditionspflege und Glamour.«[21]

Die Oktavprozession bildete stets den Höhepunkt und Abschluss der alljährlichen Wallfahrtszeit. Wenn sie (ganz oder in ihrem äußeren Prunk) ausfiel, wurde das mit Schmerzen von der katholischen Bevölkerung verbucht. Das war der Fall nach dem Prozessionsverbot Kaiser Josephs II. 1786, während der Französischen Revolution 1796–1802, im Jahr 1815, während der Belgischen Revolution 1831, während der Nazi-Herrschaft 1941–1944, während der Corona-Pandemie 2020–21. Doch suchte man in der Regel, 1815 ausgenommen, einen Ersatz für die Prozession im Sinne einer minimalen Lösung: Fahrt des Gnadenbildes in einer Kutsche durch die Stadt 1787, Prozession im Inneren der Wallfahrtskirche während der Französischen und der Belgischen Revolution, privater »Umgang« von Einzelpilgern durch den gewohnten Prozessionsweg in der Stadt während des Zweiten Weltkriegs, Schluss-Andacht in der Kathedrale während der Covid-19-Pandemie im Jahr 2021.[22]

---

21 KMEC, *Muttergottesoktave*, S. 280.
22 *Die Oktavprozession in den Stürmen der Zeit*.

Hauptsächliche Quellen und Literatur

ALBERT-LLORCA Marlène, *Les Vierges miraculeuses. Légendes et rituels*, Gallimard 2002.

AM-HERD Paul-Aloyse, *Maria die Trösterin der Betrübten oder Geschichte der Verehrung Mariä als der Schutzpatronin der Stadt und des Landes Luxemburg*, Luxemburg ²1886.

ANDRÉ Emile, *Die Geschichte des Festes, des Offiziums und der Messe der »Consolatrix Afflictorum«*, Diplomarbeit Trier 1982.

ANDRÉ Emile – BACHE Claude, *Die Geschichte der Oktavmesse*, in: *nos cahiers* 18/2 (1997), S. 133–147.

ANDRIANI Giovanni, *Étude des miracles de Notre Dame de Luxembourg, Consolatrice des Affligés (1626–1647)*, Mémoire de Maîtrise Nancy, 2004–2005.

BACHE Claude, *Die Marienverehrung in Luxemburg im Licht der Kirchenmusik*, Luxemburg 2009.

BAUSTERT Raymond, *La Querelle janséniste extra muros ou La Polémique autour de la Procession des Jésuites de Luxembourg, 20 mai 1685* (= Biblio 17, vol. 162), Tübingen 2006.

BAUSTERT Raymond, *Le Grand Arnauld et la Procession de Luxembourg*, in: *Die Warte* (9.5.1985).

BECK Simone, *Von der Muttergotteskapelle zur Glacis-Kapelle*, in: https://iki.lu/assets/vendor/fileuploader/gallery/uploads/IKi-Oktave-Glacis-Kapelle.pdf

BERNARD-LESCEUX Isabelle, *Rencontre avec les habilleuses de la statue de Notre-Dame*, in: MUSÉE EN PICONRUE (éd.), *Notre-Dame de Luxembourg. Dévotion et Patrimoine*, Bastogne 2016, S. 279–287.

BIEL Aloyse, *Unsere Liebe Frau von Luxemburg in den 5 Kontinenten*, Luxemburg 1978.

BIRSENS Josy, *Die Bruderschaft der Trösterin der Betrübten in Luxemburg: Entstehung und Entwicklung (1652–1795)*, in: *Hémecht* 69/1 (2017), S. 5–27.

BIRSENS Josy, *Die Bruderschaften der Jesuiten in Luxemburg im 17. und 18. Jahrhundert*, in: *Hémecht* 49/3 (1997), S. 333–390.

BIRSENS Josy, *Die Bruderschaften der Jesuiten in Luxemburg im 17. und 18. Jahrhundert* II, in: *Hémecht* 49/4 (1997), S. 459–506.

BIRSENS Josy, *La confrérie de la Consolatrice des Affligés à Luxembourg (1652–1795)*, in: MUSÉE EN PICONRUE (éd.), *Notre-Dame de Luxembourg. Dévotion et Patrimoine*, Bastogne 2016, S. 53–62.

BIRSENS Josy, *Marie dans la spiritualité ignatienne et l'histoire des jésuites à Luxembourg*, in: *D'Oktav als Erausfuerderung: ënnerwee …, mee wouhin? Mariendevotion zwischen Tradition und Moderne*, hg. von Georges HELLINGHAUSEN (= Clairefontainer Studien, Bd. 6), Clairefontaine 2006, S. 93–108.

BIRSENS Josy – SCHMITT Michel – THEWES Guy, *Fir Glawen a Kultur, Les Jésuites au Luxembourg hier et aujourd'hui*. Catalogue de l'exposition, Luxembourg 1994.

BLASEN Philippe Henri, *Culte marial et identité nationale*, in: *Die Warte* (6.10.2011), S. 11–13 und (13.10.2011), S. 4–6.

BLAU Lucien, *Histoire de l'extrême-droite au Grand-Duché de Luxembourg au XXe siècle*, Esch-Alzette 1998.

BLUM Martin, *Literatur des Gnadenbildes Mariä, der Trösterin der Betrübten, in der Kathedrale zu Luxemburg*, in: *Ons Hémecht. Festschrift zur Feier des 30jährigen Bestehens des Vereins, 1894–1924*, Luxemburg o. D., S. 203–257.

BLUM Martin, *Sammlung von Aktenstücken zur Geschichte des Gnadenbildes Mariä, der Trösterin der Betrübten, zu Luxemburg*, Luxemburg 1917.

BLUM Martin, *Summarischer Inhalt aller … Aktenstücke, Mitteilungen und Pastoralschreiben*, Luxemburg 1910.

BLUM Martin, *Unsere Liebe Frau von Montaigü in der ehemaligen Grafschaft Chiny*, in: *Luxemburger Marienkalender* 1887, S. 15–20.

BOST Bodo, *Vor 400 Jahren Marianische Sodalität in Luxemburg errichtet. »Gott in allen Dingen suchen«*, in: *Die Warte* (21.1.2010), S. 6–8.

BOUR Jos., *Der Abbruch der Muttergotteskapelle auf dem Glacis im Jahre 1796*, in: *Die Warte* (25.2.1978).

BOUR J., *Die Neubelebung der Marienverehrung und der Oktave nach der französischen Revolution*, in: *Luxemburger Wort* (15.5.1993), S. 6.

BRAUN-BRECK Lotty, *Michel Engels: Maler und Erzähler*, in: *Die Warte* (25.5.2000).

Bruderschaft der allerseligsten Jungfrau Maria »Trösterin der Betrübten«, und zum Troste der armen Seelen im Fegfeuer errichtet in der Liebfrauenkirche zu Luxemburg, Luxemburg 1889.

BURGGRAFF E., *Wundertätige Trösterin in den USA*, in: *Luxemburger Marienkalender* 1966, S. 111–113.

CALMES Albert, *L'Octave il y a un siècle*, in: ders., *Au fil de l'histoire*, II, Luxembourg 1971, S. 118–120.

CARÊME Henri, *Les gravures de Notre-Dame de Luxembourg réalisées par l'artiste silésien Jean-Georges Weiser*, in: MUSÉE EN PICONRUE (éd.), *Notre-Dame de Luxembourg. Dévotion et Patrimoine*, Bastogne 2016, S. 110–127.

CARÊME Henri, *Peintres et peinture dans le duché de Luxembourg au XVIIIe siècle*, Luxembourg 2023.

CARMES Alex, *Le Jubilé de 1781*, in: *Die Warte* (7.12.2000).

COLLING Cynthia, *Aux origines de l'Octave – une petite chapelle oubliée. La Chapelle Notre-Dame du Glacis dévoile ses secrets*, in: CNLA, *Archaeologia Luxemburgensis* Nr. 4 (2017–2018), S. 180–191.

COLLING Cynthia, *La Chapelle Notre-Dame dévoile ses secrets*, in: MUSÉE EN PICONRUE (éd.), *Notre-Dame de Luxembourg. Dévotion et Patrimoine*, Bastogne 2016, S. 268–278.

Consolatrix Afflictorum. Das Marienbild zu Kevelaer. Botschaft, Geschichte, Gegenwart, hg. von Josef HECKENS – Richard SCHULTE STAADE, Kevelaer 1992.

Consolatrix Afflictorum. Historia, espiritualidad, devoción, arte, hg. von Ramón DE LA CAMPA CARMONA, 2 Bde, Sevilla 2022.

Consolatrix Afflictorum. Notre-Dame de Luxembourg, Patronne de la Cité 1666–1966, … Photographies par Edouard KUTTER, Luxembourg 1966.

CONSTANT Lise, *Notre-Dame de Luxembourg, une image miraculeuse et ses représentations*, in: MUSÉE EN PICONRUE (éd.), *Notre-Dame de Luxembourg. Dévotion et Patrimoine*, Bastogne 2016, S. 129–142.

DELFOSSE Annick, *Notre-Dame de Consolation au Luxembourg. Naissance et essor d'un pèlerinage*, in: MUSÉE EN PICONRUE (éd.), *Notre-Dame de Luxembourg. Dévotion et Patrimoine*, Bastogne 2016, S. 219–222.

DELFOSSE Annick, *Vêtir la Vierge: une grammaire identitaire*, in: MUSEE EN PICONRUE (éd.), *Quand l'habit faisait le moine. Une histoire du vêtement civil et religieux en Luxembourg et au-delà*, Bastogne 2004, S. 199–208.

Der Pilger zur Trösterin der Betrübten in Luxemburg, Luxemburg ²1912.

Description du Jubilé, célébré à l'honneur de Marie, Consolatrice des Affligés, Luxembourg 1781.

DICOP Nicolas, *À l'occasion du centenaire de sa fondation (1897–1997). Le Pèlerinage diocésain de Metz à Notre-Dame de Luxembourg,* in: *Église de Metz* 1997, S. 30–36.

DICOP Nicolas, *Jacques Brocquardt 1588–1660. Un Jésuite thionvillois aux origines du pèlerinage des Lorrains à Luxembourg,* Yutz 1998.

Die Luxemburger Kirche im 2. Weltkrieg, hg. von René FISCH, Luxemburg 1991.

Die Oktave in der luxemburgischen Prosaliteratur, in: *Die Warte* (17.5.1949).

Die Oktavprozession in den Stürmen der Zeit, in: *Luxemburger Marienkalender* 1948, S. 19–24.

Die Wallfahrt nach Kevelaer zum Gnadenbild der »Trösterin der Betrübten«, hg. von Peter DOHMS, Kevelaer 1992.

DIÖZESANARCHIV LUXEMBURG, *Die Marienverehrung in Luxemburg in ihrem historischen Kontext.* Ausstellung zum 350. Jubiläum der Erwählung der Consolatrix Afflictorum zur Patronin der Stadt Luxemburg, Luxemburg 2016.

DIÖZESANARCHIV LUXEMBURG, *150 Jahre Bistum Luxemburg – Wegmarken,* Luxemburg 2020.

DONCKEL Emile, *Sieh, wie unsere Väter kamen, von Nah und Fern, zur Mutter des Herrn! Ein Beitrag zur Geschichte der Luxemburger Marienwallfahrt,* in: *D'Letzeburger Dueref* Nr. 3 (März 1966), S. 1–3.

D'Oktav als Erausfuerderung: ënnerwee ..., mee wouhin? Mariendevotion zwischen Tradition und Moderne (= Clairefontainer Studien Bd. 6), hg. von Georges HELLINGHAUSEN, Luxemburg 2006.

DROESSART Nicole, *Die Ornamentik der Empore in der Kathedrale von Luxemburg,* in: *Hémecht* 30/2 (1978), S. 211–232.

ELSEN Albert, *Te Matrem praedicamus. Dichtung um das Gnadenbild der Trösterin der Betrübten*, in: *Luxemburger Marienkalender* 1966, S. 65–76.

ENDRES David J., *Notre-Dame de Luxembourg in the United States. The Beginning of a Euro-American Devotion*, in: MUSÉE EN PICONRUE (éd.), *Notre-Dame de Luxembourg. Dévotion et Patrimoine*, Bastogne 2016, S. 63–70.

FALTZ Michael, *Atlas Marianus*, in: *Luxemburger Marienkalender 1958*, S. 19–24.

FALTZ Michael, *Auf den Pfaden der Madonna durch Französisch Alt-Luxemburg*, in: *Luxemburger Marienkalender* 1954, S. 19–24.

FALTZ Michel, *Ave spes nostra. Luxemburger Dichter und Sänger huldigen der Trösterin und Landespatronin*, in: *Luxemburger Marienkalender* 1951, S. 19–28.

FALTZ Michael, *Das Bild der Trösterin in der Neutorstrasse in Luxemburg*, in: *Luxemburger Marienkalender* 1966, S. 40–46.

FALTZ Michael, *Dichter und Sänger im Dienste der Trösterin der Betrübten*, Luxemburg 1952.

FALTZ Michael, *Die Gnadenstatue der Trösterin der Betrübten und ihre plastisch-figürlichen Darstellungen*, in: *Luxemburger Marienkalender* 1966, S. 52–60.

FALTZ Michael, *Die Hochaltäre der Domkirche einst und jetzt*, in: *Luxemburger Marienkalender* 1959, S. 19–25.

FALTZ Michael, *Die Muttergottes-Oktave in den vier Kriegsjahren*, in: *Luxemburger Marienkalender* 1947, S. 19–28.

FALTZ Michael, *Die Weihe der Kleinkinder an die Trösterin der Betrübten (1675–1808)*, in: *Luxemburger Marienkalender* 1968, S. 30–34.

FALTZ Michael, *Ein Troubadour der Trösterin*, in: *Luxemburger Marienkalender* 1965, S. 94–98.

FALTZ Michael, *Gedanken um die Wallfahrt zur Trösterin der Betrübten*, in: *Hémecht* 18/3 (1966), S. 321–331.

FALTZ Michael, *Heimstätte U. L. Frau von Luxemburg*, Luxemburg ³1948.

FALTZ Michael, *Heimstätte U. L. Frau von Luxemburg einst und jetzt*, Luxemburg 1920.

FALTZ Michael, *Johanna Gaudius, die grosse Geheilte (1639)*, in: *Luxemburger Marienkalender* 1964, S. 35–37.

FALTZ Michael, *M.-Nikolaus Müller, Troubadour U. L. Frau von Luxemburg*, in: *Luxemburger Marienkalender* 1952, S. 19–25.

FALTZ Michael, *Pater Alexander von Wiltheim, zweiter Direktor der Wallfahrtskapelle*, in: *Luxemburger Marienkalender* 1961, S. 33–35.

FALTZ Michael, *Siehe deine Mutter. Die Trösterin der Betrübten*, Luxemburg 1962.

FALTZ Michael, *Sta Viator! Steh' stille, Wanderer!*, in: *Luxemburger Marienkalender* 1961, S. 30–33.

FALTZ Michael, *Unsere Liebe Frau von Luxemburg im Ausland*, Luxemburg 1958.

FALTZ Michel, *Unvergessliche Wallfahrtstage. Das Metzer Jesuitenkolleg St. Clément pilgert zur Trösterin der Betrübten, 1860 und 1866*, in: *Luxemburger Marienkalender* 1953, S. 19–26.

FALTZ Michael, *Wie man vor 300 Jahren zur Trösterin pilgerte*, in: *Luxemburger Marienkalender* 1963, S. 30–33.

FALTZ Michael, *Wie stand es um den Kathedral-Neubau vor fünfzig Jahren*, in: *Luxemburger Marienkalender* 1957, S. 19–23.

FALTZ Michael, *Woher stammt unsere Wallfahrt*, in: *Luxemburger Marienkalender* 1956, S. 23–28.

FALTZ Michael (SCHMITT Michel), *Luxemburg*, in: *Marienlexikon* IV, St. Ottilien 1992, S. 194 f.

FALTZ Michael – ZENNER Theodor, *Deine Mutter. Kurze Geschichte der Andacht zur Trösterin der Betrübten für die Kinder*, Luxemburg 1934.

»Fir Glawen a Kultur«. Les Jésuites à Luxembourg. Die Jesuiten in Luxemburg (1594–1994) (= Hémecht 46/1, 1994), sous la dir. de Josy BIRSENS SJ, Luxembourg 1994.

FUGE Boris, *Le jubilé de la Consolatrix afflictorum en 1781*, in: *Ons Stad* Nr. 110 (Dez. 2015), S. 42–44.

Für Gott und die Menschen. Die Gesellschaft Jesu und ihr Wirken im Erzbistum Trier (= Quellen und Abhandlungen zur Mittelrheinischen Kirchengeschichte, Bd. 66), hg. vom Bischöflichen Dom- und Diözesanmuseum Trier und der Bibliothek des Bischöflichen Priesterseminars, Mainz 1991.

Geschichte des Bistums Trier, III, hg. von Bernhard SCHNEIDER, Trier 2010.

Geschichte des Bistums Trier, IV, hg. von Martin PERSCH und Bernhard SCHNEIDER, Trier 2000.

Handbuch der Marienkunde, I–II, hg. von Wolfgang BEINERT und Heinrich PETRI, Regensburg 1996/1997.

HEIDERSCHEID André, *»Si war eis Stäip am Krich.« Consolatrix und Oktave im Leben der Zwangsrekrutierten, der Umgesiedelten, der Inhaftierten zur Zeit der NS-Besetzung*, in: *nos cahiers* 18/2 (1997), S. 49–85.

HEINEN Nicolas, *Ich sehe Dich in tausend Bildern*, in: *Luxemburger Marienkalender* 1966, S. 82–84.

HEINEN Nicolas, *Zeugnisse aus großer Zeit*, Luxemburg 1978.

HEINZ Andreas, *Bis an die Grenzen des Landes. Auf dem Weg zur Erwählung der Trösterin der Betrübten zur Patronin der Stadt und des Herzogtums Luxemburg*, in: *Sech Hir schenken. Trois regards sur la consécration à Marie*, hg. von Georges HELLINGHAUSEN, Luxemburg 2016, S. 33–62.

HEINZ Andreas, *Die Verehrung des Luxemburger Gnadenbildes der »Trösterin der Betrübten« im Bitburger Land*, in: *Hémecht* 25/1 (1973), S. 5–64.

HEINZ Andreas, *Die Verehrung der Trösterin der Betrübten in den altluxemburgischen Gebieten der Eifel und der Obermosel*, in: *Hémecht* 30/2 (1978), S. 233–258.

HEINZ Andreas, *Die Verehrung der »Luxemburger Muttergottes« in der einst zum Herzogtum Luxemburg gehörenden Südeifel*, in: *Hémecht* 65/4 (2013), S. 449–464.

HEINZ Andreas, *Die Wallfahrt zu Maria, der »Trösterin der Betrübten«*, in: *Hémecht* 46/1 (1994), S. 125–139.

HEINZ Andreas, *Schicksale einer Wallfahrt. Zum Kult der »Trösterin der Betrübten« in den 1815 abgetrennten altluxemburgischen Gebieten*, in: *Hémecht* 31/1 (1979), S. 5–52.

HELD Louis, *Maria, die Mutter Jesu, die Trösterin der Betrübten, in ihrem Gnadenbilde zu Luxemburg und Kevelaer*, Luxemburg 1895.

HELLINGHAUSEN Georges, *Bischof J. Th. Laurent zum 200. Geburtstag: Wissenschaft, Nachwirken, Reminiszenzen*, in: *Hémecht* 56/3 (2004), S. 311–343.

HELLINGHAUSEN Georges, *Bischof Laurent und die Wiederbelebung der Oktave*, in: *nos cahiers* 18/2 (1997), S. 9–39.

HELLINGHAUSEN Georges, *Das Oktavbild des Tages. L'image du jour de l'Octave*, in: https://cathol.lu/rubrique563.

HELLINGHAUSEN Georges, *Der Titel »Consolatrix afflictorum« – theologisch, historisch, sozial*, in: *D'Oktav als Erausfuerderung: ënnerwee ..., mee wouhin? Mariendevotion zwischen Tradition und Moderne*, hg. von Georges HELLINGHAUSEN (= Clairefontainer Studien, Bd. 6), Clairefontaine 2006, S. 65–92.

HELLINGHAUSEN Georges, *Die Katholische Kirche Luxemburgs im Zweiten Weltkrieg*, in: ... *et wor alles net esou einfach*. Questions sur le Luxemburg et la Deuxième Guerre mondiale (= Publications scientifiques du Musée d'Histoire de la Ville de Luxembourg, t. X), Luxembourg 2002, S. 232–240.

HELLINGHAUSEN Georges, *Die Oktave. Der lange Atem der Geschichte*, in: *forum* Nr. 226 (2003), S. 16–19; ebenso in: *Totus tuus. Marianisches Lesebuch zur Luxemburger Muttergottes-Oktave*, hg. von Volker ZOTZ und Friederike MIGNECO, Luxemburg 2004, S. 45–53.

HELLINGHAUSEN Georges, *Die Trösterin der Betrübten in der Spiritualität des heiligen Ignatius. Vortrag von Pater Jean-Claude Hollerich SJ im Centre Convict*, in: *Luxemburger Wort* (23.4.1991), S. 6.

HELLINGHAUSEN Georges, *Die Trösterin der Betrübten in Saint-Germain-des-Prés*, in: *Die Warte* (6.5.1999).

HELLINGHAUSEN Georges, *Erwählung der Stadtpatronin vor 330 Jahren*, in: *Luxemburger Wort* (10.10.1996), S. 17.

HELLINGHAUSEN Georges, *Honorificentia populi nostri. Madonnen-Drucke als historisch-bildhafte Paraphrase unseres Oktav-Introitus*, in: *Die Warte* (10.5.2001).

HELLINGHAUSEN Georges, *Kaiser Napoleon und der Schlüssel der Stadtpatronin*, in: *Luxemburger Wort* (9.10.2004), S. 6.

HELLINGHAUSEN Georges, *Kleine Diözesangeschichte Luxemburgs*, Luxemburg 2020.

HELLINGHAUSEN Georges, *La Consolatrice des Affligés, Patronne de la Ville et du Pays de Luxembourg*, in: Ramon De LA CAMPA CARMONA (director y coordinador), *Consolatrix Afflictorum. Historia, espiritualidad, devocion, arte*. Actas del Congreso Internacional Mariano, vol. II, Sevilla 2022, S. 55–71.

HELLINGHAUSEN Georges, *Le culte marial au Luxembourg*, in: *Dossier fir Informatioun an Dokumentatioun. Beilage zum Kirchlichen Anzeiger* 2/1997.

HELLINGHAUSEN Georges, *L'Octave de Notre-Dame – repères dans l'axe Rome-Luxembourg du XIXe au XXIe siècle*, in: *Maîtrise Sainte-Cécile de la Cathédrale Notre-Dame de Luxembourg. 175 ans. 1844–2019*, Luxembourg 2021, S. 177–191.

HELLINGHAUSEN Georges, *Patronne de la Cité. La tradition et les traditions*, in: MUSÉE EN PICONRUE (éd.), *Notre-Dame de Luxembourg. Dévotion et Patrimoine*, Bastogne 2016, S. 35–50.

HELLINGHAUSEN Georges, *Questo tragico mese … Le Saint-Siège et le Luxembourg pendant la seconde guerre mondiale*, in: *Le Luxembourg en Lotharingie. Mélanges Paul Margue*, Luxembourg 1993, S. 193–219.

HELLINGHAUSEN Georges, *»Wie soll sech hir net schenken …« D'Wei u Maria – kierchlech, theologesch, existenziell*, in: *Sech Hir schenken. Trois regards sur la consécration à Marie,* hg. von Georges HELLINGHAUSEN, Luxemburg 2016, S. 65–106.

HELLINGHAUSEN Georges, *350 Jahre »Patrona Civitatis« – Die Stadtpatronin in der Ikonografie*, in: *nos cahiers* 37/1 (2016), S. 9–51.

HENGEN Jean, *Die Consolatrix Afflictorum in Luxemburg,* in: *Dossier fir Informatioun an Dokumentatioun. Beilage zum Kirchlichen Anzeiger* 2/1993, S. 14–24.

HENGEN Jean, *Die Luxemburger Marien-Oktave in den Jahren nach dem Krieg 1946–1949*, in: *nos cahiers* 18/2 (1997), S. 41–47.

HENGEN Jean, *Die Oktave, eine nationale Andacht*, in: *Dossier fir Informatioun an Dokumentatioun. Beilage zum Kirchlichen Anzeiger* 5/1995, S. 82–87.

HENGEN Jean, *Unsere Oktave, eine Doppeloktave*, in: *Dossier fir Informatioun an Dokumentatioun. Beilage zum Kirchlichen Anzeiger* 2/1994, S. 56–64; ebenso in: VUILLERMOZ Georges, *Te Matrem praedicamus*, III, Luxemburg 2002, S. 361–371.

HENGEN Jean, *Wie kam es zum Bau der heutigen Glaciskapelle?*, in: *Dossier fir Informatioun an Dokumentatioun. Beilage zum Kirchlichen Anzeiger* 5/1995, S. 87 f.

HERR Jos., *170 Jahre Muttergottesprozession in Diekirch*, in: *Die Warte* (9.5.1985).

HERVIEU-LÉGER Danièle, *Le pèlerin et le converti. La religion en mouvement*, Flammarion 1999.

HEYART Luss, *Muttergottesoktave in den Kriegsjahren. Erinnerungen an 1942, 1943 und 1944,* in: *Letzeburger Sonndesblad* (11.5.1997), S. 3.

HIRSCH Joseph, *Vierges de pitié luxembourgeoises*, in: *Hémecht* 19/3 (1967), S. 297–397, 20/2–3 (1968), S. 117–379, 32/4 (1980), S. 397–423.

HOMMEL Carlo, *Ave spes nostra: ein musikalisches Dossier*, in: *nos cahiers* 18/2 (1997), S. 115–132.

HUBERT Marianne, *»Mensch zwischen Himmel und Erde«. Spurenlese in der zeitgenössischen mariologischen Literatur*, in: *D'Oktav als Erausfuerderung: ënnerwee ..., mee wouhin? Mariendevotion zwischen Tradition und Moderne*, hg. von Georges HELLINGHAUSEN (= Clairefontainer Studien, Bd. 6), Clairefontaine 2006, S. 119–160.

Im Namen Gottes unterwegs. Wallfahrten im Bistum Trier, hg. vom Bischöflichen Generalvikariat Trier, Trier 1987.

JECK Marc, *»Marianische Brücke« zu Kevelaer. Wichtige Stationen im Austausch zwischen Luxemburg und Kevelaer im 19. und 20. Jahrhundert*, in: *Luxemburger Wort* (27.3.2014), S. 8 f.

JECK Marc, *Opus Marianum: La Consolatrice des Affligés dans la »république musicale« du Grand-Duché de Luxembourg*, in: MUSÉE EN PICONRUE (éd.), *Notre-Dame de Luxembourg. Dévotion et Patrimoine*, Bastogne 2016, S. 153–166.

JECK Marc, *Une Consolatrice peut en cacher une autre: La vénération de Notre-Dame de Luxembourg à Kevelaer*, in: MUSÉE EN PICONRUE (éd.), *Notre-Dame de Luxembourg. Dévotion et Patrimoine*, Bastogne 2016, S. 82–89.

JORROT Michel, *La consécration à la Vierge Marie dans le magistère de l'Église*, in: *Sech Hir schenken. Trois regards sur la consécration à Marie*, hg. von Georges HELLINGHAUSEN, Luxemburg 2016, S. 13–30.

KARELS François, *Das Marianische Jubeljahr 1977–1978*, in: *Luxemburger Marienkalender* 1979, S. 22–30.

KATHO'LESCH MÄNNERAKTIO'N ACML, *D'Kathedral vu Letzeburg. Muttergotteskirch an Hémechtskirch*, Letzeburg 1965.

Kirchlicher Anzeiger für die (Erz-)Diözese Luxemburg.

KMEC Sonja, *Conclusion. Coutumes ancestrales ou traditions inventées?*, in: CNA (éd.), *Kalbasslamettanationalpilgeralbum. Traditions en migration*, Luxembourg 2006, S. 52–65.

KMEC Sonja, *Die Muttergottesoktave im Wandel der Zeit*, in: *Luxemburg, eine Stadt in Europa*, Luxemburg 2014, S. 270–285.

KMEC Sonja, *D'Octav*, in: *Lieux de mémoire au Luxembourg. Erinnerungsorte in Luxemburg*, hg. von Sonja KMEC – Benoît MAJERUS – Michel MARGUE – Pit PEPORTE, Luxembourg 2007, S. 323–328 ; mit neuem Titel, *Notre-Dame de Luxembourg et sa fête annuelle. L'Octave comme lieu de mémoire*, übernommen in: MUSÉE EN PICONRUE (éd.), *Notre-Dame de Luxembourg. Dévotion et patrimoine*, Bastogne 2016, S. 223–228.

KMEC Sonja, *L'Octave: changements et continuités*, in: CNA (éd.), *Kalbasslamettanationalpilgeralbum. Traditions en migration*, Luxembourg 2006, S. 10–19.

KMEC Sonja, *»Marienland Luxemburg«. L'historiographie du culte de Notre-Dame de Luxembourg entre aspirations universalistes et ancrage national*, in: Andrea BINSFELD – Michel PAULY – Hérold PETTIAU (dir.), *Histoire religieuse – Bilan & Perspectives. Actes des 5es Assises de l'historiographie luxembourgeoise*, in: *Hémecht* 66/3-4 (2014), S. 493–512.

KOENIG Luc., *Einiges aus der Geschichte der alten Muttergotteskapelle auf dem Glacis. Limpertsberg (1624–1796)*, Luxemburg 1935.

KRIER Kim, *O Mamm léif Mamm … Les statues mariales de la Ville de Luxembourg*, in: MUSÉE EN PICONRUE (éd.), *Notre-Dame de Luxembourg. Dévotion et Patrimoine*, Bastogne 2016, S. 167–183.

KRIER Tony, *L'Octave de Notre-Dame de Luxembourg*, Luxembourg 1969.

KUNTGEN Louis, *Histoire de Notre-Dame de Luxembourg*, Luxembourg 1866.

La cathédrale Notre-Dame de Luxembourg, Luxembourg 1964.

La dévotion mariale de l'an mil à nos jours. Études réunies par Bruno BÉTHOUART et Alain LOTTIN, Arras 2005.

LANGINI Alex, *La diffusion du culte de Notre-Dame de Luxembourg par l'image*, in: MUSÉE EN PICONRUE (éd.), *Notre-Dame de Luxembourg. Dévotion et Patrimoine*, Bastogne 2016, S. 101–109.

LASCOMBES François, *Aus der Geschichte der Trösterin*, in: *Luxemburger Wort* (8.10.1966), S. 18.

LASCOMBES François, *Chronik der Stadt Luxemburg 1444–1684*, Luxemburg 1976.

LASCOMBES François, *Chronik der Stadt Luxemburg 1684–1795*, Luxemburg 1988.

LASCOMBES François, *Die Glaciskapelle*, in: *Letzeburger Sonndesblad* (15.9.1985), S. 18 und (22.9.1985), S. 5.

LIEB Daniela, *Luxemburgs 1930er Jahre – eine Zeit im Spiegel ihrer Aussagen*, in: *Luxemburg und der Zweite Weltkrieg. Literarisch-intellektuelles Leben zwischen Machtergreifung und Epuration*, hg. von Claude D. CONTER – Daniela LIEB – Marc LIMPACH u. a., Mersch 2020, S. 12–99.

LOEWEN Marc, *Die Tradition des Mariengesangs in Luxemburg*, Masterarbeit Saarbrücken 2022.

Luxemburg – Marienland, in: *Heimat und Mission* Nr. 5 (1966).

MAERTZ Joseph, *Entstehung und Entwicklung der Wallfahrt zur Trösterin der Betrübten in Luxemburg 1624–1666*, in: *Hémecht* 18/1 (1966).

MAERTZ Joseph, *Le pèlerinage belge jusqu'à nos jours*, in: *Hémecht* 30/1 (1978), S. 15–27.

MAÎTRISE DE LA CATHÉDRALE NOTRE-DAME LUXEMBOURG, *1844–1969. 125ᵉ Anniversaire*, Luxembourg 1969.

Maîtrise Sainte-Cécile de la Cathédrale Notre-Dame de Luxembourg 175 ans, 1844–2019, Luxembourg 2021.

MALGET Jean, *Der Neubau der Kathedrale*, in: *Luxemburger Marienkalender* 2000, S. 94–97.

MARGUE Paul, *Die ersten Schenkgeber der Muttergotteskapelle*, in: *Hémecht* 18/3 (1966), S. 289–296.

MARGUE Paul, *1666. Ein Streifzug durch Stadt und Volk*, in: *Luxemburger Marienkalender* 1966, S. 30–39.

MARIENLEXIKON, I, II, III, IV, V, VI, St. Ottilien 1988, 1989, 1991, 1992, 1993, 1994.

MASSARD Jos. A., *Die Cholera und die Muttergottes-Oktave 1832 und 1866*, in: https://massard.info/die-cholera-und-die-muttergottes-oktave-1832-und-1866.

M. F. [Michael FALTZ], *Denkwürdige Tage in der Geschichte vaterländischer Marienverehrung*, in: *Luxemburger Marienkalender* 1949, S. 19–26.

m. h. [Monique HERMES], »*Du standst in alten Jahren ein Hort der Heimat da …*« *Pilgertraditionen über die Grenzen des heutigen Großherzogtums hinaus*, in: *Luxemburger Wort* (15.5.1992), S. 13.

m. h. [Monique HERMES], »*En Undenken un eng Plaz, déi äis besonnesch un d'Häerz gewuess as!*«, in: *Luxemburger Wort* (29.11.1995), S. 13.

MOÏS Christian, *Les pèlerins de l'Institut Sainte-Marie d'Arlon à Notre-Dame de Luxembourg*, in: MUSÉE EN PICONRUE (éd.), *Notre-Dame de Luxembourg. Dévotion et Patrimoine*, Bastogne 2016, S. 229–234.

MOLITOR Edouard, *L'influence de l'élément religieux sur la formation de notre conscience nationale*, in: *nos cahiers* 5/2 (1984), S. 113–125.

MONTESILVA Ricardo, *Das marianische Luxemburg. Dreissig Wallfahrten zur seligsten Jungfrau im Luxemburger Lande und Umgebung*, Luxemburg 1936.

[MÜLLENDORFF Julius], *Kurze Geschichte des Gnadenbildes der Trösterin der Betrübten zu Luxemburg*, Luxemburg ²1866.

MÜLLENDORFF Julius, *Luxemburger Wallfahrtsbuch. Geschichte des Gnadenbildes der Trösterin der Betrübten zu Luxemburg, nebst Belehrungen und Gebeten*, Luxemburg ⁴1878.

MULLER Jean-Claude, *Les vitraux ecclésiastiques luxembourgeois consacrés à la Consolatrice des Affligés*, in: *Musée en Piconrue* Nr. 125 (2017), S. 14–22.

MULLER Jean-Claude, *Notre-Dame de Luxembourg comme motif de taque en fonte. Une iconographie restreinte*, in: MUSÉE EN PICONRUE (éd.), *Notre-Dame de Luxembourg. Dévotion et Patrimoine*, Bastogne 2016, S. 145–151.

MULLER Jean-Claude, *Notre-Dame de Luxembourg, motif philatélique*, in: MUSÉE EN PICONRUE (éd.), *Notre-Dame de Luxembourg. Dévotion et Patrimoine*, Bastogne 2016, S. 185–196.

MUSÉE DRÄI EECHELEN, *Sub umbra alarum. 1716–1741. Luxemburg, Festung der Habsburger*, Luxemburg 2023.

MUSÉE EN PICONRUE (éd.), *Le choc des libertés. L'Église en Luxembourg de Pie VII à Léon XIII (1800–1880)*, Bastogne 2001.

MUSÉE EN PICONRUE (éd.), *Notre-Dame de Luxembourg. Dévotion et Patrimoine*, Bastogne 2016.

MUSÉE EN PICONRUE (éd.), *Piété baroque en Luxembourg*, Bastogne 1995.

NILLES Philippe, *Étude sur la vie religieuse dans le doyenné d'Arlon, d'après les procès-verbaux des visites pastorales (1753–1773)*. Mémoire de maîtrise Université de Nancy II, 2004–2005.

Notre-Dame des Douleurs dans l'art ancien du Luxembourg, in: *Luxemburger Wort* (9.6.1954), S. 2f.

»Notre-Dame de Consolation«, in: *Die Warte* (4.5.1955).

OSWALD Marcel, *Die Chorfenster der Kathedrale von Luxemburg*, in: *Heimat + Mission* Nrn. 4/5, 7/8 und 9 (1988).

PAULY Michel, *Die Geschichte der Stadt Luxemburg in 99 Objekten*, Luxemburg 2022.

PAULY Michel, *Pestepidemien in Mittelalter und Früher Neuzeit*, in: *Hémecht* 73/2 (2021), S. 133–158.

PEIFFER Arthur, *Idee und Erwählung des Consolatrix-Titels bei P. Brocquart*, in: *Luxemburger Wort* (8.10.1966), S. 19.

PEIFFER Arthur, *Zur Geschichte des Marien-Titels »Consolatrix Afflictorum«*, in: *Luxemburger Wort* (8.10.1966), S. 19.

PHILIPPART Robert L., *Luxembourg, de l'historisme au modernisme. De la ville forteresse à la capitale nationale*, Thèse de doctorat UCL, Luxembourg 2006.

PHILIPPART Robert L., *Un édicule en l'honneur de la Patronne de la Ville*, in: *Annuaire de l'ALUC* 2003, S. 8–11.

Pilgerzüge und Sonderzüge zur Muttergottes-Oktave, in: *Luxemburger Marienkalender* 1966, S. 90–95.

PLÖTZ Robert, *Maria »Trösterin der Betrübten«. Zur Geschichte der Wallfahrt nach Kevelaer und ihres Bildes*, Kevelaer o. J.

PRIEUR Muriel, *Consolatrix Afflictorum: Étude stylistique et iconographique. L'importance de la garde-robe*, in: MUSÉE EN PICONRUE (éd.), *Notre-Dame de Luxembourg. Dévotion et Patrimoine*, Bastogne 2016, S. 19–33.

PRIEUR Muriel – SANYOVA Jana, *La sculpture de la Consolatrix Afflictorum. Matériaux, techniques et restauration*, in: MUSÉE EN PICONRUE (éd.), *Notre-Dame de Luxembourg. Dévotion et Patrimoine*, Bastogne 2016, S. 255–267.

RASQUÉ Friedrich, *Te Matrem praedicamus*, I, Luxemburg 1966; II, Luxemburg 1973.

RASQUÉ Friedrich, *Das Marianische Jubeljahr 1966. Eine Rückschau*, in: *Luxemburger Marienkalender* 1967, S. 35–57.

RASQUÉ Friedrich, *Votum Solemne. Damals – später – heute*, Luxemburg 1966; ebenso in: *Die Warte* (6.1.1966).

REICHLING Emmanuel, *Einer Hundertjährigen zum Geleit*, in: *Luxemburger Marienkalender* 1985, S. 108–113.

RIES Julien, *Le premier congrès mondial des directeurs de pèlerinages et des recteurs de sanctuaires*, in: *Luxemburger Wort* (14.3.1992), S. 6.

ROELOFS Adrian, *Marienverehrung in den Benelux-Ländern im 19. und 20. Jh. bis zum Vatikanum II*, in: *Mariologisches. Sonderbeilage Nr. 24 zu »Theologisches«* Nr. 4 (April 1992), Kol. 171–178.

SCHILTZ, Mathias, *Die Oktave: ein Prisma Luxemburger Kultur*, in: *Letzeburger Sonndesblad* (7.5.1995), S. 12.

SCHLOESSER Renée, *»Dein Name folgt mit Licht und Winde dem Wandrer übers Meer« … Seit 100 Jahren sind Amerikas Luxemburger in der Schlussprozession der Oktave dabei*, in: *Letzeburger Sonndesblad* (30.4.1989), S. 24.

SCHMIT Sandra, *»Ons Jongen« – frühe Luxemburger Frontberichte*, in: *Luxemburg und der Zweite Weltkrieg. Literarisch-intellektuelles Leben zwischen Machtergreifung und Epuration*, hg. von Claude D. CONTER – Daniela LIEB – Marc LIMPACH u. a., Mersch 2020, S. 530–579.

SCHMITT Georges, *Luxemburger Kupferstecher in ihren Zusammenhängen mit dem Andachtsbild der Trösterin der Betrübten*, in: *Hémecht* 18/3 (1966), S. 297–310.

SCHMITT Georges, *o. T.*, in: *Luxemburger Wort* (12.5.1966), S. 3.

SCHMITT Michel, *Das Andachtsbild der Trösterin im Laufe der Jahrhunderte*, in: *Luxemburger Wort* (4.5.–18.5.1974).

SCHMITT Michel, *Das Bild der Landespatronin in volkstümlichen Darstellungen*, in: *Luxemburger Wort* (21.4.1978), S. 4.

SCHMITT Michel, *Das Oktavgeschehen. Zugänge zu seinem geschichtlichen Verständnis in der Erlebniswelt von heute*, in: *D'Oktav als Erausfuerderung: ënnerwee …, mee wouhin? Mariendevotion zwischen Tradition und Moderne*, hg. von Georges HELLINGHAUSEN (= Clairefontainer Studien, Bd. 6), Clairefontaine 2006, S. 109–118.

SCHMITT Michel, *Das Wallfahrtsbild und seine Botschaft*, in: *Télécran* Nr. 19/1984, S. 14–17.

SCHMITT Michel, *Der Kirchenschatz der Kathedrale im Kontext der Verehrungsgeschichte der Trösterin der Betrübten*, in: *150 Joër Maîtrise vun der Kathedral 1844–1994*, Luxemburg 1994, S. 169–185; auch als Sonderdruck veröffentlicht.

SCHMITT Michel, *Der Votivaltar aus dem Jahre 1766*, in: *nos cahiers* 18/2 (1997), S. 103–113.

SCHMITT Michel, *Die ehemalige Bildwelt der Jesuitenkirche im Kontext der luxemburgischen Kunstgeschichte des Barockzeitalters*, in: *Hémecht* 46/1 (1994), S. 103–116.

SCHMITT Michel, *Die Erwählung Marias zur Landespatronin im Jahr 1678*, in: *Hémecht* 30/2 (1978), S. 161–183.

SCHMITT Michel, *Die Fenster der Fürstentribüne in der Kathedrale Unserer Lieben Frau zu Luxemburg*, in: *Josef Oberberger. Der Glasmaler*, hg. von der Oberberger-Stiftung-München, München 2005, S. 39–51.

SCHMITT Michel, *Die Jesuitenkirche von Luxemburg und die Bauornamentik der Spätrenaissance in den südlichen Niederlanden*, in: *Hémecht* 18/3 (1966), S. 311–319.

SCHMITT Michel, *Die katechetischen Verkündigungselemente aus der Geschichte der Verehrung der Trösterin der Betrübten*, Manuskript o. J.

SCHMITT Michel, *Die Oktavwallfahrt in künstlerischen Darstellungen*, in: *nos cahiers* 18/2 (1997), S. 91–102.

SCHMITT Michel, *Die Verehrung der Trösterin der Betrübten in der Kathedrale von Luxemburg*, Faltblatt des Pfarr-Rats von Liebfrauen, Luxemburg o. J.

SCHMITT Michel, *Jesuitenarchitektur in Luxemburg*, in: *Hémecht* 46/1 (1994), S. 37–47.

SCHMITT Michel, *Le concile de Trente et les nouveaux modes d'expression de la piété catholique dans l'art*, in: MUSÉE EN PICONRUE (éd.), *Piété baroque en Luxembourg*, Bastogne 1995, S. 195–206.

SCHMITT Michel, *L'introduction de l'art néogothique à l'église Notre-Dame de Luxembourg*, in: MUSÉE EN PICONRUE (éd.), *Le choc des libertés. L'Église en Luxembourg de Pie VII à Léon XIII (1800–1880)*, Bastogne 2001, S. 278–281.

SCHMITT Michel, *Zum 100jährigen Jubiläum der Glacis-Kapelle*, in: *Ons Stad* Nr. 19 (1985), S. 18.

SCHMITZ Jeff, *Das Trauma der Umsiedlung und sein Niederschlag in der Luxemburger Erinnerungsliteratur am Beispiel des Lagers Schreckenstein*, in: *Luxemburg und der Zweite Weltkrieg. Literarisch-intellektuelles Leben zwischen Machtergreifung und Epuration*, hg. von Claude D. CONTER – Daniela LIEB – Marc LIMPACH u. a., Mersch 2020, S. 424–471.

SCHNEIDER Bernhard, *Volksfrömmigkeit, Katholische Reform und die Sodalitäten und Bruderschaften der Jesuiten im Herzogtum Luxemburg im 17. und 18. Jahrhundert*, in: *Hémecht* 46/1 (1994), S. 141–163.

SCHREINER Klaus, *Maria – Jungfrau, Mutter, Herrscherin*, München-Wien 1994.

SCHREINER Klaus, *Maria, Leben – Legenden – Symbole*, München 2003.

SCHREINER Luc, *Die Luxemburger Muttergottesoktave im 20. Jahrhundert*, Diplomarbeit Trier 2004.

SCHROEDER Marcel – SCHMITT Georges, *Madones au Luxembourg*, Luxembourg 1966.

SCHUMACHER Dani, *Freiheit hat eine Adresse. Die Muttergottes-Oktave im Zweiten Weltkrieg: zwischen religiösem Bedürfnis, der Suche nach Trost in der Kathedrale und stiller Auflehnung gegen die deutschen Besatzer*, in: *Luxemburger Wort* (4.5.2018), S. 2 f.

SCHWERING Burkhard, *Gelobt seist du, Maria. Volkstümliche Darstellungen des Wallfahrtsbildes von Kevelaer*, Wien 1987.

Sech Hir schenken. Trois regards sur la consécration à Marie, hg. von Georges HELLINGHAUSEN, Luxemburg 2016.

Sie läuten zu Ehren der Trösterin der Betrübten, in: *Luxemburger Wort* (11.5.1966), S. 4.

SPRUNCK Alphonse, *Les propriétés et les affaires financières de la Chapelle de Notre-Dame de Consolation en 1788*, in: *Die Warte* (25.2.1978).

STEFFEN Albert, *Baugeschichte der Luxemburger Jesuitenkirche*, Luxemburg 1935.

THEWES Guy, *L'action des Jésuites dans le milieu étudiant. L'histoire de la JEC*, in: *Hémecht* 46/1 (1994), S. 285–302.

THILL Armand, *Die neuen Glocken in der Kathedrale von Luxemburg*, in: *Luxemburger Marienkalender* 1987, S. 86–89.

THILL Milly, *Bildhauer Daniel Müller. Seine Herkunft und sein Werk in Luxemburg*, in: *Luxemburger Marienkalender* 1996, S. 82–90.

THILL Norbert, *Die Glasmalerei im Dienst der Gottesmutter*, in: *Luxemburger Wort* (8.5.1999), S. 19.

Totus tuus. Marianisches Lesebuch zur Luxemburger Muttergottes-Oktave, hg. von Volker ZOTZ und Friederike MIGNECO, Luxemburg 2004.

TRAUSCH Gérard, *De la peste à la Covid-19: mortalité et société au Luxembourg*, in: INSTITUT GRAND-DUCAL, *Actes de la section des Sciences Morales et Politiques*, vol. XXIV, Luxembourg 2021, S. 247–320.

TRAUSCH Gilbert, *Aux origines du sentiment national luxembourgeois*, in: *nos cahiers* 5/2 (1984), S. 73–111.

TRAUSCH Gilbert, *L'Octave de Notre-Dame de Luxembourg aux prises avec le joséphisme et les réformes catholiques du 18e siècle*, in: *Hémecht* 18/3 (1966), S. 333–362.

TRAUSCH Gilbert, *L'Octave en 1798*, in: ders., *Un passé resté vivant. Mélanges d'histoire luxembourgeoise*, Luxembourg 1995, S. 47–51.

Vierhundert Jahre Glaubenszeugnis Trierer Bürger. Die marianische Bürgersodalität Trier von 1610 und ihre Kongregationskirche Welschnonnen, hg. von Roland RIES und Franz RONIG, Trier 2010.

VUILLERMOZ Georges, *Te Matrem praedicamus*, II, Luxemburg 2002; III, Luxemburg 2002; IV, Luxemburg 2011.

Von den Prunkgewändern der Trösterin und den Muttergottes-Jungfern, in: *Luxemburger Marienkalender* 1952, S. 31–34.

WEILLER Raymond, *Les médailles de Notre-Dame de Luxembourg au XVIIe siècle*, in: *Hémecht* 30/2 (1978), S. 197–210.

WEIS Wilhelm, *Die Wallfahrt*, in: *Luxemburger Marienkalender* 1961, S. 65–69.

WINTER Aloysius, *»Trösterin der Betrübten«. Mariologische Studien* (= Fuldaer Hochschulschriften 30), Frankfurt am Main 2003.

WIRTZ Nicolas, *Luxemburg und Kevelaer*, in: *nos cahiers* 18/2 (1997), S. 87–90.

ZECHES Léon, *Ein phänomenales Ereignis*, in: *Luxemburger Wort* (17.5.2003), S. 3.

ZINGG Thaddäus, *Das Kleid der Madonna*, Einsiedeln 1974.

1857–1907. Zum Goldenen Jubiläum des Marienvereins von Liebfrauen, Luxemburg 1907.

1978 Kalenner vum Jubiläumsjoer vun der Consolatrix Afflictorum 1678–1978, hg. von KATHOULESCH MÄNNERAKTIOUN (A.C.M.L.), Lëtzebuerg 1978.

150 Joër Maîtrise vun der Kathedral 1844–1994, Lëtzebuerg 1994.

175th Anniversary History of the Founding of Saint Nicholas Catholic Parish (1848–2023), Dacada 2023.

300 Jahre Votum solemne. Eine Erinnerungsschrift an die unvergessliche Dreihundertjahrfeier der Erwählung der Consolatrix zur Patronin der Stadt Luxemburg, Luxemburg 1966.